현대 한국문학의 지도와 성좌들

현대 한국문학의 지도와 성좌들

이찬

도서출판 월인

책머리에

세상에 첫 번째 책을 내놓는다. 이 책을 '현대 한국문학의 지도와 성좌들'이라고 명명하려 한다. 이 명명 행위를 두고 많은 생각들이 떠올랐고 또 거듭하여 바뀌었지만, 그 동안의 내 삶의 궤적에 있어서 가장 강력한 영향을 끼쳤던 그 사유의 기원을 표상할 수 있는 두 단어는 '지도'(carte)와 '성좌들'(Konstellationen)이었다. '지도'와 '성좌들'은 모두 특정한 시공간을 축조하고 있는 힘의 형세들을 드러내려는 말들이기 때문이다. 물론 이 '형세들'이라는 말 역시 어떤 고정된 좌표나 형태만을 가리키는 것이 아니라, 그 '성좌들'이 배치되고 성립되는 정황들까지를 포함하여 표현하는 것이겠지만.

들뢰즈와 가타리는 '지도'를 묘사하면서 다음과 같이 말했다. "지도는 찢어질 수 있으며, 전복될 수 있고, 모든 자연의 몽타주에 적응할 수 있으며, 개인이나 집단, 사회 형성체에 의해 작동될 수 있다. 우리는 그것을 벽에다 그릴 수 있고, 예술작품으로 간주할 수도 있으며, 정치적인 활동이나 철학적 성찰로 구성할 수도 있다." 이 책에 실린 여러 글들이 참으로 그들이 사용했던 '지도'의 의미에 부합하는 글쓰기의 맥락들을 실천하고 있는가에 대해서는 여러 의문들이 생겨날 수밖에 없을 것이다. 그러나 또한 "지도는 수행(performance)의 문제이지만 모상은 언제나 소위 능력(compétence)으로 되돌아간다."라는 그들의 또 다른 말은 이 책이 앞으로 낳을 수밖에 없을 여러 의문들에 대한 내 나름의 답변이 될 것이다.

이 책은 성격이 서로 다른 여러 편의 글들을 한데 모아놓은 것이다. 따라서 어떤 일관된 체계를 가질 수 없다는 것은 지극히 당연한 것일 수밖에 없다. 이 책은 차라리 현대 한국문학의 역사, 또는 그 연구의 역사에 있어서 새로운 발상과 창조적 이견들을 촉발하기를 원하는 하나의 '수행문'(performative)에 가깝고, 또 그런 역할을 감당하기를 간절히 바란다. 이 책은 이른바 '현대 한국문학'이라는 실제의 역사적 '원본'(origine)에 대해서 그 '모상'(calque)의 역할을 담당하기를 바라는 것이 아니라, 그 역사에 실천적으로 개입할 수 있는, 한국문학의 '다른 미래'를 위한 하나의 작은 동력이 되기를 원하고 있기 때문이다. 이 책을 '지도'라는 말을 활용하여 명명한 까닭 또한 바로 이 자리에 깃들어 있을 것이다.

아도르노는 '성좌'를 다음과 같은 문장들로 소묘한다. "어떤 사물이 위치해 있는 성좌를 인식한다는 것은 형성된 것으로서 그것이 자체 내에 담고 있는 성좌를 해독하는 것이기도 하다. 대상이 처해 있는 성좌 속에서 대상을 인식한다는 것은, 대상이 자체 내에 저장하고 있는 과정에 대해 인식하는 것이다." '성좌'는 분류와 구분이라는 포함과 귀속의 관계, 혹은 그 제한적 정의(definition)의 문법으로 구성된 '개념'을 넘어선다. 곧 "성좌만이 내부에서 개념이 잘라버린 것, 즉 개념이 될 수는 없지만 또한 그만큼 되고자 원하는 것, 개념 이상의 것을 외부로부터 표현한다"는 것이다. 결국 어떤 하나의 대상이 위치해 있는 '성좌' 속에는 이미 그 대상 자체 내부의 '성좌'가 포함되어 있으며, 하나의 단편적인 '모나드'(monad) 속에는 이미 이 세계를 구성하고 또 이끌고 나갈 문양(紋樣)들이 함께 깃들어 있다. 이 문양들의 형세(形勢)가 곧 '성좌'일 것이다.

이 책을 구성하고 있는 11편의 글들은 그 각자가 하나의 개별적인 문학사와 소설작품 그리고 시론과 시작품을 대상으로 삼고 있는 것이지만, 동시에 현대 한국문학의 어떤 좌표들과 형세들을 이미 포함하고 있는 것이기도 하다. 이 책에서 언술된 개별적인 작품들과 저서들 각각은 외부를 향해 열려 있으며, 그 외부는 또한 내부의 성좌들과 함께 울리는 아날로지(analogy)의 연속성을 이루고 있다. 그리고 이렇듯 이 책의 내부가 한국문학 전체라는 외부를 향해 그침 없이 뻗어나가고, 그 외부가 다시 내부의 성좌들과 "수면의 파문처럼 겹쳐 떨린다"고 말할 수 있을 때, 이 책은 비로소 '현대 한국문학의 지도와 성좌들'이라는 제 이름에 걸맞은 기능을 수행할 수 있을 것이다. 그러나 그것은 아마도 '있는 것'이라는 사실과 존재의 차원이 아니라, '있어야 할 것'이라는 당위 혹은 가치의 차원에 해당될 것임은 틀림없다. 다만, 단편적일 수밖에 없는 이 책의 여러 글들이 어떤 한 지점에서나마 실존적 전율을 불러일으키는 공명(resonance)의 순간을 가져다줄 수만 있다면, 이 책은 이미 그 소임을 다했노라고 말할 수 있을지도 모르겠다.

이 책을 세상에 내보이기까지 기억하고 감사드려야 할 분들이 너무도 많다. 그렇기에 이 분들을 모두 호명하고 기록한다는 것은 거의 불가능에 가깝다. 그럼에도 불구하고 너무나 많은 은혜를 입었기에 결코 마음에서 떠나지 않는 이름들이 있다. 김인환 선생님께서는 십여 년 전 나를 당신의 제자로 받아주신 이래 지금까지 학자와 교육자가 가져야만 할 그 마음가짐과 실천적 태도에 대해 매번 온몸으로 일깨워 주셨다. 그리고 이 척박한 교환가치의 세계에서 한 인간으로서 어떤 삶을 살아가야 하는지에 대해서도 '아픈 천국'의 깨달음을 주셨다. 이 깨달음은 선생님의 글에서 내가 얻었던 '사랑하는 싸움'과 'Virgin Mother'라는 두 말 속에 모두 스며있다. 이 두 말은 내 마음의 순정함과 타인에 대한 관대함(仁)을 근간으로 하는 가운데서도, 이 세계의 허위와 억압과 부조리와 맞서 싸울 수 있는 정직한 용기(義)와 더불어 '다른 미래'로 나아가려는 헌신적 정념을 동시에 의미하는 것이기 때문이다. 그 순정과 용기를 잃지 않으려는 내 자신과의 고된 싸움을 한시도 게을리 하지 않겠다는 다짐으로 선생님의 크고 깊은 은혜에 대한 감사의 말을 대신하려 한다. 여러 다른 인연들을 통해 만나게 되었던 선생님들 가운데서도 반드시 기억해야 할 분들이 있으나, 그 분들에 대한 고마움은 그냥 마음에 담아 익명으로 남겨두고자 한다. 이미 그 분들은 내 고마움을 알고 계실 것이라 믿기 때문이다.

일흔이 넘은 연세에도 불구하고 자식들을 위해 불철주야 애쓰시는 아버지와 그 곁에서 함께 고행하고 계시는 진천어머니께, 그리고 평생을 가족들로 인해 마음고생이 너무나 많으셨던 어머니께, 마지막으로 결혼한 이후로 나를 위해 한정 없는 보살핌을 주었던 아내와 또 아빠가 공부에 매진할 수 있게 아무 탈 없이 무럭무럭 자라나고 있는 두 아가들에게 마음 속 간절한 고마움을 전하고 싶다. 어쩌면 이 책은 가족들의 이런 희생을 먹고 자라난 '기식자'일지도 모르겠다. 이 '기식자'가 그나마 한 권의 책으로서 그 소임을 다해준다면, 내 부끄러움은 조금이나마 면할 수 있을 터이고, 또 그들의 고마움에 대한 작은 보답이 될 것이라 믿는다. 이 책이 세상에 나올 수 있도록 많은 도움을 주셨고 제작과 편집을 맡아주셨던 월인출판사의 최형필 상무님을 비롯한 편집부 식구들에게 감사의 마음을 표한다. 몇 해 전 소중한 한 친구를 잃었다. 그 친구가 하늘에서 이 책의 출간을 반겨준다면 몸과 마음을 다해 참으로 기쁘겠다.

2009년 1월

이 찬

차 례

제1부

현대 한국문학사와 비평의 담론 분석적 탐구

임화와 조동일의 문학사 비교 연구

1. 머리말

문학사가 일반적인 역사와 마찬가지로 하나의 역사라고 한다면, 그것은 적어도 일정한 시간적 계열화 속에서 문학적 사건을 다룬다는 것을 말한다. 이 시간적 계열화 속에는 필연적으로 특정한 관점과 방법적 선택이 수반된다. 인류가 행한 모든 사태와 사건을 '역사의 총체'라고 부를 수 있다면, 우리는 그 총체 속에 포함된 개별적인 사실 낱낱을 모두 인지할 수 없다. 역사의 서술이란 결국 우리가 모두 인지할 수 없기에 무한하다고 표현할 수밖에 없는 사태들에 시간적 계기를 부여하고 의미 연관을 설정하는 작업이다. 즉 역사 서술은 시간적인 의미 계열화를 통해 역사의 무한한 사태를 취사·선택하여 유한한, 곧 인지(認知) 가능한 계기적 연관들로 언술하는 작업이다. 무한한 사태들의 나열조차도 불가능한 인간의 인식 조건 속에서 세계를 더 나아가 세계의 시간적 질서를 이해하기 위해서는 사태들의 선택과 배제란 불가피한 것일 수밖에 없다.

이 선택과 배제의 원리란 언어의 근본적인 한계를 말하는 것일뿐더러 역사가의 역사 서술에 필연적으로 부착되는 방법적 선택 혹은 역사관을 의미한다. 결국 역사가는 자신의 역사관에 따라 무한한 계기 속에 놓여있는 역사적 사태들을 취합하여 그것에 시간적 질서와 의미 연관을 부여하는 것이다. 이는 다시 말해, 역사적 사실(fact) 그 자체는 무한하지만, 역사 서술은 자료 선택과 방법론과 의미 계열화 속에서 제한된 조건을 가진다는 것이다. "역사적 실체를 인식할 수 있는가?"라는 질문은 "역사가 실체로서 존재하는가 아니면 특정한 조건과 한계를 지닌 역사 서술로서만 존재하는가?"라는 질문과 동궤(同軌)의 것이다.

문학사가 다루는 대상을 범박하게 말해 '문학적 사건'이라고 할 때, 이 '문학적 사건' 속에는 문화사적인 측면과 사회경제적이고 정치적인 압력의 흔적들이 내장되어 있다고 할 수 있다. 그러므로 아무리 문학작품 그 자체와 문학의 생산과 유통, 소비라는 '문학적 사건'으로 문학사의 서술 대상을 축소한다 하더라도, 위의 흔적들과의 의미 연관을 문학사가는 고려하지 않을 수 없다. 바로 여기에 문학사가의 고충이 있다. 하나의 문학사가 씌어지기 위해서는 사회경제사, 정치사, 문화사적인 차원의 사건들과 '문학작품'이 더 나아가 '문학적 사건'이 어떤 연관 관계를 가지는지를 살펴야만 하는 것이다.

문학작품 속에 들어와 있는 사회·경제적이고 정치적인 요소가 있다 할지라도, 그것은 작품 내적인 완결된 의미 구조 속에서만 파악될 수 있다고 보는 '신비평'(*New Criticism*)의 관점은 기본적으로 문학사 부정론에 속한다.[1] 하나의 문학작품을 그 자체의 '자족한 존재'[2]로

1) 김용직, 『韓國近代詩史』 上, 학연사, 1994, 17-18면 참조.
"작품에 매달리는 것만으로 문학의 진실이 포착 가능하다고 믿은 나머지 문학과 역사의 접합을 반대한 대표적 보기에 뉴크리티시즘이 있다. (……) 그럼에도 신비평가들은 이런 일을 엄격하게 배격하는 것만이 문학의 진실을 포착하는 길이라고 믿는다. 이것으로 이 유형에 속하는 비평이 지니는 바 反文學史的인 입장이 분명하게 드러난다고 보겠다."

2) M·H. Abrams, 『*The Mirror and the Lamp*』, Oxford University Press, 1971, p.26 참조.

보는 신비평의 관점은 개별 작품의 내적인 형식과 미학을 해명하는 것에는 유리할 수 있지만, 작품과 작품의 시간적 계열관계, 더 나아가 문학적 사건의 시간적 의미망을 구성하는 것에는 결코 도움이 될 수 없다. 만약 '신비평'의 관점을 최대한 수용하여 문학사를 기술한다면, 그것은 결국 '문학작품만의 역사'가 될 것이다. 그러나 '문학작품만의 역사'라는 것이 하나의 잠재적인 가능성으로 놓여있을 뿐 아직 현실화된 적이 없다는 사실은, 실상 이러한 문학사가 기술되기 어렵다는 것을 반증한다. 그렇다면, 문학사의 실현 가능한 기술 방법은 문학 작품의 내적인 고유성과 완결된 의미 구조 바깥에 놓여있는, 다소간 문학 그 자체와는 동떨어진 이질적인 층위의 사태들을 시간적 계열화를 구성하기 위해 개입시키는 것이다. 이른바 '문학과 역사의 조합', 다시 말해, 문학적 사건의 층위와 비문학적인 역사적 사건의 층위를 시간적 계열화를 위해 혼효(混淆)하는 것, 이것이 문학사 기술의 난처한 자리이다.

문학사가 문학 작품들의 시간적 계열 관계를 구성하기 위해 비문학적 사건의 층위, 곧 이른바 '역사'라는 것을 개입시킬 수밖에 없다는 것을 불가피한 것으로 인정한다고 해도 문제는 여전히 남아있다. 그것은 시간적 계열화를 구축하는 관점과 시각에 관한 것이다. 곧 역사를 "절대이성이라는 목적지를 향해 부단히 발전하는 것으로 볼 것인가", 아니면 "물질적인 생산력의 발전에 따라 역사적으로 한정되는 사회구성체의 발전으로 볼 것인가", 그도 아니면 "생명 유기체의 생장 과정처럼 탄생-성장-성숙-노쇠-소멸의 과정을 겪는 것으로 볼 것인가"라는 문제가 남는다. 'A'라는 사태와 'B'라는 사태가 시간적인 거리를 두고 발생했다고 할 때, 그것들의 연관 관계를 의미 계열화하는 것이 곧 역사 서술이다. 이 연관 관계를 어떻게 설정하고 해명할 것인가는 곧 역사관의 문제이다. 그러나 역사관의 동일성이 곧 동일한 역사 기술의 방법으로 환원되는 것은 아니다. 동일한 역사관 속에서도 다양한 기술 방법을 선택될 수 있기 때문이다.

이 논문의 목적은 임화와 조동일의 문학사 텍스트들을 대상으로 삼아 그 차이와 공통성을 규명하는 데에 있다. 이들의 문학사는 매우 상이한 역사관과 문학사 기술 방법을 취택하고 있는 것처럼 보이며, 이것은 여러 세부적인 차원에서 확증될 수 있다. 이들의 차이는 여러 연구자들이 이미 지적했던 바와 같이 '이식문화론'과 '내재적 발전론'의 대립으로 간명하게 요약될 수 있다. 그러나 이 두 용어의 대립이 곧바로 문학사의 구체적인 기술의 차원에서 양자(兩者)의 차이를 해명해주는 것은 아니다. 이들의 차이가 구체적으로 해명되기 위해서는 양자의 텍스트들을 보다 미시적인 차원에서 비교·검토할 필요가 있다. 더불어 이들이 문학사의 구체적인 작품들을 어떻게 평가하고 해석했으며, 이를 통해 문학사적 의미망을 어떻게 구성했는지를 상세하게 검토해야 할 필요성이 제기된다. 따라서 이 논문은 '문학사 방법론', '근대문학 형성을 바라보는 관점', '신소설의 분석의 방법론' 등의 차원에서, 양자가 어떤 차이를 지니는지를 규명하고자 한다. 그러나 또한 이 양자는 여러 가지 차이에도 불구하고, 세계적 보편성의 지향과 그 이론에 대한 열망이라는 동일한 담론적 특성을 지니고 있다고 판단되는 바, 이것 역시 면밀하게 고찰되어야 할 것으로 판단된다.

2. 문학사 기술 방법론의 차이: 변증법적 '유물사관'과 '갈래 체계'의 역사 이론

1940년 1월 13일부터 1월 20일까지 동아일보에 연재된 임화의 「조선문학 연구의 일 과제」는 '신문학사의 방법론'이라는 부제를 달고 있다. 이 글에서 임화는 '방법론'을 구성하는 주요한 6항목을 구분하여 고찰하면서, "신문학사가 되나 안 되나 추구해야 할 문제는 대략 이러한 몇 가지의 것이다"[3]라고 언급한다. 이 6항목은 구체적으로 '대상', '토대', '환경', '전통', '양식', '정신'이다. 이 항목들은 각기 구분되어 기술되어 있음에도 불구하고, 일정한 체계적 연관을 가지고 있는 것으로 보인다.

'대상'이라는 첫째 항목에서는 "근대정신을 내용으로 하고 서구 문학의 장르를 형식으로 한 조선어문학"[4]으로 신문학사의 대상과 그 기술 범위가 확정되어 있다. 그 다음으로 '토대'에서는 '신문학'을 발생시킨 물질적인 조건을 이루었던 조선의 사회·경제사에 대한 분석의 중요성이 제기되어 있으며, '환경'과 '전통'에서는 신문학의 탄생에 직접적인 영향을 주었던 두 요소, '외국문학'과 '고유문화의 유산'에 대한 탐구의 필요성이 역설되어 있다. '토대', '환경', '전통'은 모두 문학작품의 형식이나 내용으로부터 추출된 규칙과 질서를 탐구하는 항목들이라기보다는 문학사의 변천을 구성하는 원인과 배경을 보다 거시적인 차원에서 이해하기 위해 소용되는 탐구의 항목들에 해당된다.

'양식'과 '정신'이라는 항목은 문학사 자체의 본격적인 내용을 이루는 것이라 할 수 있는데, 이 두 항목이 뒷부분에 배치되어 있는 이유는 사회·경제사와 정치사, 문화사 등의 일반 역사와 문학사가 상호 일치한다는 그의 '일원론적 역사인식'[5]에서 기인하는 것으로 추론된

---

3) 임화, 「조선문학 연구의 일 과제」, 임규찬·한진일 편, 『임화 신문학사』, 한길사, 1993, 386면.

4) 위의 책, 373면.

5) 이 논문에서 제시하는 '일원론'과 '다원론'이라는 용어는 역사 인식의 범위로 제한되며, 그것의 개념적 의미는 조동일의 견해를 수용했다. 그는 역사의 모든 차원을 관통하는 하나의 일반적인 시대구분의 기준이 존재한다고 보는 시대구분론을 '일원론'이라 지칭하고, "경제사, 사상사, 문학사, 언어사 등에 각기 타당한 시대구분이 있을 뿐이지 역사 전체의 시대구분은 존재하지 않는다"고 보

다. 사회경제적인 차원에서의 물질적 배경에 관한 역사적 연구와 문화사적인 차원에서의 정신적 배경에 관한 연구가 문학의 양식사에 대한 연구와 일치할 수 있으며, 그 양식사를 통해 드러난 문학의 정신사와 일치할 수 있다는 그의 역사인식이 문학작품들이 맺는 역사적 관계망에 대한 탐구에 앞서 사회·경제사와 정치사, 문화사적인 차원의 탐구에 선행할 수 있다는 그의 문학사 방법론으로 표현되었던 셈이다. 이것은 앞에서 살펴본 문헌을 통해서 분명하게 확인할 수 있으며, 그의 문학사의 실제 기술이라고 할 수 있는 「개설신문학사」의 목차 구성을 통해서도 예증될 수 있다.

1) 그러한 과제의 수행을 위하여 역사적 연구는 비평에서 얻는 바가 크다. 비평의 역사는 작품이나 작가의 역사를 연구하는 데 그 중요한 안내자다. 그것은 마치 비평이 문학사의 선구인 것과 마찬가지다. 그러므로 양식의 설정은 비평의 최후의 과제이면서 문학사의 최초의 과제라 할 수 있다.

그러나 시대의 양식이란 것은 단순히 그것이 하나의 특이한 양식에 그치는 것이 아니라, 그 시대인의 고유한 체험과 생활에서 형성된 시대정신이 자기를 표현하는 형식에 지나지 않는 것이다. 그것은 한 작품이나 작가의 경우와 변함이 없다. 이리하여 이 양식의 발견은 곧 여러 가지 양식의 발견으로 진전하는 것으로, 여러 가지 양식의 발견은 또한 양식의 역사라는 것을 형성한다.

문학사는 외면적으로는 언제나 이 양식의 역사다. 모든 통속적 문학사가 이 양식의 역사를 기술하고 있다. 그러나 양식의 역사는 기실 정신의 역사의 형식에 지나지 않는다. 양식의 역사를 뚫고 들어가 정신의 역사를 발견하고 못하는 것이 언제나 과학적 문학사와 속류 문학사와의 분기점이다. 문학사는 예술사의 대상일 뿐만 아니라 실로 사상사,

는 시대구분론을 '다원론'이라 지칭한다. (조동일, 『한국문학통사』 1, 제3판, 지식산업사, 1994, 39-43면 참조.)

> 정신사의 대상이기도 하기 때문이다.[6)]
>
> 2) 정신은 비평에 있어서와 같이 문학사의 최후의 목적이고 도달점이다. 양식의 역사를 통하여 하나의 정신의 역사를 발견함으로써 문학사는 전신문화사의 한 분과로서 확고한 지위를 차지한다. 문학이란 전 존재를 들어 — 형태에 있어서나 기능에 있어서나 — 하나의 문화였기 때문이다. 또한 문학을 하나의 문화로서 정착시킴으로 문학은 명확한 역사의 한 영역이 된다. 문화사가 일반 역사의 한 분과인 의미에서다.[7)]

위의 인용문 1)에서 확인할 수 있는 바와 같이, 임화는 문학작품의 형식의 변천사를 통해 추출되는 문학의 '양식의 설정'을 "비평의 최후의 과제이면서 문학사의 최초의 과제"라고 언급하면서도, 문학의 '양식의 역사'의 기저를 이루고 있는 '정신의 역사'를 발견하지 못하는 문학사를 '통속적 문학사' 혹은 '속류 문학사'라고 비판한다. 이 비판은 표면적으로 문학사가 문학의 형식 혹은 양식의 변천사를 기술하는 것을 넘어서서, 그 양식을 발생시킨 사상과 정신의 역사를 기술해야 한다는 논리로부터 나오는 것이지만, 실상은 문학작품의 형식 혹은 양식이라는 것과 그것이 생성된 '시대의 정신'이 일치한다는 전제를 그 배경에 두고 있는 것이다. "문학사나 비평은 그러한 형식으로밖에 표현될 수 없는 내용, 혹은 그러한 내용을 가질 수밖에 없는 형식을 연구하는 것이다. 바꿔 말하면 형식과 내용의 통일물로서의 문학작품을 연구하려는 데 궁극 목적이 있다"[8)]라는 임화의 언급은 문학 작품의 형식(양식)과 그것을 생성시킨 시대의 정신이 하나의 통일체를 이룬다는 그의 이론적 전제로부터 나오는 것이다.

인용문 2)는 '문학사'가 '문화사의 한 분과'이며, '문화사' 역시 '전

---

6) 위의 책, 383-384면.
7) 위의 책, 384면.
8) 위의 책, 383면

체사'(histoire globale)[9]의 한 분과라는 그의 역사인식을 명료하게 드러내 보여준다. '보편적인 동일성'으로서의 '일반 역사'가 있으며, 그것의 하위 분과이면서 특수한 분야의 하나로 '문화사'가 있고, 다시 그 하위에 '문학사'가 있다는 그의 역사 인식은 '문학사'를 비롯한 다양한 차원의 역사들이 각기 독립적이고 고유한 시간적 계열을 형성한다는 '다원론적 역사관'을 강하게 부정하는 근거가 되었던 것으로 판단된다. 결국 그의 역사관은 사회의 물질적 제 관계들의 총체인 토대와 그것의 반영으로서의 관념 형태인 '시대정신'과 그 '정신의 형태'인 '문학의 양식'이 총체적인 조응 관계 혹은 통일적인 관계를 지니고 있다는 '변증법적 유물사관'의 전제를 충실히 따랐던 것으로 추론된다. 또한 모든 영역의 역사를 일원적이고 통일적인 것으로 파악한다는 점에서, 보다 추상적인 개념을 적용한다면 '일원론적 역사관'이라 지칭할 수 있을 것이다.

그러나 임화의 문학사 방법론에서 나타난 역사 인식을 '일원론적 역사관'이라고 개념화한다고 해서, 그 방법론의 전모가 드러나는 것은 아니다. 오히려 그의 '신문학사'를 두고 아직까지도 치열한 논쟁을 거듭하게 하는 항목은 '환경'과 '전통'이다. 임화의 문학사를 '이식문학사', '주체적 시각을 결여한 서구 근대주의' 또는 '오리엔탈리즘'이라 평가했던 논의들이 주목했던 것은 '환경'이라는 항목이었고[10], 이와는

---

9) M. Foucault, 『지식의 고고학』, 이정우 역, 민음사, 1992, 30면.
푸코는 이 저서에서 '전체사'를 다음과 같은 문장으로 소묘한다. "전체사의 기획은 한 문명의 총체적 형태, 사회의 물질적 또는 정신적 원리, 한 시대의 제 현상에 공통되는 의미작용, 그들의 정합성을 설명해 주는 법 등—우리가 은유적으로 한 시대의 <얼굴>이라고 부르는—을 찾아내는 것이다."

10) 이런 관점은 김윤식·김현의 『한국문학사』로부터 출발하여 최근 김외곤의 논의에 이르기까지 임화의 문학사 평가에 있어서 대세를 이룬다. 이 논의들을 열거하면 다음과 같다.
김윤식·김현, 『한국문학사』, 민음사, 1973.
조동일, 「근대문학 형성과정론 연구사」, 『국문학 연구의 방향과 과제』, 새문사,

달리 그의 문학사를 단순한 '이식문학사'라고 평가해서는 안 된다고 주장했던 논의들이 강조했던 것은 '전통'이라는 항목이었다.[11)]

> 1) 그러므로 환경이란 말은 우리는 토대와 배경에서 분리하여 한 나라의 문학을 위요(圍繞)하고 있는 여러 인접문학이란 의미로 쓰고자 한다.
>
> 즉 문학적 환경이다. 문화교류 내지는 문학적 교섭이란 것이 환경 가운데서 연구될 것이다. 이것은 따로 비교문학 혹은 문학사에 있어서 비교적 방법으로 별개로 성립할 수도 있는 것이다.
>
> 그러나 신문학사의 연구에 있어 문학적 환경의 고구란 것은 신문학의 생성과 발전에 있어 부단히 영향을 받아온 외국문학의 연구다.
>
> 신문학이 서구적인 문학장르(구체적으로는 자유시와 현대소설)를 채용하면서부터 형성되고 문학사의 모든 시대가 외국 문학의 자극과 영향과 모방으로 일관되었다 하여 과언이 아닐 만큼 신문학사란 이식문화의 역사다. 그런만치 신문학의 생성과 발전의 각 시대를 통하여 영향받은 제외국문학의 연구는 어느 나라의 문학사상의 그러한 연구보다도 중요성을 띠는 것으로 그 길의 치밀한 연구는 곧 신문학의 태반의 내

1983.
김윤식, 「이식문학론 비판」, 『한국 문학의 근대성과 이데올로기 비판』, 서울대출판부, 1987.
전승주, 「임화의 신문학사 방법론에 관한 연구」, 서울대 석사논문, 1988.
박희병, 「임화의 이식문학론 비판」, 『한국문화』, 제22집, 서울대 한국문화연구소, 1988.
김외곤, 「임화의 신문학사와 오리엔탈리즘」, 『한국문학이론과 비평』, 제5호, 한국문학이론과 비평학회, 1999.

11) 임화의 문학사의 긍정적인 의미와 가치를 재평가하려고 했던 논의들은 그것을 비판, 부정하는 논의들에 비해 그 수가 다소 적은 편이다. 이 논의들은 다음과 같다.
구중서, 「서구문학의 이입과 근대 기점」, 『한국문학과 역사의식』, 창작과 비평사, 1985.
한기형, 「임화의 문학사 서술에 대한 관점의 몇 가지 문제」, 『한국근대문학사의 쟁점』, 창작과비평사, 1990.
신승엽, 「이식과 창조의 변증법」, 『민족문학을 넘어서』, 소명출판, 1999.

용을 밝히게 된다.12)

2) 동양 제국과 서양의 문화교섭은 일견 그것이 순연한 이식문화사를 형성함으로써 종결하는 것 같으나, 내재적으로는 또한 이식문화사를 해체하려는 과정이 진행되는 것이다. 즉 문화이식이 고도화되면 될수록 반대로 문화 창조가 내부로부터 성숙한다.

이것은 이식된 문화가 고유의 문화와 심각히 교섭하는 과정이요, 또한 고유의 문화가 이식된 문화를 섭취하는 과정이다. 동시에 이식문화를 섭취하면서 고유문화는 또한 자기의 구래의 자태를 변화해 나간다. 이 경우에 있어 고유문화라는 것은 외래문화에서 부정되고 있는 과거의 문화, 그 유산이다.13)

임화는 '환경'이라는 용어를 실상 비교문학적 환경이라는 의미로 사용한다. 이렇듯 비교문학의 방법이 그의 문학사 방법론의 주요 항목으로 설정된 이유는 조선의 신문학이 "번역과 창작과 비평 등 세 가지 방법"을 "일본 문학 내지는 메이지(明治), 다이쇼(大正) 문학"으로부터 배웠으며, "신문학 생성기에 있어서 가장 중요한 문제였던 언문일치의 문장창조에 있어 조선문학은 전혀 메이지 문학의 문장을 이식해 왔다"14)라는 '이식문화론'의 전제에 있다. 그러나 이 전제는 문학사적 사건의 실증의 차원에서 제기된 것일 뿐, 임화가 '신문학'의 '이식성'을 당위적이고 가치론적인 차원에서 추구했던 것이라고 보기는 어렵다. 오히려 그는 서구 근대 문물을 이식할 수밖에 없는 원인이 되었던 '전통'과 '고유문화'의 정체성이 우리 내부의 '문화 창조'를 통해 새롭게 갱신될 수 있을 것이라는 전망과 신념을 지니고 있었던 것으로 추론된다. 곧 임화는 '신체시'와 '신소설'로부터 1930년대 프롤레타리아 문학에 이르는 '신문학사'의 도정과 그 현재적 상태가 '이식성'을 지

12) 임화, 앞의 책, 378면.
13) 위의 책, 381면.
14) 위의 책, 379면.

닐 수밖에 없지만, 이러한 '이식문학사'를 해체하고 '전통'과 '고유문화'가 새롭게 창조되는 과정이 미래로 열려있다는 가치론적 전망을 가지고 있었던 것으로 추정된다.15)

임화의 '신문학사 연구'의 최초의 문헌인 「조선신문학사론서설」에서 이미 제기되었던 바와 같이, 그의 애초의 문학사 서술 동기와 의도는 "문학적 창조적 실천의 생산적 문제와 밀착"16)되어 있었다. 이것은 임화가 우리의 '고유문화'와 '전통'을 단순하게 폄하하거나 우리의 '신문학사'를 외국문화의 이식과 수용으로만 평가하지 않았으며, 조선의 특이한 조건에서 주체적인 근대화가 어떻게 가능한가를 모색하고 그것을 실천하고자 했다는 것을 의미한다. 그러나 그의 이러한 주체적인 근대화의 전망이 서구 근대성의 모델을 벗어난 것은 아니었다. 그의 근대성 인식에 있어서 하나의 절대적인 이념형으로 작용했던 것은 서구의 근대사회와 그 정신이었다. 이것은 결국 그가 '아시아적 정체성론'과 '오리엔탈리즘'이라는 시각으로부터 벗어날 수 없는 질곡으로 작용했던 것으로 보인다.

임화가 '신문학사 방법론'에서 문학 그 자체의 변천에 관한 규칙과 질서를 탐구하는 항목인 '양식'을 먼저 고려하지 않고, 물질적 토대와 인접문학과의 비교문학적 환경이나 고유문화와 외래문화의 역학관계

15) 임화의 문학사에 관한 최근의 논의인 김춘식의 글에는 이러한 관점이 매우 명료하게 나타나 있다. 그는 임화의 문학사에 관한 선행 연구들이 주목하지 않았던 「조선문학 건설의 기본 과제에 관한 일반 보고」라는 문헌을 통해 임화의 근대성 인식의 틀을 추출한다. 그에 따르면, 임화의 근대성 인식의 핵심을 차지하는 것은 '민주화'와 '민족국가 건설과 독립'이었다. 그는 이것들이 1930년대 후반으로부터 해방 이후에 이르기까지 임화의 일관된 '전망적 가치'였다고 보며, 따라서 "새 양식의 수입을 통해서 근대의 정신을 받아들이고 그것을 토착적인 전통의 한 부분과 결합하여 높은 정신으로 재창조한다는 구도"가 임화의 '신문학사의 방법론'에 개입되어 있다고 평가한다. (김춘식, 「임화의 근대성과 전통」, 『한국언어문화』, 제27집, 한국언어문화학회, 2005, 534면.)

16) 임화, 「조선신문학사론 서설」, 앞의 책, 318면.

를 우선적으로 고찰했던 것과는 달리, 조동일은 『한국문학통사』에서 임화의 '양식'에 비견될만한 '갈래'라는 개념을 제시하고, 문학사의 실제 기술은 '갈래 체계의 변천'으로부터 가능할 수 있다는 견해를 표명한다. 이것은 조동일의 문학사가 일반 역사의 전제들로부터 출발하지 않고, 문학적 현상 그 자체의 변천으로부터 시대구분의 준거 틀을 마련하고자 했다는 것을 의미한다.

> 1) 역사일반의 시대구분과 문학사만의 시대구분을 함께 추구하는 것이 바람직하다는 방향을 설정해 놓고 다시 생각해보면, 그렇게 하기 위해서 역가 일반에서 문학사로 넘어오기보다는 그 반대의 순서를 택하는 쪽이 손쉽고 성과를 누적하기에 유리하다.[17]
>
> 2) 이질성이라 한 것을 표기형태로만 가늠할 수 없다. 그렇기 때문에 논의의 대상을 작품에서 작품군으로 바꾸지 않을 수 없다. 작품군이라면 문학의 갈래로 이해해야 한다. (……) 문학갈래의 변천을 살펴서 시대구분을 하면, 문학 자체의 현상을 포괄적으로 다룰 수 있는 길이 열린다.
>
> 다시 생각해보면 갈래는 하나씩 등장하고 외톨이로 존재하는 것이 아니다. 가령 경체가시대라고 한 시기에, 우선 쉽사리 떠오르는 것들만 들어도 시조나 가사나 경기체가와 함께 존재했다. 그러므로 공존하는 갈래들 사이의 체계적인 관계, 그런 의미에서 갈래 체계가 문제이다. 갈래 체계를 검토하기 위해서는 갈래의 기본적인 성향에 대한 명확한 인식이 있어야 한다.[18]

조동일은 '시대구분의 기본원리'의 양극단인 '일원론'과 '다원론'의 문제점을 두루 살피면서, 양자의 종합을 시도하고자 한다.[19] 그러나 이 종합에서 그가 문학사 기술에 우선권을 부여한 것은 '다원론'의 관

17) 조동일, 『한국문학통사』 1, 제3판, 지식산업사, 1994, 39-40면.
18) 위의 책, 40-41면.
19) 위의 책, 38면.

점이다. 그는 일반 역사의 시대구분에서 출발하여 그 전제와 공리들을 문학사에 다시 적용하려 하기보다는 문학 그 자체의 현상으로부터 출발하여 문학사의 시대구분을 마련하고, 그것과 일반 역사를 일치시키려는 방향으로 나아가기 때문이다. 이렇듯 '일원론'과 '다원론'을 동시에 포괄하고자 하는 것은, 그가 "역사 일반의 시대구분과 문학사만의 시대구분을 함께 추구하는 것이 바람직하다"[20]라고 보기 때문이며, 또한 문학사적 현상으로부터 출발한 시대구분의 정합성이 일반 역사의 시대구분에까지 확장될 수 있다는 믿음을 지니고 있기 때문이라 추론된다. 이러한 측면은 그가 세계사에 두루 통용될 수 있는 역사의 보편이론을 수립하고자 하는 열망을 지니고 있다는 추정을 가능케 한다. 실제로 『한국문학통사』에서 시도된 시대구분은 이후 '동아시아문학'과 '제3세계문학'에 적용되었으며, '세계문학사'에까지 적용될 수 있는 보편성을 지닌다는 논의로 확장되었다.

앞에 제시된 두 인용문은 문학사의 출발점이 문학적 자료의 분석과 해석에 있으며, 문학적 현상의 변천을 고찰하는 데에 있다는 그의 논리를 명료하게 보여준다. 이러한 논의 방향에서 가장 먼저 고려되는 것은 '개별적인 작품'이다. 그러나 조동일은 개별 작품들이 맺는 '이질성'의 차원이 "한문, 향찰, 국문 등의 표기 형태"에 국한될 뿐만 아니라, "지금 남아 있는 작품들이 과거의 문학사의 실상을 그대로 보여주기 어렵고, 이루어진 시기를 확인할 수 없는 것이 많다"[21]는 점을 들어 문학사가 고려해야 하는 대상은 '작품'이 아니라 '작품군'이 되어야 한다고 진술한다. 곧 문학사 기술을 위해 실제적으로 소용되는 단위는 개별 작품들이 아니라, 그것들의 공통된 집합인 '문학의 갈래'가 되어야 한다고 본 것이다. 여기에서 그가 말하는 갈래는 그 각각의 고

---

20) 위의 책, 39면.
21) 위의 책, 40면.

유한 명칭과 일정한 역사성을 지니는 '실제 갈래'를 말한다. 곧 '실제 갈래'란 그의 학문적 업적의 핵심에 해당되는 4분법적 갈래(장르) 개념인 "서정, 교술, 서사, 희곡"을 가리키는 것이 아니라, "모노래, 오언절구, 향가, 시조, 현대시" 등과 같이 일정한 역사성을 지니는 갈래들을 말한다. 다시 말해 '실제 갈래'란 일정한 역사적 시기에 발생했다가 소멸하는 역사적 갈래이며, "서정, 교술, 서사, 희곡"은 "갈래가 택할 수 있는 네 가지 기본 성향에 지나지 않는다."[22)]

문학사가 실제로 기술되기 위해서는 대립적 구조 원리에 의해 연역된 '서정', '교술', '서사', '희곡'이라는 갈래들이 그 단위가 될 수 없다. 왜냐하면, 이것들은 시대적이고 역사적인 차원을 넘어서 존재하는 문학적 표현의 기본 방법들이기 때문이며, 문학사는 특정한 시대마다 고유한 특질과 역사적 제한성을 지니는 문학 작품들의 군집을 통해서만 그 시대들이 구분될 수 있기 때문이다. 이러한 조동일의 문학사 시대구분 방법은 문학적 현상을 벗어난 일반 역사의 전제로부터 출발한 것이 아니라는 점에서, 문학 그 자체의 역사성을 충실하게 드러낼 수 있는 장점을 지니고 있는 것으로 판단된다.

그러나 조동일은 한국문학만의 고립된 역사가 아니라, 보다 일반적이고 보편적인 것으로 확장될 수 있는 문학사를 구상했던 것으로 추정된다. 그는 문학사의 대상에 관한 논의에서 개별적인 문학 작품으로부터 출발하여 '문학갈래의 변천', '문학갈래 체계의 변천', '문학담당층', '문학담당층의 사회적인 성격, 세계관, 창조적 활동의 방식' 등으로 그 영역을 보다 포괄적인 범주의 것으로 이동시켜 나간다. 이것은 개별적인 문학 현상으로부터 출발해 보다 보편적이고 일반적인 규칙과 원리로 나아가는 그의 문학사 방법론의 핵심을 드러내 보여준다.

---

22) 위의 책, 27면.

그가 '다원론'과 '일원론'을 함께 존중해야 한다고 주장했던 것도 바로 이것과 관련되어 있다. 그의 문학사의 출발점은 문학적 현상 그 자체라는 점에서, '다원론'이지만, 그 귀결점은 문학 그 자체만의 역사를 넘어서 '문학사'와 '사상사'와 '사회사'가 통합되는 '전체사'의 이론으로 나아가고자 하는 '일원론'에 놓여 있기 때문이다.[23)]

이러한 '다원론'과 '일원론'을 모두 충족시키기 위해 그가 문학사 시대구분의 방법으로 제시한 것이 바로 '갈래 체계의 변천'이다. '갈래 체계의 변천'보다 더 작은 단위인 '갈래의 변천'을 고찰하는 것은 문학사 그 자체에는 충실할 수 있으나, 그 갈래가 변화하게 된 이유와 원인, 더 나아가 사회적이고 사상적인 변화를 다룰 수 없기 때문이고, '갈래 체계'보다 더 큰 단위인 '문학담당층'의 사회적, 사상적 성격에 대한 탐구는 문학사의 고유 영역이라기보다는 사상사 혹은 사회사와 공분모를 이루는 영역이기 때문이다. 따라서 "갈래 체계의 변천이 문학담당층의 교체와 어떤 관련이 있는가 하는 것이 문학사 이해의 핵심 과제이다"[24)]라는 그의 말은 그의 문학사가 문학적 현상 그 자체에 충실한 것이면서도, 그것이 사상사와 사회사의 차원을 포괄할 수 있다는 '전체사'의 방법론적 확신을 축약하고 있는 것이다.

3. 근대문학의 형성을 바라보는 관점의 차이: '아시아적 정체성'과 '중세에서 근대로의 이행기'

임화의 「개설신문학사」에는 논리의 전개 과정 전체를 관통하는 거시적인 이론적 전제가 있다. 그것은 "조선은 아시아적 정체성의 질곡

23) 위의 책, 43면.
24) 위의 책, 42면.

으로 인하여 자주적인 근대화가 불가능했다"는 것이다. 또한 이러한 물질적 조건의 미성숙과 불충분성은 '정치', '도덕', '법', '문화', '예술' 등과 같은 상부구조를 규정하기 때문에, 우리는 근대문화 혹은 근대문학 또한 자생적으로 발생시킬 수 없었으며 서구의 근대화된 '문화'의 '이식'을 통해서만 우리 문화와 문학은 근대적인 내용과 형식을 갖출 수 있었다는 것이다.

> 1) 새로운 문학의 직접적 배경이 되는 것은 새로운 정신문화의 준비이나 새로운 정신문화는 또 새로운 물질적 조건을 배경으로 하여서만 준비되는 것이다. (……) 이러한 제 조건이 이조 봉건사회 내부에서 자생적으로 성숙, 발전치 못한 것은 조선 근대사의 기본적 특징이 되었었다.[25]
>
> 2) 원시사회의 붕괴와 고대사회 탄생의 비전형성은 고대사회 자체의 불충분한 발달과 비전형적 붕괴를 초래하고 고대사회의 비전형적 붕괴는 (……) 근대사회 탄생의 비전형성에까지 결과를 미치게 하고 마는 것이다. 이렇게 동양사를 장구히 지배해오던 이른바 아시아적 정체성이란 것은 결국 서구의 근대 사회제도를 수입 이식하지 않고는 봉건사회로부터 근대사회제에의 전화, 과도를 불가능케 한 조건을 만드는데 결착되는 것이다. (……) 그러므로 만일 서구 자본제의 동점이 없이 장구한 동안 동양 혹은 조선 봉건제를 그대로 두었다면 먼 장래에 독자적으로 근대사회로의 전화를 수행했을지도 모른다. 예를 들면 내지의 봉건제는 이러한 가능성을 가장 많이 가졌던 사회라고 말할 수 있다.[26]
>
> 3) 역사는 더구나 근대사회는 결코 한 국가나 지방의 폐쇄적 독존을 허락하는 것은 아니다. 상업과 화폐에 의한 모든 지방의 세계화가 이 시대의 특징이다. 요컨대 동양제국은 내부조건이 미처 성숙치 못하고 시기가 상조한 채로 근대화의 길로 들어선 것이다. 그러므로 동양 제국은 공통으로 서구 근대사회의 촉발과 수입과 이식으로 근대화될 운명

25) 임화, 「개설 신문학사」, 앞의 책, 23면.
26) 위의 책, 25-26면.

> 아래 놓여 있었다. 이것은 자주적 근대화의 조건이 결여된 모든 후진사회의 공통한 운명(남북 아메리카 대륙, 대양주, 기타)이거니와 또한 정규의 사회사적 제 계단을 통과했음에도 불구하고 이른바 아시아적 정체성 때문에 자주적 근대화의 조건이 미숙한 동양 제국의 필연한 운명이기도 하다.[27]

위의 인용문 1)의 "새로운 정신문화의 준비는 새로운 물질적 조건에 준비에 의해서만 준비된다"는 문장을 통해 임화가 맑스주의의 '토대·상부구조론'의 방법론을 문학사에 적용하고 있음을 확인할 수 있다. 인용문 2)는 '아시아적 정체성'이 생겨난 원인이 '원시사회 붕괴의 비전형성(非典型性)'에 근본이 있으며 이 "비전형성은 근대 사회 탄생의 비전형성의 결과를 낳는다"는 식의 논리적 전개를 보여준다. 그러나 이 문제에 대한 실증적인 논거는 뚜렷하게 제시되어 있지 않다. 문제의 핵심은 바로 '비전형성'에 있다. '비전형성'이라는 표현이 가능하기 위해서는 '전형성'(典型性)이 전제되어야만 한다. 「개설 신문학사」 어디에도 '전형성'이 무엇인지 또한 어느 나라와 지역을 말하는 것인지는 언술되어 있지 않다. 그러나 '역사발전의 전형성'이란 곧 서구 제국주의 국가들의 역사를 의미한다는 것은 분명히 유추할 수 있는 사실이다.

그 다음으로 연속되는 논리는 서세동점(西勢東漸)의 '제국주의 시대'라는 세계사적 국면과 아시아의 식민지 전락에 대한 해석이다. 적어도 이 부분은 언술되어 있는 논리적 맥락으로만 따진다면, 임화의 문학사가 단순히 일제의 '식민사관'에 침윤된 것이라는 판단을 어렵게 한다. 한·중·일 동아시아 세 나라가 모두 아시아적 정체성에서 헤어날 수 없었으며 서구 문물의 이식에 의해서만 근대화될 수 있었다고

---

27) 위의 책, 26-27면.

보기 때문이다. 그러므로 결코 '이식'을 찬양하거나 동조하는 것이 아님을 어렵지 않게 추론할 수 있다. 오히려 임화의 고민 속에는 "왜 우리 조선은 자생적으로 근대화의 길을 가지 못하고 외부에 의해서 근대화를 강요당해야 했던가?"라는 의문이 내포되어 있다. 그러나 또한 그럼에도 불구하고, 서구와 일본이 지닌 근대 과학 기술과 물질문명에 압도적으로 매혹당한 임화의 의식 심층에는 서구 근대에 대한 추종과 선망이 자리 잡고 있었던 것으로 추정된다.[28] 따라서 임화에게 가장 절박했던 문제는 우리 사회의 근대 혹은 근대성(modernity)이라는 이상형(ideal type)의 결여였다고 판단된다.

인용문 3)은 임화가 근대 서구 자본주의의 발전이 '제국주의'로 전화되는 과정에 대해 세계사적인 해석을 가하고 있는 부분이다. 이것은 상당히 중요한 문제를 내포하고 있다. 한국 사회의 '근대의 기점'이라는 문제를 떠나서, '제1세계'인 서구 제국주의 국가들이 아시아, 아프리카 등의 이른바 '제3세계'를 침략하여 식민지화한 것은 19세기부터 20세기 초까지의 세계사적인 사건임은 누구도 부인할 수 없는 사실(fact)의 차원에 속한다. 한국 사회의 근대의 기점은 어디인가라는 문제는 일정한 가치 판단을 요구하고 더 나아가 이데올로기적인 선택을 강요한다. 그에 반해 위의 임화의 진술은 가치 판단이라기보다는 사실 판단에 가까운 것으로 보인다. 적어도 '서구 근대 사회의 촉발과 이식

28) 김윤식, 『한국문학의 근대성 비판』, 문예출판사, 1993, 30면 참조.
"임화가 자주화라는 은유를 사용했을 때, 그것은 실상은 갈릴레이로 표상되어 온 근대 자연과학의 세계인식에 다름 아니었다. 시간과 공간의 균질화가 바로 그것. 이 균질화가 하나의 제도로, 그러니까 전면적인 단위로 전개되는 경이로움 앞에 한 소년이 무방비 상태로 노출되어 있던 형국이었다. (……) 그는 이러한 경이로움이 존재론적 인식론적 전환에서 온 것이라 믿고, 성급하게도 그리고 당연히도 차이개념을 우열개념으로 인식해버린 것이었다. 「자주정신의 결여」라는 은유 속에 감추어진 정체가 이것이었던 것. 이 자주정신이 은유로 표현되었을 때를 두고 근대성이라 불렀던 것이다."

과 수입'이라는 구절과 '아시아적 정체성'이라는 개념을 제외한다면, 위의 진술은 사실 판단의 진술이라 할 수 있다.

따라서 문제의 초점은 '주체적 근대화'냐, '타율적 근대화'냐라는 가치 판단의 차원에 놓여 있지 않다. 오히려 문제는 당시 조선을 비롯한 제3세계가 식민지로 전락할 수밖에 없었던 이유를 사실적으로 규명하는 데에 있다. 임화가 제국주의의 식민지로 전락할 수밖에 없었던 제3세계의 공통된 불행한 운명을 근본적으로 규명하려고 했던 것에 오히려 문제의 초점이 있다는 것이다. 그러나 임화가 설명했던 것과는 달리, 이 불행한 운명의 원인이 하나의 동일한 원리에 기초해 있다고 판단되지 않는다. 원인은 복수적일 것이며, 각 지역과 국가마다 이질적인 층위를 지닐 것이다. 그런데 임화는 미리 주어진 하나의 답안을 제시하고 있다. 그 답안이 바로 '아시아적 정체성'이다. 서구의 국가들이 근대화된 경로는 정상적이고 전형적인 발전의 과정이며, 그 궤도와는 이질적인 방식으로 존속해왔던 제3세계의 역사는 비정상적이고 비전형적인 것이라고 임화는 판단하고 있는 셈인데, 이 판단 속에는 '서구적 근대'라는 하나의 절대적 기준이 자리 잡고 있다. 이것은 역사적 발전 단계를 '유럽'과 '유럽 이외의 지역'으로 양분하고, 그것에 우열의 가치를 매기는 것으로 귀결될 수밖에 없다. 임화가 비판되어야 하는 지점은 바로 이러한 '근대제일주의'라는 단선적이고 선형적인 진보사관의 수용에 있다. 시간적 선후관계 속에서 뒤의 것은 앞의 것보다 더 발전되어 있고 진보되어 있다는 진보론적 시간관(세계관) 역시 근대적 사유 체계의 핵심 가운데 하나이다.[29)]

조동일은 1983년에 간행된 『신소설의 문학사적 성격』에서 "신소설(新小說)은 서구의 영향을 받은 서구적인 소설이 아니라, 전대소설(前

29) 윤평중, 『푸코와 하버마스를 넘어서』, 교보문고, 1990, 24-27면 참조.

代小說)의 긍정적 계승이면서 부정적 계승이기도 하다"[30]고 하면서 '신소설'과 '전대소설'과의 연속성을 강조한다. '전대소설', 그 가운데에서도 '귀족적 영웅소설'과 '신소설'은 '삽화'(挿話), '유형'(類型), '인간형'(人間型)의 측면에서 서로 일치하며, 따라서 이 양자는 연속성이 있다고 주장한다. '전대소설'이 극복된 측면으로는 "천상계(天上界)가 사라지고 경험적 구체성이 확대되는" 측면을 들고 있다. 따라서 "신소설은 서구문화의 이식이나 전통과의 단절을 통해서 이룩된 소설이다"라는 그 이전의 논점은 부정될 수밖에 없다.

이러한 관점은 『한국문학통사』로 확대된다. 그의 문학사의 특이성은 단연 '중세에서 근대로의 이행기'라는 기왕(旣往)의 문학사에서 설정되지 않았던 시대를 새롭게 제기하는 '시대구분의 방법'에 있다. 물론 그는 문학사의 '시대구분'을 위해 소용되는 여러 겹의 기준을 제시했다. "언어 선택, 문학갈래 체계의 변천, 문학담당층의 변화, 사회경제구조의 변화가 각기 소중한 의의가 있으며, 그 상관관계를 파악하려 한다"[31]라는 그의 말은 이를 구체적으로 보여준다. 여타의 문학사와는 다르게 입체적이고 다면적인 문학사의 '시대구분' 방법을 도입하고 있다는 점도 특이하다고 할 수 있다. 그러나 "문학사 기술에 있어 시대구분은 출발점이자 귀착점이라 할 수 있"[32]기에, '시대구분의 방법'보다 오히려 더 중요한 것은 한국문학사에 대한 실제적인 시대구분이라 할 수 있다.[33] 『한국문학통사』의 시대구분은 '언어선택',

---

30) 조동일, 『신소설의 문학사적 성격』, 서울대 출판부, 1983, 152면.
31) 조동일, 『동아시아문학사비교론』, 서울대 출판부, 1993, 301면.
32) 김홍규, 「비평적 연대기와 역사 인식의 사이」, 『창작과 비평』, 통권 제61호, 창작과 비평사, 1988 가을, 228면.
33) 조동일이 시도한 시대구분을 정리해보면 다음과 같다.
   1. 첫째 시대; 원시문학; 고대국가 형성 이전
   2. 둘째 시대; 고대문학; 건국신화시대; 자기중심주의
   3. 셋째 시대; 중세전기문학; 문명권 공통의 보편문어와 보편적 종교의 대등

'갈래 체계의 형성과 변천', '문학담당층의 교체' 등의 연관 관계를 고려한 것이다.[34)]

'언어 선택'의 측면만을 가지고는 '이행기'가 따로 설정되기 어렵다. '보편문어'(한자)를 폐기하고 자국어 문학을 수립하는 '언문일치운동'

한 구현
제1기; 삼국, 남북국 시대
제2기; 고려 전기
4. 넷째 시대; 중세후기문학; 문명권 공통의 보편문어와 보편적 종교의 독자적 구현
제1기; 고려 후기
제2기; 조선 전기
5. 다섯째 시대; 중세에서 근대로의 이행기 문학; 중세적 보편주의에서 민족주의로의 이행
제1기; 조선후기
제2기; 1860~1919
6. 여섯째 시대; 근대문학; 민족주의와 평등주의
제1기; 1919~1945
제2기; 1945 이후

34) 이것들을 정리해보면 다음과 같다.
1. 언어 선택; 1) '구비문학'만의 시대; 고대
2) '한문학'과 '국문문학'이 공존한 시대; 중세
3) '국문문학'만의 시대; 근대
2. 문학 갈래; 1) 고대; '영웅서사시'가 주요 갈래
2) 중세; '서정시'가 주요 갈래
중세후기; '서정시'와 '교술시'가 공존
3) 중세에서 근대로의 이행기; '서정시'와 '교술시'와 '소설'이 공존
4) 근대; '소설'이 주요 갈래
'교술시'가 밀려나고 '서정시', '소설', '희곡'만이 문학으로 인정됨.
3. 문학담당층; 1) 고대; 군사적 귀족; 영웅서사시를 통해 '자기중심주의'를 표현
2) 중세; 문신귀족; 문학 활동을 전문적으로 담당, '한문학'과 '국문문학' 양쪽에서 보편주의'를 구현
3) 중세에서 근대로의 이행기; 문신귀족과 시민; '보편주의'와 '민족주의' 혼재, '국문소설'의 등장과 육성
4) 근대; 시민 주도; 민족주의 문학

이 근대문학의 기점을 설정하는 데 있어서 중요한 척도 가운데 하나임에는 틀림없으나, 이것이 '고대 - 중세 - 근대'라는 삼분적인 시대구분법을 부정하고 '이행기'를 따로 설정할 수 있는 근거가 될 수는 없다. 오히려 이것은 근대문학의 기점을 영·정조 시대에까지 소급하려는 김윤식·김현의 『한국문학사』에 대한 비판의 준거점이 될 수는 있다. 왜냐하면, 영·정조 시대에는 한문문학이 여전히 존속되고 있었으며, 언문일치가 아직 이루어지지 않았기 때문이다. 그러나 '이행기' 설정과 근대문학의 기점을 설정한 것이 다를 뿐, 『한국문학사』와 『한국문학통사』는 동일한 '문제틀'(problomatique)에서 출발하고 있는 것으로 판단된다. 그것은 우리가 서구 문물과의 교섭 이전 시기인 조선 후기에 이미 자생적으로 근대로 이행할 수 있는 능력을 사회·경제적으로나 문화적으로 충분히 구비하고 있었다는 '내재적 발전론'의 전제이다. 이 관점에서 중요하게 평가되기 시작한 것이 바로 '실학'과 '사설시조', '판소리계 소설'이다. 따라서 '자본주의 맹아론'과 '내재적 발전론'으로 요약되는 이론적 함의들을 이 두 문학사는 공유하고 있다. 즉 양자(兩者)는 임화의 '이식문화론'을 비판하고 극복하려는 동일한 자리에 서 있다고 말할 수 있을 것이다.

그러나 또한 이 양자 간에는 매우 중요한 차이가 내포되어 있다. 김현은 『한국문학사』 제1장 제1절 첫 번째 항의 표제를 "문학사는 실체가 아니라 형태이다"라고 달고 있다. 이 문장이 의미하는 것은 문학사가 그것을 기술하는 사람의 관점과 방법에 따라 그것의 시대구분이나 기술 방법, 실제적인 내용, 더 나아가 개별 작품에 대한 가치 판단 등이 달라질 수 있다는 것이다. '의미망의 그물코를 어떻게 짜는가는 의미인의 손에 달려 있다'[35]라는 진술은 사실상 상대주의적인 문학사

35) 김윤식·김현, 『한국문학사』, 민음사, 1973, 11-12면 참조.

기술의 표명이라 판단된다. 이것은 다시 말해, 문학사가의 '의미망' 구성에 따라 문학사는 '이식문화론'의 관점으로도 기술될 수 있지만, '자생적 근대화론'의 관점으로도 씌어질 수 있다는 것을 의미한다. 다만 '한국문학은 주변문학을 벗어나야 한다'[36]는 것이 시대의 당위적인 명제이기 때문에, '70년대 의미인'인 김현 자신은 한국 근대문학의 기원을 조선 후기의 영·정조 시대에 두겠다는 것이다.

이에 반해 조동일은 "문학사는 문학의 실상에 대한 객관적 인식이다"[37]라고 분명하게 규정하고 있다. 이것은 『한국문학사』에서 나타난 상대주의적인 관점과는 정면으로 배치(排置)되는 것이다. 즉 김현이 문학사란 문학사가의 관점에 따라 유동할 수 있는 가변적인 '형태'로 보는 반면, 조동일은 객관적인 '실체'라고 본다는 점에서, 양자(兩者)는 상반된 관점에 놓인다. 실제로 조동일은 『한국문학통사』의 '시대구분의 방법'이라는 장에서 문학사가 '객관적 실상'이 아니라고 보는 관점을 단호하게 비판한다.

따라서 그가 새롭게 설정한 '근대에서 중세로의 이행기'라는 시대는 역사 서술의 편의를 위해서 설정한 문학사가 개인의 특정한 시대구분이 아니라 문학사의 객관적 실상이라는 논점이 가능해진다. 17~19세기에 이르러 중세적 지배질서와 이념의 통제력이 무너지고 전통적 한문문학의 내부적 변모와 더불어 우리말로 이루어진 '평민문학'(平民文學), '시정문학'(市政文學)이 발달하는 새로운 양상이 전개된 것에 대한 조동일의 지적은 적절하다. 그런데 이 시기를 '중세 말기'나 '중세 해체기'라 지칭하기보다는 '이행기'라 지칭하여 하나의 독자적인 시대로 설정하는 이유는 무엇인가? 그것은 필시 "우리 문학사에 있어서의 근대를 서구 문학의 이식·영향으로써 설명하려는 타율적 문학사관으

36) 위의 책, 13면. (이 문장은 제1장 제1절 제2항의 표제이다.)
37) 조동일, 『한국문학통사』 1, 제3판, 37면.

로부터 벗어나 조선 후기 이래의 내재적 발전 동력을 부각시키고자 한 서술 의도 때문"[38]일 것이다.

『한국문학통사』가 사회사나 사상사, 정치사에 잠식되지 않고 '문학의 역사'로서 하나의 전범적인 사례가 될 수 있었던 것은 '갈래 체계의 변천'에 주목했고 그것에 따라 시대를 구분했기 때문이다. 따라서 '갈래 체계'라는 것은 그의 문학사의 핵심이자 출발점이라 할 수 있다. '자아'와 '세계' 간의 대립적 구조 원리에 따라 구분된 그의 '갈래론'(장르론)은 매우 명료한 연역의 체계로 구성된 것이다. 그러나 이 연역의 체계가 역사상 존재했던 문학 작품들을 실제로 구분할 수 있는 체계인지는 그리 분명하지 않은 것으로 보인다. 예컨대, 조동일은 '금오신화'(金鰲新話)를 한국문학사에 있어서 첫 번째 소설이라고 했는데, '가전체'(假傳體)와 '인물전'(人物傳) 등을 '서사 문학' 장르에 속한다고 규정하는 연구자들은 '화왕계'(花王戒)를 한국소설의 효시로 꼽는다. 여기에는 '가전체'와 '인물전' 등을 '교술 갈래'로 볼 것인가, '서사 갈래'로 볼 것인가라는 문제가 잠재해 있다. 재론의 여지가 많은 '갈래 체계'의 구분이 문학사 시대구분의 가장 주요한 척도로 작용하고 있다는 사실은, 그의 문학사 역시 '실상'이 아니라 하나의 '형태'에 불과할 수 있음을 시사한다.

그런데 문제는 그가 『한국문학통사』의 '시대구분법'이 '동아시아문학'과 '세계문학'에도 두루 적용될 수 있는 보편성을 가진 것이라고 주장하면서, 『동아시아문학사비교론』, 『한국문학과 세계문학』, 『세계문학사의 허실』 등의 저서들을 잇달아 출간했다는 것이다. 이 저서들은 '중세에서 근대로의 이행기'라는 시대가 한국문학사의 '특이성'이 아니라 세계문학사의 '보편성'에 해당된다는 그의 주장을 실증하고자

---

38) 김홍규, 앞의 글, 229면.

하는 노고의 소산이라고 할 수 있다. 조동일은 『세계문학사의 허실』에서 맑스주의의 '아시아적 생산양식'이라는 개념을 '유럽중심주의사관'에서 나온 것으로 규정하고 매우 강한 어조로 비판한다.

1) 생산력, 생산관계, 상부구조라고 한 것들의 영역 구획이나 연관관계 해명을 위해서, 마르크스와는 다른 이론을 제기하는 것이 가능하고 필요하다. 생산관계에 의해 상부구조가 이루어지는 인과론적 선후관계와, 생산관계를 먼저 알아 상부구조를 해명하는데 써야 한다는 인식론적 선후관계가 일치해야 한다는 마르크스의 지론에 동의하지 않고, 인식론적 선후관계는 논증의 형편에 따라서 얼마든지 달라질 수 있다고 하는 반론은 이치를 길게 따지지 않아도 쉽사리 가능하고 당장 필요하다. 생산관계가 상부구조에 미치는 작용보다 그 둘 사이의 상호작용을 더욱 중요시하는 이론이 더욱 타당하고 유용하다고 할 수 있다.[39]

2) 역사의 발전은 오직 유럽문명권에서만 가능했다고 하는 유럽 문명권 중심주의, 근대화로 연결되지 않은 그 이전의 역사는 평가할 수 없다고 한 근대지상주의, 문학사의 변화도 물질적 기초에서부터 찾아야 한다는 유물론의 시각, 마르크스주의 역사관은 이 세 가지 결함을 극복하지 못해 세계문학사를 서술하는 데 커다란 장애노릇을 해왔다. 그런데 그 가운데 유럽중심주의가 가장 큰 문제였다. 유럽중심주의를 그대로 따라서는 세계문학사의 서술범위와 순서를 바르게 잡을 수 없기 때문이다.[40]

3) 터키, 페르시아, 인도등의 아시아 각국에는 토지사유제가 생겨나지 않고, 촌락공동체가 유지되어, 전제군주제의 토대를 이루었으므로, 사회경제적 발전이 정체되었다고 한 것이 아시아적 생산양식론의 요점이다. (……) 마르크스가 "아시아적 생산양식 - 고대적 생산양식 - 봉건적 생산양식 - 근대시민적 생산양식의 단계를 거쳐 세계사가 전개되어 왔다고 한 견해는 그 자체로 미완성이고 모호해서 많은 논란의 여지를 남겼다.[41]

---

39) 조동일, 『세계문학사의 허실』, 지식산업사, 1996, 314면.
40) 위의 책, 319면.

조동일은 『한국문학통사』에서 문학의 '언어 선택'과 '갈래 체계의 형성과 변화', '문학담당층의 변화'는 우선 가시적으로 드러난 것이므로, "여기에서 출발해야만 실제적인 문학사 서술이 가능하다"고 진술한다. 문제는 '사회경제구조의 변화'인데, 그는 "사회경제구조의 변화에 의해 역사 일반의 시대구분을 하는 일원론적 시각은 문학사 기술에 있어서 적절하지 않다"고 하면서 '다원론'과 '일원론'을 함께 고려해야 한다[42]고 주장한다. 여기에서 '일원론적 시각'이란 다분히 맑스주의의 '사회구성체론'과 '토대・상부구조론'을 염두에 둔 것임을 다음과 같은 문장을 통해 유추할 수 있다. "사회적 토대 결정론으로 문학의 양상이나 가치까지 해명하자면 무리가 커진다."[43] 이러한 맑스주의의 '토대 결정론'에 입각한 일원론적 시각에 대한 비판이 가시화되고 논리화된 것이 위의 인용문 1)이다.

인용문 2)는 맑스주의 역사관에 대한 비판으로서 '유럽중심주의', '근대지상주의', '유물론의 시각'의 문제점을 지적한 것이다. 인용문 3)은 '아시아적 생산양식'과 '아시아적 정체성론'에 대한 비판이다. 인용문 2)에서 '맑스주의'가 '유럽중심주의'이며 '근대지상주의'라는 표현은 3)의 '아시아적 정체성론'을 염두에 둔 것이고, '유물론의 시각'의 결함이란 1)의 '토대 결정론'을 전제한 것이다. 전자(前者)가 역사 전체(일반)에 해당하는 문제라면, 후자(後者)는 문학사와 관계된 문제이다. 이 문제를 '한국 근대문학의 형성'에 연관시킨다면, 전자는 '근대'와 후자는 '문학'과 연관될 것이다.

조동일이 맑스주의 역사관을 비판하는 근본적인 이유는 바로 여기에 있다. 맑스주의의 이론을 수용할 때, 우리의 근대문학은 결코 '이식

41) 위의 책, 320면.
42) 조동일, 『한국문학통사』 1, 제 3판, 38-43면 참조.
43) 위의 책, 39면.

문화론'으로부터 벗어날 수 없기 때문이다. 다시 말해, '아시아적 생산양식'과 '아시아적 정체성'이라는 맑스주의의 사회·경제적 토대 분석에 입각한다면, 우리는 자생적으로 근대로 이행할 수 없었을 것이라는 판단이 내려질 수밖에 없기 때문이다. 임화가 이것을 그대로 수용하여 자신의 문학사 기술을 위한 거시적 전제로 삼고 있는 반면, 조동일은 이러한 거시적인 이론적 전제를 비판하고 '이행기'라는 자기 문학사의 특이한 관점을 세계문학사의 보편성으로 논증하여 일종의 '전체사'를 수립하고자 한다.

김현의 '이식문화론' 극복 논리가 당위론적인 차원의 것에 불과하다면, 조동일은 우리 문학의 자생적 근대화는 '당위'가 아니라 '문학사의 실상'이라고 주장하고 있는 셈이다. 또한 '실상'이기 때문에 세계사적 보편성을 지닌다고 보는 것이다. 또한 이를 증명하기 위한 노력의 결과물들이 『동아시아문학사비교론』과 『세계문학사의 허실』이라 판단된다. 조동일의 맑스주의 역사관에 대한 비판은 임화의 '이식문화론'과 그 이후의 문학사들에서 나타난 '전통단절론'을 그 원리적 기초에서부터 논파하려는 의도를 지닌다. 또한 헤겔과 맑스를 넘어선 자리에 존재하는 또 다른 세계적 보편 이론을 수립하고자 하는 열망이 잠재되어 있는 것으로 추론된다.

4. 신소설 분석 방법의 차이: '리얼리즘'과 '구조주의'

임화와 조동일의 신소설 분석 방법은 매우 상이한 관점을 취하고 있다. 또한 이 방법의 차이는 '연속'과 '불연속'을 강조하는 논점의 차이와 결부되어 있다. 임화는 주로 사회정치적 '반영이론'과 '리얼리즘'의 관점에서 신소설을 분석한다. 이러한 관점으로부터 부패한 조선

사회의 중세적 폐습을 반영하고 그것에 대해 정치적으로 비평하고 있는 「은세계」가 신소설 작품 가운데 최고 수준을 이룩한 작품이라는 평가가 가능해진다. 임화는 「개설신문학사」에서 '리얼리즘'을 작품을 평가하는 가장 중요한 척도로 삼고서, 「은세계」가 조선의 전통적 '가정소설'의 유형성(類型性)으로부터 벗어나 내용적으로나 형식적으로나 리얼리즘에 육박하는 수준을 보여주었다고 평가한다. 또한 '조선 가정소설'의 선악(善惡)의 대립을 그대로 계승하고 있는 「치악산」, 「귀의 성」을 "낡은 유제를 습답하는 작품"이라 혹평한다.

임화는 '리얼리즘'이라는 기준에 따라 신소설 작품들의 차이와 높낮이를 세밀하게 분석한다. 그에 따르면, 「은세계」와 「치악산」은 동일한 신소설이지만, "「은세계」는 구소설의 유형을 파괴한 사회소설이며, 「치악산」은 구소설의 양식을 습답하고 있는 가정소설이다".44) 임화는 구소설의 유형성, 즉 선악의 대립구도와 권선징악적 구조를 벗어나 "인생을 객관적인 태도"로 관찰하는 리얼리즘적 방법의 소설이 어떻게 등장할 수 있었으며, 또한 어떻게 등장했는가를 추적하는 것에 문학사 기술의 중심을 두고 있다. 다시 말해, '구소설의 전통'이 어떻게 '계승'되어 있는가에 주목하는 것이 아니라, 구소설의 '가정소설적 면모'와 '권선징악적 사건구조' 등이 극복되는 과정에서 생겨난 소설 양식의 새로운 변환에 주목하는 것이라 할 수 있다.

이에 반해, 조동일은 『신소설의 문학사적 성격』에서 구조주의적인 화소 분석의 방법론을 원용하여 '신소설'과 '전대소설'(구소설)의 관계를 논하고 있다. 논리의 초점은 주로 '화소의 동형성'을 밝히는 데에 맞추어져 있다. 물론 '신소설'이 '전대소설'을 극복한 측면에 대해서도 살피고 있으나, 역시 주된 관심은 '인물형', '삽화', '유형구조'의 일치

44) 임화, 「개설 신문학사」, 앞의 책, 171면 참조.

에 있다. 즉 신소설 일반의 사건 구조 혹은 화소가 '전대소설'(귀족적 영웅소설)의 화소들로부터 기원한 것임을 논증하려는 데에 그 핵심이 있다. 또한 이 구체적 논증의 결과로 그는 "신소설은 전통으로부터 단절된 혹은 서구 문학의 이식으로부터 기원한 것"이라는 기존의 연구를 비판하고, "신소설은 전대소설(귀족적 영웅소설)로부터 기원한 것이다"라고 정의가 내려지는 것이다. 그런데 주목해야 할 지점은 임화 역시 신소설을 '반구반신(半舊半新)의 문학' 혹은 '과도기의 문학'이라 지칭한다는 점이다.

> 1) 이 시기엔 자연히 구문학이 제 전래의 신용과 위엄을 상실한 대신 신문학은 당연히 가져야 할 새 위의를 채 갖추지 못하여 반구반신의 문학으로 충전되었다.[45]
>
> 2) 구문학으로부터 신문학이 생탄하는 과정은 구문학으로부터의 급격한 결별과정인 것보다는 오히려 구문학으로부터의 서서한 해탈과정이었다 할 수 있다. 과도기의 문학이라는 것도 全新文學史와 같이 언문에 의한 새로운 시대정신의 표현이 역시 근본성격이 되어 있음에도 불구하고 우리의 신문학사는 다른 후진 제국의 근대문학사가 그러한 것처럼 재래의 형식을 빌어 새思想을 표현하는 절충적인 곳에서 출발한 것이다. 이것은 소위 낡은 용기에 새술을 담은 격이다.[46]
>
> 3) 유소한 시민의 문학으로서 과도기의 신문학은 한문과 결별하면서 곧 그것에 대신할 새 언문의 문체와 작품의 형식을 창조할 수 없었던 만큼 구시대의 의장을 차용할 수밖에 없었던 것이다. 또한 과도기에 있어 이조시대의 언문문학의 양식적 전통이 상당한 기간 신문학을 지배한 요인의 하나가 되지 않는가 한다. (……) 한문과 결별하여 그야말로 의지할 곳이 없는 문학으로 하여금 재출발의 기점이 되어 준 것도 이조의 언문문학이요, 아직 자기의 형식을 발견하지 못하여 방황하던 나신의 새시대 문학정신에다 풍우를 피할 의장을 입혀준 것이 또한 이조

45) 위의 책, 128면.
46) 위의 책, 131면.

의 언문문학이다.[47]

위의 인용문에서 알 수 있듯이, 임화는 '신소설'에 '구소설'의 형식이 차용되어 있고, 또한 '신소설'이 '구소설'의 형식에다 새로운 내용, 즉 개화사상과 계몽의식을 담아내고 있다고 본다. 따라서 임화는 '구소설의 형식'과 '신사상의 내용'의 결합으로 이루어진 '신소설'을 '반구반신의 문학' 혹은 '과도기의 문학'이라 표현한다. 이것은 임화 또한 '신소설'을 서구의 이식만으로 이루어진 소설이거나 전통과 완전히 결별한 새로운 문학이라고 판단하지 않았다는 것을 보여주는 증표이다.

조동일이 '신소설'의 표면적 주제는 '개화사상'이지만 이면적 주제는 흥미로운 사건구조를 통해 도출되는 '전래적인 가치관'이라고 본 것 역시 임화의 이러한 견해와 다르지 않다고 판단된다. 다시 말하면, 임화의 '신소설'은 '반구반신의 문학'이라는 주장과 조동일의 '신소설'은 "표면적 주제와 이면적 주제가 어긋난 소설"이라는 주장에는 유사성이 있다는 것이다. 임화는 신소설의 낡은 형식과 새로운 내용을 말하였는데, 이를 조동일 교수의 논법으로 표현하면, '낡은 형식'은 '이면적 주제'인 '전래적 가치관'에 해당되고 '새로운 내용'은 '표면적 주제'인 '개화사상'에 해당된다. 결국 임화와 조동일 교수의 '신소설'을 보는 기본적인 시각은 '반구반신의 문학'이란 표현으로 합치될 수 있을 것으로 판단된다. 다만 차이가 있다면 조동일 교수는 전대소설과의 '연속성'에 주목하고 임화는 '새로운 변환'에 주목한다는 것이다.

조동일은 '전대소설'과의 연속성을 논증하기 위해 '신소설' 개별 작품들을 각기 독립적으로 분석하기보다는 '신소설' 전체의 '사건구조의 유형성', 곧 '화소의 유형성'을 분석하는 구조주의적인 방법론을 원용

47) 위의 책, 132-133면.

한다. 이에 비해, 임화는 '신소설'의 '구소설'과의 차이와 그것의 새로운 변환을 강조하기 위해 '리얼리즘적 방법'의 잣대를 작품 분석에 적용한다. 그런데 조동일의 논의는 신소설 작품들 간의 차이와 높낮이에 관해 구체적으로 언급할 수 없는 방법론적인 결함을 지니고 있는 것으로 판단된다. '전대소설'과 '신소설'이 지니는 '사건구조의 유형성'의 일치에 주목했기 때문에, '화소의 동형성'을 논증하는 것에는 무리가 없으나, '사건구조의 유형성'으로 환원되지 않는, 곧 사건의 인과적 연쇄라고 지칭할 수 있는 '의존 화소'에서 누락된 '자유 화소'에 대한 분석은 시도될 수 없기 때문이다. 보다 구체적으로 말해보면, "다양한 화소들의 기능적 대조에 의하여 한편의 소설에 문학성을 부여하는 것은 언뜻 보아 이야기에 필요 없는 듯이 여겨지는 자유 화소이다"[48]라는 김인환의 언급처럼, 사건의 인과적 연쇄에 영향을 미치지 않는 '자유 화소'에 대한 분석을 행하지 않고는 소설의 작품성을 구체적으로 논하기 어렵기 때문이다. 즉 '신소설' 개별 작품 각각의 고유한 특질들을 파악하기 위해서는 '사건구조의 유형성'으로 환원되지 않는 '자유 화소'들의 차이를 살펴야만 할 것으로 판단된다. 조동일은 '사건구조의 유형성'이라는 '의존 화소'의 동일성만을 논구하였기 때문에 '신소설' 작품 각각의 차이가 상세하게 논의되기는 어려웠던 것으로 보인다.

조동일이 '전대소설'과 '신소설' 사이에 '상동성'이 있다고 말할 때, 그것은 개별 작품들 간의 상동성이라기보다는 '귀족적 영웅소설' 전체에서 나타나는 '영웅의 일생'이라는 화소(話素) 혹은 단락소(段落素)와 신소설 전체에서 나타나는 그것들 사이의 상동성이다. 또한 이 상동성에 대한 강조는 결국 전대소설과 신소설의 연속성을 강조하기 위

---

48) 김인환, 『비평의 원리』, 나남, 1994, 213면.

한 것이라 판단된다. 그러나 이 연속성의 강조로 인해, '신소설' 작품들 간의 차이를 상세하게 논구되지 못하는 것으로 판단된다. 반면, 임화는 '신소설'의 사건구조의 유형성이 구소설의 권선징악을 넘어서 개화세력의 '아이디얼리즘'이라는 신소설 일반의 구조 원리로 변형됨을 살피면서도, 각각의 작품이 지닌 미세한 차이를 놓치지 않는다. '아이디얼리즘'이 '트리비얼리즘'적인 방향으로 나아가는 경우와 '리얼리즘'적인 방향으로 나아가는 경우를 개별 작품 분석을 통해 자세하게 논증하고 있기 때문이다. 「치악산」이 전자(前者)에 속하는 대표적인 작품이라면 「은세계」는 후자(後者)의 대표작이다. 신소설 개별 작품들 각각의 높낮이를 평가하는 임화의 기준은 '리얼리즘'이다.

임화가 "신소설은 과도기의 문학이다"라고 평가하는 가장 근본적인 이유도 바로 여기에 있다. 다시 말해 '신소설'을 리얼리즘 소설이라는 기준에 미달하기 때문에 '근대문학'이 아닌 '과도기의 문학'이라 지칭한다는 것이다. 조동일의 문학사적 관점 역시 이와 동일한 측면을 보여준다. "근대 소설은 리얼리즘 소설이다"라는 기준이 조동일의 『한국문학통사』에도 잠재해 있으며, 오히려 임화의 문학사보다 더 완강한 리얼리즘적 기준이 적용되어 있는 것으로 추론된다. 임화는 이광수의 『무정』을 근대 소설의 기원이라고 보는 반면, 조동일은 "『무정』 역시 신소설과 마찬가지로 리얼리즘 소설에 미달하는 구습의 권선징악적 유형성을 지닌 과도기의 문학"49)이라고 평가하고 있기 때문이다.

조동일은 1922년에 발표되고 1924년에 단행본으로 출간된 『만세전』(원제: 『묘지』)에 와서야 근대 소설이 시작되었다고 본다. 그러나 이것 역시 표면적인 차이에 불과하다고 판단된다. 『무정』이 근대 소설의 기원이 되었든, 『만세전』이 그러하든 간에, 양자(兩者)가 근대

49) 조동일, 『한국문학통사』 4, 제3판, 지식산업사, 1994, 444-459면 참조.

소설의 가장 중요한 척도로 제시하는 것은 결국 '리얼리즘'이기 때문이다. 또한 '전대소설'의 리얼리즘 소설로의 발전 혹은 전환 과정을 한국문학사의 '근대'라는 시대를 구분하는 가장 중요한 척도로 제시하고 있다는 점에서도, 양자는 공통된 지반 위에 서 있다고 할 수 있다. "근대 리얼리즘 소설은 전대소설과 신소설보다 더 발전된 우월한 소설이다"라고 판단한다는 점에서, 임화와 조동일의 관점은 보다 심층적인 '문제틀'의 관점에서 파악한다면 동형적인 사유 모델에 기초해 있는 것으로 추론된다. 또한 이것은 사회, 경제, 정치 뿐 아니라 문학 역시 연대기적인 시간의 축적에 따라 보다 높은 차원으로 진보, 발전한다는 서구적 진보사관의 문학사적 투영이라 판단된다.

5. 「개설 신문학사」와 『한국문학통사』의 심층적 동형성: 진보사관의 모델과 원리

'이식문화론'이든 '내재적 발전론'이든 거기에는 '근대성'을 형성하고 쟁취하는 문제, 곧 다시 말해 '질적으로 낮은 단계인 중세로부터 높은 단계인 근대로의 발전과 진보의 과정'이라는 문제가 공통된 논리적 기저를 이루고 있다. '근대'라는 보다 높은 단계를 향해 역사가 변화·발전한다고 본다는 점에서, 이 두 이론은 동형성이 있다. 다만 차이는 근대에 도달하는 발전 과정이 '자생적인 것'이냐 아니면 '타율적인 것'이냐에 있을 뿐이다.

"서구는 근대라는 이상적인 상태를 자연스러운 발전과 진보의 과정으로서 이룩하였던 반면 동양 제국은 그 발전과 진보가 더디고 느리게 진행되어 근대를 자주적으로 이룩하지 못하였다"라는 임화의 인식 모델은 진보사관 그 자체이다. 이른바 '변증법적 유물사관'이 임화 문학사의 기본 전제이자 원리라고 할 때, 이 '변증법'은 시간적 계열 속에서 낮은 상태의 것이 높은 상태의 것으로 변화·발전한다고 파악하는 인식론의 한 방법이다. 이렇듯 사물의 질서를 공간적 계열화 속에서 파악하기보다는 시간적 계열화 속에서 이해하기 시작한 것은, 푸코(M. Foucault)에 따르면 17~18세기의 고전주의 시대의 표상(representation)의 에피스테메(épistémè)가 붕괴된 19세기에 이르러서다. 즉 "19세기에 이르러서야 현존하는 사물의 존재양태와 인간의 사건에 대한 경험양상을 시간적 계열화 속에서 파악하기 시작한 것이라고 할 수 있다."[50]

'변증법적 발전'과 '진보'의 개념도 이러한 19세기 서구의 '무의식적인 인식론의 배치'인 '실체'(substance) 혹은 '역사성'의 에피스테메와 연관되어 있다고 할 수 있다. 또한 더 나아가, 이러한 '진보사관' 및 '진보'에 대한 교의는 근대적 사유 체계의 가장 주요한 특징 중의 하나라고 할 수 있다. 이것은 고대 그리스와 중세의 순환사관과도 이질적인 것이며 동아시아의 유, 불, 선의 시간관과도 다른 것이다.[51] 시간을 계기적 연속성으로 파악하여 현재를 이해하기 위해서는 과거의 기원으로 소급하여 그 발전 과정을 추적해야 한다는 믿음이 곧 '역사주의'이다. 임화가 조선의 '자주적 근대화의 결여'를 '아시아적 정체성'에서 구하고 '원시사회 붕괴의 비전형성'이라는 기원으로 소급하여 논리를 전개하는 것도 이러한 19세기 서구의 지식 모델과 원리를 그가 원용하고 있기 때문이다.

그런데 과연 시간은(그것이 물리적 시간이든, 내면적 시간이든 혹은 자연적 시간이든, 사회적 시간이든 간에) 연속으로만 파악될 수 있는 것인가? 또한 역사는 필연적인 합목적적 발전과 진보의 과정으로만

50) M. Foucault, 『말과 사물』, 이광래 역, 민음사, 1980, 263면 참조.
51) 윤평중, 앞의 책, 25면 참조.

이해될 수 있는 것인가? 이 물음은 근대의 역사주의 혹은 진보사관의 원리를 의심하는 것과 관련되어 있다. 오히려 역사의 불연속적 지층들에 대한 탐색이 미시적인 차이와 특이성들을 드러내게 해주는 것은 아닌가? 계기적 선형성으로 모든 사태들을 환원하는 역사 기술은 근본적으로 불연속을 상정하고 있지 않다. "불연속을 가능하게 하는 문턱, 비약, 단절, 변이, 변환 등의 상이한 단위들을 어떻게 배치할 수 있는가"[52]라는 질문은 진보사관의 선형적인 시간성의 도식과는 상이한 시간적 계열화들이 어떻게 가능한가를 묻는 것이다.

이 논문은 조동일의 문학사 기술의 특이성이 시대구분의 방법에 있고 '이행기'라는 시대의 설정에 있음을 앞에서 밝혔다. "문학사에 이질적인 문학갈래가 나타났다면 그것은 새로운 시대의 징표이다"라고 조동일은 말한다. 이는 '갈래 체계'의 형성과 변화를 통해 시대구분을 시도하고자 하는 그의 문학사의 고유한 장점이라 판단된다. 그러나 연역적 구조 원리의 체계에 의해 구분된 '서정', '서사', '희곡', '교술'이라는 문학의 네 가지 '갈래 체계'가 합당한가라는 데에는 여전히 재론의 여지가 남아 있다. 조동일 교수는 '이행기'를 드러내주는 가장 중요한 지표가 '소설의 발생'이라고 하였다. 이 구체적 실례가 '금오신화'(金鰲新話)이다. 그런데 만일 '가전체'와 '몽유록' 등을 '소설'이라는 문학갈래로 분류하는 것이 가능하다면, '소설'은 이미 근대 이전의 시대에 발생한 것이 된다.

서구의 소설이론가들인 바흐친과 루카치의 논의 역시 조동일의 견해와는 사뭇 다르다. 바흐친은 고대 그리스 시대부터 소설은 존속해 온 것이라 하였고, 루카치는 "신이 사라진 시대인 근대에 서사시를 대신하여 선험적 고향상실성의 문학인 소설이 발생한다"[53]고 보았다. 그

52) M. Foucault, 『지식의 고고학』, 이정우 역, 민음사, 1992, 24면 참조.
53) G. Lukács, 『소설의 이론』, 반성완 역, 심설당, 1985, 46-69면 참조.

런데 조동일은 "근대에서 중세로의 이행기에 소설이 발생하며, 이것은 세계적으로 보편적인 현상이다"54)라는 견해를 제시했다. 또한 "소설이 중세에서 근대로의 이행기에 시작되었다는 것은 서양소설을 이식하지 않고 근대 소설을 자생적으로 모색한 것을 입증하는 의미가 있다"55)라고 진술했다. 전술된 문장에서 대립항은 '이식'과 '자생'이다. '이식'이 단절과 비약과 변환이라는 의미를 모두 포괄하는 불연속과 관련되어 있는 것이라면, '자생'은 연속과 관련되어 있다. 결국 '자생'이라는 언표는 근대 소설이 이행기에서 발생하여 서서히 발전해 온 것이라는 관점을 드러내는 것이라 할 수 있다. 이것은 또한 서구 문화와의 교섭에 의해 생겨난 어떤 비약과 변환의 측면을 그 자체로 간취하는 것이 아니라 배제하는 것이라 판단된다.

조동일의 '이식문화론' 극복을 위한 논의는 제3세계 약소국에 존재했던 문학적 전통의 의의를 되살리고 제1세계 문학과 제3세계 문학의 우열론을 폐기한다는 점에서, 우리에게는 특히 소중한 의의를 지닌다. 그런데 그는 사회·경제사와 문학사의 일치를 주장하는 맑스주의의 사회적 토대 분석의 이론을 비판하고 문학사 서술은 '다원론'을 고려해야 한다고 하면서도, 다시 '일원론'을 그의 문학사 연구의 귀결점으로 삼았다. 이는 그 자신의 문학사를 하나의 보편적인 역사 이론으로 확장하기 위한 열망에서 비롯되는 것으로 판단된다. 김현이 서구의 '진보'라는 개념을 비판하면서 역사를 단일한 것으로 실체화하는 것을 비판했던 것과는 사뭇 다른 자리에 조동일의 문학사는 위치한다.

조동일은 '유럽중심주의'와 '근대지상주의'의 극복을 천명하고 있지만, 그가 '이행기'를 세계사적 보편성으로 실체화할 때, 그의 이론의 틀은 하나의 선형적(線型的) 도식으로 '한국문학', '동아시아문학',

54) 조동일, 『한국문학과 세계문학』, 지식산업사, 1992, 182-184면 참조.
55) 위의 글, 183면.

'제3세계문학' 더 나아가 '세계문학' 전체를 환원하는 논리로부터 벗어날 수 없을 것으로 추론된다. 또한 이것은 결국 "절대지(Absolute Knowledge)를 향해 모든 사태들이 목적론적으로 발전한다"는 헤겔의 역사철학의 도식을 그의 문학사가 반복하거나 또는 변형하는 것이라는 해석을 가능케 한다. 그가 유럽중심주의적인 역사관과 세계관을 강하게 부정하고, 그것의 극복을 시도하고 있음에도 불구하고, 그의 문학사 서술의 이론적 모형이 19세기 서구의 '역사주의' 또는 '진보사관'의 틀로부터 완전히 벗어나지 못하는 것 역시 이러한 세계사의 보편 이론을 수립하려는 '전체사'(histoire globale)에 대한 열망으로부터 기인하는 것이라 추론된다.

6. 맺음말

이 논문은 임화와 조동일의 문학사 텍스트들을 연구 대상으로 삼아 그 차이와 공통성을 규명하고자 했다. 이들의 차이는 이미 많은 선행 연구자들이 지적했던 바와 같이, '이식문화론'과 '내재적 발전론'의 대립으로 간명하게 요약될 수 있다. 그러나 이 대립적 용어들이 실제 기술(記述)의 차원에서 그들의 문학사가 드러내는 여러 차이들을 모두 해명해 주는 것은 아니다. 본 논문은 이러한 문제점을 해결하기 위해서 그들의 문학사 텍스트들을 보다 세부적인 차원에서 비교·검토할 수 있는 분석소들을 설정했다. 이 분석소들은 구체적으로 '문학사 기술 방법론', '근대문학의 형성을 바라보는 관점', '신소설의 분석 방법'이다.

임화와 조동일의 문학사의 차이는, 우선 그 기술 방법론의 차원에서 '변증법적 유물사관'과 '갈래 체계의 역사이론'의 차이로 나타난다. 임화는 문학사를 일반 역사를 비롯한 여타의 역사들과 별개인 독립적인 영역의 역사로 파악하지 않았다. 그는 사회·경제사, 정치사, 문화사 등의 여타 영역의 역사들과 문학사가 단일한 총체적 연관을 형성하는 것이라고 전제했다. 임화의 이러한 '일원론적 역사관'은 "사회경제적 토대가 정치, 법, 문화, 예술 등의 상부구조를 결정한다"는 이른바 맑스주의의 '토대결정론'에서 기원한다. 반면, 조동일은 "문학적 현상 그 자체로부터 출발해야만 문학사의 실제 기술이 가능해진다"고 보면서, 문학적 갈래 체계의 변화 현상에 주목했다. 조동일은 문학사를 여타의 역사들과 독립된 별개의 역사로 간주했던 것은 아니나, 문학적 현상 그 자체의 변화를 문학사 기술의 출발점으로 삼음으로써, '문학의 역사' 그 자체에 보다 충실한 기술 방법론을 창안했던 것으로 판단된다.

임화는 맑스주의의 유물사관에서 유래하는 '아시아적 정체성론'을 그대로 수용했다. 그는 한국이 자생적으로 근대화를 이룰 수 없었으며, 이와 더불어 서구와 일본으로부터 근대 문물과 근대 문화를 이식함으로써 비로소 근대 문학을 형성시킬 수 있었다는 관점을 취했다. 그러나 조동일은 조선 후기 사회에 존재했던 문화적 역량을 부각시킴으로써, 임화의 '이식문화론'을 정면에서 비판하고 우리의 근대화를 자생적이고 내재적인 것이라 규정했다. 기존 문학사의 시대구분과는 다소 상이하게 '중세에서 근대로의 이행기'라는 새로운 시대가 그의 문학사에서 설정되었던 것은 우리 사회의 자생적 근대화를 객관적인 사실로서 확증하고자 하는 노력의 소산이었다. 요약해서 말하자면, 임화는 '아시아적 정체성'을 자신의 문학사의 대전제로 삼았던 까닭에 '이식문화론'의 멍에를 벗어날 수 없었던 반면, 조동일은 '아시아적 정체성론'을 극복할 수 있는 이론적 대안으로 '중세에서 근대로의 이행기'라는 다소 특이한 시대를 발명했던 셈이다.

임화와 조동일의 문학사는 '신소설'을 분석하는 데에 있어서도 '리얼리즘'과 '구조주의'라는 상이한 방법론적 틀을 사용했다. 임화가 '리얼리즘'을 근대 소설의 가장 주요한 기준으로 제시했던 데에는 몇 가지 이유가 잠재해 있었다. 그 이유의 하나는 그의 세계관적인 인식틀 자체가 경험적 사실과 과학적 실증을 존중하는 근대 과학주의의 관점에 놓여 있었기 때문이었고, 또 다른 하나는 그가 '조선 신문학'의 전개, 즉 한국 근대 문학 전체의 도정을 카프 문학의 발생을 위한 예비적 전사(前史)로 규정했기 때문이었다. 이것은 카프 문학의 역사적 필연성과 실천적 정당성을 입증하기 위한 기획에서 태동된 임화의 '신문학사 연구'가 결국은 카프 문학의 세계관과 창작 방법 등을 모두 축약하고 있는 '리얼리즘'이라는 이념적 규준으로 수렴될 수밖에 없었다는 사실을 의미하는 것이다. 이에 반해, 조동일은 구조주의적 방법론을 원용하여 '전대소설'의 표본적 군집들과 '신소설'의 그것들 사이에서 나타나는 화소 혹은 단락소의 동형성을 논증하고자 했다. 이 논증은 한국의 근대 문화가 그 이전 시대의 문화들과 단절된 채 서구 문화를 이식함으로써 탄생했다는, 이른바 '이식문화론' 혹은 '전통단절론'을 명징하게 논박할 수 있는 구체적인 사례를 제공했다. 다시 말해 조동일은 한국의 고전 문학과 근대 문학의 연속성을 객관적인 사실로써 확증하기 위해서 '신소설' 분석 방법으로 구조주의적 방법론을 취택했던 것으로 추정된다.

그러나 임화와 조동일의 문학사는 여러 차원의 차이점에도 불구하고, 심층적으로는 19세기 서구 지식으로부터 유래하는 진보사관의 모델과 원리를 공유하고 있는 것으로 판단된다. 실상 '이식문화론'과 '내재적 발전론'은 한국의 근대화의 동력이 어디에 존재했는가라는 차원에서만 그 이론적 대립을 형성할 뿐, 문학사를 비롯한 모든 역사는 시간의 연대기적인 축적을 통해 진보, 발전한다는 동형적인 이론적 선분을 지니기 때문이다. 이것은 모든 개별 영역들의 역사가 하나의 단일한 총체성을 형성한다는 이른바 '전체사'의 이론적 전제를 양자의 문학사가 공유하고 있다는 사실을 통해서도 예증될 수 있을 것이다.

✤ 참고문헌

임 화, 『임화 신문학사』, 임규찬 · 한진일 편, 한길사, 1993.

조동일, 『한국문학과 세계문학』, 지식산업사, 1991.

_____, 『동아시아문학사비교론』, 서울대출판부, 1993.

_____, 『한국문학통사』 제3판, 지식산업사, 1994.

_____, 『세계문학사의 허실』, 지식산업사, 1997.

구중서, 「서구문학의 이입과 근대 기점」, 『한국문학과 역사의식』, 창작과 비평사, 1985.

김명호, 「국문학 연구의 새로운 전망」, 『창작과 비평』, 통권 73호, 1991 가을.

김윤식, 「이식문학론 비판」, 『한국문학의 근대성과 이데올로기 비판』, 서울대 출판부, 1987.

김외곤, 「임화의 신문학사와 오리엔탈리즘」, 『한국문학이론과 비평』, 제5호, 한국문학이론과 비평학회, 1999.

김종철, 「한국 문학사의 총체적 실상과 그 체계」, 『문학과 사회』, 통권 제3호, 1988 가을.

김춘식, 「임화의 근대성과 전통」, 『한국언어문화』, 제27집, 한국언어문화학회, 2005.

김홍규, 「비평적 연대기와 역사 인식의 사이」, 『창작과 비평』, 통권 61호, 창작과 비평사, 1988 가을.

류철균, 「세계문학사 속의 민족문학사」, 『문학정신』, 통권 58호, 1991. 8.

박희병, 「임화의 이식문학론 비판」, 『한국문화』, 제22집, 서울대 한국문화연구소, 1988.

신승엽, 「이식과 창조의 변증법」, 『민족문학을 넘어서』, 소명출판, 1999.

전승주, 「임화의 신문학사 방법론에 관한 연구」, 서울대 석사논문, 1988.
조동일, 「근대문학 형성과정론 연구사」, 『국문학 연구의 방향과 과제』, 새문사, 1983.
한기형, 「임화의 문학사 서술에 대한 관점의 몇 가지 문제」, 『한국근대문학사의 쟁점』, 창작과 비평사, 1990.

권보드래, 『한국근대소설의 기원』, 소명출판, 2000.
김용직, 『한국근대시사 상 · 하』, 학연사, 1994.
김윤식 · 김현, 『한국문학사』, 민음사, 1973.
김윤식, 『한국문학의 근대성 비판』, 문예출판사, 1993.
김윤식, 『한국근대문학사상연구 2』, 아세아문화사, 1994.
김인환, 『비평의 원리』, 나남, 1994.
김행숙, 『문학이란 무엇이었는가』, 소명출판, 2005.
김흥규, 『한국문학의 이해』, 민음사, 1986.
윤평중, 『푸코와 하버마스를 넘어서』, 교보문고, 1990.
김상환, 『해체론 시대의 철학』, 문학과 지성사, 1996.

Lukács, G, 『소설의 이론』, 반성완 역, 심설당, 1985.
Foucault, M, 『말과 사물』, 이광래 역, 민음사, 1980.
Foucault, M, 『지식의 고고학』, 이정우 역, 민음사, 1992.
Abrams, M · H, 『*The Mirror and the Lamp*』, Oxford University Press, 1971.
Bakhtin, M · M, 『장편소설과 민중언어』, 전승희 외 역, 창작과 비평사, 1988.
柄谷行人, 『일본근대문학의 기원』, 박유하 역, 민음사, 1997.

김동리 비평의 '낭만주의' 미학과 '반근대주의' 담론

1. 머리말

이 논문의 목적은 김동리의 비평집 『문학과 인간』을 주 텍스트로 삼아 그의 비평이 지니는 미학적 특질과 세계관적 좌표를 규명하는 데에 있다. 한국 근대 문학사에서 김동리 문학이 차지하는 위상은 선행 연구들에 의해 지칭된 '미적 근대성'[1], '근대의 초극'[2], '반근대주의'[3]라는 용어들 속에 이미 내포되어 있다. 이 용어들은 '계몽적 근대

---

1) 진정석, 「김동리 문학 연구」, 서울대 석사논문, 1993.
김양선, 「1930년대 소설의 미적 근대성 연구」, 서강대 박사논문, 1997.

2) 김윤식, 『한국문학의 근대성 비판』, 문예출판사, 1993.
_____, 『한국근대문학사상연구』 2, 아세아문화사, 1994.

3) 위에 열거한 선행 연구들을 제외한다면, 김동리 문학을 문학사 혹은 사상사의 관점에서 연구한 논의들은 대체로 '반근대주의'라는 개념으로 그의 문학의 사상적 특질을 규명했다. 이런 논의로는 다음과 같은 것들이 있다.
구모룡, 「생의 형식과 서정적 소설론」, 『한국문학논총』, 제13집, 한국문학회, 1992.
노 철, 「반근대주의와 신명의 사회적 의미」, 「어문논집』, 제34집, 고려대 국어국문학회, 1995.
이 찬, 「김동리 문학 연구」, 고려대 석사논문, 1999.
김종균, 「김동리 초기 소설의 반근대성 연구」, 「논문집』, 제31집, 한국외국어대, 1999.

성/미적 근대성', '근대/근대의 초극', '근대주의/반근대주의'라는 한국 근대문학사의 '대립적 구조' 혹은 '사상적 계보'를 전제하고서 생산된 개념들이며, 그의 소설은 이 대립 구도에서 후자(後者)의 계보를 대표하는 것으로 평가되어왔기 때문이다. 즉 김동리 문학이 "근대사상에의 완전한 부정과 새로운 사상과 정신의 의욕"[4]이라는 문제성을 지닌다고 조연현이 평가한 이래, 그것이 지니는 문학사적 대립 자질이나 그 의미와 가치에 대해서는 별다른 이의 제기가 없었다. 또한 '미적 근대성', '근대의 초극', '반근대주의' 등으로 요약되는 김동리 문학에 대한 상이한 여러 논의들은 단지 그것의 세계관적 좌표를 개념화하고 그 가치를 평가하는 지점에서만 차이를 나타냈을 뿐, 그것이 지닌 '문학사의 계보 형성'이라는 의미소(意味素)에 대해서는 모두 동의하고 있는 바이다.

그러나 이러한 선행 연구들에서 논의의 중심을 이루는 것은 대개 그의 대표작으로 평가되어온 「무녀도」, 「황토기」, 「달」, 「역마」, 「등신불」 등의 단편소설들이며, 그의 비평을 하나의 독립된 전체로서 다루고 있는 경우는 드문 편이다. 더 나아가 김동리 비평 전체를 세부적으로 정밀하게 탐색한 선행 연구는 박사논문 단 한 편에 불과할 정도로 매우 희박하다.[5] 이것은 김동리 비평을 그의 소설을 해명하기 위한

한수영, 「순수문학론에서의 미적 자율성과 반근대의 논리」, 『국제어문』, 제29집, 국제어문학회, 2003.

황치복, 「동아시아 근대 문학사상의 비교 연구」, 고려대 박사논문, 2005.

4) 조연현, 「근대조선소설사상사계보론서설」, 『문학과 사상』, 세계문학사, 1949, 70면.

5) 김동리 비평에 대해서는 적지 않은 수의 연구 성과들이 있으나, 그것의 전반을 상세하게 다룬 논의는 김종익의 박사논문이 유일할 정도로 매우 희박하다. (김종익, 「김동리의 평론활동 연구」, 홍익대 박사논문, 1995.) 김동리 비평에 대한 대부분의 선행 연구들은 '1930년대'나 '해방기'라는 특정한 시대로 제한되어 있거나, 연구자들이 주목한 특정한 주제들로 그 대상 자료가 국한되어 있다. 따라서 김동리 문학 연구에 있어서 김동리 비평 전체를 독립적 대상으

배경 자료나 그것에 부수된 하위 분야로 인식했던 데에서 발생하는 문제라고 판단된다. 그러나 김동리 비평은 그의 소설과는 별도로 우리 문학사가 참조해야 할 중요한 문제들을 제기하고 있는 것으로 보인다. 예컨대, 문학의 시대성과 보편성, '시/산문(소설)'의 장르론적 차이와 그 문학사적 위상, 근대의 모순과 근대의 극복, 근대 세계에서의 소설의 위상 등의 문제들에 대해 그의 비평은 우리가 여전히 참조해야 할 여러 시사점들을 던져주고 있다는 것이다. 김동리가 제기했던 이러한 문제들은 한국 문학에서 현재진행형의 현상으로 나타나고 있다는 점에서, 그의 비평의 가능성과 한계를 묻는 일은 한국문학사의 중요한 한 궤적을 성찰하는 것인 동시에, 우리 문학의 현재와 미래를 검토하는 작업이 될 수 있을 것으로 판단된다. 과학과 문학의 길항 관계, 사회와 예술의 상호 관계, 근대와 반근대의 변증법은 우리가 여전히 직면하고 있는 문제들이기 때문이다.

그러나 또한 김동리 비평의 중요성이 반드시 그것의 이론적 성취를 보장하는 것은 아니다. 오히려 위에서 언급한 현재적 문제들은 그의 비평의 모순과 한계를 꼼꼼하게 따져 묻는 데서 합당한 해결의 단서를 찾을 수 있을 것이다. 따라서 이 논문은 김동리 비평의 핵심으로 평가되는 『문학과 인간』을 중심으로 그의 비평이 지녔던 논리적 모순과 이론적 한계를 상세하게 분석하는 데에서 출발하고자 한다. 이 분석의 과정을 통해 그의 비평의 미학적 특질과 세계관적 좌표가 명료하게 드러날 수 있을 것이며, 한국 문학의 현재의 문제와 미래 상 역시 반추될 수 있을 것으로 기대한다.

『문학과 인간』을 대상으로 한 선행 연구는 대략 세 가지의 방향으로 크게 구분될 수 있다. 첫 번째 방향은 김동리 비평에 내재되고 은

로 하는 연구는 조속히 수행되어야 할 중요한 과제라고 할 수 있다.

폐된 정치적 담론의 구조를 규명하려는 것6)이고, 두 번째는 그의 비평의 사상적 배경과 세계관적 특질을 동·서양의 철학적 담론들을 동원하여 해명하려는 시도7)이며, 세 번째는 그의 비평이 지니는 논리적 모순을 해부하여 그 표면과 이면에서 교차하는 '근대성'과 '반근대성'의 길항 관계를 규명하려는 논의8)이다. 첫 번째 연구 방향은 김동리 비평의 정치성을 해명하려는 의도상의 한계로 인해 논쟁적이고 대타적인 성격을 지닌 텍스트들로 그 대상 범위가 제한되며 이에 따라 빼어난 이론적 수준을 지닌 실제 비평 텍스트들이 거의 다루어지지 않는 문제점을 지닌다. 두 번째 방향의 연구들은 『문학과 인간』에 관련된 전기적 사실이나 여타의 텍스트들로 분석 대상이 확대되는 특징으로 인해, 그것 자체에 대한 정치하고 상세한 분석이 이루어지지 않는 결함이 있다. 세 번째 연구들은 『문학과 인간』이 지닌 논리적 모순에 대한 상세한 해부를 통해 비평 텍스트들 자체에 대한 정치한 분석과 더불어 김동리 비평의 거시적이고 세계관적인 차원의 문제를 해명하

---

6) 이영미, 「역마의 정치성 연구」, 『국제어문』, 제27집, 국제어문학회, 2002.
강경화, 「해방기 김동리 문학에 나타난 정치성 연구」, 『현대소설연구』, 한국현대소설학회, 2003.
임영봉, 「김동리 비평 연구」, 『어문연구』 통권 123호, 한국어문교육연구회, 2004.

7) 김윤식, 『한국근대문학사상연구2』, 아세아문화사, 1994.
박종홍, 「해방기 김동리의 문학비평 연구」, 『어문학』, 통권 제58호, 한국어문학회, 1996.
김윤식, 「김동리의 『문학과 인간』의 사상사적 배경 연구, 『한국학보』, 제85집, 일지사, 1996.
김주현, 「김동리 문학론의 사상적 기반에 관한 연구」, 유기룡 편, 『김동리』, 살림, 1996.
김미영, 「김동리 문학에 있어서 자연의 의미」, 『어문학』, 제84집, 한국어문학회. 2004.

8) 구모룡, 「생의 형식과 서정적 소설론」, 『한국문학논총』, 제13집, 한국문학회, 1992.
한수영, 「'순수문학론'에서의 '미적 자율성'과 '반근대'의 논리」, 『국제어문』, 제29집, 국제어문학회, 2003.

고 있다는 점에서, 합당한 연구의 방향을 제시하고 있는 것으로 판단된다.

이러한 측면에서, 세 번째 방향의 선행 연구들은 이 논문의 주요한 참고 대상이 되며, 이 논문의 초점 역시 이 논의들의 연장선상에 있다고 할 수 있다. 그러나 여기에서 해석된 김동리 비평의 '근대성/반근대성'의 특질 역시 『문학과 인간』에 대한 상세한 분석을 통해 귀납된 것이 아니라 연구자의 선취된 이론적 틀로 해석된 부분이 많기 때문에, 그 세부에 있어서는 재론되어야 할 것이 많은 것으로 판단된다. 이 논문은 이러한 선행 연구들의 문제점들을 보완하면서, 우선 『문학과 인간』에 수록된 비평 텍스트들 사이의 논리적 모순에 주목하고자 한다. 이것은 그의 비평의 이면적 차원에 은폐되어 있는 논리적 비약과 이론적 딜레마를 분석하는 것에 이 논문의 초점이 있다는 것을 의미한다. 이를 통해 김동리 비평이 반근대주의 담론으로 수렴될 수밖에 없는 이유와 근거가 명시적으로 드러날 것으로 기대한다.

2. 근대 '과학주의' 비판과 '보편성'의 사유

김동리의 비평은 전 시기에 걸쳐 "근대적 사유의 핵심이라 할 수 있는 수학적 자연관과 이성중심주의, 진보에의 교의"[9] 등을 극단적으로 부정했으며, 근대성의 체계를 넘어설 수 있는 새로운 세계관을 정립하려 했다. 이 세계관을 그는 '제3휴머니즘' 또는 '제3세계관'이라 언명했다. 해방기 문단에서 중요한 논쟁의 하나로 거론되는 김동리와 김병규의 논쟁에서 김동리는 자신의 「순수문학의 진의」에 대해 김병

9) 윤평중, 『푸코와 하버마스를 넘어서』, 개정증보판, 교보문고, 2005, 26-32면 참조.

규가 「순수문제와 휴머니즘」이란 글로 비판한 것을 「본격문학과 제3세계관의 전망」라는 글을 통해 다시 김병규를 비판한다. 이들의 논쟁은 '순수문학'의 개념 정의나 '민족문학'의 당면 과제와 방향 등을 둘러싼 해방기 문단의 대립과 갈등을 요약해서 보여주고 있으며, 이 대립과 갈등은 당시의 좌·우익의 정치적 투쟁과 상응한다. 또한 이 논쟁에서 가장 핵심적이면서도 명징한 논리적 대립은 '근대'라는 현재의 시대의 모순을 극복하기 위한 방법과 방향을 상이하게 인식하는 데서 발생하는 것으로 판단된다. 이 대립은 '유물사관/제3휴머니즘'으로 요약될 수 있다.

> 근대주의의 말로에서 도달된 과학 만능주의와 물질 지상주의와 기계문명주의 등은 고대에 있어서의 신화적, 미신적 제신의 우상처럼, 중세에 있어서의 계율화한 전제신의 압제처럼, 또다시 한 개 새로운 근대적 우상이 되어 인간에게서 꿈과 신비와 낭만과 그리고 구경적인 욕구를 박탈하게 되었다. 여기서 인간은 이 과학주의, 물질주의, 기계주의를 비판하고 이를 초극하고자 하는 새로운 의욕에 도달하게 된 것이며 이것이 곧 제3휴머니즘이란 표어로써 대표되는 제3세계관에의 지향이라 일컫는 것이다. (……) 무릇 한 개의 위대한 새로운 시대가 형성되려면 이에 상부할 만한 위대한 새로운 휴머니즘이 제기되는 법이다. 유물사관이 사회관적 각도에 있어 일면의 타당성을 가짐에도 불구하고 진정한 새 시대를 형성시킬만한 정신적 원동력이 될 수 없는 것은 그 사상적 본질의 구성 요소가 되어 있는 공식주의적, 기계주의적, 물질주의적, 과학주의적 성격이, 새 시대의 원동력이 될 수 있는 제3휴머니즘의 요소를 말살하고 거세하였기 때문인 것이다.10)

김동리는 '휴머니즘'을 시기상에 있어 세 가지로 구분한다. 그에

10) 김동리, 「본격 문학과 제3세계관의 전망」, 『문학과 인간』, 김동리 전집 7, 민음사, 1997, 92-93면.

따르면, '제1기 휴머니즘'은 '고대의 휴머니즘'으로 "이 시기의 내용적 특징은 신화적 미신적 계율에 대한 항거와 타파로써 가장 원본적인 인간성의 기초가 확립되었던 것"이며, '제2기 휴머니즘'은 "르네상스로서 표현된 소위 신본주의에 대한 인본주의의 승리"를 말한다.[11] 그러나 '제2기 휴머니즘'은 "제1기적 휴머니즘의 부흥이라고는 해도 특히 헬레니즘계의 이성적 인간 정신이 위주되었던 것이며 이 이성적 인간 정신의 개화로써 과연 오늘날의 난만한 과학 시대를 초래한 것도 사실이나 현대 과학 정신의 구경적 발달과 발화의 난숙은 다시 공식주의적 번쇄(煩鎖) 이론과 과학주의적 기계관을 산출하게 된"[12] 문제점을 지녔던 것으로 파악된다. 김동리는 '유물사관'을 이러한 '과학주의적 기계관의 결정체'라고 언급하며, '과학'을 '고대의 신화적 우상'이나 '중세의 규율화한 신성'을 대체한 '새로운 현대적 우상'이라 지칭한다. '제3기 휴머니즘'은 바로 이러한 '과학주의적 기계관'을 극복하고 "개성의 자유와 인간성의 존엄을 목적하는 휴머니즘"[13]이다. 따라서 '제3기 휴머니즘'이라는 명칭 아래서 그가 구체적으로 호명하는 것들은 주로 근대 과학주의 혹은 이성중심주의를 비판하고 인간의 내면 의식과 감각적 사유를 강조한 서구의 철학자들과 소설가들이다.[14]

김동리의 이러한 '휴머니즘' 논의에서 기본 전제가 되었던 것은 당시 한국의 사회·역사적 조건에 대한 구체적 인식이 아니라, 서구의 사상적 흐름이 이미 '유물사관'을 비롯한 근대 과학주의의 세계관을

---

11) 김동리, 「순수문학의 진의」, 위의 책, 79면.

12) 위의 글, 80면.

13) 위의 글, 80면.

14) "이리하여 철학에 있어 니체, 하이데거, 딜타이, 문학에 있어 헤세, 만, 지드, 헉슬리 등으로서 제3기 휴머니즘에의 지향이 宣明되었고 오늘날 세계적으로 팽배한 데모크라시의 조류도 개성의 자유와 인간성의 존엄을 목적하는 휴머니즘에의 세계사적 의욕의 일면으로서 간주되는 것이다." (위의 글, 80면.)

청산하고, '제3휴머니즘'이라는 새로운 세계관을 의욕하고 있는 단계에 와 있다는 '세계사적 각도'의 인식이었다. 즉 김동리는 근대 과학주의 세계관의 극복을 제기하고 있었던 그 당시 서구 사상사의 한 흐름을 '세계사적 과제'로 이념화함으로써, '문학가동맹'의 사상적 지표였던 '유물사관'을 시대착오적인 것이라고 비판할 수 있었던 것이다. 이러한 그의 인식은 '유물사관' 또는 근대 과학주의의 한계를 명확하게 지적한다는 점에서는 일정한 설득력을 지니고 있는 것으로 판단된다. 그러나 서구 근대 사상사의 한 흐름을 '세계사적 과제'로 격상시키는 그의 논리는 과장된 것이며, 그만큼 구체성과 엄밀성이 결여된 것이라 할 수 있다. 또한 등단 초기부터 서구문학(사상)의 맹목적 추종을 비판하고 작가의 주체적이고 생리적인 인식 태도를 강조했던 측면[15]에서 본다면, 김동리의 이러한 논리의 틀은 그 자신이 그토록 비판했던 1920~30년대 '경향문학'의 문제점을 동일하게 반복하는 것이라 할 수 있다. 이것은 결국 김동리가 서구의 근대 과학주의를 비판하고 동양 전통과 한국적인 것을 강조했음에도 불구하고 '경향문학'과 마찬가지로 '오리엔탈리즘'(orientalism)의 인식 구조를 벗어나지 못했다는 것을 반증한다.

'오리엔탈리즘'을 "동양과 서양이라고 하는 것 사이에서 만들어지는 존재론적이자 인식론적 구별에 근거한 하나의 사고방식"[16]이라 할 때, 이 구별은 그것에 부수되는 다양한 대립항들을 생산해낸다. 이 대립항들은 예컨대 '이성/정념', '합리성/비합리성', '문화/자연', '식민자/피식민자', '백인/유색인', '고급문화/저급문화', '선진/후진' 등과 같은 것

15) "먼저 어떤 舶來流의 문자에서 어름한 인스피레-슌을 얻어 그 인스피레-슌을 基調로 하여 별별 思想(문자)을 다 지어낸다 함은 穩當치않단 말이다." (김동리, 「文字偶像-'우상론' 노트의 일절」, 『조광』, 1939.4, 306면.)

16) E. W. Said, 『오리엔탈리즘』, 박홍규 역, 교보문고, 2004, 17면.

들이다. 이 대립항들에서 전자의 계열은 서구적인 것인 반면, 후자의 계열은 동양적인 것이라 보는 관습화된 인식의 틀은 서양의 동양에 대한 모든 종류의 지배와 우월성을 필연적인 것으로 수용하는 태도를 포함하게 된다. 이러한 인식은 비단 서양인의 경험과 의식 속에 내재된 왜곡된 동양의 표상들에서만 나타나는 것이 아니다. 그것은 오히려 동양인이 자신의 미래를 동시적으로 존재하는 서구의 현재로 이해함으로써, 서구중심주의가 만들어낸 타자화의 시선으로 자신을 바라보는 것을 통해서 심화되고 확장된다. 즉 '오리엔탈리즘'은 분명 "오리엔트 곧 동양에 관계하는 방식으로서, 서양인의 경험 속에 동양이 차지하는 특별한 지위"[17]에 그 기원이 있으나, 그것이 근대 제국주의의 제도화된 정책과 훈육 장치들을 통해 식민지 주민(동양인)에게 내면화 혹은 담론화될 때, 그것은 '체계화하는 신화'로서 세계적 보편성을 획득하게 된다는 것이다.[18]

김동리가 '문학가동맹'의 문학관을 비판할 때, 항상 화두처럼 제시했던 것은 바로 근대 '과학주의 기계관'의 요체로서 '유물사관'의 극복이었다. 이 비판에는 그가 추구하는 '근대 극복'이라는 '세계사적 과제'가 포함되었던 셈인데, 그가 언급한 '세계사'는 결국 '서구사'의 다른 명칭에 불과했다고 할 수 있다. 서구 근대성의 한 측면을 대변하는 '계몽사상'을 이념적 지표로 삼았던 '문학가동맹'의 문학관 속에 '서구사'를 곧 '세계사'로 환원하거나 '서구 문학'과 '세계 문학'을 동일시하는 태도가 포함되었던 것은 당연한 것이었다고 할 수 있다. 그들의 계몽주의적 문학관 속에 내재된 진보사관의 담론은 '서구사'를 '세계사'의 단일한 표준적 코스로 전제하는 것이었기 때문이며, 그것은 또한 '서구적 근대성'을 한국이 앞으로의 발전 과정을 통해 도달하게 될

17) 위의 책, 15면.
18) 강상중, 『오리엔탈리즘을 넘어서』, 이산, 1997, 187-191면 참조.

미래의 상태로 예시하는 것이었기 때문이다. 그러나 서구의 근대 과학주의를 비판하고 그것의 극복을 주장한 김동리에게서 이러한 태도가 동일하게 나타났던 것은 주목을 요한다.

"현하 조선에서는 정치적 사회적 특수성과 이에 대한 부자연한 관련에서 지금 바야흐로 과학주의적 기계관이 성행하는 후진 사회 특유의 병상을 정출하고 있는바"[19]라는 언급이나 "이러한 과학주의적 현대 우상 숭배열이란 세계사적 문화 창조 의욕에 저해될 뿐 아니라"[20] 등의 언급은 실상 '서구사=세계사적 보편성'이라는 등식(等式)을 내포하고 있는 것이며, 김동리가 '유물사관'이 성행하고 있었던 그 당시 한국의 정치·사회적 상황을 '세계사적 보편성'에 미달하는 현상으로 파악하고 있었음을 명징하게 보여준다. 이러한 인식은 김동리가 서구의 18세기 '오리엔탈리즘'에서 기원하는 서구 중심적 보편주의를 비판하고 부정했던 것이 아니라, 다만 '유물사관'이라는 서구 근대의 한 사상을 '제3휴머니즘'이라는 또 다른 서구의 사상으로 극복하려 했다는 것을 의미한다. 따라서 '문학가동맹'에게 있어서나 김동리에게 있어서나 '서구사=세계사'라고 하는 등식은 의심의 여지가 없는 지극히 당연한 것으로 인식되었다고 할 수 있으며, 바로 이 지점에서 양자는 모두 '오리엔탈리즘'의 인식 구조를 벗어나지 못했던 것으로 판단된다.

1930년대 '세대논쟁'으로부터 비롯하여 해방기 '민족문학논쟁'에 이르기까지 김동리가 숱한 논쟁을 거듭하면서 생산했던 여러 논의들의 근저에는 '보편성'의 추구라는 고유한 담론의 틀이 존재했다. 김동리가 박영희의 전향 슬로건인 "잃은 것은 예술이요, 얻은 것은 사상이다"를 분석하면서 "그 따위 공식적 주제(테마)의 작품이란 먼저 사상성에 있어 완전히 제로란 것을 그들은 아직도 모르는 것이다"[21]라고

19) 김동리. 「순수문학의 진의」, 앞의 책, 80면.
20) 위의 글, 80면.

비판할 수 있었던 근거 역시 그의 '보편성'의 사유에 있었다. 그는 '문학적 사상'의 위계들을 설정하면서 인류의 '보편적인 문제'를 탐구하는 문학만이 '참된 사상성'을 지닌다는 것을 반복하여 강조했다. 따라서 1930년대 '경향문학'이나 '문학가동맹'의 문학에서 나타나는 "시대적 사회적 의의와 공리성"이라는 '문학적 사상'은 "제이의적 부수적 조건"에 불과하다는 김동리의 위계론적 가치 판단은 필연적인 것이었다.[22] 즉 김동리는 '문학가동맹'의 문학이 '문학적 형식'에서만이 아니라, '문학적 내용'(사상)에 있어서도 결함과 한계를 지니는 것으로 파악했던 것이다.

'문학가동맹'의 이러한 결함과 한계는 곧 '보편성의 결여'라는 언표로 표상될 수 있을 것이다.[23] 그에 의하면, '공리주의 문학'(정치주의 문학)은 "시간적 항구성과 공간적 보편성을 상실하고 출발하는 것"[24]에 불과하기 때문이다. 또한 '공리주의 문학'은 그것이 처한 시대에서 나타나는 공리적 목적과 사회적 모순에만 천착하는 만큼, "시대와 사회를 초월하여 인간이 영원히 가지지 않을 수 없는 인간의 가장 보편

---

21) 김동리, 「문학적 사상의 주체와 그 환경」, 앞의 책, 63면.

22) 이러한 김동리의 가치 판단은 다음과 같은 구절에서 가장 명료하게 드러난다. "지주(관리인, 관리) 대 소작인(직공, 일반 국민)의 대립 갈등에서 방화 습격으로 끝마칠 수 있는 천편일률의 공식이나, 유물변증법적 역사의식을 기조로 하는 경제적 정치적 현실성으로써 인생을 律하려는 만성적인 공리병을 두고 얻은 것은 사상이니 사상은 훌륭하다느니 하는 것은 모두 문학 및 문학적 사상이 무엇인지를 모르는 사람들의 말이다. 과거의 프로 문학이나 오늘날의 당의 문학이 예술이나 형식을 잃어서 실패이기 전에 먼저 사상과 내용의 공허 - 허위에서 낙제란 것을 알아야 한다." (위의 글, 68면.)

23) "참다운 문학적 사상의 주체는 시대와 사회를 초월하여 인간이 영원히 가지지 않을 수 없는 인간의 보편적이요 근본적인 문제 — 다시 말하면 자연과 인생의 일반적 운명 — 에 대한 독자적 해석이나 비평에서만 가능한 것이며, 시대적 사회적 의의니 공리성이니 하는 것들은 이 주체적인 것의 환경으로써 제이의적 부수적 의의를 가지는 데서 지나지 못하기 때문이다." (위의 글, 68-69면.)

24) 위의 글, 66면.

적이요 근본적인 문제에 대한 고도의 해석이나 비평"[25]을 자신의 '문학적 사상'으로 간취할 수 없는 것이기 때문이다. 따라서 문학의 '참된 사상성' 혹은 '사상적 주체'를 이루는 것은 인간의 '보편성' 곧 '인류의 공통된 운명'에 대한 발견과 탐구이며, 이것을 김동리는 '구경적(究竟的) 생의 형식'이란 개념으로 요약했던 것이다.

'구경적 생의 형식'으로 표상되는 김동리의 '보편성'의 사유는 두 방향의 의미 계열화를 내장했던 것으로 보인다. 그 하나는 '근대'의 모든 모순과 폐단을 '과학'에서 기원하는 것으로 전제하면서 근대 이전의 종교적(주술적)이고 형이상학적인 사유를 통해 '근대 극복'의 비전을 마련하는 것이고, 다른 하나는 '구경적 생의 형식'이라는 준거점을 통해 문학과 삶의 여러 양상들을 위계화하는 것이다.[26] 전자(前者)에서 주목되는 것은 그가 '근대'와 '과학'을 등치시키고 '근대 극복'을 '세계사적 과제'로 제시할 때, 여기에는 근대 과학주의에 대한 부정과 극복만이 강조될 뿐이며 '서구중심주의' 혹은 '제국주의'라는 근대 세계의 또 다른 문제점들이 배제되어 버린다는 것이다. 그가 제시했던 '제3휴머니즘'이나 '제3세계관의 전망'이 '근대초극론' 또는 '탈근대

---

25) 위의 글, 67면.

26) 이러한 측면이 가장 잘 나타난 글은 「문학하는 것에 대한 私考」이다. 이 글에서 김동리는 삶을 세 단계로 위계화한다. 이것을 요약하면 "1. 모든 생명 현상을 통틀어 사는 것. 2. 인류라는 동물이 영위하고 있는 가장 일반적인 삶의 형태로서 직업적 삶. 3. 인류가 가진 무한무궁에의 의욕적 결실인 신명을 찾게 되는 것으로서 구경적 생의 형식"으로 정리될 수 있다. 이 글에서 문학에 대한 위계화의 관점이 나타난 구절은 다음과 같다.

"나는 물론 구경적 생의 형식만을 문학하는 것이라고는 생각하지 않는다. 문학 작품의 의의와 가치에 수억 수만의 등차가 있을 수 있는 것과 같이 문학하는 것의 단계와 등차도 또한 수억 수만이 될 수 있을 것이다. 그러므로 나는 위에서도 가장 높고 참된 의미에 있어서 문학하는 것이란 말을 사용하였고 무릇 문학하는 것의 전부를 의미한 것은 아니다. 내가 생각하는바 문학하는 것의 최고 지향을 말한 것이며 이것을 나는 사고라 이름하는 것이다. (김동리, 「문학하는 것에 대한 사고」, 앞의 책, 75면.)

론'으로 수렴되기보다는 오히려 서구 '오리엔탈리즘'의 자장에서 크게 벗어나지 못하는 것이나, 그의 '근대 극복'의 논의가 단지 근대 과학주의에 대한 비판과 부정의 의미로 제한되면서 '반근대주의' 담론으로 수렴되는 까닭은 바로 이 지점에서 기원하는 것으로 판단된다. 후자(後者)에서 주목되는 것은 김동리의 '문학의 자율성' 논의가 근대 세계의 근간을 형성하는 철저한 자율화(분업화)의 원리에서 나온 것이 아니라, 오히려 한국 근대 문학을 둘러싸고 있었던 특유한 정치적 담론장의 메커니즘에서 산출된 것이라는 점이다.[27] 이것은 김동리가 주장한 '문학의 자율성'이 단지 '문학의 정치성'(공리성)으로부터의 자율과 독립을 의미했을 뿐, 실상 근대 이전의 종교나 주술적 사유로부터의 자율과 독립을 의미하지 않았다는 사실을 통해 예증될 수 있다.[28] 또한 근대적인 자율화의 원리에 입각해서 볼 때, '구경적 생의 형식'

---

27) 김동리 비평은 표면적으로 문학의 정치적 공리성을 부정하고 반대한다. 따라서 그의 비평의 표면적 내용 자체가 특정한 정치적 편향을 드러낸다고 보기는 어렵다. 그러나 '민족국가건설'이라는 해방기의 시대적 과제 속에서 형성된 좌·우익의 정치 투쟁의 담론장 내부에서의 김동리 비평은, 문학의 정치적 이념성을 부정함으로써 역설적으로 특정한 정치 세력의 입장을 대변하는, 매우 특이한 정치적 담론의 기능과 역할을 수행한다고 할 수 있다. 해방기에서 김동리 문학이 지니는 이러한 비정치성으로서의 정치성은 다음과 같은 선행 연구들에서 상세하게 논의되었다.
구모룡, 「한국 근대 문학유기론의 담론분석적 연구」, 부산대 박사논문, 1992.
강경화, 「해방기 김동리 문학에 나타난 정치성 연구」, 『현대소설연구』, 제 18호, 한국현대소설학회, 2003.
이영미, 「역마의 정치성 연구」, 『국제어문』, 제27권, 국제어문학회, 2003.

28) 이러한 측면은 김동리의 '구경적 생의 형식'에 대한 조연현의 다음과 같은 비판에서 가장 잘 드러난다.
"그러므로 거듭 말하자면 구경적 생의 형식을 문학이 지향하기는 하나 그것은 문학으로서 유지되는 것이 아니라 종교나 철학으로서 유지되는 것이라는 것이다. 그런데 내가 느낄 수 있는 바에 의하면 김동리씨는 구경의 생의 형식에 대한 공동의 의욕을 갖었다는 동일한 목적의식에 현혹되어 관념과 신앙을 사상과 혼동함으로써 문학을 종교나 철학의 영역에까지 유도해 가고 있지나 않은가 생각되는 것이다" (조연현, 「문학의 영역」, 『문학과 사상』, 세계문학사, 1949, 168-169면.)

은 문학의 종교에 대한 예속화의 논리와 미학적 위계화의 논리를 담지하고 있다는 점에서, 근대적인 담론으로 수렴되기 어렵기 때문이다.

3. 유비적 세계상과 낭만적 아이러니

> 김동인 씨가 신을 야유와 조롱의 대상으로 삼은 것은 그도 한 사람의 근대정신(과학적 실증적)의 희생자로서 그가 신과 우상을 구별하지 못한 데 기인했던 것이다. 신은 그 비과학적인 일면에 미신과 우상을 거느리고 있었으나 또 다른 일면에 있어 과학적이기도 한 천체의 무궁성을 거느리고 있었던 것이다. 김동인 씨가 비과학적인 우상과 미신을 배척하고 야유한 것은 지극히 당연하고 통쾌한 일이었으나 그러나 천체의 무궁성이 그의 생활에서 구심적 의의를 상실하게 되었다는 것은 다른 모든 근대인과 함께 그의 지극한 불행 이외의 아무 것도 아니었다. 왜 그러냐 하면 천체의 무궁성이 그의 생활에서 구심적 의의를 상실하게 된 뒤에 있는 것은 지극히 제한된 지상의 평면 그것뿐이었으며 이 지극히 제한된 지상의 평면에서 그는 잡초나 달팽이나 버섯의 족속들처럼 건강히 살 수는 없었기 때문이다.[29]

위의 인용문을 통해 알 수 있듯이, 김동리는 김동인의 소설을 사례로 하여 '자연주의'가 도달할 수밖에 없는 궁극적인 귀결점을 해명하고자 했다. "신과 무한과 입체를 상실한 지극히 제한된 지상의 평면에서 인간은 구경(究竟) 무엇을 가지며 어디로 갈 수 있나? 살인, 방화, 발광, 시간(屍姦) 그리고 음란(亂淫)과 쌍말의 세계가 그를 기다리고 있었을 뿐이다"[30]라는 김동리의 결론적 언급은 김동인과 '자연주의'에 대한 비판을 넘어서 근대의 '과학적 기계관'과 근대인의 일상적 삶에

---

29) 김동리, 「자연주의 구경」, 앞의 책, 17-18면.
30) 위의 글, 25면.

대한 비판을 포함한다. 이러한 비판적 인식은 '탈주술화'(脫呪術化)와 사회 각 영역들의 '자율화'로 요약되는 '근대화'(modernization)를 부정적인 것으로 인식하는 데서 나오는 것으로 보인다. 그에 의하면, '신'과 '자연'과 '천체의 무궁성'을 상실한 근대인에게 남겨지게 되는 것은 결국 '지극히 제한된 지상의 평면'일 뿐이며, 이것을 '구경적'으로 추구했던 김동인의 소설이 나아갈 수 있는 길은 "천재 화가 솔거와 천재 음악가 백성수 들에 의하여 전개된 살인, 방화, 발광, 시간 등의 정신병"일 수밖에 없었다는 것이다. 이러한 김동리의 인식은 '인간과 자연과 신'이 유비적[31] 조응 관계에 의해 상호 연속성과 동일성을 이룩했던 근대 이전의 세계에 대한 동경을 함유하며, 더불어 사회 모든 영역들의 상호 고립화와 파편화를 초래했던 근대 세계(modern world)의 자율화와 그 분열상에 대한 환멸을 동시에 포괄한다.

> 이 말을 좀더 부연하면, 우리는 한사람씩 한사람씩 천지 사이에 태어나 한사람씩 한사람씩 천지 사이에서 살아지고 있다는 사실을 통하

---

31) '유비'(analogy)는 자연과 인간이나 사물과 사물사이에 서로 유사한 것끼리 대응, 감응한다고 보는 세계 인식 방법을 말한다. 예를 들어 '창공의 별'과 '인간의 눈'을 서로 유사한 것으로 대응시켜 그것을 동일한 존재의 연쇄의 그물로 파악하는 사유 체계가 '유비'이다. 따라서 별의 운행과 이동을 관찰해 그것과 인간의 운명을 대응시키는 '점성술'이나, 자연 공간의 기(氣)가 인간의 운명과 신체에 대응된다고 보는 '풍수지리설'(風水地理說), 수(數)와 기호(記號)의 상징을 인간과 세계의 운명에 대응시키는 '점괘'(占卦) 등은 모두 유비적 사유 체계의 구체적인 실례들에 해당된다고 할 수 있다. 김동리 소설의 미학의 중심을 이루는 '애니미즘', '풍수지리설', '역마살', '점성술' 등은 모두 이러한 유비적 사유 체계에 속한다고 할 수 있다. 김동리 소설에서 '자연 - 인간', '초월계 - 현실계'를 상호 대응시키고 연속적인 것으로 통합시키는 원리 역시 유비적 세계상(analogical vision)에 근거한다고 할 수 있다. '유비'(analogy)에 대해서는 (J. Needam, 『중국의 과학과 문명』, II, 이석호 · 이철주 · 임정대 역, 을유문화사, 1986, 406-419면.); (M. Foucault, 『말과 사물』, 이광래 역, 민음사, 1980, 41-51면; O. Paz, 『흙의 자식들』, 김은중 역, 솔 출판사, 1999, 제3장 75-77면, 제4장 83-99면 참조.)

> 여, 적어도 우리와 천지 사이엔 떠날래야 떠날 수 없는 유기적 관련이 있다는 것과 이 유기적 관련에 관한 한 우리들에게는 공통된 운명이 부여되어 있다는 것을 발견하게 되는 것이다. 우리는 우리들에게 부여된 우리의 공통된 운명을 발견하고 이것의 전개에 지향하지 않으면 안 된다. 우리가 이 사실을 수행하지 않는 한 우리는 영원히 천지의 파편에 그칠 따름이요, 우리가 천지의 분신임을 체험할 수 없는 것이며, 이 체험을 갖지 않는 한 우리의 생은 천지에 동화될 수 없기 때문이다. 그리고 우리는 우리에게 부여된 우리의 공통된 운명을 발견하고 이것의 타개에 노력하는 것, 이것이 곧 구경적 삶이라 부르며 또 문학하는 것이라 이르는 것이다. 왜 그러냐 하면 이것만이 우리의 삶을 구경적으로 완수할 수 있는 길이기 때문이다.[32]

"무한무궁에의 의욕적 결실인 신명을 찾게 되는 것"이자 "자아 속에서 천지의 분신을 발견하려 하는 것"으로 정의되는[33] '구경적 생의 형식'은 결국 '유한과 무한', '인간과 자연', '천문과 인문', '자아와 세계' 등이 하나의 소우주와 대우주로서 상호 감응하면서 연속성과 통일성을 형성하는 것으로 인식했던 근대 이전의 '유비적 세계상'(analogical vision)에 대한 근대인의 근원적인 향수와 그 지향성(Intention)을 의미하는 것으로 파악된다. "우리와 천지 사이엔 떠날래야 떠날 수 없는 유기적 관련이 있다"는 언급이나, '구경적 생의 형식'을 수행하지 않는 한, "우리는 영원히 천지의 파편에 그칠 따름이요, 우리가 천지의 분신임을 체험할 수 없는 것이며, 이 체험을 갖지 않는 한 우리의 생은 천지에 동화될 수 없기 때문이다"라는 언급은 김동리의 세계관적 지향이 근대 이전의 '유비적 세계상'에 근거하고 있다는 것을 명확하게 예증한다. 여기에서 주목되는 것은 김동리의 이러한 사유가 서구 낭만주의의 사유(미학)와 여러 부분에서 동질성을 지닌다는 사실이다.

---

32) 김동리, 「문학하는 것에 대한 私考」, 앞의 책, 73면.
33) 위의 글, 72-73면.

옥타비오 파스(O. Paz)에 따르면, 낭만주의 예술은 'analogy'와 'irony'로 표상되는 상반된 가치 지향 혹은 미학적 경향을 동시에 포괄한다.[34] 낭만주의는 근대 과학에 의해 붕괴된 유비적 세계상, 혹은 인간과 자연과 신의 원초적 조화와 통일성을 동경하고 회복하려는 움직임으로 요약될 수 있다. 그러나 근대 세계에서 이러한 원초적 조화는 하나의 지향적인 가치일 뿐, 결코 현실적인 경험이나 실제적인 인식 그 자체가 될 수 없다. 따라서 낭만주의에는 두 가지 상반된 충동과 경향이 공존하게 되는데, 이를 표현하는 개념이 곧 'analogy'와 'irony'이다. 전자(前者)가 낭만주의가 동경하고 지향하는 '인간과 자연과 신' 또는 '주체와 객체와 언어'의 원초적 조화와 통일성을 표현하는 것이라면, 후자(後者)는 그러한 조화와 통일성을 추구하지만 결국 그것에 도달하지 못하는 데서 발생하는 '불협화음'과 '비애의 감정'을 표현한다.

따라서 'analogy'가 근대 세계의 분열된 가치들(眞·善·美)과 경험 양상들 혹은 그 사회·역사적 조건들을 거부하면서 근대 이전의 선험적 동일성의 세계로 회귀하고자 하는 '전통지향성' 또는 '반근대성'(anti-modernity)의 가치 체계를 함축한다면, 'irony'는 근대 세계의 분열상을 여과 없이 수용하여 과거의 공동체적 규범으로부터 분리된 '개인의 실존'과 그 '개성적 진실'을 예술로 표현하고자 하는 '미적 근대성'(aesthetic modernity)의 가치 체계를 함축한다. 전자(前者)에서 근대 이전의 종교나 형이상학적 사유가 가장 중심적인 위상을 차지하게 되는 것이나, 후자(後者)에서 근대의 자율화의 원리가 적극적으로 수용되면서 개인의 내면성 또는 예술의 자율성이 강조되는 것은 바로 이러한 맥락에서라고 할 수 있다.

---

34) O. Paz, 『흙의 자식들』, 김은중 역, 솔 출판사, 1999, 제3장 75-77면, 제4장 83-99면 참조.

김동리 소설은 낭만주의의 이러한 상반된 두 측면을 동시에 포괄하고 있는 것으로 보인다. 예컨대, 그의 '대표작'이라 일컬어지는 「바위」, 「무녀도」, 「달」, 「역마」, 「등신불」 등에서는 '인간과 자연과 신'이 상호 감응하고 소통하는 주술적이고 신화적인 세계가 형상화된다면, 그의 '예술가소설'로 지칭되는 「술」, 「솔거」, 「잉여설」, 「완미설」, 「인간동의」 등의 작품들에서는 형이상학적 본질 세계(神聖)와 근대적 일상 세계(世俗) 사이의 간극과 거리가 예술가의 '내면적 갈등'과 '사회적 소외'와 '존재론적 고독'을 통해 표현된다고 할 수 있다.[35] 따라서 전자의 작품들이 근대 과학의 인과적 합리성으로 수렴될 수 없는, '인간과 자연과 신'이 "서로 보고 부르고 말하고, 미워하고, 시기하고, 성내고 할 수 있는"[36], 근대 이전의 주술적 사유 혹은 유비적 세계상(analogical vision)에 근거한 것이라면, 후자의 작품들은 주인공(예술가)이 근대적 일상 세계를 거부하고 형이상학적 본질 세계를 동경하고

---

35) 이 두 계열의 소설들은 작품 내적 공간 배치와 구성 원리에 있어서도 각각 'analogy'와 'irony'에 해당되는 특성을 지닌다. 「무녀도」 계열의 작품들에서는 신화와 무속과 점술과 미신 등이 자연스럽고 당연한 경험적 사실로 인식되는 '신화적(주술적) 공간'이 설정되어 있다. 이 공간은 전근대적인 주술성에 기초해 자연과 인간과 신을 유비적으로 통합시키는 힘을 소설의 전체 구성에 작동시키면서 작품 전체의 구성을 '유비적 통합'(analogical unification)으로 나아가게 만든다. 반면, 「솔거」 계열의 작품들에서는 주인공이 예술가로 설정되면서 근대적인 제도와 규범, 혹은 그 일상 세계에 대한 주인공의 환멸과 더불어 그의 개성적 내면성이 전면에 드러나 있다. 이 주인공은 근대의 일상 공간을 초월하여 자신의 실존적(내면적) 공간을 창조하고자 한다. 이에 따라 작품의 전체 구성 역시 그가 실제적으로 경험하는 근대적 일상 세계와 그가 추구하는 형이상학적 본질 세계 모두에 동화되지 못하는 '심미적 거리'(aesthetic distance) 또는 '낭만적 아이러니'(romantic irony)에 기초하게 된다. 요약해서 말해보면, 「무녀도」 계열의 작품이 '신화적 공간'의 배치와 '유비적 통합'의 구성 원리를 지닌다면, 「솔거」 계열의 작품은 '실존적 공간'의 배치와 '심미적 거리'의 구성 원리를 지닌다는 것이다. 김동리 소설의 공간 배치와 구성 원리에 대해서는 (이찬, 「김동리 문학 연구」, 고려대 석사논문, 1999)에서 이미 자세하게 논했다.

36) 김동리, 「무녀도」, 『무녀도 · 황토기』, 김동리 전집 1, 민음사, 1995, 82면.

추구하지만, 결코 그것에 도달하지 못하는 데에서 발생하는 '비애의 감정'과 '허무 의식'과 '죽음' 등을 형상화한다는 점에서, 낭만적 아이러니(romantic irony)의 미학에 기초한다고 할 수 있다.

> 1) 신의 존재와 그 섭리에 대하여 얼마든지 무심하고 등한할 수 있는 대부분의 동양인들이 푸른 하늘을 쳐다보며 순간순간 달관에 젖어오고 버들개지 날리는 석양 강변에 수염을 쓸며 늠름히 술잔을 기울일 수 있는 것은 그것이 바로 <혼백이 죽는> 길에 통한다고 생각하지는 않기 때문이다. 그러나 <사람이 죽는다는 것은 혼백이 죽느니라> 「명문」의 작중인물 전성철 씨를 통하여 이렇게 선언케 하는 동양인 김동인 씨에게는 기독교적 의미에 있어서의 신과 동양적인 풍토가 함께 무너진 것이다.[37]
>
> 2) 한 개인의 주체적 감정에서 출발하는 강렬한 정한이 그 대상의 일시적 특수성에 고정되지 않고 일반적 보편적 체계성을 띠게 될 때 그 한 개인의 체계화된 정서는 이미 인간 전체의 <신>이나 <자연> 대신 <꽃피고 꽃 지는 산>을 가져왔던 것뿐이다. 소월이 <저만치>라고 지적한 거리는 인간과 청산과의 거리인 것이며 이 말은 다시 인간의 자연 혹은 <신>에 대한 향수의 거리라고도 볼 수 있다.[38]

김동리의 비평 역시 그의 소설과 마찬가지로, 낭만주의의 '아날로지'와 '아이러니'라는 상반된 두 측면을 공유하고 있다는 것을 위의 인용문을 통해 확인할 수 있다. 인용문 1)을 통해서는, 김동인의 자연주의가 "음란과 쌍말과 정신병과 따라지의 세계"로 귀결될 수밖에 없었던 원인이 '근대 과학 정신'의 '구경적 추구'에 의해 "기독교적인 의미의 신과 동양적인 풍토"를 아예 추방시켜 버린 데에 있으며, 그것

---

37) 김동리, 「자연주의의 구경」, 『문학과 인간』, 김동리 전집 7, 민음사, 1997, 24면.

38) 김동리, 「청산과의 거리」, 위의 책, 45면.

의 극복은 종교적이고 형이상학적인 본질 세계의 회복을 통해서만 가능하다는 김동리의 인식 구조를 읽어낼 수 있다. 이것은 결국 김동리가 근대의 파편화된 삶의 양상과 그로 인한 소외와 병리 현상을 동·서양을 막론한 종교적 사유와 유비적 세계상을 통해 극복하려 했다는 것을 의미하는 것이다. 바꿔 말해, 김동리 문학이 지니는 '아날로지'의 특성은 그가 '근대 과학 정신'의 모순과 폐단을 예각화하면서 그것을 전통적인 종교와 형이상학으로 극복하고자 할 때 명료하게 나타난다는 것이다. 앞에서 살펴본 '제3휴머니즘'이나 '제3세계관의 전망'은 이러한 측면을 구체적으로 예증한다.

인용문 2)는 김동리의 '김소월론'의 일부로서, 김소월 시가 지닌 '낭만적 아이러니'의 특성을 명료하게 분석하여 보여준다. 김동리는 「산유화」에서 사용된 부사 '저만치'에 대한 상세한 분석을 통해, 소월 시에 깃들어 있는 '인간과 청산과의 거리' 또는 '인간의 자연 혹은 신에 대한 향수의 거리'라는 '인간의 일반적 정한'을 추출해낸다. 여기에서 '인간'이란 곧 우리 근대인들을 의미하며, '청산', '자연', '신'이라는 기호 표현들은 모두 형이상학적 본질 세계를 지시하는 것이며, '거리'란 "아무 것으로도 영원히 메워질 수 없는"39) 이 양자 사이의 간극과 불일치를 의미한다. 또한 '인간의 일반적 정한'이란 이러한 간극과 불일치를 실제적으로 체험하는 데에서 나오는 근대인의 '비애의 감정' 또는 '분열의 고통'을 표현한다. '낭만적 아이러니'는 바로 이러한 심리적 운동 과정 전체를 가리키는 개념이다.

김동리는 김소월 시가 지닌 '최상급의 해조' 또는 '기적적 완벽성'이 "그의 개인적 특수적 감정이 일반적 보편적 정서로 통하게 된 것"40)에서 연유한다고 언급한다. 이러한 고평(高評)은 '청산'을 '그리워하는 마

39) 위의 글, 43면.
40) 위의 글, 43면.

음'과 더불어 그것에 영원히 도달할 수 없다는 '일반적 정한'을 김소월이 그 '개인의 특수한 감정'으로 제한하지 않고 근대인의 '보편적 정서'로 승화시켰다는 판단에서 기인한다. 김동리는 소월의 시에서 근대인의 '선험적 고향상실성'(transzendental Obdachlosigkeit)[41]과 여기서 비롯되는 '아날로지'에 대한 동경과 추구, 또한 이 추구가 실패하는 데에서 오는 '비애의 감정'으로서의 '아이러니'를 동시에 읽어냈던 것으로 보이며, 더 나아가 소월의 시를 통해 자신의 '구경적 생의 형식'의 문학관이 가지는 필연성과 보편성을 역설했던 것으로 판단된다.

그러나 김동리의 '근대의 극복'이라는 세계관적 좌표는 단지 '청산과의 거리', 곧 '낭만적 아이러니'를 확인하는 데서 멈추지 않았던 것으로 보인다. 그는 이 '아이러니'를 근대의 사실적 현상 그 자체로 수용하기보다는 그것을 극복하고 초월하고자 했다. 이 극복과 초월의 노력은 한편으로는 「무녀도」 계열의 신화적이고 주술적인 세계에 대한 소설적 형상화로 나타났고, 다른 한편으로 '유물사관'을 비롯한 근대 과학주의 일반을 강하게 비판하면서 '제3휴머니즘' 또는 '제3세계관'을 정립하려는 시도와 함께 '근대의 분열'을 종합할 수 있는 유일한 문학 장르로서 '근대 소설'의 위상을 정립하려는 비평적 입론으로 나타났다.

4. '근대 소설'의 위상과 반근대주의 담론

「산문과 반산문」에서 김동리는 "이효석의 작품 세계에 나타난 자연에의 귀의가 산문 자체의 세기적 변모이기보다는 다만 시에의 퇴각에

41) G. Lukács, 『소설의 이론』, 반성완 역, 심설당, 1985, 49면.

지나지 않는다는 사실은 그의 문학적 가치를 결정하는 치명적 조건이 아닐 수 없다"[42]라고 언급한다. 이 언급에는 이효석 소설이 지니는 '시적 세계'와 '산문 정신의 결여'에 대한 비판이 포함되어 있음은 물론, '근대 이전=시 정신/근대=산문 정신'이라는 문학 장르의 역사적 전개 양상에 대한 이분법적 인식이 내포되어 있다. 다시 말해, 이효석 소설에 대한 김동리의 비판의 핵심에는 근대 세계에서 '소설 양식'이 차지할 수밖에 없는 중심적 위상에 대한 확고한 인식이 자리 잡고 있다는 것이다.

> 소설이 근대 문학의 중추적 지위를 점령하게 된 것은 소설 양식의 강대한 종합성과 보편성이 복잡다단한 근대 생활을 담기에 적당하였기 때문이다. 문학은 생활의 반영이란 말이 이미 있거니와 근대인의 물심양면으로 복잡하고 심각한 생활은 그것이 전적으로 반영될 수 있는 그만치 종합적인 문학 양식을 요구하게 된 것이며 여기서 근대의 저 찬연한 소설 문학의 전당은 건설될 수 있었던 것이니, 그러므로 소설 문학의 기능은 어디까지나 산문 정신에 있어야 하는 것이다.[43]

위 인용문은 표면적으로 김동인의 '자연주의'나 문학가동맹의 '유물사관'을 비판했던 것과 상반되는 논리로 구성되어 있는 것처럼 보인다. 인용문에서 '근대인의 물심양면으로 복잡하고 심각한 생활'이란 근대의 분업화 원리에 뒤따르는 근대인의 경험의 분열 양상들을 지적하고 있는 것으로 보이며, '소설 양식의 강대한 종합성과 보편성'은 근대의 이러한 복잡다단한 삶의 양상을 총체적으로 형상화할 수 있는 유일한 문학 장르로서 '소설'의 위상을 정의한 용어라 판단된다. 그러나 이 정의는 실상 '과학적 실증 정신' 또는 '산문 정신'을 통해 근대

42) 김동리, 「산문과 반산문」, 앞의 책, 32면.
43) 위의 글, 26면.

이전의 주술적이고 신화적인 세계를 추방시키고 과학적 인과성과 일상적 구체성을 소설구성 원리의 규범으로 정립시킨 근대 리얼리즘 관점에서의 '소설' 정의에 가까운 것이라 할 수 있다. 여기에서 제기되는 의문은 김동리가 시종일관 견지해 온 근대 과학주의 일반에 대한 비판과 「산문과 반산문」에서 시도된 이효석에 대한 비판이 상호 모순적인 것이 아닌가하는 것이다. 예컨대, '자연'과 '천체의 무궁성'과 '신'을 추방하고 '과학적 기계적 물질적 세계관'을 추구한 김동인의 소설을 비판하는 논법과 근대 이전의 '자연'과 '신'을 추구한 이효석의 소설을 '산문 정신의 결여'로 비판하는 논법은 표면적으로 이율배반적인 것일 수밖에 없다는 것이다.

김동리가 여타의 평론에서 표방했던 논리의 틀에 따르면, 김동인 소설에 대한 비판은 근대 과학주의 비판이라는 그의 세계관적 좌표와 정확하게 일치한다. 그러나 김동리가 근대 이전의 '시적 세계', 곧 '자연'과 '신'을 추구한 이효석 소설을 비판하는 것은 쉽게 납득하기 어렵다. 이효석 소설의 이러한 측면과 김동리의 '구경적 생의 형식'의 문학관은 동질적인 것으로 이해되기 때문이다. 이러한 의문을 해명할 수 있는 실마리는 우선 '산문의 세기적 변모' 또는 '새로운 산문의 출현'을 전망하는 그의 독특한 문학사적 논점 설정에서 찾을 수 있다. 이효석 소설에 대한 비판의 핵심은 "소설은 산문이며, 산문적 기골을 갖추어야 한다"는 지극히 단순한 명제에 있다. 그러나 이 명제는 '산문 자체의 세기적 변모'라는 문학사의 전개 양상에 대한 논점과 결부될 때, 상당히 복잡한 의미를 수반하게 된다. 김동리가 이효석 소설을 '플롯의 빈곤'과 '성격 창조의 결여'에 따른 '수필적 성격'과 '산문적 기골'의 약화로 비판할 때, 이것은 단지 사건의 입체적 구성이나 인물의 구체적 묘사 등과 같은 소설 형상화의 방법으로만 국한되지 않는다. 이 비판의 핵심에는 이효석 소설이 근대의 모순을 종합적으로 반영할 수 있는 '산문'이 아니라 그 모순을 회피해버리는 전근대적인 '시적 세계'에 입각해 있으며, 이것은 단지 '산문의 부정'일 뿐, 결코 '산문 자체의 변모'일 수 없다는 김동리의 특유한 문학사적 인식이 놓여 있다.

> 1) <살을 베히면 피 대신 나무 진이 흐를 것 같다> 한 것을 나는 위에서 자연에 귀의하는 기도의 소리라 하였다. 그리고 이것은 다만 시의 핵심, 시의 고향을 찾아온 데 지나지 않는다고 하였다. 내가 특히 이 말을 강조하는 것은 크게 <시의 고향>을 찾아오게 된 동기 그 자체에 역사적 배경이 있었기 때문이다. <어지러운 거리>의 과학과 산문이 인간 생활의 구경적 의의를 보장하지 못한 데서 자기 자신(과학과 산문)의 비약적 변모가 요구된 것이며 <쓰레기통 같은 거리>의 정리는 한 개 세기적 과제가 되어 있었기 때문이다. 그러므로 그가 산문을 버리고 시의 고향을 찾아갔다는 사실에는 모종의 시기적 검토가 요구된 것이다.44)
>
> 2) 오늘날의 과학과 산문이 비록 인간 생활의 구경적 의의를 보장하지 못한 데서 재래된 세기적 불신임장을 접수하여 있음이 사실이라 하더라도 그것은 어디까지나 과학과 산문을 계승할 새로운 성격의 신의 출현에서만 수리될 문제이지 소박한 자연 찬미를 근거로 한 시에의 퇴각으로 해결될 것은 아니다. 산문 정신을 본령으로 하는 소설 문학의 세계에서 산문을 마음껏 포기한 소설가 이효석은 결국 소설의 형식을 빌어서 시를 찾으려다 소설 그 자체를 약질화시킨 데 그쳤던 것이다. 새로운 성격의 신의 출현만이 새로운 성격의 산문을 창조할 것이다.45)

인용문 1)에서 주목되는 것은 김동리가 이효석 소설이 지닌 '시적 세계'를 일방적으로 부정하지 않으며, 오히려 이러한 '시적 세계'가 '소설 양식'(산문)에서 나타날 수밖에 없었던 역사적 필연성을 부각시

---

44) 김동리, 위의 글, 31-32면.
45) 김동리, 위의 글, 37-38면 참조.

킨다는 사실이다. "그(이효석)가 산문을 버리고 시의 고향을 찾아갔다는 사실에는 모종의 세기적 검토가 요구된 것이다"라는 문장에서 '산문'은 근대의 '과학적 실증적 정신'과 등가 관계에 놓이는 것이며, '시의 고향'은 형이상학적 본질 세계를 의미한다. 이러한 김동리의 '시/산문'의 구분법은 그가 다른 평론들에서 역설한 근대 과학주의 극복이나 형이상학적 본질 세계의 회복이라는 명제의 연장선상에 놓여 있는 것이며, 「자연주의의 구경」에서 제시된 김동인 소설과 '자연주의'에 대한 비판과도 일맥상통하는 것이라 할 수 있다.

그런데 여기서 주의해야 할 것은 김동리의 '시/산문' 구분법이 단순히 '시=근대 이전=형이상학적 본질 세계 추구/산문=근대=과학적 일상적 세계 추구'라는 이항 대립의 연쇄로 계열화되지 않는다는 사실이다. 위와 같은 '시/산문'의 단순한 구분법을 그대로 따르면, 이효석 소설은 비판되기보다는 적극적으로 옹호되어야 할 것이며, '구경적 생의 형식'으로 집약되는 그의 문학관과 '산문 정신'으로서의 '소설 양식'은 상호 모순에 직면하게 될 것이 자명하다. 인용문 2)에 나타난 "과학과 산문을 계승할 새로운 성격의 신의 출현"과 "새로운 성격의 산문"이란 위의 '시/산문'의 구분법을 해체시키는 용어인 동시에, 김동리가 봉착하게 될 논리적 모순을 해결하는 용어이기도 하다. 또한 이것은 형이상학적 본질 세계의 표현이라는 '시' 장르의 근본적 특성과 사회 제관계들 혹은 현상들의 총체적 반영이라는 '소설' 장르의 장점을 결합시키고자 하는 김동리의 새로운 문학적 기획을 내포하고 있는 용어라고 판단된다. 이것에 기초할 때, '소설'은 하나의 '산문'으로서 근대 세계의 복잡다단한 분열 양상과 그 경험들을 총체적으로 반영할 수 있는 동시에, 이 분열을 초월하여 형이상학적 본질 세계를 추구할 수 있는 유일한 문학 장르로서 정의될 수 있었기 때문이다. 또한 김동리의 논리적 모순은 이를 통해서만 해소될 수 있었기 때문이다.

김동리는 '시'가 근대의 분열 양상을 반영하거나 종합하거나 극복할 수 없으며, 다만 그 분열을 회피하여 '자연'이나 '신'이라는 과거의 '선험적 고향'으로 퇴각하는 양식에 불과하다고 보았던 반면, '소설'은 근대의 복잡다단한 분열 양상들과 경험들을 총체적으로 반영할 수 있고, 더 나아가 그 분열을 종합하고 극복할 수 있는 양식이라고 인식했던 것이 틀림없다. 이러한 장르론적 인식은 그가 『문학과 인간』을 출간한 이후에 집필한 「창작강의」에서 보다 명시적으로 나타난다. 이 글은 '소설 양식'이 근대 문학의 '중추적 지위'를 차지할 수밖에 없었던 이유를 근대에 나타난 다양한 역사적 변화들로부터 도출해내는 특징을 지닌다. 즉 '신이 사라진 시대'로서의 '근대'와 '근대의 서사시'로서의 '소설'이 형성하는 역사적 인과 관계를 해명하는 동시에, 근대 세계에서 '소설'이 차지할 수밖에 없는 중추적인 위상을 해명하는 데에 이 글의 핵심이 있다는 것이다. 여기에서 김동리가 해명한 '근대적 생활'의 특징을 요약해보면 다음과 같다.

> 1. 생활의 복잡성 2. 민주정신의 보급 3. 토의정신 혹은 과학정신의 발달 4. 전문화와 분업화 5. 회의적 태도[46)]

김동리는 '근대적 생활'의 이 다섯 가지 측면에 의하여 '근대 소설'이 발생하게 되었다고 파악한다. 1~3에 해당하는 '근대적 생활'의 특징은 『문학과 인간』에 수록된 여러 평론들에서 김동리가 이미 제기했던 문제들을 보다 상세하게 부연하고 있는 것이므로 그다지 새로운 것이라 할 수 없다. 이것은 또한 몰튼(R. G. Molton)과 허드슨(H. Hudson)의 문학 이론에 의거하여 '근대 소설'의 발생론을 일반론적 수준에서 정리한 것에 불과하며, 따라서 그만큼 상식적이며 김동리 자

46) 김동리, 「창작강의」, 『文藝』, 1949. 8, 196-198면 참조.

신의 독창적인 관점이 개입되어 있지 않은 것이라 할 수 있다. 1~3에서 언급된 내용이 근대 리얼리즘의 일반적인 관점과 쉽게 구분되지 않는 것도 같은 이유에서이다. 그러나 4는 김동리의 문학관의 핵심인 '구경적 생의 형식'과 연속되는 논리를 품고 있으며, 김동리가 「산문과 반산문」에서 제기했던 '새로운 성격의 산문'이 어떠한 것인지를 구체적으로 추론할 수 있게 한다.

> 이와 같이 다수 종별로 분과화한 근대인의 생활에 있어 자기의 전공 또는 전속 이외의 모든 부문의 학문이나 예술에 통하므로써 인간 전반에 공통된 문제 인간생활에 있어 가장 근본적이요 보편적인 고귀한 의의에 대해서 불안과 향수를 가진 모든 근대인은 그들의 상실한 인생의 지위를 회복시키기 위하여 우선 근대 소설의 독자 혹은 작자가 되지 않을 수 없었던 것이다.47)

김동리가 파악하는 근대의 폐단은 과학의 발전에 의해 사회의 모든 영역들이 분업화되어 "인간 전체에 공통된 문제 인간생활에 있어 가장 귀중한 의의에 대해서는 서로 관심할 겨를이 없어져 버린 것"48)에 있다. 이렇듯 근대의 분업화(자율화)가 한편으로는 개인의 해방을 가져왔으나 다른 한편으로는 사회 각 영역들의 파편화와 상호 소외를 초래하게 되었다는 그의 인식은 자못 날카로운 것이라 할 수 있다. 또한 근대의 파편화되고 분열된 삶의 양상이 '전체로서의 인생'을 그리는 '소설 양식'에 대한 창작과 수요로 나아간다는 논리 역시 수긍할만한 것이라 할 수 있다.

그러나 '소설 양식'이 '강대한 종합성과 복잡성'에 의해 근대인의 생활 전반을 곧 '전체로서의 인생'을 반영할 수 있다는 논제와 '소설

47) 위의 글, 201면.
48) 위의 글, 200면.

양식'의 존재 근거가 "인간 전반에 공통된 문제 인간생활에 있어 가장 근본적이요 보편적인 고귀한 의의"를 회복시켜주는 데 있다는 논제는 전혀 다른 차원의 것이며, 논리적 비약을 감추고 있는 것으로 보인다. 전자(前者)가 사회적 제 관계들의 총체적 반영과 구체적 전체성의 표현이라는 근대 리얼리즘의 '소설' 정의에 맞닿아 있는 것이라면, 후자(後者)는 시대와 사회를 초월하여 존재하는 인간의 초역사적 보편성을 간취하려는 '구경적 생의 형식'으로서의 '소설'을 의미하기 때문이다. 따라서 전자에서 사회적 총체성과 인물 형상의 보편성이 강조된다고 하더라도 그것은 그 시대와 사회의 현상들에 대한 구체적 인식을 통해서만 매개될 수 있는 것이라면, 후자에서 제시된 '인간 전반에 공통된 문제'나 '인간 생활의 가장 근본적이고 보편적인 고귀한 의의'는 이러한 역사적 구체성에 의해 매개된 것이 아니라 다만 시대와 사회를 초월해 있는 추상적 보편성에 지나지 않는다고 할 수 있다. 따라서 양자는 대립적인 위치에 존재하는 것이며, 연속될 수 없는 것이다.

김동리의 이러한 논리적 비약은 근대의 '산문적인 세계' 곧 파편화되고 분열된 근대적 삶의 양상들을 근대 이전의 '시적 세계'를 통해서가 아니라, '새로운 성격의 산문의 창조'를 통해서 극복하겠다는 그의 야심찬 문학적 기획에서 기인하는 것으로 판단된다. 또한 그는 근대의 산문, 곧 '소설 양식'에서는 '강대한 종합성과 복합성'이라는 장점을 취하고, 근대 이전의 '시적 세계'에서는 형이상학적 본질 세계 추구라는 특성을 취하여, 양자를 종합하려 했던 것으로 보인다. '새로운 성격의 산문'이란 바로 이 종합을 의미했던 것으로 추론된다. 이 관점에 입각할 때, 김동인에 대해서는 형이상학적 본질 세계를 완전히 추방시킨 근대의 '산문 정신'의 소유자로 비판하는 것이 가능했고, 이효석에 대해서는 '산문의 세기'인 근대에 '산문'을 버리고 과거의 '시적 세계'로 퇴각한 '수필적' 작가에 지나지 않는다고 비판하는 것이 가능했기 때문이다. 결국 김동리는 근대의 분열을 넘어서 형이상학적 본질 세계를 회복시킬 수 있는 장르는 '시'가 아니라 오히려 '소설'이라고 보았던 셈이며, '산문'(소설)으로 '산문의 세계'인 '근대'를 극복하려 했던 것으로 파악된다.

그러나 김동리가 시도한 이러한 '근대 소설'의 위상 정립이나 '새로운 성격의 산문의 창조'가 논리적 일관성과 타당성을 지녔던 것으로 평가하기는 어렵다. 앞에서 살펴본 것처럼, 근대의 복잡다단한 생활상을 종합적으로 반영할 수 있는 소설은 근대 리얼리즘 소설일 것이며, 그 가운데서도 '장편소설' 양식이어야 할 것이다. 이 양식은 시대와 사회의 구체적 제 관계들이나 그 구조적 모순에 대한 깊이 있는 탐구 없이는 작품성을 보장받기 어렵다. 또한 그것은 그 양식적 특성상, 풍부한 질료적 디테일과 정교한 형식적 구성을 요구한다. 여러 선행 연구들이 이미 공감하고 있는 바와 같이, 김동리 문학 전체에서 가장 작품성을 의심받는 장르는 '장편소설'이며, 그의 탁월한 문학적 성취는 주로 '단편소설' 양식을 통해서 추론된다는 사실[49]은 '구경적 생의 형식'이라는 그의 문학관과 '장편소설' 양식이 서로 어긋날 수밖에 없는 것임을 명확하게 예증한다.

따라서 "그는 본질적으로 장편 작가가 아닐 뿐 아니라 단편에서도 「모밀꽃 필 무렵」과 같이 시적 정서가 <테마>로 되었을 때에만 가장 성공할 수 있었던 것이다"[50]라는 김동리의 이효석 비판은 역설적으로 그 자신에게도 겨누어질 수 있는 사항이었던 셈이다. '산문 정신'이

49) 김동리의 장편소설이 지니는 한계와 문제점을 상세하게 규명한 선행 연구로는 다음과 같은 것들을 열거할 수 있다.
이동하, 「한국문학의 전통지향적 보수주의 연구」, 서울대 박사논문, 1988.
진정석, 「김동리 문학 연구」, 서울대 석사논문, 1993.
이 찬, 「김동리 문학 연구」, 고려대 석사논문, 1999.

50) 김동리, 「산문과 반산문」, 앞의 책, 37면.

세계의 파편화와 통일성의 해체를 충실히 반영하는 것이라면, 김동리의 소설은 모순과 대립과 분열이 존재하지 않는 선험적 동일성으로서의 '구경적 생'을 추구했다는 점에서 본질적으로 시적인 것에 속하기 때문이다.[51] 「무녀도」, 「달」, 「역마」, 「등신불」 등과 같은 김동리의 대표작들은 이것을 구체적으로 입증하는 사례들이다.

이러한 측면들을 종합해 볼 때, 그의 비평이 '근대의 극복'이라는 비전을 지녔던 것은 분명하지만, 이것은 근대 과학주의와 근대인의 파편화되고 분열된 삶의 양상에 대한 부정과 극복이라는 측면으로만 제한되었던 것으로 판단된다. 실상 그의 '근대의 극복' 논의에는 근대의 정치·경제 체제의 문제라 할 수 있는 자본주의적 계급 갈등이나 서구 중심적 패권주의(제국주의)가 발생시키는 '식민지 지배', '인종 차별', '서구 중심적 보편주의' 등과 같은 모순점들이 배제되어 있다. 또한 '근대화'가 곧 '과학화'를 의미한다는 측면만을 강조했을 뿐, 그것이 다른 한편으로 '서구화'를 의미한다는 사실을 몰각한 그의 '근대 극복' 논의는 근본적으로 '오리엔탈리즘'의 인식 구조를 벗어날 수 없었던 것으로 보인다. 따라서 김동리의 비평을 '근대초극론'의 일환으로 평가하는 것은 과도한 의미 부여이자 일면적인 평가라고 판단된다. 그의 비평은 근대 세계 전반의 모순과 문제점을 극복하려는 총체적 비전을 가진 논의가 아니라, 단지 '과학주의'라는 근대의 한 측면에 대한 부정과 극복만이 강조된 논의이기 때문이다.

김동리 비평에 편재하는 '문학의 자율성'에 대한 논의 역시 근대 세계의 자율화(분업화) 원리를 충실하게 따르고 있는 것이라 보기 어렵다. 그가 강조한 '문학의 자율성'은 실상 그의 문학적 대립자였던 '경향문학'이나 '문학가동맹'에 대한 정치적 대항 담론의 일부로서 제출된

51) 구모룡, 「생의 형식과 서정적 소설론」, 『한국문학논총』, 제13집, 한국문학회, 1992, 403면 참조.

것 일뿐, 과거의 종교와 형이상학을 포함하여 모든 가치의 영역들로부터 독립된 미적 영역 혹은 예술적 영역의 자율성을 의미하는 것이었다고 간주하기 어렵기 때문이다. 이러한 측면은 그의 비평이 분업화에 따른 가치(眞·善·美)와 경험의 분열 양상을 근대 사회가 극복해야 할 가장 중요한 문제로 설정하고 있으며, 이 분열을 통합하고 극복할 수 있는 비전을 과거의 종교적 사유와 형이상학을 통해 마련했다는 것에서 명료하게 드러난다. 그의 문학은 또한 샤머니즘, 애니미즘, 기독교, 불교 등의 다양한 종교 사상을 수용하고 있으면서도, 특정한 종교적 교리에 충실하기보다는 이러한 종교들의 공통된 지반을 이루는 형이상학적 본질 세계를 소설적 주제 또는 비평적 논리의 중심으로 삼고 있다. 이것은 그의 문학이 하나의 특정한 종교나 형이상학이 아니라, 그 전체를 망라한 '범신론적 형이상학'(pantheistic metaphysics)에 근거한 것임을 의미하는 것이며, 그가 이것을 통해 근대의 분열상을 극복하고자 했다는 것을 구체적으로 예증하는 것이다.

결국 그의 '문학의 자율성' 논의는 근대의 자율화 원리를 일관되게 견지한 데서 나온 것이 아니었으며, 역설적으로 근대의 자율화에 따른 분열 양상을 오직 '문학', 더 정확하게 말해, '근대 소설'이 내장한 종교적이고 형이상학적 비전을 통해서만 통합하고 극복할 수 있다는 논리에서 나온 것이라 할 수 있다. 이 논리가 사회 모든 영역의 자율화와 분화를 철저하게 수용하는 근대적 담론 범주로 포섭되기 어려운 이유는 바로 여기에 있다. 이 논리는 본질적으로 근대의 자율화와 분화의 원리를 부정하고 반대하는 것이기 때문이다. 이것은 또한 정치 영역으로부터의 문학의 자율성만을 강조할 뿐, 전근대적인 종교와 형이상학으로부터의 문학의 독립성과 자율성을 포함하지 않는다는 점에서, 엄격한 의미에서의 '미적 근대성'의 담론 범주로 귀납될 수 없다. 따라서 그의 비평을 '근대초극론'이나 '미적 근대성'의 일환으로 평가하는 것은 그것의 일부분을 도려내어 확대하고 과장한 결과라 판단된다. 이러한 문제들을 살펴볼 때, 그의 비평은 '과학주의'라는 근대적 세계관이나 근대의 분열상에 대한 부정과 반대의 차원으로 그 의미가 제한되어야 할 것이며, 그것의 세계관적 좌표는 '반과학주의'로 구체화되는 '반근대주의'라고 지칭되는 것이 합당할 것이다.

김동리 비평의 독창성과 특이성은 근대의 '신의 추방'과 그 결과로서 발생한 근대인의 파편화된 삶의 양상들을 전통적인 '시' 장르를 통해서가 아니라 '근대 소설'을 통해 극복할 수 있다는 비전을 제시한 데에 있다. '시'는 비유와 상징을 통해 '자연과 인간과 신' 혹은 '자아와 세계와 언어'를 유비적으로 통합시킬 수 있는 거의 유일한 문학 장르라고 할 수 있다. 반면, '소설'은 그 산문적 내용과 형식으로 인해 인물 행위의 계기적 연속성과 사건 구성의 인과적 합리성이 강하게 요구되는 장르이다. 따라서 '소설'은 '시'처럼 시간과 공간의 거리를 손쉽게 가로질러 자연과 인간을 통합(동일화)시킬 수 없으며, 여기에서 사건의 각 단위들은 시·공간의 환유적인 인접성에 근거하여 결합되고 배치될 수밖에 없다. 더구나 '근대 소설'에서 이러한 소설 장르의 고유한 특성은 더 한층 강화된다고 할 수 있다. '근대 소설'을 통한 '근대의 극복'이라는 김동리의 비전이 이론적 딜레마에 빠질 수밖에 없었던 이유는 바로 여기에 있다. 근대인의 파편화된 삶의 양상들을 그대로 반영하는 것이 아니라 '자연과 인간과 신'을 유비적으로 통합시켜 완결된 형이상학적 세계를 표현할 수 있는 가능성을 함유한 문학 장르는 '소설'이 아니라 '시'이며, 환유적 인접성에 기초한 '소설'(근대 소설) 장르가 '자연과 인간과 신'을 통합하기 위해서는 신화적인 차원 또는 서사시적인 차원으로 회귀할 수밖에 없기 때문이다.

김동리의 대표작들에서 나타나는 신화적이고 서사시적인 성격은 그의 비평에서 언급된 '소설 양식의 강대한 종합성과 보편성'이라는 표어와는 너무도 거리가 먼 것이었음을 명료하게 보여준다. 결국 '구경적 생의 형식'으로 표상되는 그의 문학관에 가장 적합한 장르는 '시'였다고 할 수 있으며, '소설'의 여러 양식들 가운데서는 시적 비유와 정서와 분위기로 충만한 '서정적 단편소설'이었다고 할 수 있다. 또한 김동리 소설은 근대 사회의 분열과 모순을 근대적 방법과 이론으로 표현하기보다는 이것을 통합하고 초극하기 위하여 전통적인 신화와 서사시의 세계를 도입했다고 할 수 있다. 그의 문학이 지니는 전통 지향적이고 과거 회귀적인 성격은 여기에서 기원하는 것이며, 이것은 그의 문학을 '반근대주의' 담론으로 판정할 수밖에 없는 필연적 근거를 제공한다. 그의 문학은 '근대 문학'의 통상적 규칙들을 거부하고 전근대적인 문학 양식을 부활시키고자 했으며, 근대의 과학적 세계관과 자율화(분업화) 원리를 부정하고 전통적인 종교와 형이상학으로 회귀하고자 했다는 점에서, 근대적 담론이거나 근대를 초극하는 담론이 아니라, 다만 근대적 사유를 반대하고 과거의 전통적 사유를 지향하는 담론에 불과하기 때문이다.

5. 맺음말

이 논문은 김동리의 비평집 『문학과 인간』을 중심 텍스트로 삼아 그의 비평이 지니는 낭만주의적 미학과 반근대주의 세계관의 특성들을 상세하게 규명하고자 하였다. 이것은 선행 연구들의 성과를 최대한 수용하는 것이면서도 그것의 세부적인 논의 내용에 대한 비판과 새로운 입론을 포함하는 것이었다. 이러한 비판과 입론은 예컨대, 김동리 비평이 지니는 '오리엔탈리즘'의 인식구조나 '아날로지'와 '아이러니'라는 낭만주의의 양가성 등과 같은 측면을 구체적으로 논의하는 과정에서 이루어졌다. 이 논문에서 논의된 내용을 요약하면 다음과 같다.

첫째, 김동리가 내세운 근대의 부정과 극복은 주로 과학적 세계관과 이로 인해 발생한 근대인의 선험적 고향상실성과 파편화된 삶의 양상이었다고 할 수 있으며, 그는 이것을 근대 이전의 종교적 사유와 형이상학의 종합을 통해 극복하려 했으며, 그는 이러한 자신의 기도를 '구경적 생의 형식'이라는 용어로 요약했다. 그러나 그의 근대 극복 논의에는 실상 '서구사'를 곧장 '세계사'로 등치시키거나, 서구 사상사의 한 흐름을 '세계사적 보편성'으로 환원시키는 '오리엔탈리즘'의 인식구조가 잠재해 있었다. 이러한 측면들은 모두 그의 '보편성'의 사유에서 기원하는 것이었으며, '문학가동맹'의 공리주의적 문학관을 비판하는 근거 역시 시대와 사회를 초월하여 존재하는 '인류의 궁극적 보편성의 추구'라는 명제에 있었다.

둘째, 김동리의 비평과 소설은 모두 낭만주의의 상반된 두 가지 미학적 측면인 'analogy'와 'irony'를 공유하고 있었다. 그의 소설에서 'analogy'는 「무녀도」 계열의 대표작들에서 가장 선명하게 나타났으며, 'irony'는 「솔거」 계열의 예술가소설을 구성하는 근본적인 미학 원리였다. 그의 비평에서 'analogy'의 측면이 가장 뚜렷하게 드러나는 부분은 근대의 과학과 그 분열상을 전통적인 종교와 형이상학의 비전을 통해 극복하려는 담론이 형성되는 지점에서였다. '제3휴머니즘'이나 '제3세계관의 전망', '구경적 생의 형식'은 바로 이러한 담론의 방향을 집약하는 구체적 언표들이었다. 그의 비평에서 'irony'의 측면이 가장 명징하게 드러난 것은 「자연주의의 구경」과 「청산과의 거리」였다. 이 두 편의 글은 근대 문학이 근본적으로 '선험적 고향상실성'의 표현일 수밖에 없는 이유와 근거를 탁월하게 논증했으며, 특히 「청산과의 거리」는 김소월의 「산유화」에서 사용된 부사 '저만치'에 대한 정치한 분석을 통해 '인간의 신에 대한 향수의 거리'를 읽어냈다. 이 '거리'는 곧 '낭만적 아이러니'를 의미하며, 그의 비평에서 이러한 '아이러니'의 인식은 자신 이외의 다른 작가들에 대한 실제 비평의 차원에서만 나타났다. 이것은 김동리가 근대적 삶의 균열과 아이러니를 그대로 수용하기보다는 그것을 통합하고 초극하려 했다는 것을 의미한다.

셋째, 김동리의 이러한 근대 극복의 의지는 '소설 양식'을 통해서 파편화된 근대인의 삶의 양상을 통합하고 극복하겠다는 기획으로 나타났다. 이 기획은 근대 세계에서 '소설 양식'이 차지하는 중추적인 위상을 정립하려는 시도를 동반했으며, '산문'(소설)으로 '산문적인 세계'(근대)를 초극하겠다는 그의 논리는 「산문과 반산문」, 「창작강의」에서 가장 명시적으로 나타났다. 그러나 '새로운 성격의 산문의 창조'를 통해 '산문의 세계'(근대)를 극복하겠다는 그의 기획은 근본적으로 논리적 타당성과 실현 가능성을 결여하고 있는 것이었다. 그가 추구했던 자연과 인간과 신이 유비적으로 통합되는 형이상학적 본질 세계의 표현은 실상 종교의 영역이나 전통적인 서정시의 차원에서나 가능했을 뿐, 환유적 인접성에 기초한 '근대 소설'이 이것을 표현하기 위해서는 근대 이전의 신화나 서사시적인 세계로 회귀할 수밖에 없는 것이었기 때문이다.

김동리 비평을 '반근대주의' 담론으로 판정할 수밖에 없는 필연성은 그것이 근대 세계와 근대 문학을 근대 이전의 신화적이고 서사시적인 세계로 회귀시키려는 전통 지향적 사유와 가치 체계로 점철되어 있었다는 데에서 나온다. 그가 강조했던 '문학의 자율성'은 근대의 자율화의 원리를 철저하게 수용하는 데서 나온 것이 아니라 다만 한국 문학의 특이한 정치적 담론장의 메커니즘에서 산출된 것이라는 점에서, 그의 비평을 '미적 근대성'의 차원에서 이해하는 것은 침소봉대(針小棒大)의 결과를 면하기 어렵다. 또한 서구 중심적 보편주의와 제국주의의 문제를 배제하고 있는 그의 비평을 '근대초극론'의 일환으로 파악하는 것은 과도한 의미 부여이자 일면적인 평가에 불과한 것으로 추론된다. 따라서 그의 비평의 미학적 특질은 낭만주의의 상반된 측면인 'analogy'와 'irony'를 공유하고 있다는 것으로 결론내릴 수 있으며, 그것의 세계관적 좌표는 근대의 과학과 그 분열상에 대한 반대로 특징지어지는 전통 지향적 '반근대주의'로 명명될 수 있을 것이다. 이것은 결국 김동리의 '근대의 극복' 논의가 실현 불가능한 논리적 과장을 지녔으며, 이론적 딜레마에 봉착하고 말았다는 것을 의미한다.

✤ 참고문헌

김동리, 『문학과 인간』, 청춘사, 1952.

______, 『무녀도 · 황토기』, 김동리 전집 1, 민음사, 1995.

______, 『문학과 인간』, 김동리 전집 7, 민음사, 1997.

신형기 엮음, 『해방 3년의 비평문학』, 세계, 1988.

강경화, 「해방기 김동리 문학에 나타난 정치성 연구」, 『현대소설연구』, 제18호, 한국현대소설학회, 2003.

구모룡, 「생의 형식과 서정적 소설론」, 『한국문학논총』, 제13집, 한국문학회, 1992.

김미영, 「김동리 문학에 있어서 자연의 의미」, 『어문학』, 제84집, 한국어문학회, 2004.

김윤식, 「김동리의 『문학과 인간』의 사상사적 배경 연구」, 『한국학보』, 제85호, 일지사, 1996.

김종균, 「김동리의 문학사상 연구」, 『한국사상과 문화』, 제13집, 수덕문화사, 2001.

______, 「김동리 초기 소설의 반근대성 연구」, 『논문집』, 제31집, 한국외국어대학교, 1999.

김종익, 「김동리의 비평 활동 연구」, 홍익대 박사논문, 1996.

김주현, 「김동리 문학론의 사상적 기반에 관한 연구」, 유기룡 편, 『김동리』, 살림,

1996.
박종홍, 「해방기 김동리의 문학비평 연구」, 『어문학』, 통권 제58호, 한국어문학회, 1996.
이동하, 「한국문학의 전통지향적 보수주의 연구」, 서울대 박사논문, 1989.
이영미, 「역마의 정치성 연구」, 『국제어문』, 제27권, 국제어문학회, 2003.
이지연, 「김동리 문학 연구」, 연세대 석사논문, 2003.
이 찬, 「김동리 문학 연구」, 고려대 석사논문, 1999.
______, 「20세기 후반 한국 현대시론 연구」, 고려대 박사논문, 2004.
임영봉, 「김동리 비평 연구」, 『어문연구』 통권 123호, 한국어문교육연구회, 2004.
진정석, 「김동리 문학 연구」, 서울대 석사논문, 1993.
한수영, 「'순수문학론'에서의 '미적 자율성'과 '반근대'의 논리」, 『국제어문』, 제29집, 국제어문학회, 2003.
홍기돈, 「김동리 연구」, 중앙대 박사논문, 2004.
황종연, 「한국문학의 근대와 반근대」, 동국대 박사논문, 1991.
황치복, 「동아시아 근대 문학사상의 비교 연구」, 고려대 박사논문, 2005.

김윤식, 『한국문학의 근대성 비판』, 문예출판사, 1993.
______, 『한국근대문학사상연구2』, 아세아문화사, 1994.
______, 『김동리와 그의 시대』, 민음사, 1995.
______, 『해방공간의 내면풍경』, 민음사, 1996.
김인환, 『상상력과 원근법』, 문학과 지성사, 1993.
송하춘, 『탐구로서의 소설 독법』, 고려대 출판부, 1996.
송희복, 『해방기 문학비평연구』, 문학과 지성사, 1993.
최현식, 『서정주 시의 근대와 반근대』, 소명출판, 2003.

Foucault, M, 『말과 사물』, 이광래 역, 민음사, 1980.
Lukács, G, 『소설의 이론』, 반성완 역, 심설당, 1985.
Needam, J, 『중국의 과학과 문명』 II, 이석호・이철주・임정대 역, 을유문화사, 1986.
Paz, O, 『흙의 자식들』, 김은중 역, 솔 출판사, 1999.
Said, E. W, 『오리엔탈리즘』, 박홍규 역, 교보문고, 2004.

강상중, 『오리엔탈리즘을 넘어서』, 이경덕 · 임성모 역, 이산, 1997.
廣松涉, 『근대초극론』, 김항 역, 민음사, 2003.

조지훈 시론의 이론적 근거

1. 문제의 제기

조지훈의 시론을 특징짓는 가장 핵심적인 개념은 '생명'이다. 또한 이 '생명'을 조건 짓는 수식어로 '우주'(宇宙), '대자연'(大自然) 등이 부가된다. 따라서 '생명'이라고 하는 것은 단지 '인간'이나 '사물'과 같이 가시적인 신체를 지닌 것으로만 국한되지 않는다. '생명'은 전체 우주, 더 나아가 무한한 시·공간을 떠다니는 에네르기(氣)의 흐름으로 파악된다.

> 생명은 자라려고 하는 힘이며 장차 있어야 할 것에 대한 꿈이 있다. 이 힘과 꿈이 하나의 사랑으로 통일되어 우주에 가득 차 있는 것이 우주의 생명이 아니겠는가. 우주의 생명이 분화된 것이 개개의 생명이요, 이 개개의 생명의 총체가 우주의 생명이라고 볼 것이다.(조지훈, 『시의 원리』, 나남, 1996, 26면.)

위의 인용문을 살펴보면, '생명'은 가시적인 물체가 아니라 비가시적인 '강렬도의 흐름'(flow of intensity)을 표상하는 것으로 이해된다.

이 생명의 흐름은 '지금 있음'(being)의 형태가 아니라 '지금 되어 지고 있음'(becoming)이라는 생성적 과정의 함의를 지닌다.[1] '생명'은 멈추어져 있는 정지태가 아니라 '자라려고 하는 힘'과 '장차 있어야 할 것에 대한 꿈'을 지닌 잠재적 가능성을 함유한다. 그런데 이 생명이 지닌 "꿈과 힘은 하나의 사랑으로 통일되어 있다"고 한다. 이 문장은 비약적인 논리를 함축하고 있으며, 구체적인 것으로부터 추상된 전제가 아니라 선험적인 입법의 전제이다. '생명' 자체의 운동을 '힘'과 '꿈'으로 파악하는 조지훈의 논법은 '강렬도의 흐름'('氣')으로 우주의 운동을 파악하는 다분히 '주기론적'(主氣論的)인 것[2]이라고 말할 수 있다. 그러나 '하나의 사랑으로 통일'되어 있다는 확장된 전제에서는 생명의 흐름이 복수적 다양체로서 존재하는 것이 아니라 '하나의 사랑'이라는 이상적 당위로서의 '일자'('理')로 환원되는 것으로 이해된다. 이러한 환원주의는 부분과 전체의 관계를 조건 짓는다. '우주의 생명'은 '개개의 생명'으로 분화되고 '개개의 생명'은 다시 '우주의 생명'으로 환원되는 관계를 지닌다. 즉 다시 말해 "전체는 부분이고 부분은 전체이다." 부분과 전체는 동일한 것이다. 여기에서 부분과 전체의 조화와 통일을 강조하는 '일자적 통합'의 원리, '주리론적'(主理論的) 원리[3]가 발생한다.

---

1) 김상일, 『화이트헤드와 동양철학』, 서광사, 1993, 118-121면 참조.

2) 여기에서 '主氣論的'이라고 하는 것은 "氣가 生滅한다고 보고 理를 그 氣의 生滅의 원리이자 원인으로까지" (윤사순, 「동양본체론의 의의」, 『동양철학의 본체론과 인성론』, 연세대 출판부, 1982, 155면.) 보면서 理를 氣의 主宰者라고 보는 '主理論的' 관점과 대립되는 견해를 범박하게 통칭하는 개념이다. 서경덕과 같은 주기론자는 理가 형이상학적 주재자가 아니라 단지 '氣의 用事'에 불과하다고 말한다. (조동일, 『한국문학사상사시론』, 지식산업사, 1978, 130면 참조.) 그러므로 주기론적 관점에서 理는 어떤 '形而上學的 實體'로서의 '一者'가 아니라 氣가 운동하는 규칙과 원리에 불과하다고 할 수 있다.

3) 주리론(主理論)이 전체의 통일과 선험적인 조화를 강조할 수밖에 없는 것은 우리의 경험 세계를 흐르는 기(氣)의 흐름 이전에 그것을 주재하는 올바르고

조지훈의 시론은 이처럼 '생명' 자체의 운동을 설명하는 것에서는 복수적 다양성을 인정하는 논법을 취하지만, 그것의 발생과 기원인 '우주적 생명'의 운동으로 논리가 확대되면, 조화와 질서를 강조하는 '일자적 통일성'으로 '개개의 생명' 운동을 환원한다. 그런데 이 때 발생하는 것은 각각의 생명이 지니고 있는 '잠재적 가능성'의 생성적 변환이 아니라 오히려 '잠재적 가능성'의 응고이다. "조화 있는 합주는 개성의 무한대한 특수화의 자유가 아니라, 전체를 위한 자유의 개성적 희생이 아니면 안 되는 것이다"[4]라는 언급에서 조지훈의 시론이 전체의 조화와 통일을 강조한다는 것을 확인할 수 있다. '개개의 생명' 운동은 생성과 변화를 함유하지만, 그것은 "무한히 지속하는 조화와 질서의 통일"이라는 선험적인 동일성의 궤도를 왕복 운동하는 순환[5] 속

조화로운 이(理)가 선재한다고 보기 때문이다. 이황과 같은 주리론자(主理論者)는 "이 일이 있기 전에 그 이(理)가 먼저 있으니, 군신(君臣)이 있기 전에 군신지리(君臣之理)가 있고, 부자(父子)가 있기 전에 부자지리(父子之理)가 있다."라고 언급했다.(조동일, 『한국소설의 이론』, 지식산업사, 1978, 18면 참조.) 조지훈은 시 작품의 전체적 조화를 위해서는 부분의 '개성적 희생'이 필요하다고 말한다. 이것은 다시 말해 "전체가 하나의 유기체적 생명으로 존재한다는 것이며, 전체와 부분의 관계에서 전체야말로 진정한 것이고 부분은 전체의 생명을 유지하도록 하기 위해서 봉사할 따름이라는" 관점이라고 할 수 있다.(조동일, 『문학연구방법』, 지식산업사, 1980, 132면 참조.) '부분=전체', '전체=부분'이라는 관점에서 부분과 부분 사이의 대립은 존재할 수 없다. 그러므로 또한 부분과 전체가 대립하는 경우 역시 성립할 수 없게 된다. 이것은 이(理)와 기(氣)가 어긋날 수 없고, 천(天)과 인(人)이 선험적으로 동일할 뿐만 아니라 경험적으로도 동일하다는 주리론적 일원론(主理論的 一元論')의 관점과 상응관계에 있다.

4) 조지훈, 『시의 원리』, 나남, 1996, 31면.

5) 조지훈은 '시'를 하나의 우주, '코스모스'로 규정하면서, "시의 우주는 실로 한 편의 시를 통하여 영원한 시간과 무변한 공간을 통일한다"고 말한다. (위의 책, 27면.) 즉 시의 단편 속에는 무한한 우주의 질서와 조화가 내재한다는 것이다. 그러므로 시는 무한한 코스모스의 세계이다. 이러한 '우주'와 '시'의 코스모스의 관계에 대하여 조지훈은 다음과 같이 설명한다. "옛 그리스 사람은 무한한 카오스에 대비하여 코스모스를 유한으로 보았지만 코스모스는 결코 유한한 것이 아니요, 성괴(成壞)를 되풀이 하면서도 무한히 지속하는 조화와 질

에서만 발생하는 것이다.

조지훈의 시론은 '생명'의 부분과 전체 그리고 '시'의 독자성과 통일성을 논하는 데 있어서 상호 모순적인 명제들을 공존시키고 있다. 이 문제는 동아시아의 전통적인 우주론(주리론)과 서구의 근대적인 분류법(문학장르론, 미적 자율성론)을 그의 시론이 함께 수용하는 것에서 발생한다. 조지훈은 '시'(詩)에 내재되어 있는 '생명'의 '꿈'과 '힘'을 "있는 현실을 초월하여 있어야 할 현실로 비상하게 하는 것"이라고 환언하여 설명한다. 그런데 이때 '있어야 할 현실'로 약동하게 하는 '생명'은 동아시아의 전통적인 개념이라기보다는 오히려 서구의 '낭만주의'에서 기원하는 개념"[6]으로 보인다. 즉 '개개의 생명'에서의

서와 통일이다. 관념의 카오스가 시정신의 에로스를 통하여 이루어지는 시의 코스모스는 바로 美 그것이다. 아름다움이란 우리의 느낌에 비치는 사랑의 모습이요, 개체 안에 있는 보편하고 영원한 이데이 나타난 것이다." (위의 책, 27면.) 앞의 문장은 시간적이고 역사적인 코스모스를 말하고 있다면, 그 뒤의 두 문장은 시적인 코스모스가 성립되는 과정에 대해서 말하고 있다. 문제는 우주와 역사의 운동을 과연 코스모스로 전제하는 것이 가능한가에도 있지만, 실상 더 중요한 문제는 우주의 코스모스와 시의 창조과정에서 발생하는 코스모스를 동일한 것으로 대응시킬 수 있느냐에 있다. 조지훈이 말하는 '시적 코스모스'는 아리스토텔레스적인 의미의 '필연성' 내지 '유기적 통일'의 원리에 가깝다고 할 수 있다. (아리스토텔레스, 『시학』, 천병희 역, 문예출판사, 1996, 57-65면 참조.) 즉 조지훈은 '극시'(비극)의 플롯을 구성하는 '유기적 통일'의 원리와 '시적 코스모스'의 부분과 전체의 원리를 동일하게 대응시킨다. 그런데 여기에는 또 다른 문제가 있다. 아리스토텔레스는 생략적이고 비약적인 '서정시'가 아니라, 연속적이고 진행적인 '극시'를 대상으로 하여 '인과성', '필연성'을 말하고 있다는 점이다. '서정시'가 이면 속에서 유기적인 연락관계를 형성하는 것이라면, '극시'는 표면 위에 인과성과 필연성을 성립시켜야 하는 것이다. 따라서 '극시'는 생략적이고 비약적일 수 없는 것이다. 그러므로 '코스모스'의 의미는 서로 다른 의미론적 장에서 상이하게 논의되어야 하지만, 조지훈은 이것을 동일한 것으로 중첩시킨다.

6) 서구의 '낭만주의' 예술에서도 '생명'과 '유기체'라는 개념은 매우 핵심적인 것이다. "이것은 인간사회, 인간의 영혼, 인간의 언어 모두를 생물학적 은유로 보는 생물학적 모델이라고 할 수 있다" (M. Foucault, 『말과 사물』, 이광래 역, 민음사, 1980, 410면 참조.)는 말처럼, 낭만주의는 지금 '있는 현실'을 비판하고, '있어야 할 현실'로 나아가고자 하는 시인의 열망과 문학 자체를 생명

'생명'은 서구 낭만주의의 개념에 가깝고, 전체의 '우주적 생명'에서의 '생명'은 동아시아의 '대자연'과 동의어라고 할 수 있다. '생명'의 이러한 의미론적 중첩에 의해 가능해지는 것은 '진·선·미'의 통합과 '미적 자율성'의 역설적인 공존이다. 그러므로 그의 시론에 "고전주의적 요소와 낭만주의적 요소가 혼재한다"[7]는 선행 연구자들의 지적은, 실상 이러한 '생명'의 의미론적 중첩을 지적한 것이라고 할 수 있다. '대우주'의 '생명의 본원상'이 '개개의 생명'과 일치하는 것이며 그것이 조화와 통일의 질서를 획득하고 있는 것이라면, '있는 현실'과 '있어야 할 현실'이 구분될 수 없다. '있는 현실'은 곧 '있어야 할 현실'과 동일하기 때문이다. 또한 주리론적인 논법으로 말한다면, 이상적 당위로서의 이치(理)와 현실적 존재의 운동(氣)이 서로 일치하기 때문이다. 조지훈 시론의 부분과 전체의 관계는 이러한 동일률과 연속성에서 나온 것이다.

'이상적 당위'와 '현실적 존재'의 동일률을 규정한 동아시아의 전통

의 유동성에 비유한다. "낭만주의자들은 문학을 매양 물, 바람, 불길 같은 유동성의 사물에 비하였다. 이처럼 끊임없이 움직이려면 문인은 이루지 못할 어떤 열망을 가져야 한다. 그들에 있어 완성은 정체를 의미하므로 두려운 것이고 이룰 수 없는 완성에의 열망이 바람직한 것이다"(이상섭, 『문학비평용어사전』, 민음사,1989, 44면.) 그러나 낭만주의에서는 '있는 현실'과 '있어야 할 현실'이 결코 일치하지 않는 '낭만적 고향상실성'과 '병적인 낭만성'을 지니며, '낭만적 아이러니'는 바로 이러한 불일치와 괴리를 의미한다.(A. Hauser, 『문학과 예술의 사회사』, 창작과 비평사, 1999, 227-235면 참조.) 조지훈의 시론에는 이러한 18세기말~19세기의 초에 이르는 서구의 '낭만주의'(낭만주의적인 생명의 유동성의 개념, 예술의 상상력과 초월성(창조성)의 강조, 천재와 영감의 중시)가 일정한 흔적을 남기고 있지만, 이러한 요소들은 다시 동아시아의 전통적인 주리론적 형이상학으로 수렴되며, 조화와 통일의 원리를 정밀하게 조직하는 것으로 기능한다.

7) 박호영, 「조지훈의 시론 연구」, 『한국현대시론사』, 모음사, 1992, 343-345면 참조.
구모룡, 「한국 근대 문학유기론의 담론분석적 연구」, 부산대 박사논문, 1992, 37-39면 참조.

적 사유는 주자(朱子) 이래의 주리론적 철학에 뿌리를 두고 있다.[8)] 한국에서 '천인합일', 즉 '이와 기의 일치'가 자명한 것이 아니라 의심이 대상이 되고 논란의 대상이 되기 시작했던 사건으로 조선 후기에 벌어진 '인물성동이논쟁'[9)]을 거론할 수 있을 것이다. '인간'과 '사물'의 성격이 서로 다르다는 것은 '이'와 '기', '인'과 '물'이 연속되지 않으며 불일치할 수 있다는 논리와 상통한다. 이 불연속성을 두고 벌어진 논쟁을 우리는 '천인합일'(天人合一), '이기일치'(理氣一致)라는 관점을 취한 주자학의 안정성이 흔들리는 징후적인 사건으로 이해할 수 있을 것이다.[10)] 그러나 조지훈의 '시의 우주론'은 이러한 맥락을 염두에 두고 있지 않다. 그가 설정한 우주론은 주자를 계승한 주리론적인

8) "朱子에 있어 이는 존재의 理와 당위의 理의 양면이 있으며 존재의 理는 당위의 理의 근저가 된다. 존재의 理란 生生之理이요, 당위의 理란 人間世界에 있어 도덕의 원리이다. 그런데 주자는 또 당위의 이를 가지고 자연의 존재까지도 보려 했던 것이다." (배종호, 『한국유학사』, 연세대 출판부, 1992, 27면.) 주자에 있어서 소이연(所以然)인 형이상학적 이(理)와 소당연(所當然)인 인간존재의 도덕적 당위인 이(理)는 서로 일치한다. 전자를 천도(天道)라고 한다면 후자는 인도(人道)라고 할 수 있다. "주자의 이른바 이는 천도와 인도를 일관하는 것이었다."(위의 책, 29면.) 아무튼 주자에 의해서 '존재와 당위'의 일치, '천인합일'(天人合一)의 동일률이 성립했다고 할 수 있다.

9) '인물성동이논쟁'은 조선후기에 이이(李珥)의 학파에서 나오고 권상하權(尙夏) 수하의 제자들인 남당(南塘) 이간(李柬)과 외암(巍巖) 한원진(韓元震)이 "인성과 물성이 같은가, 다른가"라는 문제를 두고 벌인 논쟁에서 발단되었다. 이후 "호서지방(충청도)의 학자들은 인성·물성의 상이(相異)를 주장하는 남당 이간의 견해에 동조한 반면, 낙하(洛下) 지방(서울 부근)의 학자들이 그 상동(相同)을 주장하는 외암의 견해에 동조하였다. 그러므로 이 논쟁은 '인물성동이논쟁'이라는 명칭 이외에 '호락논쟁'(湖洛論爭)이라는 별칭도 갖게 되었다. 이 논쟁은 그 이후 150여 년 간 계속되었다."(윤사순, 「인성·물성의 동이논변에 대한 연구」, 『인성물성론』, 한길사, 1994, 23면 참조.)

10) 윤사순은 이 문제에 대해 다음과 같이 지적한다. "인물성동이론으로 인하여 한국의 성리학자들은 회암(주자)의 철학이론을 무비판적으로 받아들이지 않게 되었다. 그들은 회암(주자)의 철학이론들을 더욱 철저하고 면밀히 검토하게 되었다. 그 결과 그 이론들에 회암의 정설(定說), 비정설(非定說)은 물론, 타인의 오기(誤記), 오해(誤解)등으로 인한 불일치 현상이 많음을 발견하였다" (윤사순, 위의 글, 40면 참조.)

본체론(우주론)의 맥락을 지니고 있는 것으로 추론된다. 그렇다면 존재와 당위, 부분과 전체가 일치한다고 보는 주리론적 본체론의 관점과 '있는 현실'과 '있어야 할 현실'을 이원적으로 구분하는 분열론이 접합되는 이유는 무엇일까? 그것은 그의 시론이 서구의 근대적인 분류론(자율성론)을 수용하고 있는 데에서 발생하는 문제라고 판단된다.

서구에서 '낭만주의'는 이러한 '진・선・미'(眞・善・美)의 가치가 분열되어 그 각각이 자신들만의 자율적이고 독립적인 가치를 표방하게 되었던 최초의 근대적 사건으로 기록된다.[11] 조지훈의 시론에는 전통적인 주리론의 연속과 통일의 원리와 서구의 '낭만주의'로부터 비롯된 근대적인 불연속과 분열의 원리가 공존한다. 다른 방식으로 말한다면, 그의 시론에는 전근대적인 동아시아의 세계관과 근대적인 미적 자율성론, 탈근대적인 사유의 지평이 함께 공존하면서 서로 대립한다. 그의 시론이 지닌 가능성과 한계는 바로 이 공존의 장에 은폐되어 있다.

조지훈 시론에 관한 선행 연구들은 이러한 의미론적 중첩에서 발생하는 논리적 모순을 적절하게 묘파하지 못하고 있는 것으로 판단된다. 한편에서는 조지훈 시론에 역사적 구체성이 없다는 것에 대해 비판하고[12], 다른 한편에서는 그의 시론이 근대 과학주의의 한계를 넘어서 보편생명을 옹호하고 시의 서정성을 복원했다는 의의만을 강조한다.[13] 비교적 객관적으로 조지훈 시론의 모순을 지적한 연구로는 김윤식[14],

11) A. Hauser, 위의 책, 218-222면 참조.
12) 최원식, 「해방직후의 시론」, 『민족문학의 논리』, 창작과 비평사, 1982.
김흥규, 「민족문학과 순수문학」, 『한국문학의 현단계』 Ⅳ, 창작과 비평사, 1985.
13) 최승호, 「조지훈 순수 시론의 몇 가지 이론적 근거」, 『한국현대시론사』, 모음사, 1992.
최승호, 「조지훈 서정시학 연구」, 『서정시의 본질과 근대성 비판』, 다운샘, 1999.

박호영[15], 구모룡[16] 등의 논의를 들 수 있다.

그러나 김윤식과 박호영의 연구는 조지훈 시론 자체의 이론적 근거에서 모순점을 지적하는 것이 아니라, 전기적 사실을 대입시켜 이 문제를 해명하고 있다. 전기적 사실과 시론이 부합할 수 없는 것은 아니다. 그러나 전기적 사실에 바탕을 둔 연구는 조지훈 시론 자체의 이론적 근거와 상호 양립할 수 없는 논제들의 중첩에 대해서 해명할 수 없다는 한계가 있다. 구모룡의 연구들은 비교적 객관적으로 조지훈 시론의 모순과 가능성을 함께 지적한다는 점에서 그 의의를 일단 인정할 수 있으나, 그 연구의 문제설정이 동양적 사유/서구적 사유의 대립쌍으로 국한되어 있다는 한계가 있다. 구모룡은 조지훈 시론에 스며있는 서구 이론에 대해서는 전혀 언급하지 않는다. 또한 조지훈 시론이 동아시아의 전통을 계승했다고 하더라도 그것이 구체적으로 어떤 이론적 맥락과 연관되어 있는지에 대해서도 심도 있는 탐색을 보여주지 않는다. 즉 동아시아의 전통을 '유비적 사유'라는 하나의 개념으로만 환원하는 한계를 보여준다.

따라서 이 논문은 조지훈 시론에 중첩되어 있는 전통적인 사유와 서구의 이론들이 구체적으로 무엇인지에 대해서 주목할 것이다. 이 과정에서 조지훈 시론의 모순과 한계, 가능성이 객관적으로 논의될 수 있을 것이며, 선행 연구의 문제점 역시 이 논의과정을 통해 극복될 수 있을 것으로 예측된다.

---

14) 김윤식, 「유기체시론비판」, 『한국학보』, 1978 겨울.

15) 박호영, 「조지훈의 시론 연구」, 『한국현대시론사』, 모음사, 1992.

16) 구모룡, 「한국 근대 문학유기론의 담론분석적 연구」, 부산대 박사, 1992.
구모룡, 「서정시학, 유기론, 제유의 수사학」, 『서정시의 본질과 근대성 비판』, 다운샘, 1999.

2. 시의 초월성과 독자성: 우주적 생명의 현현으로서의 시

조지훈의 시론은 자연의 생명현상과 시의 현상을 동일한 것으로 대응시킨다. '시의 우주'와 '시정신', '시의 창작과정'이 모두 '우주적 생명'의 운동과 같은 것으로 설명된다. '우주의 생명'이 분화되어 개개의 사물과 인간에게 품부된 것이 '개개의 생명'이다. 그런 인간의 하나인 '시인'은 '우주의 생명' 즉 '창조적 자연'을 자신 안에 간직함으로써, "한갓 자연의 모방에만 멈추지 않고 자연의 연장으로서 자연의 뜻을 현현하는 대자연일 수 있는 것이다."[17] 그러므로 시는 '자연'을 소재로 만든 '제2의 자연'이 된다. '자연'과 '시인'과 '시'는 동일한 것이며 연속적인 것이다. 이것은 부분과 전체의 관계로서도 해명될 수 있다. 우주의 생명이 분화된 것이 부분의 생명이고 부분의 생명의 총체는 곧 전 우주의 생명이 되기 때문이다. 즉 '우주적 생명'을 품부 받은 것이 '시'이고, '시는' 그 단편 속에서 '우주적 생명'을 표상한다는 것이다. 그런데 조지훈은 '시'에는 '나타나지 않은 시'와 '나타난 시' 두 가지 뜻이 있다고 본다. 전자(前者)는 '시정신' 즉 모든 예술에 공통되는 에스프리를 말하고 후자(後者)는 '참뜻의 시'로서 '시'만이 지니는 표현 형식이다. 나타나는 '시'는 '시인'이라는 창조자를 통하여 산출되는 것이고 '시인'은 '시정신'의 섭리를 받아 '시'를 산출하는 것이므로 '시정신'과 '시인'과 '시'는 서로 통일되어 있다. 즉 '시정신'이 전 우주에 편재하는 생명의 약동을 감수한 것이라면, '시인'은 우주의 생명을 현현시키는 자이고 시인의 개별적 생명의 표현인 '시'는 생명 그것의 순수한 실재이다. "시인의 생명의 본성과 우주의 보편생명이 내재적 관계에서 하나의 전체를 이룬다."[18]

---

17) 조지훈, 『시의 원리』, 나남, 1996, 21면.
18) 구모룡, 앞의 글, 40면.

> 나는 위에서 시를 자연의 연장이라고 하였다. 그러므로 모든 예술은 플라톤이 말한 것처럼 단지 모방(mimesis)의 기술이 아니라 기술을 토대로 한 기술 이상의 것, 다시 말하면 이데아 또는 생명의 原像(urbild)이 직접으로 표현되는 것이라 하지 않을 수 없다. 차라리 아리스토텔레스가 예술을 '보편적 형상(universal forms)의 리얼라이즈'라고 본 것은 타당하다 하겠다. 감각을 통하여 초감각의 세계에 사무친다는 것은 특수적인 것이 보편화하는 길이 아니겠는가. (위의 책, 28면.)

'시'와 '예술'은 모두 사물의 근본적인 원형인 대자연을 단지 모방하는 것이 아니라 현현하는 것이다. 다시 말해 개개의 사물에 완전하게 나타나지 못하는 '우주적 이데아'를 실현하는 것이 곧 '시'라는 뜻이다. 여기에서 조지훈이 말하는 '자연'이란 조화와 질서를 가진 이데아, 혹은 자연을 관통하는 '조화로운 질서'(理)를 말한다. 그의 시론은 '과학적 유물론'에 입각한 문학의 모방론(반영론)을 비판할 수 있는 근거가 될 수 있는 '시'의 '초월성' 문제를 제기하고 있다. 즉 '시'는 단지 자연과 인생의 모사를 뛰어 넘어 사물의 본원상인 대자연(우주) 혹은 이데아를 구현할 수 있는 '초월성'을 지니고 있다는 것이다. 여기에서의 시의 초월성은 단지 '있는 상태' 그대로의 '짜임관계'(Konstellation)[19]를 변형시켜 '있는 상태' 속에는 부재하는 '있어야 할 것'이나 그 속에서 '생성되고 있는 것'을 드러내는 것이 아니라, '이데아' 혹은 '생명의 원상'을 직접적으로 현현하는 것이다. 즉 '있어야 할 것'을 추구하는 과정에 그치는 것이 아니라, 이데아에 도달한 것, 이데아 그 자체를 현시하는 것이다. 우주적 이데아, 곧 형이상학적 실체(metaphysical substance)를 동경(憧憬)하지만 그것에 도달하지 못하여 생겨나는 '의욕'과 '현재적 상태'간의 거리(距離)를

---

19) T. Adorno, 『미학이론』, 홍승용 역, 문학과 지성사, 1984, 13면.

서구적 개념의 '낭만적 아니러니'[20]라고 정의할 수 있다면, 조지훈이 말하는 '시'와 '예술'의 '초월성'은 이 거리(아이러니)를 초월하여 이데아 자체를 현현하는 것이다. '시'가 대자연의 본원상을 직접적으로 현시하는 것이어야만 '우주적 생명'인 '대자연'과 '제2의 자연'인 '시'는 일치할 수 있다. 즉 '대우주'인 '자연'과 '소우주'인 '시'가 서로 전체와 부분으로서 상통하는 관계를 형성할 수 있는 것이다.

> 대자연은 자연 전체의 위에 그 본원상을 실현하지만 반드시 개개의 사물에 완전히 나타나는 것은 아니기 때문에 어느 의미에서 시인은 자연이 능히 나타내지 못하는 아름다움을 시에서 창조함으로써 한갓 자연의 모방에만 멈추지 않고 자연의 연장으로서 자연의 뜻을 현현하는 하나의 대자연일 수 있는 것이다. (……) 시뿐 아니라 모든 예술은 자연을 정련하여 그것을 다시 자연의 혈통에 환원시키는 것, 곧 漠然한 自然에 특수한 의미를 부여함으로써 새로운 의미를 발견하는 것이라고 할 수 있다. (위의 책, 20-21면.)

'개개의 사물'에 완전하게 나타나지 못하는 '대자연의 본원상'이 예술적 창조행위를 통해 구현될 수 있다는 전제가 '자연'과 '시', '자연미'와 '예술미'를 동일화하는 근거가 된다. '시'와 '예술'이 '새로운 세계'를 창조하는 것임에는 틀림없으나, 그 '새로운 세계'가 곧 '우주적 이데아'와 동일화될 수 있는지는 명확하지 않다. '시' 중에서 "자연을 정련하여 자연의 혈통에 귀속시키는" '생태시'와 같은 것이 존재할 수 있겠지만, 모든 '시'와 '예술'이 그러하다고 단정할 수 없다. 더구나 근대의 산업화, 도시화 이후에 등장한 '근대시'(현대시)는 '자연'을 소재로 삼는다기보다는 '자연'을 배제한 '인간'과 '도시생활'을 주소재로 한다. 따라서 "자연을 정련"한다는 시적 소재로서의 '자연'은 '현대시'

20) A. Hauser, 앞의 책, 227-229면 참조.

를 구성하는 주류적 소재와는 거리가 있다. 조지훈이 말하는 '시'는 근대화되기 이전의 전통적인 '서정시'와 근친성이 있는 것으로 판단된다. 또한 "막연한 자연에 특수한 의미를 부여함으로써 새로운 의미를 발견하는 것이다"라는 문장에서 '새로운 의미'라는 것은 '대자연의 본원상'으로 환원되는 것으로 읽히기보다는 오히려 시인이 새롭게 발견한 존재의 복수적인 관계의 배치로 읽힌다. 아무튼 조지훈의 '시적 우주론'에서 초월성은 자연과 시, 자연과 예술을 등치시키는 전제로서 기능한다고 할 수 있다. 이러한 시의 초월성을 조지훈은 '가감'(假感)이라는 용어로 명명한다. 그런데 시의 구체적인 언어적 창조와 관계되어 있는 '가감'으로 시의 고유성과 상상적 측면이 설명될 때 시의 초월성은 의미론적 차이를 발생시킨다.

> 언어를 통하여 생명의 율동이 표현되고 그 율동적 언어가 생명이 꿈꾸는 새로운 의미를 포함한다는 것은 실로 이 상상적 현실이 부여하는 기능이기 때문이다. 시에서 생명의 고조된 상태는 인간혼의 아름다운 앙양이므로 인간혼이 고양된다는 것은 시로 하여금 항상 현실의 앞에 있게 함으로써 있는 현실보다는 있어야 할 현실에로 비상하게 되는 것이 아닌가. 여기에 시적 진실이 외계의 현실에는 없는 假感으로써 강력한 진실감을 줄 수 있는 까닭이 있다. (69면.)

시인의 '생명'이 특수하게 고조된 상태는 곧 현실에서 '있는 현실'보다는 '있어야 할 현실'을 요구하게 한다. 즉 생명력이 넘치는 상태는 시인으로 하여금 시를 창작하게 하는 원동력이 되게 한다. 시인의 시적 진실은 있는 현실을 그대로 모사하는 것이 아니라 그 이상의 것을 의욕하는 것으로 나아간다. 이때 발생하는 것이 '가감'(假感)이다. 그러므로 시적 진실은 결코 모사술이 아니라 현실을 초월하여 "무한자에 닿고자 하는 의욕의 표상"이며 따라서 '가감'과 통한다. 그런데 이때의 '초월성'은 단지 현재의 상태를 뛰어 넘는 것에 불과한 것이 아니라, '이데아' 혹은 '생명의 본원상'에 가 닿고자 하는 의욕을 말한다. 그러나 '가감'이라는 용어로 시의 초월성이 설명될 때에는 이데아의 직접적 현현이 아니라 단지 그것을 향한 '의욕'에 불과하다고 조지훈은 말하고 있다. 시인이 "시를 쓴다는 것은 자기의 강렬한 힘이 어느 이상을 향해 느끼는 꿈을 표현하는 것"21)이다. 시인의 '이상'이 현실에는 없는 것을 창조함으로써 오히려 현실의 생성적 변화를 드러낼 수 있는 것, 이것이 '가감'이며 '상상적 실현'이다.

조지훈이 시인이 품고 있는 이상의 복수성과 다양성을 인정하고 있다는 것에 주목해 볼 필요가 있다. '어느 이상'이라는 언표가 바로 이러한 측면을 말해 준다. 시인의 이상은 무한자를 의욕하는 '외재적 초월성'이 아니라, 현실의 조건을 다양한 방식으로 뛰어넘고자 하는 '내재적 초월성'22)으로 존재할 수 있다. 시인의 '이상'과 시의 '초월성'은 인과를 형성하는 관계이다. 따라서 시인의 '이상'이 무엇인가에 따라서 시의 초월성의 성격은 다양하게 변주될 수 있을 것이다. 그러나 조지훈은 복수적으로 존재하는 시인의 '어느 이상'을 "무한자를 향한 의욕"으로 환원한다 또한 이 '이상'이라는 언표는 복수적인 내재적 초월과 단일적인 외재적 초월의 심급의 차이를 소거한다. 즉 시에서 나타나는 '가감'은 '무한자를 의욕하는 것'으로만 환원될 수 없다. 현실의 배치를 뛰어 넘고자 하는 복수적이고 다양한 강렬도의 흐름이 무한한 것이라고 할 수 있다. 이러한 흐름이 문학작품으로 구성되면서 새로운 짜임관계를 형성하는 것, 오히려 이것을 시의 '창조적 상상력'(假感)으로 이해할 수 있다. 조지훈이 '가감'을 통해 설명하는 시적 초월성은

21) 조지훈, 앞의 책, 68면.

22) 김상환, 「철학이 동쪽으로 간 까닭은」, 『예술가를 위한 형이상학』, 민음사, 1999, 58-59면 참조.

시의 창조성과 고유성이다. 그리고 이것은 '이데아', '대자연'을 직접 현현한다는 시적 초월성과는 상이한 의미론적 두께를 이룬다.

조지훈 시론이 시를 우주적 생명의 현현으로 정의하면서 다른 한편으로 강조하는 것은 '시의 독자성'이다. '시의 독자성'론이 전개되면서 등장하는 개념은 진선미의 '이상정신가치'(理想精神價値)이다. '시의 독자성'론에서는 연속과 통합의 논리가 아니라 불연속과 구분의 논리가 주로 적용된다.

> 1) 시는 시를 통해서만 그 진선미를 발휘함으로써 바로 인생을 위하여 공헌하는 것밖에 다른 목적과 길이 없으니 이것이 시의 가치요, 이 길을 지키는 것이 시의 享受한 바 독자성이 되는 것이다. (……) 도리어 생명적으로 시를 위하는 시를 위하는 생활만이 참으로 인생을 위하는 시가 될 수 있는 것이다. (36면.)
>
> 2) 일체의 예술현상은 유물사관 예술관이 말하는 대로 물질생활에 의존하고 오직 물질생활의 반영일 뿐 하등의 독자성을 가지지 못하는가가 그것이다. 이러한 주장을 냉정히 살펴본다면 이는 물질생활이 예술창조를 제약한다는 말이겠으나, 엄밀히 생각하면 제약은 어디까지나 제약이요, 제약과 산출을 혼동할 수는 없는 것이다. (37면.)
>
> 3) 시의 독자성은 시의 가치를 실현하는 사명과 방법 위에 주어진 길의 독자성이다. 다시 말하면 인생을 위하는 구경의 목표를 향하여 자기가 도달할 수 있는, 하고 싶은 길, 가장 자기에게 맞고 자기가 찾고 싶은 길을 우리 인생의 이상정신가치 속에서 미의 노선에 두고 그 미의 노선은 그의 감성의 혜안을 통하여 개척하는 것을 이름이다. (38면.)

조지훈은 시가 시 아닌 일체의 생활 속에 뿌리를 둔다는 것을 일단 인정한다. 그러나 그것은 시의 소재가 되는 것, 혹은 시가 되기 이전의 상태라는 것을 강조한다. 문제는 시적 창조이며, 이러한 시적 창조의 과정은 일체의 정치와 종교, 윤리 등과 구분되는 '시적인 것'의 한계가 무엇인가를 보여준다고 말한다. 그러므로 시는 오직 시적 가치 판단에만 의거할 수 있으며 시 이외의 어떠한 가치 판단에도 복종할 수 없다는 것이다. 인용문 1)은 이러한 점을 강조하는 맥락으로 보인다. 즉 시는 무엇을 위해서 존재하는 것이 아니라, 시를 통해서만 '진선미'(眞善美)가 발휘됨으로써 인생에 공헌한다는 것이다. 시는 자기 자신을 위함으로써 참으로 인생을 위하는 시가 될 수 있다는 역설적인 주장이다. 시의 공리성은 시가 다른 무엇에 종속되거나 부가됨으로써 존재하는 것이 아니라, 시 자체를 위한 것이 공리적일 수 있다는 의미이다.[23]

인용문 2)는 인생을 위한 문학과 문학의 공리성을 주장하는 유물사관에 대한 비판이다. 물질생활이 문학을 제약하는 것은 사실이지만, 문학은 단지 물질생활을 반영하는 것을 넘어서 독자적인 가치를 산출한다는 주장이며, 문학의 독자성에 초월성이 부가되는 것이라 할 수 있다. 인용문 3)에서 주목해야 할 단어는 '이상정신가치'(理想情神價値)이다. 시는 물질생활의 풍요와 만족을 넘어서는 가치를 추구하며 이것은 인간 속에 내재하는 생명의 흐름이자 요구라는 것이다. 그리고 이 문제는 인간과 동물을 구분하는 것에 그 입론의 근거가 있다. 동물은 '자연물질가치'(自然物質價値)에 만족할 수 있는 것이지만, 인간은 그 이상의 것 다시 말해 '이상정신가치'를 향하고자 하는 의욕이 있기 때문에 '시'는 그것을 향할 수밖에 없다는 논리이다. 이러한 문맥은 한편으로 충분히 타당성이 있는 것이지만, '대자연'과 '시인', '시'를 유비적으로 대응시켜 그 동일성을 우주적 생명으로 환원하는 연속성

23) 조지훈은 『시의 원리』 가운데 「시의 윤리」라는 장에서 '예술성'을 '인생의 1차적 공리성'으로, '물질생활의 공리성'을 '예술 이외의 가치를 위한 2차적 공리성'으로 구분하면서, 위대한 예술에는 '공리성'이 저절로 부수된다고 하는 주장을 편다. (조지훈, 앞의 책, 161-162면 참조.)

과 동일성의 논법과는 분명히 다르다. 인간과 사물(동물)의 차이를 분명하게 지적하고 있는 불연속론이다.

대자연의 본원상을 현현하는 시와 자연물질가치를 뛰어 넘어 '이상정신가치'를 추구하는 시는 동일한 것이 아니다. 그런데 조지훈은 이를 논리적 비약을 통해 중첩시키고 있다. 조지훈이 말하는 '대자연'이 조화와 통일의 원리를 간직한 것이라면, '자연물질가치'에서의 '자연'은 물질적인 투쟁과 갈등을 포함하고 있는 것으로 보인다. '대자연'은 '자연' 그 자체의 물질적인 흐름과 파동과 관련된 것이라기 보다는 오상(五常: 仁義禮智信)을 갖춘 인간적 도리와 더 밀접하게 관련되어 있다. 시가 '대자연의 본원상'을 현현하는 것이면서 동시에 '이상정신가치'를 추구할 수 있는 것은 바로 '대자연'의 '천도'와 '인도'의 '이상정신가치'를 동일한 것으로 대응시키기 때문에 가능하다. 이것은 주자 이래의 주리론적인 우주론과 시관을 충실하게 계승한 것이다. 그러나 전통적인 주리론에서 자연물질가치와 이상정신가치는 구분되지 않는다. 또한 동아시아의 전통에서 시는 철학, 사상 등과 구분되지 않는다. 시(詩) 역시 도(道)를 문장으로 드러내는 '재도지기'(載道之器)의 하나이기 때문이다.

조지훈은 시의 독자성을 강조하기 위해 '자연물질가치'와 '이상정신가치'를 구분하였지만, 오히려 이로 인해 논리적 모순이 파생된다. 시를 '전일적 생명의 구현체'라고 하여 "진선미가 통합된 것"24)이라고

24) 조지훈의 '시인정치론'에서 이러한 측면을 살펴볼 수 있다. "생명의 충동과 이상의 규범이 일치되는 사람! 일거수 일투족이 無非法에 맞는 사람 그가 바로 천성의 시인이다. 이런 사람이 사는 곳엔 도덕도 법률도 아랑곳이 없을 것이다. 그러기에 조화와 질서와 통일의 미는 教化의 이상이 될 수 있는 것이니 우리는 철인정치 뒤에 인류정치의 구경적 이상으로 시인정치를 생각할 수가 있다. 언제 이루어질지 모르는 이 고귀한 사명 속에 시의 종교성이 있다"(위의 책, 29면.) 조지훈은 시인이 진선미를 조화롭게 통일할 수 있는 존재일 수 있기 때문에 '시인정치'가 가능하다고 보는 것이다.

보는 논리와 '시'를 '정치'와 '과학', 윤리 등과 구분되는 미(美)의 독자적 영역이라고 강조하는 논리는 양립불가능하다. 조지훈은 이를 중첩하여 양립 가능한 논리로 만든다. 전자는 근대 이전의 시(詩), 즉 다시 말해 시가 종교와 철학과 윤리 등과 분리되기 이전의 '형이상학적 도'('우주적 생명')로 모든 것이 환원되는 동아시아의 전통적인 서정시이다. 후자는 '진・선・미'가 분화된, 곧 다시 말해 문학・예술이 여타의 영역으로부터 독립적으로 분화되어 '미적 자율성'을 담지하고 있는 서구의 근대시를 의미한다. 전자와 후자는 서로 교차하거나 중첩될 수 없는 것이다. 조지훈이 '시의 독자성'을 강조할 때 적용되는 논리는 '진・선・미의 분화'[25]이다. 즉 미(美)의 영역인 문학・예술이 여타의 영역에 대해서 독자적인 가치를 가질 수밖에 없다는 분열과 자율성의 논리이다. 따라서 후자(後者)가 강조된다. 그러나 조지훈은 시를 통해 진선미를 통합시키고자 한다. 혹은 시 자체가 이미 진선미를 통합한 존재라고 파악한다. 이때 강조되는 시는 전자(前者)이다. 이러한 논리적 비약과 모순은 조지훈 시론이 모든 것을 '일자'(一者)로 환원하는 형이상학적 일원론(主理論)에 근거해 있으면서도, 서구적인 근대과학의 분류법에 입각해 시의 독자성과 자율성을 주장하고자 하는 데에서

---

25) 조지훈은 유물사관의 공리적 문학관이 도덕적 선과 미를 동일한 것으로 대응시킨다고 비판한다. 이것은 진선미의 일치가 아니라 그것의 구분과 대립에서 시의 독자성을 해명하기 위한 논법이다. "선과 미는 공통되기도 하지만 반드시 동일한 개념이 아니요 선만이 미 전체가 아니므로 이와 같은 선미혼동설로써는 근대예술에 나타난 도덕적 악이 훌륭히 예술로 성립된 사실을 설명할 수 없을 것이다"(위의 책, 162-163면.) 서구에서 문학・예술이 여타의 영역으로부터 독립되는 과정에 대해서는 하버마스의 논의를, 그리고 한국에서 '감성'과 '미'의 영역이 주자학적 도덕률로부터 독립하게 되는 과정에 대해서는 황종연과 권보드래의 논의를 참조할 수 있다.
J. Habermas, 「근대성－미완의 과제」, 『푸코와 하버마스를 넘어서』, 윤평중 역, 교보문고, 1990.
황종연, 「문학이라는 역어」, 『한국문학이란 무엇인가』, 민음사, 1995.
권보드래, 『한국근대소설의 기원』, 소명출판, 2000.

발원한다.

3. 시의 창작 과정: 카오스의 코스모스화

조지훈 시론이 시를 하나의 생명 현상과 동일한 것으로 간주할 때, 중점적으로 논의될 수밖에 없는 것은 '시창작론'이다. 대자연의 실현물인 시인이 어떻게 다시 대자연의 뜻을 현현하는 '제2의 자연'인 시를 창조할 수 있는가하는 데에서 그 연속성과 유비적(類比的) 관계가 명확해 질 수 있기 때문이다. 즉 다시 말해 시가 우주적 생명을 현현하는 소우주일 수 있는 구체적인 근거가 시의 창작 과정에서 해명될 수 있기 때문이다. 조지훈은 시 형식의 특질이 '복잡한 사상의 단순화'에 있다고 말한다. 이것은 "형식이 제약하는 부자유 속에서 비약하는 연락관계를 말하는 것이며 작은 대상 속에 우주의 정신을 포옹하는 것"을 말한다. 복잡이라는 것은 곧 카오스를 말하며 단순화란 표면의 극도의 생략을 의미한다. 시인은 시가 언어로 형식화되기 이전의 단계인 시정신을 감수하였을 때 이미 카오스의 코스모스화 과정을 밟는다고 조지훈은 말한다. 즉 "시정신은 하나의 광대한 도로서 카오스가 코스모스로 나아가는 길"26)이 되는 것이다.

> 시의 형식적 본질인 단순성은 그 내용에다 단면의 전체성이라는 특질을 제약하는 것이다. 다시 말하면, 장황하게 서술하는 전체가 아니라 특수한 구성으로 단순하게 結晶시켜 나타내는 전체의 모습이라는 말이다. 그러므로 시의 언어는 '단순미의 설계' 속에서 비약하면서 연락되고 평범하면서 비범해지는 것이다.(62면.)

---

26) 조지훈, 앞의 책, 27면.

조지훈은 극도로 생략적인 서정시가 어떻게 전일적인 우주의 생명을 현현할 수 있는지를 매우 설득력 있게 보여준다. 시의 단순성이란 결코 단편성을 말하는 것이 아니라, "찰나의 고요함을 영원화하고 무한의 고요함을 찰나의 움직임으로써 표현할 수 있"[27]는 '단면의 전체성'이자 '찰나의 영원성'이다. 존재의 흐름을 순간적으로 포착하여 비가시적(非可視的) 층위의 관계의 그물을 율동적인 비유로 표현하는 시의 언어적 본질을 그는 날카롭게 지적하고 있다. 그런데 시가 지닌 이 '단면의 전체성' 혹은 '찰나의 영원성'은 시인이 시를 창작하는 과정에서 이미 경험하게 되는 생명 현상의 하나이다. 시가 감수되는 상태인 '생명의 고조'는 '의식이 무의식화'할 때 혹은 '무의식이 의식화'할 때 나타나는 것이다. 즉 다시 말하면 "자기와 대상의 융(融), 즉 주관과 객관이 합일하는 지극히 넓은 세계가 지극히 짧은 찰나에 체득되는 시의 모체는 구경 영원한 그리움의 연속상태에서 그 작은 파동에 지나지 않기 때문이다."[28] 시인은 영원한 그리움의 상태라는 생명의 흐름 속에서 객관 속에서 주관을 발견하고 주관 속에서 객관을 발견하는 합일의 짧은 찰나를 경험하게 되는데 이것이 곧 시의 감수되는 상태인 '생명의 고조' 상태라는 것이다. '의식과 무의식의 조화운동'이란 바로 이 순간을 말하는 것이며, 이것은 '유한과 무한이 통일하는 상태', '자연과 인공이 교감하는 상태'와 동일하다. 조지훈은 이 문제를 '영감'(靈感)과 '주의력'(注意力)의 교호작용이라는 용어로 환언하여 설명한다.

> 시에서 영감과 주의력 또는 경이와 성찰의 교호작용은 구경 假感과 眞實의 공동체인 것이다. 가감과 진실의 공동체는 의식과 무의식의 조

---

27) 위의 책, 62면.
28) 위의 책, 73면.

> 화운동이기 때문에 이렇게 되면 시에서는 의식 곧 무의식이라는 말이 성립된다. 그러나 시에서 말하는 무의식이란 말의 참뜻은 단지 심리학적 내지 생리학적 개념으로서가 아니라 창조적 개념으로서 '우주적 무의식'이기 때문이다. 우주적 무의식은 창조를 위한 자기의 多元 내지 二元意識을 초극하는 체험이 되는 것이다.(78면.)

조지훈이 말하는 무의식은 심리적이거나 생리적인 것이 아니라, 우주의 생명의 흐름을 직관하는 무의식 곧 '우주적 무의식'을 말한다. 그렇기 때문에 이 무의식은 '무한'과 '자연'을 내포하는 것이며, 의식의 유한성이나 인위성과는 상이한 것이라 할 수 있다. 그가 '의식과 무의식의 조화운동'을 말하면서 동시에 '유한과 무한', '자연과 인공'이 통일되어 있는 상태라고 언급한 것은 무의식이 바로 '우주적 무의식'을 의미하기 때문이다. '영감'과 '주의력'의 일체화는 '상상적 실현'이라는 말로 명명된다. 이 '상상적 실현'은 가공의 허구가 아니라 생활의 진실한 체험의 표현이기 때문에 자연이란 말로 환원된다고 본다.

조지훈 시론에서 시 창작 과정은 무분별하고 혼란스러운 관념이 단순성의 질서를 획득하여 압축적이고 비약적인 언어를 현상시키는 일련의 연쇄 작용이다. 즉 시의 현상은 '혼돈의 질서화', '복잡의 단순화'로부터 시작되는 것이다. 이러한 시의 창작 과정은 또한 시의 부분과 전체가 구성되는 방식의 문제와 연결되어 있다. "시 창조의 정수는 먼저 전체가 영상되고 안출되어 그러한 전체가 구체화되고 지엽화됨으로써 부분을 형성하는 것"[29)]이다. 여기에서 전체는 시인이 우주적 생명의 약동을 어떤 질서의 흐름으로 포착한 것을 의미하며 정서와 의미의 방향에 일관성을 부여하는 것이다. 부분은 이 일관성의 구도와의 유기적 관련 속에서 배치된 각각의 이미지이자 의미의 단위들이다. 시

29) 위의 책, 102면 참조.

작품은 '시인의 예정조화에 의한 언어원자의 장'이다. 하나의 일관성이 부여된 시상은 시인의 '예정조화'이고 이것을 따라 언어들이 생략과 탈락을 거쳐 비약적인 관계로 배열된다. 즉 예정조화라는 시인의 전체적 구상이 언어원자라는 각각의 부분을 유기적으로 생성시키고 다시 그 관계의 장(場)인 전체를 구성한다. 시가 언어적 형식을 갖추기 이전의 단계, 즉 다시 말해 '나타나지 않은 시'인 '시정신'(포에지) 자체는 이미 카오스를 코스모스화한 것이며 일관된 의미의 질서가 부여되어 있는 것이다. 따라서 '예정조화'는 '시정신'의 다른 표현이라고 할 수 있다.

조지훈은 복잡한 사실을 단순화하는 시의 표현 원리로 '생략'(省略), '해조'(諧調), '과장(誇張)과 반복(反復)', 이 세 가지를 들고 있다. 시 표현의 제1원리는 '생략'이다. 이것은 시의 형식적 본질이 '단순성'에 있고, 이 단순성은 단면으로 전체를 포착하고 표상하는 내용적 특질을 의미한다. 시의 "압축된 언어는 생략된 언어이며 이 압축과 생략 속에 확대와 전체가 들어가는 것이다."[30] 시 표현의 두 번째 원리인 '해조'는 시가 언어예술이며 따라서 음악적인 율동을 궁극적으로 벗어날 수 없다는 시각과 결부되어 있다. 시의 색채미와 미술성 역시 리듬의 연속이동의 흐름을 통해 떠오르는 형상에서만 느낄 수 있다는 것이다. 따라서 시의 미술성은 음악성에 포섭되어 있는 하위 요소가 된다. 이러한 음악성의 최대 요소가 해조이다. 음악적인 규칙성을 통해 시의 리듬감과 색채미를 동시에 부여하는 해조를 형성할 수 있는 시는 정형시이다. 정형률로 이루어진 시가 음악적인 리듬감과 규칙성을 지니는 것은 당연한 것이다.

조지훈은 정형률을 파괴한 자유시의 경우에도 음악적 요소인 해조

30) 위의 책, 106면.

로 통괄할 수 있다고 말한다. 현대시가 '정형시'를 파괴하고 '자유시'를 형성하였지만, 결국 시가 산문에 귀속될 수 없고 산문과 구별되는 것은 '내재율' 때문이라고 본다. '내재율'이란 '자유로운 음악적 율격'에 불과하기 때문에 "정형시와 자유시를 막론하고 시를 형성하는 음악적 요소를 해조란 이름으로 통괄"할 수 있다는 것이다. 조지훈은 시의 율격, 즉 음악성을 시의 형식적 본질의 하나로서 간주하는 것이다. '해조'란 시의 정형성을 통해 획득되는 것이며, 이것은 정형시가 시의 본질이며 원형이라는 관점에서 나온 것이다. 또한 앞에서 살펴 본 '생략'이라는 표현 원리가 시의 '단순성', 곧 '단면의 전체성'을 구성할 수 있는 방법임을 염두에 둔다면, 시의 원리를 설명하는 준거가 '극도로 생략적인 정형시(서정시)'에 있음을 알 수 있다.

물론 그는 자유시의 표현 원리를 이룬다고 볼 수 있는 '부연'과 '변조'를 각각 '생략'과 '해조'에 대립시키고 있다. 그러나 이것은 시에서 본질적인 것이 아니다. 오히려 시와 산문의 경계에 서 있는 부차적인 것에 불과하다. 조지훈은 시와 시 아닌 것의 명확한 한계를 통해서 시의 본질과 궁극을 해명하고자 한다. '시가 다른 문장과 구분될 수 있는 고유한 특질이 무엇인가'라는 질문에 논리의 핵심이 놓여 있다. 시가 과학과 윤리와 정치와 다른 것은 정서를 본위로 하는 양식이기 때문이며, 소설이나 여타의 산문과 다른 것은 음악성, 즉 리듬을 타고 배열되는 '율동적 언어의 조형'이기 때문이다. 전자에서는 서정성이 후자에서는 정형성이 시의 본질로 간주되는 것이다.

> 창작문학은 있는 것 이상의 것, 없는 것까지도 있게 하는 새로운 창조이다. 이 새로운 창조는 현실적 事象의 형성을 자극하는 인자가 되기도 하고 사람의 감흥 속에 상상적으로 실현되기도 한다. 상상적 실현이란 곧 외계의 현실에는 없는 假感으로써도 강력한 진실감을 불러 일

> 으킬 수 있다는 뜻이다. 이 가감의 逼眞性이 시적 진실이라는 것이다. (118면.)
>
> 과장이란 말은 사상의 핵심되는 진실을 표현하기 위하여 있는 그대로가 아닌 더 강조하기 위한 일체의 수사를 통칭하는 개념이다. (……) 일체의 비유와 수사의 적절한 사용을 과장이라고 부르고 이 과장은 세상에서 쓰고 있는 통념으로서의 과장이 아니라 그것 아닌 것을 통해서 그것의 진실을 보이는 언어적 방편이라는 뜻으로 사용하려는 것이다. (120면.)

시 표현의 세 번째 원리는 '과장과 반복'이다. 여기에서 '과장'은 '생략'의 귀결점이고 '반복'은 '해조'를 생성시키는 근거라고 할 수 있다. '과장'은 다시 문학적 표현의 '가감'(假感)으로 설명된다. 문학의 창작이 현실을 그대로 모사하는 것이라면, 문학 작품은 현실에 미치지 못하는 것, 열등한 것이 될 것임에 틀림없다. 플라톤(plato)이 '시인추방론'을 제기하는 근거 역시 이러한 시(예술)의 이러한 모사적(模寫的)이고 현실 재현적인 특성에 있다. 조지훈은 문학을 "있는 것 이상의 것, 없는 것까지도 생성시키는 새로운 창조"라고 규정하고 있다. 이 새로운 창조는 다시 현실에 힘을 가하거나 혹은 상상적으로나마 실현된다고 한다. 상상적으로 실현된다는 것은 환상으로 현실을 대체한다는 의미가 아니라, 오히려 경험적으로 자동화된 삶의 짜임관계를 초월하여 비가시적이고 잠재적인 강렬도의 흐름을 다른 짜임관계로 구성한다는 의미이다. 그러므로 현실태(있는 현실)의 심층을 흐르면서 그것을 다른 현실로 이동시키는 '생성되고 있는 현실'(潛在態)을 표현하는 문학은 '아직 있지 않은 현실'을 통해 '있는 현실'을 더 진실하게 드러낼 수 있다. '가감'이 '강력한 진실감'을 불러일으킨다는 것은 바로 이러한 의미이다. '과장' 역시 동일하다. 일체의 수사와 비유를 통해서 '있는 현실'이 뻗어 내리고 있는 이면적인 관계의 복수성(multiplicity)을 표현하는 데에서 '과장'은 발생한다. 그러므로 "그것 아닌 것을 통해서 그것의 진실을 보이는 언어적 방편"으로 정의된 '과장'은 비유와 상징, 알레고리와 같은 문학의 수사적 기법으로 이해할 수 있을 것이다. 조지훈은 시에 '반복'적인 '同語' 혹은 '類語'가 나타나는 것을 음악 속에서 끊임없이 반복되는 선율의 모티프가 나타나는 것에 비유한다. 시의 해조를 이루기 위해서는 '반복'이 필수 불가결하며, 이것은 시의 형태적이고 음악적인 규칙성을 꼴 짓는 근거가 된다는 것이다. 따라서 "해조의 귀결점에 반복이 있"게 된다. '과장과 반복'은 실상 하나의 표현 원리를 이룬다기보다는 '생략'과 '해조'의 결과로서 부수되는 것이라고 할 수 있다. 인과관계를 이루는 '생략과 과장'은 시의 의미적 구성의 원리라고 할 수 있는 '단면의 전체성'을 가능하게 하는 방법이고 '해조와 반복'은 시의 음성적 구성의 원리라고 할 수 있는 '운율'과 '음악적 규칙성'이 표현되기 위한 조건이다. 그리고 이때의 시는 전통적인 정형시 혹은 서정시라고 할 수 있다. 이 문제는 조지훈이 문학의 원형에 '서정시'를 위치지우는 문제와도 연관되어 있다.

4. 서정시 중심주의와 위계론적 시학

조지훈은 시(詩)가 놓인 위치와 한계를 설명하기 위해 '시/산문'이라는 대립항을 설정한다. 이 대립항은 이중적인 층위를 형성한다. 하나는 광의의 차원에서 '창작문학(시=문학)/토의문학(산문=일반문장)'의 대립항이고 다른 하나는 '시/산문(소설, 희곡, 수필)'의 대립항이다. 광의의 차원에서의 '시'란 'Poetry' 곧 '창조'라는 의미를 띠는 문학적 창작 일반을 가리킨다. 협의의 차원에서의 '시'란 '시'의 언어 표현적 특질인 '정서적 비유'와 '음악적 율동'을 갖춘 언어로 조형된 시, 즉 'Lyric'으로 국한된다. 광의의 차원의 대립항을 통해서 해명되는 것은 '철학'과 '역사'라는 개념적이고 사실적인 글쓰기와 뚜렷이 구분되는 문학의 감성적이고 창조적인 글쓰기의 특질이다. 즉 이러한 '시=창작문학'과 '산문=토의문학'의 대립은 실상 문학의 감성적인 글쓰기와 '철학', '역사'와 같은 개념적인 글쓰기를 명확히 구분하기 위하여 설정된 것이다. 협의의 차원에서의 '시/산문'의 대립은 '소설'이나 '희곡'과 같은 '산문문학'과 '시'의 경계를 뚜렷하게 보여준다. 그러므로 협의의 차원에서의 '시'와 '산문'의 구분법은 일종의 문학적 장르론의 성격을 지닌다고 할 수 있다. '시'가 놓인 위치를 인접한 것이면서도 대립적인 개념인 '산문문학'을 통해서 규명함으로써 자연스럽게 '문학장르론'적인 논리가 형성되는 것이다. 다시 정리하자면 광의의 시를 통해서는 문학의 특질과 경계가, 협의의 시를 통해서는 시와 산문문학의 특질과 경계가 명확해지면서 '문학장르론'이 자연스럽게 도출된다고 할 수 있다.

> 시와 산문이란 말을 각기 광의와 내용상에서 사용할 때는 광의의 시(문학)과 광의의 문학(비문학)을 구별하는 개념에서 쓰는 것이니 이는 문학 발생의 형태론적 관점이다. 시와 산문을 각기 협의로 형식상에서 사용하는 경우에는 협의의 시 곧 참의 시와 협의의 산문 곧 시 이외의 창작을 구별하는 개념에서 쓰는 것이니 이는 문학 발전의 양식론적 관점이다. (131면.)

'문학 발생의 형태론적 관점'에서 '문학'과 '시'가 동일한 의미내용을 가지는 이유는 고대의 모든 '문학'이 '시'의 형태로 존재했기 때문이다. 다시 말해 '문학'은 '서정시', '서사시', '극시'의 형태로만 존재했기 때문에 '시'는 문학 전체를 통칭하는 개념일 수 있는 것이다. 이러한 고대의 '서정시', '서사시', '극시'가 근대에 와서 '시', '소설', '희곡'으로 분화되었기 때문에, 근대의 이러한 세 가지 장르를 통칭하는 것인 '문학'은 시로부터 기원하는 것이 된다. 이것이 바로 '문학 발전의 양식론적 관점'이다. 그런데 우리가 주목해야 할 것은 '문학 발생의 형태론적 관점'은 아리스토텔레스의 「시학」의 관점과 관련성이 있고[31] 후자는 헤겔을 비롯한 서구의 근대적인 문학장르의 삼분법론과 관련이 있다[32]는 사실이다. 또한 이러한 구분법과 분류론은 서구의 문예사에 합당한 개념이지 한국 및 동아시아의 문예사에 합당한 개념이 아니라는 사실이다.[33]

이러한 장르론이란 기본적으로 분류론에 해당된다. 이것과 저것을 가르고 구분하며 동일한 유에 속하는 다양한 종의 배열을 통해 분류를 시도하는 것이다. 분류론은 유사성을 통해 대우주와 소우주를 연결하는 유비적 사유방법과는 매우 상이한 것이다. 유비는 가시적인 형태, 부피와 관계없이 세계가 생명의 흐름(氣)의 연속성을 통해서 인접하지 않은 것을 서로 대응시킬 수 있는 직관적인 사유의 방법이다.[34] 그러나 분류론은 인접한 사물의 관계에서 출발하여 그 관계의 동일성과 차이를 분명하게 구분하는 분석적인 사유의 방법이라고 할 수 있다.[35] 조지훈이 '시의 우주'를 설명할 때, '우주적 생명'의 한 흐름인 '시정신'과 '시인', '시'는 서로 연속적이고 통일적인 것이었다. 그러나 '시의 감성'과 '시의 위치'를 설명할 때는 '진선미'의 분화라는 미적 자율

---

31) 조동일, 「국문학의 장르」, 『한국문학의 갈래 이론』, 집문당, 1992, 275-279면 참조.

32) 이상섭, 앞의 책, 247-249면 참조.

33) 조동일, 『문학연구방법』, 지식산업사, 1980, 167-176면 참조.

34) J. Needam, 『중국의 과학과 문명』 2, 1986, 이석호 외 역, 을유문화사, 406-419면 참조.
M. Foucault, 앞의 책, 41-51면 참조.

35) M. Foucault, 앞의 책, 104-109면 참조.

성론이, '시/산문'이라는 문학적 분류론이 적용된다. 전자가 전통적인 자연 유비에 근거한 논리라고 할 수 있다면, 후자는 서구의 근대적인 분류론에 근거한다고 할 수 있다.

> 시 가운데서 가장 순수한 형태는 서정시이다. 서사시라든가 극시라든가 사상시란 것은 어느 것이나 다 산문의 발달과 함께 산문 속에 해소되어 버릴 운명 앞에 놓여져 있는 것이다. (……) 우리의 시 전통은 향가 이래 순연한 서정시에 있으므로 이와 같은 시의 독립운동은 서구에서처럼 그렇게 절실한 문제는 아니나 근자에 보이는 시의 산문에의 굴복과 해소적 운동은 이러한 상징파 운동을 타산지석으로 삼아야 할 것이다. 아무리 광대한 산문예술에 압도되더라도 좁으면서도 치밀한 서정성과 비평성의 일치에서 오는 鍊金 — 그것이 현대시가 소생하는 최후의 보루이다. 아니 근원적인 형식이다. 시의 멸망을 염려하여 타협과 몰입을 뜻하는 것은 凡庸한 시인의 타락에의 첫 길이라 할 것이다. 시와 산문의 대결 — 그것은 본디 하나이지만 나눠진 뒤에는 제 스스로의 힘으로 영원히 존속하는 또 하나 각기 다른 생명이다. (132-133면.)

조지훈은 시의 본질이 '서정시'에 있다는 확고부동한 관점을 취한다. 그가 말하는 '순수시' 역시 '서정시'의 동의어이다. 즉 '시'가 '시 이외의 다른 것'과 구분되는 가장 순수한(본질적인) 근거가 바로 '서정성'과 '음악적 정형성'에 있기 때문에 시의 순수한 혈통은 '서정시'로 제한된다. 그러므로 '자유시'와 '산문시'는 시의 순수성과 원형에서 멀어진 것이다. 위의 인용문을 살펴보면, 현대에 들어와 나타난 '시'의 산문화 경향을 조지훈이 반대하는 관점을 취하고 있다는 것을 알 수 있다. 또한 현대의 이러한 문학적 상황의 변화를 '타락'이라고 보고 있다. 이러한 관점은 '시의 가치'와 '시' 자체의 자율성과 독립성을 강조하는 것이면서 동시에 '시' 가운데 순수한 혈통을 지닌 것은 '서정시'이고 '자유시'와 '산문시'는 그것보다 열등한 것이라는 위계론적인 가치를 함유한다. 이것은 '서정시'에서 '시'의 본질과 순수성을 찾고 그것을 강조하는 '서정시중심주의'라고 할 수 있다. 그렇다면 "왜 조지훈이 시와 산문이 혼합되는 현대의 문학적 현상을 '타락'이라고 규정하는가"라는 질문이 제기된다.

조지훈은 플라톤의 모방론적 관점에 입각해 있는 '시인추방론'을 비판하면서 인류정치의 구경적 이상이 오히려 '시인'에 의해서 가능할 것이라는 '시인정치론'을 편다. 또한 그 근거는 시인이 '진리'와 '윤리'를 '감성' 속에서 새롭게 재통합할 수 있는 가능성을 지니고 있다는 전제에 있다. 즉 조지훈의 이러한 관점은 근대가 발생시킨 '진선미'의 대립과 분화와 더불어 '과학중심주의'에 의해 초래된 근대의 분열상과 혼란을 미적인 영역 즉 '감성'을 통해 재통합해야 한다는 '근대성 극복'의 의욕을 지니고 있는 것으로 판단된다. 그리고 이때의 '감성'은 '진리'와 '윤리'와 대립하는 것이 아니라 오히려 그것을 자기 안에 포함하고 있는 것이다. 감성을 위주로 하면서도 진리와 윤리가 함께 녹아들게 할 수 있는 영역은 바로 문학·예술의 영역이다. 또한 그 가운데에서도 '시', '서정시'는 '감성'을 언어적 질료 가운데 흐르게 하면서도, 윤리와 진리를 그 심층 속에 함유할 수 있는 문학적 실천의 한 양태이다.

따라서 조지훈이 말하는 이러한 '서정시'는 동아시아의 전통적인 '서정시'에 그 기원이 있다고 할 수 있다. 기발한 '비유'와 '역설'을 통해 일상적으로 자동화되어 있는 인식의 관습적 상투화를 파괴하고 심층에 가려진 복수적인 강렬도의 흐름과 관계의 또 다른 배치를 읽어내는 불가의 '선문답'과 '선시'에서 조지훈은 시적 언어의 본질과 방법을 찾는다.[36] 이러한 논법 역시 '동아시아의 서정시'가 지닌 '근

36) 조지훈, 「詩禪一味」, 『시의 원리』, 조지훈 전집 2, 나남, 1996.

대성 극복'의 가능성과 연관이 있다. 감정을 본위로 하면서도 극히 절제되고 생략된 언어를 통해 은폐된 '세계의 진리'와 사람살이의 '깨달음'을 전하는 불교의 '선'(禪)의 언어는 전통적인 서정시가 지닌 '재도지기'로서의 글쓰기와 같은 자리에 놓여있다. 또한 불가의 '선시'는 전통적인 서정시의 양태 가운데 하나이다.

조지훈이 '시'에서 '감성'과 '서정성'을 강조할 때, 그것은 '진', '선'에서 분열되고 대립된 서구의 근대적인 개념이 아니라, 오히려 '진'과 '선'을 그 아래에 복속하는 전통적인 개념의 '감성'이자 '서정성'이다. 그러므로 조지훈은 '시'가 산문화되고 과학화되는 경향을 '시'의 본질이라고 할 수 있는 '감성'을 도외시하는 근대의 '과학주의'에서 파생된 불온한 사태의 하나로 파악한다. '시'가 과학과 같은 개념적이고 인식적인 언어를 사용함으로써 '감성'이 배제되며, 이로 인해 인간의 '생명적 진실'이 총체적으로 담겨 있는 '감정의 율동'이 기계화, 도식화된다는 것이다. 현대의 '서정시'는 근대 과학에 의해 초래된 이러한 '진선미'의 대립과 각 영역의 '분과화'와 '전문화'를 극복하여 인간의 생명적 욕구가 지향하는 '진선미'가 재통합된 '이상정신가치'를 추구하기 때문에, '근대성'을 극복할 수 있는 힘을 함유한다는 것이다.

조지훈 시론의 가능성은 이러한 '시'의 적극적 비전에 있다. 그러나 이때의 '서정시'는 이러한 '잠재적 가능성'을 소유할 뿐이지 결코 '이상정신가치' 자체와 동일한 것은 아니다. 왜냐하면 전근대적인 동아시아의 '서정시'는 '있는 현실'과 '있어야 할 현실'이 결코 대립되지 않고 일치한다는 시인의 인식에서 나온 것이지만, 조지훈이 말하는 현대의 '서정시'는 '있는 현실'과 '있어야 할 현실'의 분열 속에서 시인이 '있어야 할', '이상정신가치'를 추구하는 것에 불과하며, 이것이 바로 '생명의 고조' 상태이기 때문이다. '생명적 욕구'로 표상되는 '있어야 할 현실'로의 비상은 이데아 그 자체에 도달한 것이 아니라, 오히려 더 나은 삶을 향한 인간의 끊임없는 과정이며 현실태를 넘어서는 잠재적 가능태의 생성 과정이라고 보아야 한다. 조지훈의 논법으로 보자면 전통적인 '서정시'와 현대의 '서정시'는 결코 동일화될 수 없다. 전자는 '진선미'의 통일이 이미 선험적으로 규정된 시대의 시이지만, 후자는 그것의 분열을 경험적으로 재통합하려고 시도하는 것이기 때문이다.

조지훈은 서구의 근대적인 분류론에 근거해 시와 산문의 독자성과 고유성을 분명히 경계 짓고 문학을 과학과 윤리와는 상이한 미적 가치로서 분화시켰다. 그러므로 현대의 '서정시'는 이러한 대립과 분열의 경험적 조건에서 탄생하는 것이어야만 한다. 그러나 조지훈이 '시의 우주론'을 펼 때, 이 양자의 차이는 거론되지 않는다. 보다 정확하게 말한다면, '시의 우주'에서의 시는 동아시아의 '전통적인 서정시'이며 진선미의 완미한 통일을 구현하고 있는 형이상학적 도의 발현체이다. "시는 하나의 소우주(小宇宙)이며 태극(太極)이다" 혹은 "시는 자연의 연장으로서 우주적 이데아를 제2의 자연이다"라는 '우주적 생명'에 근거한 시의 정의는 근대적 분류론에 입각해 설명된 현대의 '서정시' 정의와는 너무나도 상이한 것이다. 이러한 모순적인 측면은 근대적인 미적 자율성과 전통적인 조화와 통일의 형이상학적 원리를 '시'에 동시에 공존시키고자 하는 의도에서 발생한다. '시정신', '시의 창작과정', '시의 위치' 등을 '조화와 통일'의 관점으로만 설명되는 까닭에 상호 조응할 수 없는 원리들이 서로 연결되고 중첩되는 논리적 비약은 피할 수 없었던 것으로 파악된다. 조지훈 시론의 가능성과 한계는 바로 이러한 논리적 비약을 발생시키는 주요 개념의 의미론적 중첩에 있는 것으로 이해된다.

5. 조지훈 시론의 가능성과 한계

조지훈 시론의 이론적 토대를 이루는 것은 대략 세 가지로 요약될 수 있을 것이다. 그것은 다음과 같다.

1. 동아시아의 주리론적인 본체론(우주론)
2. 서구의 근대적인 분류법에 입각한 문학장르론(미적 자율성론)
3. 시적 창조과정에서 나타나는 문학의 초월성론(아리스토텔레스, 낭만주의)

조지훈의 '우주적 생명'에 근거한 '천인합일'(天人合一)의 시가 여타의 영역에 대해 자율적이고 독자적인 시일 수 있는 근거는 1과 3의 의미론적 중첩에 있다. 1에만 입각한다면, 그가 말하는 시는 미적인 독자성과 자율성을 확보할 수 없는 철학과 사상과 구분되기 이전의 동아시아의 전통적인 시 개념이 된다. 3에만 입각한다면 서구적인 근대시의 개념, 혹은 현대의 자유시 개념에 가깝게 된다. 조지훈은 과학과 정치, 윤리로부터 독자성을 갖는 시를 말하면서도, 감성적인 언어 내부에 진리와 윤리를 함께 포괄하는 시를 말하고 있다. 이러한 시의 가능성의 극한이 바로 '서정시'이다. 그렇다면 다시 문제가 되는 것은 시의 초월성 문제이다. '가감'으로 표현된 시적 창조의 힘을 '초월성'으로 일단 정의할 수 있다. 문제는 이러한 '초월성'이 단지 현실의 일상적 짜임관계를 초월하여 작품 안에 새로운 잠재적 가능성들을 배치하는 문학의 '내재적인 초월성'인가, 아니면 대자연의 본원상이 제대로 실현되지 못하는 현실을 뛰어넘어서 다시 그것에 도달하게 만드는 문학 '외적 준거(우주적 이데아)의 초월성'인가에 있다. 조지훈의 궁극적인 논리는 후자(後者)에 있다. 전자(前者)에 입각한다면 현대에 들어 나타난 자유시와 서정시(정형시)는 위계론적으로 그 가치가 평가될 수는 없을 것이다. 조지훈은 시의 창조 과정을 설명하면서 시의 독자성과 초월성을 동시에 공존시킨다.

그러나 시의 현실에 대한 초월성이 또한 시의 독자성을 가능하게 하는 것은 '내재적 초월성'이다. 그것은 현실적 짜임관계를 초월하고 변형시키는 문학적 구성 속에서 새로운 짜임관계를 형성하지만, 어떤 것으로도 환원되지 않는 현실의 잠재성, 미지의 가능성이기 때문이다. 바로 이러한 잠재성과 가능성이 무한하기에 문학은 현실의 일상적 배치들을 초월하는 힘을 소유하는 것이다. 그러나 '우주적 이데아'라는 '일자'(一者)로 환원되는 '외재적 초월성'은 그 자체로 통일과 조화를 이룬 것이기에 생성과 변화의 잠재적 가능성을 상실한다. 문학이 잠재적 가능성을 상실한다는 것은 곧 현실의 제반 조건을 뛰어넘을 수 있는 '초월성'을 상실한다는 것이며, 따라서 시적 창조 과정에서 발생하는 '독자성' 역시 상실하게 된다. 문학은 이데아 자체를 재현하는 것이 아니기 때문이다. 다시 말해, 완성되지 않는 '초월성'을 통해서만 시는 진리와 윤리에 대해 독자적일 수 있고 무한한 잠재성을 통해서만 초월적일 수 있기 때문이다. 현실적 조건과 배치를 넘어서고자 하는 잉여의 벡터는 '일자적 무한성'(이데아)으로 환원되지 않는다. 그것은 무한한 뻗어 내림을 통해서 복수적인 관계의 그물을 형성한다. 또한 이 그물은 '우주적 이데아'라는 '일자'로 중심화 되지 않는다. 오히려 무한한 힘들의 복수적인 배치만이 일원적(一元的)이다. 그 배치 외부에 별도로 그것을 주재하는 원리(우주적 이데아)를 설정하지 않기 때문이다.

조지훈 시론은 시가 단지 현실을 그대로 모사하는 것이며, 따라서 그것은 현실을 파악하는 과학적 인식과 다르지 않다는 과학적 유물론의 문학 반영론을 넘어설 수 있는 이론적 토대를 마련한 것으로 판단된다. 또한 시와 문학이 현실의 물질적인 생활의 풍요를 위한 것이 아니라, 다양하고 복수적인 힘들의 배치를 넘어서 존재하는 인간의 무의식적인 강렬도의 흐름을 포착하고 생성시키는 '초월성'과 '독자성'이 존재한다는 것을 설득력 있게 보여준다. 또한 '과학적 진리'라는 새로운 도그마로 인해 발생한 근대의 폐단을 극복할 수 있는 힘이 '감성적 언표'(느낌, 표정, 몸짓, 말의 뉘앙스)를 언어적 질료로 사용하는 문학(예술)에 존재한다는 것을 명료하게 보여준다. 그러나 그 무엇으로도 환원되지 않는 잠재적 가능성의 꿈과 힘인 문학의 '내재적 초월성'을 '형이상학적 도'라는 외재적 '일자'(一者)로 환원한다. 바로 이 지점에서 발생하는 것이 '서정시'(抒情詩) 중심주의'이며 '우아미'(優雅美)를 중심 척도로 삼는 위계론적 미학이다. 이것들은 모두 '조화와 통일'의 완미한 진・선・미를 시의 정서적 언어로 표현할 수 있는 형식이자 미학이기 때문이다. 이러한 위계론적인 '서정시중심주의'와 미학은 역설적이게도 문학이 지닌 잠재적 가능성을 응고시키는 결과를 초래한다. 또한 이러한 개념의 의미론적 중첩을 통해 조지훈 시론의 논리적 모순과 비약이 생겨난다.

조지훈의 시론은 근대의 '과학주의'를 돌파할 수 있는 하나의 계기를 마련해 준다는 점에서는 많은 가능성을 지니지만, '조화와 통일'을 강조하는 '일원론적 환원주의'로 인해 그 가능성이 오히려 제한되는 결과를 낳는다. 바로 이 지점이 조지훈 시론의 한계로 지적될 수 있을 것이다. 그러나 또한 이러한 한계에도 불구하고, 그의 시론은 20세기 후반 한국문학사에서 생산된 최초의 체계적인 시학이라 지칭할 수 있을 만큼의 빼어난 이론적 수준과 폭을 겸비하고 있을 뿐만 아니라, 그 문제의식 역시 우리가 여전히 참조해야 할 여러 문제들을 미리 통찰해 보여주었다는 점에서, 현대 한국비평사가 반드시 기록해야 할 매우 중요한 업적임에 틀림없다.

✣ 참고문헌

조지훈, 『시의 원리』, 조지훈 전집 2, 나남출판, 1996.

______, 『문학론』, 조지훈 전집 3, 나남출판, 1996.

곽신환, 『주역의 이해』, 서광사, 1990.

구모룡, 「한국 근대 문학유기론의 담론 분석적 연구」, 부산대 박사논문, 1992.

______, 「서정시학, 유기론, 제유의 시학」, 『서정시의 본질과 근대성 비판』, 다운샘, 1999.

권보드래, 『한국근대소설의 기원』, 소명출판, 2000.

김윤식, 「유기체시론비판」, 『한국학보』, 일지사, 1978 겨울.

김인환, 「이상 시의 계보」, 『현대비평과 이론』 14, 한신문화사, 1997 가을·겨울

김상환, 『예술가를 위한 형이상학』, 민음사, 1999.

______, 「모더니즘과 한국적 광기」, 『풍자와 해탈 혹은 사랑과 죽음』, 민음사, 2000.

김상일, 『화이트헤드와 동양철학』, 서광사, 1991.

김흥규, 「민족문학과 순수문학」, 『한국문학의 현단계』 Ⅳ, 창작과 비평사, 1985.

박호영, 「조지훈의 시론 연구」, 『한국현대시론사』, 모음사, 1992.

______, 「문장파의 전통주의」, 『한국 현대시론사 연구』, 문학과 지성사, 1998.

배종호, 『한국유학사』, 연세대 출판부, 1992.

윤사순, 「인성·물성의 동이논변에 관한 연구」, 『인성물성론』, 한길사, 1994.

______, 『한국의 성리학과 실학』, 열음사, 1987.

윤평중, 『푸코와 하버마스를 넘어서』, 교보문고, 1990.

이상섭, 『문학비평용어사전』, 민음사, 1989.

정종진, 『한국현대시론사』, 태학사, 1988.

조동일, 『한국소설의 이론』, 지식산업사, 1978.

______, 『한국문학사상사시론』, 지식산업사, 1978.

______, 『문학연구방법』, 지식산업사, 1980.

주홍성 외, 『한국 철학사상사』, 김문용 외 역, 예문서원, 1993.

최승호, 「조지훈 순수 시론의 몇 가지 이론적 근거」, 『한국현대시론사』, 모음사, 1992.

______, 『한국현대시와 동양적 생명사상』, 다운샘, 1995.
______, 「조지훈 서정시학 연구」, 『서정시의 본질과 근대성 비판』, 다운샘, 1999.
최원식, 「해방직후의 시론」, 『민족문학의 논리』, 창작과 비평사, 1985.
최동호, 『하나의 도에 이르는 시학』, 고려대 출판부, 1997.
한국동양철학회 편, 『동양철학의 본체론과 인성론』, 연세대 출판부, 1982.
황종연, 「한국문학의 근대와 반근대」, 동국대 박사논문, 1991.

Adorno, T · W, 『미학이론』, 홍승용 역, 문학과 지성사, 1984.
Aristotele, 『시학』, 천병희 역, 문예출판사, 1996.
Deleuze, G · Gattari, F, 『*A thousand plateaus*』, translation by Brian Massumi, University of Minnesota Press, 1987.
Foucault, M, 『말과 사물』, 이광래 역, 민음사, 1980.
Habermas, J, 「근대성－미완의 과제」, 윤평중 역, 『푸코와 하버마스를 넘어서』, 교보문고, 1990.
Hauser, A, 『문학과 예술의 사회사』 3, 염무웅 · 반성완 역, 창작과 비평사, 1999.
Needam, J, 『중국의 과학과 문명』Ⅱ, 을유문화사, 1986.
Villant, A, 『프랑스 시의 이해』, 김다은 · 이혜지 역, 동문선, 2000.
Whitehead, A · N, 『과학과 근대세계』, 오영환 역, 삼성출판사, 1990.

송욱 시론에 나타난 전통론과 초월론의 양상

1. 머리말

한국 현대시가 태생 단계로부터 지녔던 난처함은 기존의 문화 전통으로부터 내려온 전통시의 관습을 가지고서는 '현대시'라는 새로운 문학(literature) 범주의 배치를 이해하거나 표현하기 어려웠다는 데에 있었다.[1] 곧 한국 현대시는 전통적인 시의 관습과 인식으로부터 현대시

---

1) 서구의 문물과 접촉하기 이전의 동아시아에서 '문학'은 학술 일반을 가리키는 용어였으며, 지금 우리가 사용하는 '문학'이라는 단어는 미적 경험의 독립성을 강조한 'literature'의 번역어에 해당된다는 것은 여러 연구자에 의해 이미 밝혀진 바 있다. 여기서 주목할 것은 동아시아의 전통에서 사용되었던 '문' 혹은 '문학'이라는 개념과 '리터러쳐'의 번역어로서의 '문학' 개념의 차이이다. 전자가 정치적·도덕적 효용에 관심을 두었던 유교적 교의를 내포하고 있는 것이라면, 후자는 서구 현대의 분화와 자율성 논리와 맞닿아 있는 것으로서, 미적 경험의 독립성을 강조한 것이기 때문에, 양자는 서로 다른 외연을 지시할 뿐만 아니라 상호 대립적인 의미를 내포한다고도 할 수 있다. 동아시아의 전통적인 '문학(문, 문장)' 개념과 서구의 '리터러쳐'라는 단어의 번역어로서 '문학' 개념의 차이와 이 양자의 차이 속에 포함되어 있는 문학과 예술에 대한 인식론적 체계의 변환 과정에 대해서는 다음과 같은 논저들을 참조할 수 있을 것이다.
김 현, 「왜 문학은 되풀이 문제되는가」, 『한국문학의 위상/문학사회학』, 김현문학 전집1, 문학과지성사, 1991.
김 현, 「한국문학은 어떻게 전개되어 왔는가」, 위의 책.

의 정체성을 보증할만한 지표와 규준을 마련할 수 없는 어려움에 직면해 있었다는 것이다. 따라서 기왕의 시 전통으로부터 이해되고 규정된 문화적 테두리 속에서 시를 쓴다는 것은 실상 현대시 창작에 대한 자의식이 부재하다는 것을 의미하거나, 현대성을 전혀 염두에 두지 않는 의식의 상황을 전제하는 것이었다. 시의 현대성이란 무엇이고 현대시는 어떤 것이어야 하는가에 대한 문제의식과 담론들은 우리 자신의 문화 전통의 범례(範例)들 속에서 산출된 것이 아니라, 서구 현대시의 여러 사례들에 의해 촉발되었고 그것들을 표준적인 모델로 삼아 조형되었기 때문이다.

현대시를 현대시이게 하는 규준과 경험들, 그 정체성의 지침을 내부의 자연스러운 문화적 테두리 속에서 찾을 수 없었다는 것은 일상적인 경험 내지는 시를 쓰는 경험과 외부에서 차용한 이론 사이에서의 필연적인 괴리를 발생시킨다. 문학의 현대성을 목적의식적이고 선언적인 운동의 차원에서 전개한 20세기 전반 한국 모더니즘의 부박성(浮薄性)과 표피적인 이국취향(exoticism)은 한국 현대시가 운명적으로 지니게 되어 있었던 태생적인 한계의 한 극점을 표시한다. 현대시를 보증하는 거울이 우리 문화의 테두리 안에 존재하지 않았던 까닭에, 서구시라는 거울에 자신을 끊임없이 되비추어 그 동일성을 확인받아야만 하는 조건에서 현대적임을 스스로 증명할 수 있는 '주체의식'과 그 '내면성의 깊이'가 자리 잡는다는 것은 20세기 전반의 한국시에서는 실현되기 어려운 당위적 요청에 지나지 않았던 것이다.

이렇듯 우리의 관습과 경험을 규정하는 문화적 테두리를 벗어난 서구적인 전범(典範)들과 현대시의 성립 조건들은 한국 현대시의 극단적

황종연, 「文學이라는 譯語」, 『한국문학이란 무엇인가』, 민음사, 1995.
김동식, 「한국의 근대적 문학 개념 형성 과정 연구」, 서울대 박사논문, 1999.
권보드래, 『한국 근대소설의 기원』, 소명출판, 2000.

인 두 편향을 잉태시킨다. “하나는 모든 현재적 논리의 외곽에 자리잡은 재래의 시 세계로 물러서서 시작(詩作)에 요구되는 의식적인 노력을 면제받으려는 태도이며, 다른 하나는 아직 규명되지 않은 채 모호하게 이해된, 그래서 아무런 준거도 제약도 없는 현대성 속으로 끝없이 옮겨 앉으려는 태도이다.”[2] 송욱의 시론(詩論)은 이러한 두 편향이 나타날 수밖에 없었던 한국 현대시의 역사적 상황과 특이한 환경에 대한 통찰을 포함한 것이면서도, 이를 타개할 수 있는 이론적 근거를 ‘동서문화비교’(東西文化比較)를 통해 마련하고자 하는 일관된 문제의식을 견지한다.[3]

송욱 시론에 대한 선행 연구들을 살펴보면, 그의 시론을 ‘초기 - 중기 - 후기’로 나누고, 이 시기들의 특징을 ‘서구 사상의 경도’, ‘서구 사상과 동양 사상의 종합을 통한 모색’, ‘노장사상과 동양적 초월론으로의 회귀’ 등으로 해명한 논의들이 대부분을 차지한다.[4] 이러한 논의

---

2) 황현산, 「역사의식과 비평의식」, 이승하 편, 『송욱』, 새미, 2001, 102면 참조.

3) 송욱은 20세기 전반 한국 모더니즘을 비판하는 대목에서, 서구의 현대 문화와 현대시를 내면성의 관점이 아니라 외부적인 인상과 피상적인 현대 문물의 관점에서 수용한 정지용과 김기림을 ‘사이비모더니즘’이라 지칭한다. 또한 전통을 갱신하지 못하고 개화기 이후 변화된 한국 현실의 문제를 다루지 못하는 전통주의를‘사이비전통주의’라 규정하면서, 이 양자를 모두 비판한다.(송욱, 『시학평전』, 일조각, 1963, 206면 참조). 이러한 비판은 한국 현대시가 ‘전통/서구’라는 양자택일적 이분법을 벗어나 전통을 보존하면서도 갱신할 수 있는 ‘現代性’과 서구 문물을 비판적으로 수용할 수 있는 ‘주체성’이라는 두 측면을 동시에 성취해야 한다는 그의 일관된 가치 체계로부터 기원하는 것으로 보인다. 그가 발레리와 공자, 동양과 서양의 시간관, 엘리어트의 전통론과 유교의 전통론 등을 비교하는 것은 바로 이러한 측면에서라고 할 수 있다. 즉 그의 ‘동서문화비교론’은 단순히 동·서 문물의 차이를 규명하기 위한 것이라기보다는, 한국의 현대시와 현대문화가 성취해야할 주체성과 현대성이 어떤 것이어야 하는가를 모색하고 탐구하기 위한 것에 그 핵심이 있다는 것이다.

4) 이러한 관점을 보여주는 선행 연구들로는 다음과 같은 논의들을 열거할 수 있다.
서지영, 「특수 속에서 보편의 추구」, 『송욱 연구』, 역락, 2000.
엄성원, 「새로운 문학 전통 수립을 위한 탐색」, 위의 책.

들 속에는 송욱 시론이 초기에는 서양사상을 우위로 한 관점에서 동양 혹은 한국적 전통을 폄하하던 태도에서 후기로 갈수록 동양적 초월론을 우위로 한 관점으로 변환되었다고 보는 통시적 단절론의 문제설정이 개입되어 있다. 또한 그의 초기 시론에 해당하는 『시학평전』만을 중점적으로 해명하려고 한 논의들 역시 송욱에게서 나타나는 서구 편향적이고 전통 폄하적인 태도를 문제 삼았고, 그것이 그의 서구중심적인 진보사관에 침윤된 결과라고 비판하였다.5)

그러나 이러한 선행 연구들의 평가는 송욱의 시론에 표면적으로 나타나는 전통에 대한 일부의 비판적 언급들만을 도려내어 그것들을 확대 해석하는 데에서 발생하는 문제라고 판단된다. 한국 현대문화와 전통 문화의 단절, 보다 더 정확하게 말해서 19세기 한국 문화와 20세기 한국 문화 사이에는 그 어떤 시기와도 비교될 수 없을 만큼의 거대한 단절이 존재한다는 것을 사실적으로 인식한다는 것과 전통을 가치론적이고 당위론적 관점에서 비판하고 부정한다는 것은 서로 구분되어야 할 다른 차원의 문제이기 때문이다. 선행 연구들이 제기한 송욱의 초기 시론의 '서구 사상의 경도'에 대한 비판은 바로 이러한 서로 다른 두 차원의 문제를 구분하지 못하는 데에서 기인하는 것으로 보인다.

결과론적으로 송욱의 시론이 '오리엔탈리즘'을 벗어나 자생적이고 독창적인 이론과 사유 체계를 확보했는가의 문제와는 별도로, 그의 시론의 이론적인 좌표와 가치론적인 비전은 일관되게 우리의 문화적 전통 속에 잠재하는 '신성한 것'을 지향하고 있었던 것으로 추정된다.

이민호, 「교합과 주체성의 시학」, 위의 책.
이 선, 「송욱의 비평 정신과 실제비평」, 충북대 석사논문, 2002.

5) 김유중, 「사상의 창조와 실험 정신」, 『한국 현대 시론사』, 모음사, 1992.
이숭원, 「송욱론 비평정신의 고양과 방법론의 모색」, 이숭원 편, 『송욱』, 새미, 2001.

이러한 측면은 그가 엘리어트(T. S. Eliot)와 오든(W. H. Auden)의 전통론을 높게 평가했던 대목이나, 서구의 '과학적 시관'(과학주의)과 더불어 김기림을 비판하는 대목에서 가장 명징하게 드러난다. 이것은 애초부터 송욱이 서구의 '과학주의'를 현대세계(modern world)의 보편적인 정신으로 간주하지 않았으며, 오히려 동·서양의 형이상학적 초월론을 통합하여, 전통과 현대의 온전한 융합을 한국 현대문화 내부에서 형성시키고자 했다는 것을 예증하는 표지이다. 선행 연구들이 송욱의 시론 전체를 하나의 일관된 논점을 지닌 것으로 파악하기보다는, 통시적 단절을 소유하고 있는 것으로 해명하려 했던 것은 "시는 신성한 것을 다루어야 한다"는 『시학평전』의 가장 핵심적인 명제를 간과하고 있기 때문이라 추론된다.[6] 또한 이 명제와 전통과 현대의 상호관계를 통찰하는 시인의 '역사의식'은 과학적 시관과 한국 모더니즘을 비판하는 가장 주요한 근거였다는 점에서, 『시학평전』을 '서구 중심적 진보사관'이나 '오리엔탈리즘'에 침윤된 것으로 평가하는 것은 일면적

6) 송욱의 시론이 동·서양의 사상과 문화의 통합을 통한 '보편 정신'의 추구와 '전통과 현대'의 상호 변증법에 관한 역사의식에 그 핵심이 있다는 것은 거의 모든 선행 연구들이 거의 공통적으로 지적하고 있는 바이다. 그러나 "시는 신성한 가치와 결부되어야만 한다"는 송욱의 논의에 주목하여, 그의 '동서문화비교론'이 한국적 전통의 폄하가 아니라, 오히려 한국 현대시에 존재하는 문화적 전통의 잠재력을 강조하기 위한 의도가 개재되어 있음을 밝힌 유일한 논자는 황현산이다. 또한 그는 『시학평전』이 한국 현대시의 실제 창작을 위해 제출된 것이라는 점을 주목하여 송욱이 발레리와 말라르메의 '순수시'에 천착할 수밖에 없었던 이유를 적실하게 해명한다.(황현산, 「역사의식과 비평의식」, 이승하 편, 『송욱』, 새미, 2001, 110-116면 참조) 앞의 주석에서 제시한 논의들을 제외하면, 송욱의 시론이 '전통과 현대', '동양과 서양'의 상호 접맥을 통한 주체적인 비평관을 모색했다고 보는 선행 연구들로는 다음과 같은 논의들을 열거할 수 있다.

한원균, 「송욱 문학 연구」, 경희대 석사논문, 1992.
박종석, 「송욱 문학 연구」, 동아대 박사논문, 1998.
연혜진, 「사물과 말, 초월성의 시학」, 『송욱 연구』, 역락, 2000.
윤지영, 「혁명적 我空과 사랑의 證道歌」, 위의 책.
박종석, 「송욱의 시학평전 연구」, 이승하 편, 『송욱』, 새미, 2001.

인 해석이라 판단된다.

따라서 이 논문은 송욱의 '동서문화비교론'이 지녔던 애초의 의도와 더불어 그것의 현재적 의의가, 한국(동양)의 '신성한 것'의 재발견을 통해 전통단절이라는 난제(aporia)를 극복하고 한국의 주체적인 모더니즘의 창조에 있었다는 것을 논증하는 데에 주안점을 두고자 한다. 이러한 논증의 과정을 통해 선행 연구들이 주목하지 않았던 송욱 시론에서 나타나는 시의 창작 기술과 방법에 대한 논의들과 사상적이고 문화사적인 차원의 논의들과의 연관 관계 역시 해명될 수 있을 것이다.

2. '문화권'의 개념과 '동시적 질서'의 담론

송욱의 첫 번째 시론집 『시학평전』은 "한국시와 시론이 구미의 그것들과 맺는 생생한 실천적 관계"[7]를 조명하기 위한 목적을 지닌다. 송욱은 『시학평전』의 목표를 '실지비평', '동서문학배경의 비교', '시 창작의식과 시작의 과정'을 고찰하는 세 가지로 요약한다. 이 셋은 각각 미국의 '신비평', 엘리어트의 '전통론'과 발레리의 '순수시론', 프랑스의 '실존철학적 비평'에 대응하며, 그것들에 대한 탐구를 포함한다. 서구의 현대시 이론에 대한 송욱의 상세한 주석은 그 자체를 위한 것이라기보다는 한국 현대시가 놓인 상황, 즉 "우리 안에는 여러 가지 매우 해묵은 우리 전통과 아주 새로운 외래사조가 야릇하게 혼합되어서 같이 살고 있는"[8] 한국 현대성의 특이한 조건을 드러내고, 그 극복을 목표로 하는 담론적 목표로부터 나온 것이다. 공자의 '사무사'(思無邪)와 발레리의 '순수의식' 혹은 '완고한 엄밀성'을 바탕으로 한 시

7) 송욱, 「시학평전의 원서문」, 『문물의 타작』, 문학과지성사, 1978, 52면 참조.
8) 송욱, 「서문」, 『시학평전』, 일조각, 1963, 6면.

관이 '동서문학배경'(東西文學背景)으로 비교된 것은 이 때문이다. 즉 한국시가 전통으로부터 물려받은 시에 대한 인식은 '사무사'에 가까운 것임에도 불구하고 이러한 문화적 바탕에 발레리의 시관이 수용되어 그것에 대립할 수 있는 가능성이야말로 한국 현대시가 직면한 역사적 난관을 말해주고 있는 것이기 때문이다.[9)]

송욱의 '동서문화비교'는 "동양과 서양이 한국문화 안에서 조화를 이루고 종합되는 것은 여러 가지 실패와 난관을 극복하면서 오랜 시일을 겪은 다음인 먼 훗날"[10)]을 기약하는 선취된 미래 전망을 겨냥한다. 『시학평전』이 한국시를 위한 실천적 지침이 되기를 기대하는 그의 관심이 개별 작품의 시 구조를 세밀하게 분석하는 '신비평'보다 '시창작의식'의 깊이를 파악하고 시작의 실존적인 과정과 전망'에 주목하는 프랑스 비평으로 귀착된 것 역시 한국 현대시가 당면한 문제적 상황을 인식한 결과이다. 한국 현대시의 창작과 비평에 있어서 절실한 것은 한 작품의 의미 구조를 치밀하게 분석하는 신비평의 개념적 엄밀성이 아니라, 홍수처럼 쏟아져 들어오는 '외래사조'를 주체적으로 소화할 수 있는 시인과 비평가의 '역사의식'과 '비평의식'이었기 때문이다.

『시학평전』의 부제, "문학배경을 비교하는 안목으로 한국시인의 입장에서"가 말해주는 바, 송욱의 관심의 초점은 한국 현대시의 실제적인 창작에 있었다. 그는 외국의 시론이 실제적인 시 창작에 그리 도움이 되지 않는다는 자신의 시작 경험으로부터 서구 시론과 한국시 사이에 놓인 '삼중의 간격'[11)]을 언급한다. 이 언급은 한국 현대시가 "반

---

9) 위의 책, 6면 참조.

10) 위의 책, 7-8면.

11) 송욱은 '한 시인의 시와 시론', '작가의 의도와 완성된 작품', '문학배경이 서로 다른 외국의 시론과 한국시' 사이에서 나타날 수밖에 없는 거리와 낙차를 '삼중의 간격'이라는 말로 표현한다. "이것은 시론과 시제작 사이에 이중의 간

세기 남짓한 시간만 거슬러 올라가도 우리 조상들이 몰랐던"[12] 서구의 현대 문화의 영향 아래서 전혀 새롭게 배치된 문학의 장르적 범주로부터 형성된 것이라는 성찰을 포함한다. 이것은 한국 현대시가 전통적인 시 개념으로부터 단절된 것일 수밖에 없다는 인식을 내포한 것이기는 하지만, 서구의 현대시와 시론을 절대적 규범으로 격상시킨다는 것을 의미하지 않는다.

송욱은 한국시의 예술적 수단과 소재가 되는 '언어'와 '문화전통'이 서구의 그것들과 다른 것이기 때문에, 서구의 시론이 한국시의 실제 창작을 위한 절대적 지침이 될 수 없음을 명확하게 언급한다. 또한 한국시를 풍요롭게 할 수 있는 가장 중요한 원천은 우리의 '문화전통'을 담고 있는 한국어의 재발견과 탐구에 있다는 점을 반복하여 강조한다. 그는 서구의 시관과 한국의 전통적인 시관의 차이를 드러내기 위해 '문화권'(文化圈)이라는 개념을 생산한다. 즉 서구 현대시와 한국의 시 전통이 지니는 근본적인 차이를 그 배경을 이루는 동·서양의 '문화전통'의 차이로부터 발견하고자 한 것이다. 그는 '문화권'의 차이로부터 서구시와 한국시의 배경이 지니는 근본적인 차이를 추출함으로써, 서구 문화와 서구시를 상대화할 수 있고 우리의 현대시를 주체화할 수 있는 비전을 모색할 수 있다고 생각한다.

격이 있기 때문이리라. 하나는, 시인의 시작품과 그의 시론 사이에 반드시 있게 되는 거리. 마치 경험과 이론이 동안뜨는 것처럼. 또 하나는,이보다 앞서 작자의 의도와 완성된 작품 사이가 이미 동떨어지게 되는 사실이다. 뿐만 아니라 외국의 시론과 우리말로써 시를 쓰는 행동 사이에는 또 하나의 엄청난 거리가 가로질려 있다. 그 시론이란 문화전통이 다르고 언어가 다른 그 나라의 문화배경을 바탕으로 하여, 주로 자기 나라의 시문학을 대상으로 삼고 이룩된 것이다. 따라서 그것이 한국시인에게 곧 쓸모 있는 구실을 하기는 매우 드문 노릇이다. 이렇게 살펴보면 외국의 시론이 우리에게 대하여는 삼중의 간격을 두고 있다고 해도 좋을 것이다." (위의 책, 1면.)

12) 위의 책, 2면.

> 文化가 짓는 표정, 文化라는 나무에 피는 꽃이라 일러 말할 수 있는 詩나 詩論도,그 發生地가 다른 文化圈안에 있는 경우에,그것은 우리가 받아들여 스스로 기름지고 살찌고 또한 줄기차게 자기의 줏대에 도움이 되게 하려며는 우선 文化傳統의 源泉에 관한 差異를 밝히고 혹은 比較하는 것으로부터 출발해야 한다. (송욱, 『시학평전』, 일조각, 1963, 3면.)

송욱은 가장 먼저 발레리의 시관과 19세기까지 한국시의 통상적인 인식규범으로 자리 잡고 있었던 공자의 시관을 비교한다. 서구의 시관을 대표하는 모델로 발레리의 시론이 선택된 것은 그것이 송욱에게는 "서양철학사와 다르지 않은" 곧 서구적 문화전통'의 극한으로 간주되었기 때문이다. 주체의 '순수의식'을 통해 '절대적인 보편성'에 도달할 수 있다는 발레리의 생각은 "주체를 대상보다 높은 가치에 두는, 순수한 보편성은 순수한 의식의 절대적 일반성에 그 바탕을 두는, 의식의 절대적 가치를 믿는 서양철학의 전통과 같은 것"[13)]이다. 이에 반해 우리가 시를 대하는 태도의 배경에 놓여 있는 공자의 시관은 『논어』의 「위정」편에 실린 "생각에 간사함이 없다"(思無邪)는 것으로 요약된다.

송욱은 우리의 전통적인 시관은 공자의 "사무사"와 같이 오로지 '진정과 인정'만이 시의 내용을 이룬다는 생각에서 벗어나지 않는 것이라고 파악한다. 따라서 그것은 "치밀한 계산을 통한 언어의 음악건축이란 형식으로 시를 쓴"[14)] 발레리의 시관과는 상이한 것일 수밖에 없다. 송욱에 따르면 이 차이는 서로 다른 '문화권'의 차이로부터 기원하는 것이다. 발레리의 시관은 '선의 이데아' 밑에 '수학적 이데아'를 위치시키는 플라톤의 '형상론'(이데아론)이라는 서구사상의 전통에서 발원하는 것이기 때문이다.

---

13) 위의 책, 6면 참조.
14) 위의 책, 6면.

> 따라서 플라톤이 말하는 善은 數學的悟性과 관계가 있는 것이다. 이 數學的悟性을 디디고 올라가면 지닐 수 있는 그러한 叡智를 우리는 한 번 더 생각하게 된다. 따라서 形式이니 理想이니 할 때에도 그 뜻의 원천에는 數學的 직관과 論理的건축이 반영되고 있음을 잊어서는 안된다. 이렇게 보면 발레리의 形式至上論도 플라톤의 形式(이데아)에 관한 思想의 傳統이 빚어낸 것이라고 할 수 있다. (위의 책, 40면.)

송욱은 발레리의 저서 『멜겔』의 인용을 통해 발레리가 희랍 문화의 위대함을 역설하는 '고전주의자'라는 점을 밝힌다. 희랍 예술은 동양 예술과 달리 "자연에는 존재하지 않는 보편적 질서, 신성한 예지, 지성의 지배 등을 생각하게 만드는 하나의 형식을 사물에 부여한다"15)는 발레리의 언급은 '형식'이 단지 '예술의 수단'에 불과한 것이 아니라 플라톤의 '수학적 형상'(이데아)이라는 개념으로부터 파생된 '보편적 차원'의 것임을 보여주는 지표가 된다. 다시 말해 예술의 형식이 '보편적 질서', '신성한 예지' 그리고 '지성의 지배'를 포괄하고 표현한다는 발레리의 사유는 플라톤의 '수학적 이데아'라는 서구의 사유 전통으로부터 기원하는 것이다. 송욱은 발레리의 '순수의식'과 '형식' 개념이 희랍 문화의 근간을 이루는 '수학적 오성'과 '기하학정신'에 맞닿아 있음을 해명하면서, 서구 문화의 고유한 특징을 '수학적, 과학적, 논리적 직관'으로 요약한다.

> 이렇듯 발레리는 희랍의 幾何學이라는 建築이, 분할된 精神의 순간과 理性의 행위 하나하나가 쌓여서 이룩된 순수하고 아름다운 예술품이라고 생각한다. 실상 발레리의 詩觀도 이러한 생각과 그리 거리가 멀지 않은 것이다. 즉 그는 詩를 각순간의 知性의 행위로써 건축된 言

15) 위의 책, 34면 참조.

> 語音樂의 구성으로 본다. (……) 公理와 定理의 체계인 幾何學을 정신의 기계 혹은 知性의 建築이라 하고, 말로써 공간에 이룩된 神殿이라고 하니, 이 神殿은 발레리가 생각하는 숭고한 知性의 시가 아닌가! 지금까지 우리가 살펴 온 바와 같이 그는 우리가 알아차리지 못하는 사이에 희랍의 幾何學에서 知性의 藝術美로 혹은 희랍의 神殿建築으로 혹은 이와 비슷한 것으로 보이는 시의 극치로 안목을 돌리고 있는 것이다. (위의 책, 41-42면.)

발레리의 희랍 문화에 대한 찬탄은 '기하학'이 표상하는 '수학적 직관'과 '논리적 건축'에 대한 경외로 압축된다. 발레리의 사유는 서구의 모든 문화가 희랍의 '기하학정신'으로부터 유래한다는 것을 보여주는 하나의 지표이다. 송욱은 발레리를 통해 서구의 건축이나 예술이나 시와 같은 모든 문화가 '기하학'이라는 서구의 보편적인 정신으로부터 산출된 것이라는 점을 강조한다. '희랍의 기하학'과 '지성의 예술미'와 '신전건축'은 동일한 정신, 즉 '기하학'이라는 문화적 보편성으로부터 나온 것이다. 발레리는 서구 문화의 보편적 전통의 바탕 위에서 '시'라는 하나의 문화 분과, 예술 장르를 실현시키고자 한 '현대의 고전주의자'이다.

송욱이 '문화권'이라는 새로운 개념을 생산하고 발레리의 사유를 세밀하게 추적하는 이유는 바로 여기에 있다. 발레리는 서구의 문화 전통과 단절되기는커녕 그 보편성의 바탕 위에서 '순수시'를 창작하였고, 그 시론을 전개하였지만, 우리의 현대시는 재래의 전통으로부터 단절되었기 때문이다. 그러나 또한 여기서 주의해야 할 것은 『시학평전』이 실제 창작을 경험해 본 '한국시인의 입장에서' 씌어진 것이며, 한국시의 실천적 지침서를 지향한다는 사실이다. 『시학평전』이 한국 현대시가 전통으로부터 단절된 이유와 원인을 문학사적인 안목에서 논하지 않는 것은 바로 이 때문이다. 송욱이 한국시의 제작과 외국의 시론이 가지는 간격을 말할 때, 그것은 문학사가의 입장에서가 아니라, 실제로 시를 써야 하는 시인의 당면한 창작 환경을 지적한 것이었다고 할 수 있다. 즉 전통이 단절되었다는 것은 실제 창작에 임하는 시인에게는 이미 한국 현대시의 운명이 되어 버린 서구시의 형식과 이론을 의식하지 않을 수 없는 곤혹스러움[16]을 의미하는 것이었기 때문이다. 우리 현대시가 전통으로부터 물려받은 재래의 시관을 가지고서는 이해하기 어렵고, 서구 현대시를 어쨌든 수용하고 이해하지 않으면 안 되는 상황에 처해 있다는 것을 그는 시인으로서 절감하고 있었던 것이다.

'문화권' 개념은 이 상황을 타개하고자 하는 송욱 시론의 가치 지향을 응축한다. 발레리의 시관이 서구 문화의 보편성 속에서 즉 다시 말해 서구 '문화권'의 공통된 지반으로부터 나온 것이라면, 우리가 19세기까지 지녔던 시관 역시 '藝術則餘技'라는 사상으로부터 나온 것으로, 이것은 '동양'(동아시아) 문화의 보편성을 이룬다. 따라서 그것은 어느 하나가 일방적으로 가치의 우위를 점할 수 없는 것이다. 다만 그 상대적인 차이를 논할 수 있을 뿐이다. 송욱은 한국시가 시를 제작하는 기술이나 시 창작에 대한 건축적이고 비평적인 의식이 발달하지 않았던 원인을 '동양'의 전통 문화가 지니는 특이성(singularity)으로부터 찾아낸다. 그는 『근사록』(近思錄)의 몇 구절로부터 '藝術則餘技'라는 사상을 추출한다.

> 예술보다는 道와 志(마음이 가는 곳), 그리고 德이 훨씬 중요한 것이다. 대개 이러한 의견이 우리의 傳統이 물려준 思考方式이다. 이러한 생각은 오늘날 사회생활을 하는 사람이 보면 놀라운 내용을 담고 있다. 技術의 分化가 現代文明의 거의 본질적인 요소를 이루고 있기

16) 위의 책, 29면 참조.

> 때문이다. 道德보다 技術을 훨씬 못한 것으로 보는 습관은 시를 읽는 태도에도 그냥 그대로 스며들어 있다. 시에서 가장 중요한 것은 <眞情의 吐露>이고 표현 기술은 다음 가는 문제라고 생각하는 것이 東洋사람이다. (위의 책, 31-32면.)

송욱은 '동양'의 '문화전통' 혹은 '예술관'이 '예술'보다는 '도덕'을, '표현기술'보다는 '진정'과 '도'와 '지'를 중시하는 태도를 지니고 있었다고 언급한다. 이러한 태도는 또한 "문장에만 힘을 쓰면 도덕을 해친다는 생각으로 문학을 다만 하나의 여기(餘技)로 보는 경향"[17]으로 나아가게 한다. '藝術則餘技'라는 동양의 전통적인 사상과 문화 규범은 한국시가 '표현기술'을 계속해서 탐구할 수 없게 했던 배경을 이루는 것이다. 송욱에 따르면, 우리의 전통적인 시관으로 서구 현대시를 이해할 수 없었던 까닭은 바로 여기에 있다. 서구 현대시는 '수학적 건축'과 '기술적 제작'을 중시하는 문화적 전통으로부터 나온 것임에 반해, 우리 시의 배경을 이루는 동양의 문화적 전통은 오히려 '예술적 기술'을 '진정'과 '도'를 해치는 것으로 파악하여 억제해왔기 때문이다. 이러한 진단은 우리 문화의 창조적 역량을 폄하하려는 것이라기보다는 이미 서구의 시 형식을 받아들인 우리에게 시 제작과 시론 사이의 간격이 어디에서 유래하는가를 밝히고자 한 것일 뿐이다.[18] 동양의 전통이 '도덕'과 '진정'만을 중시하고 '기술'을 천시했던 까닭에 한국의 현대시가 전통으로부터 단절될 수밖에 없었다는 진술이 나타나기는 하지만, 그가 '기술'을 추구해야 할 신성한 가치로 격상시킨 것은 아니다. 다만 '기술의 분화'를 본질로 삼는 현대문명 속에서 동양의 문화 전통 전체가 소수자(minority)의 위치로 전락할 수밖에 없었던

---

17) 위의 책, 32면 참조.
18) 황현산, 앞의 글, 103면 참조.

원인과 그 역사적 사정을 강조한 것일 뿐이다. 우리의 문화 속에 부재한 것은 '기술'이며, 따라서 우리의 현대시는 그것을 참조하고 수용해야 할 운명이지만, '도덕'과 '진정'으로 표상되는 전통적인 가치를 전적으로 부정해야 하는 것은 아니기 때문이다.[19)]

송욱에게 19세기와 20세기의 한국시는 서구의 그것과는 달리 엄청난 거리를 지닌 것으로 파악된다. 19세기까지 우리의 '문화권'은 중국과 다르지 않은 공통된 지반을 이루고 있는 것이지만, 20세기에 전혀 다른 서구의 문화가 유입되어 문화의 질서와 배치를 변환시켰기 때문이다. 19세기의 한국시와 20세기의 그것은 서로 단절된 것이며, 서로 다른 문화적 테두리 속에 있는 것이다. 한국과 중국이 동일한 '문화권'을 이루고 유럽이 하나의 '문화권'을 형성한다는 전제는 '동서문학배경비교'를 가능하게 하는 담론적 근거를 이룬다. 즉 '문화권'이라는 개념은 한국 현대시와 프랑스 시의 비교를 위해서가 아니라 동아시아의 공통된 토대를 이루는 '문화전통'과 서구의 그것을 비교하기 위해 생산된 것이다. '문화권'은 서구 문화의 '전통관'과 '시간관', 현대적인 '역사의식'과 '사회의식'을 중국의 그것들과 비교할 수 있게 하는 매

19) 송욱의 이러한 생각은 시의 "신성한 가치"가 현대시에서도 여전히 보존되어야 한다는 근본적인 그의 가치 - 해석의 틀과 "현대시"는 진선미의 영역이 분과화된 예술의 한 장르로서 "기술적 제작의식"의 산물이라는 성립 조건을 충족시켜야 한다고 보는 서구시 이론을 결합시키고자 하는 데에서 나온다. 그가 시의 "제작의식"과 "비평의식"을 강조하면서도 신비평을 비판하고 프랑스 상징주의와 실존철학적 비평을 중시한 것은, 이것을 통해서 한국의 척박하고 후진적인 현대성 속에서, 또 바로 그 현실과 고투하는 의식적 노력에서 오히려 "신성한 가치"를 발견할 수 있다고 생각했기 때문이다. 또한 이러한 비전은 우리의 전통을 폄하하는 데에서가 아니라 전통의 가치를 재발견하면서 우리에게 필요한 서구 문화를 흡수하고 통합하는 데서 나온다고 생각했던 것으로 추정된다. "신사나 군자가 되기는 기술자가 되기보다 훨씬 어렵다. 이것은 古今東西를 가리지 않고 통하는 진리다. (……) 아마 우리의 잘못은 군자를 높인 데 있지 않고 기술이 중요한 사실을 모른 체 한 데 있으리라." (송욱, 앞의 책, 32면.)

개적인 개념이다.

한국 현대시는 전통과 단절되었고 이러한 문화적 조건에서 시를 쓸 수밖에 없다고 인식하고 있었던 송욱에게 엘리어트의 전통론이 이 문제의 해결책으로 받아들여진 것은 당연했다. 엘리어트의 전통론은 전통 단절의 문제를 타개하면서 동·서의 모든 문학 작품들을 '동시적 질서'를 이루는 시 창작의 선험적 조건들로 가정할 수 있는 근거를 제공했기 때문이다. '문화권'이라는 개념은 엘리어트의 전통론을 통해 동서의 문학전통의 '동시적 질서'로 확대됨으로써, 한국 현대시는 다시 그 문화적 전통과 접맥될 수 있는 가능성을 얻는다. 또한 송욱은 이를 통해 난처한 역사적 상황에 놓인 한국 현대시의 특이성이 현대적인 보편성을 획득하면서도 주체화할 수 있는 길을 마련할 수 있다고 판단한다.

> 여기서 우리는 다시금 이 나라의 詩人들이 맞서야 하는 난관을 엿보게 된다. 물론 한마디로 말해서 그것은 傳統의 斷絶이다.그러면, 새로운<傳統觀>을 만들어 내야 한다. W. H. 오오든이 말하는 檢閱官은 실상 엘리어트가 말한 바, 過去의 모든 훌륭한 作品이 이루고 있기 마련인 同時的秩序를 假定하고 이것을 의식해도 좋으리라. (위의 책, 29-30면.)

송욱은 엘리어트의 「전통과 개인적 재능」에서 서구적인 '전통주의'와 모더니스트의 '역사감각'을 동시에 발견한다. 그는 호머에서 시작하는 유럽문학사 전체에서 영원한 가치를 지닌 작품들이 동시적 질서를 이룬다[20]는 엘리어트의 언급으로부터 동서의 문학 전통 전체, 인류의 문화 전체를 '동시적 질서'로 가정할 수 있는 착상을 얻는다. 그에

---

20) T · S Eliot, 「전통과 개인의 재능」, 이창배 역, 『T. S. 엘리엇 문학비평』, 동국대 출판부, 1999, 5면 참조.

따르면, "우리는 향가로부터 시작하는 우리의 문학사 전체, 그리고 이 역사와 떼어버릴 수 없는 시경 이후의 문학사 전체, 그리고 시간과 공간이 좁아든 오늘날, 우리가 그 앞에서 눈 감을 수 없는 유럽 문학사 전체, 이러한 것이 현재에도 우리에게 중요한 것으로서 살아 있다고 의식하면, 이 사이에 끼어서 작품을 쓴다고 생각할 수밖에 없다."[21] 한국 현대시가 그 제작에 있어 동서의 문화 전체를 동시적 질서로 의식해야 한다는 생각은 20세기 한국시가 서구시를 어떻게든 이해해야만 했던 역사적 한계에 대한 통찰로부터 나온다.

'인류 문화전통의 동시적 질서' 즉 '동서문학'의 동시적 전통[22]은 하나의 '가정'이라는 송욱의 말처럼, 이것은 실상 단절된 우리의 전통을 현대시에 연속시키고자 하는 담론적 전략에서 나온 것이라 할 수 있다. 이 담론을 통해 20세기 한국시는 현대시의 성립 조건을 충족시키면서도, 우리의 문화적 전통을 현대시의 선험적 바탕으로 다시 전제할 수 있는 가능성을 동시에 얻을 수 있기 때문이다. 송욱은 우리의 문화적 전통과 더불어 이것에는 존재하지 않는 서구적인 시 제작의 명료한 의식, 즉 '표현기술'이나 '비평의식', '역사의식'을 하나의 '동시적 질서' 즉 20세기 한국시의 창작 조건으로 가정함으로써, '현대성'과 '새로운 전통의식'을 함께 마련할 수 있다고 보았던 것이다. 그에게는 이것이 "전통으로부터 단절된 우리에게 만들어내야 할 새로운 전통관"[23]이었던 셈이고, 이 속에는 '전통의식' 뿐만 아니라 "불멸의

---

21) 송욱, 앞의 책, 11면.

22) 『시학평전』의 문면에는 "동시적 전통"이라는 언표는 등장하지 않는다. 그러나 "유럽 문학 전체의 동시적 질서를 의식하고 작품을 쓸 수밖에 없다"는 엘리어트의 언급으로부터 "세계문학전통의 동시적 질서, 더 나아가 인류의 문화전통의 동시적 질서를 가정하고 이것을 의식할 필요가 있다"(위의 책, 30면 참조)는 주장으로 확대되는 송욱의 "전통"에 대한 논의는 동서 문화 전체를 "동시적 전통"으로 간주하고자 하는 "동시적 전통론"이라 지칭할 수 있다.

23) 위의 책, 29면 참조.

고전작품들이 맺는 이상적 질서"를 '새로운 질서'로 조정할 수 있는 모더니스트의 '역사의식'이 동시에 포괄될 수 있었던 것이다. 그는 한국 현대시가 나아갈 방향이 여기에 있다고 믿었다. 또한 한국 현대시의 '전통단절'이라는 '비극적 운명' 역시 이를 통해 해결되기를 기대했다. '동시적 질서'는 엘리어트의 전통론을 참조함으로써 생산된 개념임은 분명했지만, 그것은 한국 현대시가 처한 몇 겹의 어려움을 해결할 수 있는 담론적 전략을 내포한 것이기도 했다. 현대시의 동일성을 보증하는 시의 '제작의식'과 '표현기술'이, 고전 작품들이 형성하는 '이상적 질서'와 현재 쓰고 있는 '시작품'의 관계를 끊임없이 되비추어 보게 만드는 '역사의식'과 '비평의식'이 '동시적 질서'라는 개념 안에 모두 포괄될 수 있었기 때문이다.

송욱은 엘리어트의 전통론을 "전통에 기대고 있는 까닭에 지니는 문학사의 연속관과 자기세대의 특수성을 느끼기 때문에 가지는 과거와의 단절의식, 이 분열에서 이 틈바구니를 뛰어 넘는 활동이 곧 작품 제작이라는 행동이라고 설명할 수 있다"[24]라고 요약한다. 이것에는 한국 현대시가 지니는 난처함과 그것을 뛰어넘고자 하는 송욱의 가치 지향(Intention)이 동시에 포함되어 있다. 엘리어트의 강조점이 '단절'에 있는 것이 아니고, 그의 전통론은 현대의 작품도 불멸의 고전 작품들의 '이상적 질서'로부터 완전히 새로운 것일 수 없다는 전제에서 나온 것이고 보면, 전통으로부터의 '단절의식'은 엘리어트의 것이 아니라 한국 현대시에 대한 송욱 자신의 문제의식이 투사되어 있는 담론적 해석이라 할 수 있다. '동시적 질서'는 한국 현대시를 서구 현대시와 가까운 자리로 끌어올리면서도 우리의 문화적 전통을 그것에 연속시키고자하는 그의 의식적인 고투로부터 창조된 개념이다. 송욱은 한

24) 위의 책, 11면

국의 전통 문화와 서구 현대시를 통합시켜 주체적인 한국의 현대시를 창조할 수 있기를 기대했던 것이다. 송욱이 '시제작자가 지닌 비평가' 즉 시인의 '창작의식'과 '비평의식'을 되풀이하여 강조했던 것 역시 20세기 한국시가 지녔던 역사적 특이성과 현대적 보편성이라는 두 과제가 이를 통해 해결될 수 있을 것이라는 담론적 비전으로부터 나온 것이라 할 수 있다.

송욱은 '동서의 시간관'과 '역사관'의 비교를 통해 중국의 '상고주의적인 역사관'과 '시간관' 그리고 '정신관' 등이 미래를 예기하고 조망할 수 있는 적극적인 '시간의식'을 아예 지닐 수 없었던 것으로 규정한다.[25] 즉 동양의 문화 전통 속에는 '과거 - 현재 - 미래'라는 뚜렷한'시간의식'이 없었을 뿐만 아니라, 과거라는 시간과 전래의 고사(故事)들이나 전고(典故)들이 지닌 규범만을 숭상하였기 때문에 역동적인 '역사의식'을 소유할 수 없었다는 것이다. 이러한 견해는 한편으로 동양의 문화는 현대라는 새로운 시대를 개척할 수 없는 정체성을 지녔다는 서구중심의 진보사관에 영향 받은 것이라는 추론을 가능케 한다.[26] 또한 동양을 공통된 하나의'정신'이나 '문화'로 묶는 데에서 발

---

25) 송욱은 『시학평전』 제1장 4, 5, 6절에서 중국의 시간관과 역사관을 서구의 그것과 비교한다. 이를 통해 중국 혹은 동양 문화가 과거만을 숭상하는 상고주의에서 벗어날 수 없었기 때문에 새로운 역사의식이나 미래의 비전을 의식하는 시간의식을 창출할 수 없었다고 해명한다. "따라서 우리의 전통에서는 역사의식이 뒷받침이 되는 시간의식의 뚜렷한 설명을 얻기 어려운 것 같다. 유교의 전통주의는 과거를 향해서 뒷걸음질치는 것이었으며, 불교는 아주 송두리채 시간의 존재를 부정하여 역사의식을 초월하고 있는상 싶다." (위의 책, 21면.)

26) 송욱의 『시학평전』에 대한 대부분의 선행 논의들은 그것에 내포되어 있는 '진보론적 역사관'과 '오리엔탈리즘'적인 인식을 지적하고 비판한다. 이러한 측면이 아예 존재하지 않는다고 말할 수는 없겠지만, 실상 이것은 『시학평전』의 몇 부분을 도려내어 확대하고 과장한 해석이라는 인상을 준다. 송욱이 '세계문학적인 보편성'을 강조하고 '한국문학'을 그것에 끌어 올리려 했던 시도를 이렇게 해석할 수도 있겠지만, 그에게 보다 중요했던 문제는 '문화적 전통'의 잠

생하는 환원주의적 오류를 이 논의 속에서 발견할 수 있고 비판할 수 있다. 그러나 그의 의도가 우리의 문화 전통에 대한 비하에 있지 않았다는 것을 다시 강조할 필요가 있다.

서구의 과학 기술 문명이 상호 간의 영향 관계가 없이 지속되어 온 세계 곳곳의 여러 문화들을 제국주의적 침략에 의해서든, 그 무엇을 위해서든 교류시키고 융합시킨 것은 주지의 사실이다. 동서의 문화적 차이와 그 지리적 공간의 격차를 해소하여 하나의 세계로 인식할 수 있게 한 것 또한 서구의 과학 기술을 바탕으로 한 산업 문명과 그 제도임은 분명하다. 송욱이 '동양'과 '서양'의 차이를 근원적인 문화 전통의 차이로부터 해명하려는 이유는 여기에 있다. 그가 주목했던 것은 '동양'과 '서양'이 각기 서로 다른 차원에서 상호 교류가 존재하지 않는 가운데 그것들만의 특유한 '문화권'을 이루어 왔고, 그 지리적 거리 속에서 각각의 공통된 보편성을 이루어왔던 것이지만, 현대에 들어 그 고정된 '문화권'은 변환되었고 새롭게 배치되었다는 것이다. '서양'이 하나의 보편적인 '문화권'을 현대 이전에 구축하였던 것이라면, '동양' 역시 마찬가지이다.

'문화권'은 유럽의 보편주의와는 다른 동아시아의 보편주의를 강조

재력이었으며, 시는 어떻든 '신성한 가치'를 지니며, 이 가치는 '문화적 전통' 속에 잠재하는 것이라고 굳게 믿고 있었다는 사실이다. 선행 논의들이 『시학평전』과 그 이후의 『문학평전』이나 『문물의 타작』 등의 저작들을 단절과 변환의 관점에서 해석하려고 하는 것은 이 문제에 천착하지 않기 때문이다. 송욱의 논점은 수미일관하게 시의 잠재적이고 초월적인 성격을 강조했으며, 이를 기준으로 동서의 사상과 문화를 비교하고 융합하고자 하는 시도를 행했던 것으로 판단된다. 그가 『문물의 타작』에서 메를로퐁티와 베르그송을 인용하고 그것을 퇴계, 율곡과 비교한 것도 이와 같은 맥락에서이다. 선행 논의를 따르면 리챠즈의 '과학적 시관'과 '실증적 과학주의' 일반을 비판하는 송욱의 태도를 해명할 수 없게 된다. 이러한 관점을 보여주는 선행 논의로는 (서지영, 「특수 속에서 보편의 추구」, 『송욱 연구』, 역락, 2000; 엄성원, 「새로운 문학 전통 수립을 위한 탐색」, 위의 책; 「사상의 창조와 실험 정신」, 이승하 편, 『송욱』, 새미, 2001.) 등이 있다.

하기 위해 생산된 개념이다. '동시적 질서론'은 '동양'의 문화를 열등한 것으로 규정하기 위해서가 아니라, 복수적인 '문화권'들을 하나의 세계로 연속시키는 현대 문명의 지배력을 수용할 수밖에 없는 역사적 조건에 대한 성찰과 그 극복을 목표로 하는 담론적 실천 가운데 하나이다. '문화권'의 '차이'를 강조함으로써 유럽과는 다른 동아시아의 보편성을 말할 수 있고, 동·서의 문화가 서로 교통하고 융합한 현대 세계의 '동시적 질서'를 가정함으로써, 한국 현대시는 우리의 문화적 전통을 연속적 관점에서 전제할 수 있기 때문이다. 따라서 우리의 문화적 전통에 부재했던 '기술'을 강조하는 송욱의 '문화권' 담론은 서구 중심적인 진보사관에 그 근거를 둔 것이라기보다는 오히려 우리의 문화 전통의 잠재력을 계속해서 신뢰하는 가운데 서구의 기술 문명을 주체적으로 흡수하려고 했던 한국적 모더니즘의 주체적 모색이었다고 말할 수 있을 것이다.

송욱은 서구 현대시가 유럽의 문화적 전통 내지는 정신과 끊임없는 교호관계를 가진 것이면서도 자기 세대의 특수성을 의식하는 '역사의식'과 '사회의식'을 가진 것으로 엘리어트를 비롯한 영국시인들의 사례를 통해 강조한다.27) 여기에는 한국시가 '동양의 전통'을 하나의 선험적인 문화적 바탕으로 의식하는 가운데 새로운 시대의 변환을 적극적으로 수용하고 창조할 수 있는 전망, 즉 현대성의 주체적인 비전이 포함되어 있었던 것으로 보인다. 이러한 '역사의식' 속에는 과거의 문화적 전통이 이루는 '이상적 질서'를 '새로운 질서'로 변환시키고자 하는 현대적인 세대의 '사회의식'과 더불어 현재의 시 창작에 대한 '비평의식'이 포함된다.

한국 현대시에 시 창작에 대한 명료한 의식, 즉 '역사의식'과 '비평

27) 송 욱, 앞의 책, 22-25면 참조.

의식'이 절실히 요구되었던 것은 단지 그것이 현대시의 성립 조건을 충족시키기 때문이어서가 아니라, 전통으로부터 단절된, 따라서 서구의 시와 시론을 현대시의 규범으로 삼을 수밖에 없는 우리의 상황에서 그것은 우리의 현대시를 주체화할 수 있는 거의 유일한 방법이었기 때문이다. 다시 말해, 외국의 시론을 다시 비판할 수 있는 '비평의식'과 한국 현대시가 우리의 전통으로부터 단절된 지점이나 혹은 새롭게 단절해야 할 지점과 서구의 시(시론)와 우리시가 지닌 시·공간적 격차를 함께 인식할 수 있는 '역사의식'은 우리 현대시가 '전통'의 잠재적 규정력을 의식하면서 현대적인 질서로의 온전한 조정을 이루어낼 수 있는 실제 창작의 필수 조건이었기 때문이다. 발레리의 시관을 통해 서구시와 우리의 전통시관이 지닌 극명한 차이를 해명하면서도 다시 엘리어트와 오든(W. H. Auden)의 시론을 통해 '비평의식'과 '역사의식', 그리고 현대적인 '사회의식'을 강조한 것[28]은 우리의 전통을 폄하하려는 의도에서가 아니라, 오히려 우리의 '문화전통'을 현대적인 시 창작의 선험적 바탕으로 간취하면서 주체적인 현대시를 창조하고자 하는 문제의식으로부터 나온 것이다.

『시학평전』의 제3장 '상상력의 이론과 실지비평'에는 코울리지(S.

28) 송욱은 엘리어트의 「전통과 개인의 재능」, 오든의 「시의 제작과 평가」라는 두 글을 통해서 시 제작에 개입되는 명료한 '비평의식'과 더불어 현재적인 자기 세대의 '세대의식', '사회의식', '역사의식' 등과 같은 개념을 얻는다. 또한 이 글들로부터 시의 미학적 측면과 역사적 측면을 통합할 수 있는 이론적 모형을 발견한다. "새로 나온 작품과 전통을 이룬 과거의 작품의 관계는 새로운 작품이 과거의 규범에 맞아야 한다는 일방적인 것이 아니고, 이 양자가 서로 상대방의 가치를 결정지운다는 두 가지 방향으로 작용하는 관계임을 알려준다. 또한 이것이 단순히 역사적 비평의 기준일 뿐만 아니라 미학적 비평의 원리이기도 하다는 놀라운 말의 뜻은 무엇일까? 엘리어트가 보기에는 그냥 아름다운 말과 내용으로 된 작품이 아름다운 것이 아니라 과거의 훌륭한 걸작과 위에 말한 바와 같은 상호변화를 일으킬 수 있는 작품이 곧 아름답다는 생각이다." (위의 책, 13-14면.)

T. Coleridge)의 상상력 이론과 그것을 현대적인 관점에서 재해석한 오든의 논의가 소개된다. 코울리지의 상상력 이론을 단 한 절의 분량으로 짧게 소개하고 논평한 것은 송욱이 그것을 우리 현대시의 상황에 적합한 것으로 보지 않았기 때문이다.[29] 그는 코울리지의 '제1상상력/제2상상력'의 구분은 모든 인간의 정신 활동과 신의 영원한 창조활동이 반영된 것이라고 보는 '기독교'의 사상 전통에서 나온 것이라고 해명한다. 즉 코울리지의 '상상력'에 관한 사상의 바탕에는 "신이 천지와 만물을 창조하였다는 기독교의 사상전통이 존재"하며, 따라서 예술의 창조 행위의 핵심인 '상상력'을 "신의 창조력이 반영된 것"이라고 생각한다는 것이다.[30]

송욱이 이러한 서구 기독교적인 코울리지의 '상상력론'에 대립시키는 '동양'의 전통은 '불교'이다. 그는 『반야심경』(般若心經)의 인용을 통해 코울리지의 '상상력론'은 기독교가 말하는 '천지창조설'의 '긍정'을 '신성한 것'으로 보는데 반해, 불교는 '부정'을 '신성한 것'으로 보려는 인간의 근원적 욕구의 하나를 대표한다[31]고 요약한다. 이 양자(兩者)는 서로 다른 '문화전통'의 차이를 극명하게 드러내는 것이며, '신성한 가치'를 상반되게 설정한 것이다. 따라서 코울리지의 상상력론은 한국시에 그대로 적용될 수 없다. 다만 코울리지를 살펴보게 된

29) 송욱은 유럽 문화가 신성하다고 받들던 '기독교사상'을 우리가 그대로 '신성한 것'으로 받아들일 수 있는지에 대해 의문을 표시한다. 또한 우리의 언어에 '기독교사상'이 함축되어 있지 않기 때문에 언어를 표현 수단으로 하는 시에 있어서는 더욱 수용하기 어려운 것이라고 분명하게 언급한다. "그러나 시는 의식과 신앙뿐만 아니라 <언어> 안에 들어 있는 모든 함축성으로 그 효과를 발휘한다. 그런데 기독교사상이 <우리 말의 함축성 안에> 얼마나 스며들고 있는지 의문이다. 그리고 이와 같은 사실은 언어의 함축성이란 시인이 이용해야 하는 <소재>라고 생각할 때 그의 표현력에 제약이 되는 것이다." (위의 책, 61면.)

30) 위의 책, 58면 참조.

31) 위의 책, 59면 참조.

것은 "신성한 것이 詩의 원천을 이룬다"[32]고 보는 그의 가치 규준 때문이다. 코울리지의 '상상력론'과 불교의 '공'(空) 사상은 서로 상반된 것이지만 '신성한 가치'를 말한다는 점에서 공통되기 때문에, 그것들은 함께 참조되고 비교될 수 있었던 것이다. 송욱은 현대에 들어와서 '신성한 것'과 '세속적인 것'을 구분하는 '경계선'이 변화한 것에 주목한다. 이것은 그의 시론이 한국 현대시가 지녀야 할 신성한 가치를 전망하고 그것을 향해 추동된다는 것을 암시한다.

> 모든 것의 중심을 修道나 修身이나 修養에 둔 東洋의 精神傳統은 바로 神聖한存在만을 대상으로 하는 이 제1상상력의 版圖를 유달리 강조한 사실에서 그 특색을 보여준다. 이것은東洋의 傳統에 自由나 時間意識 혹은 歷史意識 그리고 유모어 등을 줄기차게 북돋아 줄 바탕이 없는 사실로 보아서 이해할 수 있는 사실이다. (위의 책, 65면.)

송욱은 '제1상상력/제2상상력'을 '문화권' 내지는 사회적인 차원에서 논한 오든의 논의에서 한국 현대시에 요구되는 '사회의식'과 '미의식', '역사의식'에 대한 착상을 얻는다. 동양의 문화적 전통은 '신성한 존재'만을 대상으로 하는 '제1상상력의 판도'를 유달리 강조하였기 때문에, 형식에 관한 능력이면서 미추를 구별하는 구실을 하는 '미의식'으로 표상되는 "제2상상력"이 발달하지 않았던 것으로 파악된다. 송욱은 시에는 '세속적인 것'을 초월하는 '신성한 것'이 담겨져야 한다고 믿었지만, 그것이 종교가 아니라 하나의 예술인 시의 경우에는 '형식'과 '표현'에 관한 능력이나 '미의식'에 관한 상상력이 반드시 작용해야 한다고 보았다. 그가 '제2상상력'에 주목한 것은 이 때문이다. 이것은 시적인 '표현기술'의 확대나 현대적인 '창작의식'과 사회적 '미의

32) 위의 책, 62면 참조.

식'의 발생을 가능하게 하기 때문이다. 그러나 엘리어트의 전통론을 수용하여 우리의 문화적 전통을 현대시의 창작 배경에서 배제하지 않은 것처럼, 송욱은 '제1상상력'을 부정하지 않고 오히려 시의 중요한 원천으로 간주한다. 문제는 '제1상상력'과 '제2상상력'의 배제적 선택이 아니라, 그것의 온전한 결합에 관한 것이고 그것들의 '경계선'이 역사와 더불어 변화한다는 사실이다.

> 따라서 오오든은 <藝術形式의 큰 變化는 항상 어떤 社會의 想像力 안에서 神聖한 것과 世俗的인 것의 境界線이 좀 달라진 사실을 反映한다>고 말한다. 또한 神聖한 것과 世俗的인 것의 境界線의 變化는 歷史의 變化를 표시하는 것이다. 그러니까 이러한 境界線의 變化에 대한 感覺은 歷史意識의 한 부분이라고 할 수 있다. (위의 책, 71면.)

송욱은 오든의 상상력론을 길게 인용하면서 '제2상상력'의 영역이 사회적인 차원의 '미의식'을 다루게 된다는 점을 강조한다. 또한 오든의 시 「법은 사랑처럼」(Law Like Love)을 '실지비평'함으로써, 여기에 나타난 '풍자'를 '제2상상력의 판도'에 속하는 것으로 해명한다. 그러나 '풍자'가 '제1상상력'의 '신성한 것'을 전적으로 부정하는 것은 아니다. "제2상상력은 능동적이며 풍자를 갖출 수도 있고 변화를 일으키고 혹은 사회의식과 역사의식을 이용할 수 있는 것"33)이지만, '풍자'가 우러나오는 바탕은 '제2상상력'에 의해서만은 아니고 '신성한 것'과 '세속적인 것'을 대조시키는 것에 있기 때문이다. 다시 말해 '제2상상력'은 '제1상상력'을 부정하고 그것에 대립하는 것이 아니라, "외부세계로, 즉 역사의식, 정치의식, 사회의식 안으로 시신을 이끌고 들어가서 이러한 외부세계나 의식과 신성한 것이 밀접한 관계를 맺을

33) 위의 책, 88면.

수 있게 하는 구실을 하기"[34] 때문이다.

'제2상상력'은 '제1상상력'에 상반된 것이 아니라, '신성한 것'을 사회적이고 역사적인 차원으로 구현시키는 것이며, '제1상상력'의 '거룩한 것'은 '제2상상력'의 '아름다운 것'을 규정짓는 '미의 기준'으로 기능한다. '신성한 것'은 공시적인 차원과 통시적인 차원에서 각기 서로 다르게 설정될 수 있지만, 현대에 들어서도 그 자체는 소멸하는 것이 아니고 오히려 그것에 따라 '아름다운 것' 역시 각각의 차이들로 현상할 수 있는 것이다. '아름다운 것'을 판별할 수 있는 '형식에 관한 능력'인 '제2상상력'은 '제1상상력'으로부터 독립된 것이 아니라 오히려 그 가치 규준으로부터 발생한다.

송욱이 코울리지의 상상력보다는 오든의 상상력론에 주목한 것은 그것이 '풍자'와 같은 사회적인 '미의식'이 바탕이 될 뿐만 아니라, '신성한 것'과 '세속적인 것' 사이의 경계선의 변화를 고려하는 '역사의식'을 내포하고 있었기 때문이다. 송욱에 따르면, 현대 이전의 한국사회에서 '신성한 것'과 '세속적인 것'은 공적(公的)으로 구분되었지만 서구 문화가 유입되고 난 이후 이들을 구분하는 '경계선'의 변화는 한국 현대시의 문제점과 난관을 함께 발생시킨다. 오든의 '상상력론'은 송욱에게 그의 가치 규준을 이론적으로 정당화하면서 동양의 전통에는 존재하지 않는 '역사의식'과 현대적인 '미의식'을 한국 현대시에 충전시킬 수 있는 이론적 모형으로 작용한다.

시의 주요한 원천이 '신성한 것'에 있다고 믿었던 그로서는 "시는 외경이라는 수동적 정서를 언어를 통한 숭배의식으로 표현하려는 능동적 욕망 때문에 쓰게 되는 것"[35]이라는 오든의 진술에서 자신의 가치 규준의 정당성을 보았을 것임에 틀림없다. 또한 '신성한 것과 세속

34) 위의 책, 89면.
35) 위의 책, 68-69면 참조.

적인 것의 경계선'이 역사와 사회에 따라 변화한다는 오든의 관점은 "과거에 거룩하였던 것은 이미 사라졌고 새로운 것은 아직 우리의 뼈에 사무치게 되지 못하고 있는 시대에 살고 있는"[36] 한국 현대시의 어려움을 해결할 수 있는 전망을 제시해주었을 것이다. 현대의 한국문화가 '새로운 전통관'을 만들어 내야 하는 것처럼, 시대의 진전에 따라 변화한 '신성한 존재'를 한국 현대시는 새롭게 발견해야 하고 추구해야 하는 것이기 때문이다.[37]

송욱이 '문화권'이라는 담론적 개념을 도입하여 우리의 문화 전통과 극단적인 차이를 보이는 발레리의 시론에 착목했던 이유는 그것이 서구 현대시이론임에도 불구하고 희랍의 문화적 전통으로부터 단절되지 않고 오히려 그 전통으로부터 유래하는 '문화권'의 보편성을 시의 차원 혹은 미적인 차원에서 실현했다는 점에 있었다. 발레리의 사례는 '거룩한 것' 내지는 '신성한 것'을 현대시가 추구하고 재발견할 수 있다는 것을 증명하는 하나의 지표이다. 한국 현대시가 '신성한 가치'를 재발견해야 한다고 믿었던 송욱에게는 발레리의 '완고한 엄밀성'이나 '치밀한 계산을 통한 음악 건축'이라는 서구의 고전주의적 내용이 아니라, 현대시 속에 문화적 전통의 신성한 가치와 그 보편성이 담길 수 있는 형식적 성립 가능성이 문제였고, 그것이 관심의 초점이었던 셈이다.

그러나 또한 전통으로부터의 단절을 뼈저리게 느끼고 있는 우리에게는 전통과 현대의 관계를 역사적인 변환의 관점에서 논한 엘리어트

36) 위의 책, 62면.

37) "이렇게 보면 현재 이 나라의 시의 고갈은 어떻게 생각해야 되는 것일까? 그것은 제2상상력의 고갈을 표시하고 있지 않은가? 그리고 이는 제1상상력의 대상인 신성한 존재가 다시 말하면 한국 사람의 신성한 존재가 시대의 진전에 따라 매우 변화한 까닭이리라. 그리고 새로 나타나려는 신성한 존재의 모습을 시인들이 아직 알아차리지 못했거나 잘못 안 탓인지도 모른다." (위의 책, 89면.)

의 '전통론'과 오든의 '상상력론'이 더 유효하고 바람직하다고 보았던 것이 틀림없다. 이들의 논의는 '전통과 현대' '신성한 것과 세속적인 것' '거룩한 것과 아름다운 것', '종교적인 것과 사회적인 것'을 분열된 것이 아니라, 연속적이고 통합적인 것으로 바라보면서도 그것들의 역사적인 변환에 주목하는 '시대의식'과 '역사의식'을 동시에 갖추고 있기 때문이다. 이들은 모더니스트로서 불멸의 고전 작품들이 구성하는 '이상적 질서'를 폐기해버린 것이 아니라, 그것을 시 창작의 선험적인 바탕으로 의식하는 가운데서 현대적인 '새로운 질서'의 창조를 모색한다.[38] 즉 엘리어트와 오든은 자신들의 세대에 관한'시대의식'과 '사회의식'을 지닌 모더니스트임에도 불구하고 그 현대적 가치를 끊임없이 기존의 문화 전통 속에서 구축된 '이상적 질서'에 되비추어 보는 전통에 관한 '역사의식'을 소유한다. 송욱은 이들의 논의를 참조함으로써, 한국 현대시가 그 문화적 전통과 접맥될 수 있는 '새로운 전통관'을 세우는 동시에, 그것에서 신성한 가치가 재발견되고 추구될 수 있는 가능성을 보았던 것이다. 그가 리차즈(I. A. Richards) 등의 '과학적 시관'과 '신비평'(New Criticism)을 비판적인 관점에서 바라보고, 프랑스의 '실존철학적 비평'에 관심을 기울였던 것도 바로 이러한 이유에서였다.

38) "즉 W.H. 오오든은 詩人이 會話體의 用語나 리듬을 빌릴 때에는 이와 對照를 이루는 規範(대개 傳統的으로 완성된 詩形式을 속에 지니고 <音樂的으로> 그것을 감추고 혹은 피하기 위하여 그렇게 한다고 설명한다. 이와 꼭 같은 의견을 엘리엇트는 「詩의 音樂」에서 보여주고 있다. 따라서 우리는 現代英·美詩人이 생각하는 傳統的 形式을 벗어난 시가 실상 그렇게 <자유로운 詩가 아니라고>하는 사실을 잊지 말기로 하자." (위의 책, 70면.)

3. '과학적 시관' 비판과 한국 모더니즘의 '내면성 부재' 비판

시의 주요한 원천이 '신성한 것'에 있다고 믿는 송욱에게 리차즈의 '과학적 시관'이 수용될 수 없었던 것은 당연한 결과였다고 할 수 있다. 그것은 '심리학적 경험'과 그 '사실'로부터 시의 원리와 시의 가치를 논하는 담론적 특성을 소유하기 때문이며, 또한 송욱이 시를 바라보는 가치 규준과도 부합하지 않는 것이었기 때문이다. 송욱은 리차즈의 '과학적 시관'을 '자연과학'이 중심을 이루는 유럽의 '근대문화'로부터 유래하는 것으로 파악한다. 주로 '물질계'를 다루기 위한 '자연과학'의 방법이 인간의 정신적인 면에도 그대로 적용되어 나타난 '정신과학'이 '심리학'인데, 이것이 '시'와 '문학비평'에도 큰 영향을 끼쳤다는 것이다. 그에 따르면 이러한 '심리학적 과학'을 '문학비평'의 원리로 사용한 대표적인 논자는 바로 리차즈이다. 리차즈를 비판하는 기준은 우선 "최고의 이성은 우리의 심리구조나 경험구조를 훨씬 넘어선 초월적 진리나 영원의 진리를 인식하는 데에도 그 특성이 있다는 사실"39)로부터이다.

> 物理學의 對象인 物質世界보다 心理學의 대상인 人間의 心理는 훨씬 복잡하고 科學의 因果律이란 網을 훨씬 넘어선 것이다. 또한 人間의 精神중에서 科學的法則으로 밝힐 수 없는 부분이야말로 人間을 다른 動物과 구별해 놓은 특성을 지닌 곳이 아닌가? 일례를 들면 倫理의 版圖는 經驗이나 心理의 法則에서 이끌어낼 수 없는 超越的規範이 다스리고 있는 곳이리라. (위의 책, 94면.)

송욱이 보기에, 리차즈는 '시적인 경험'과 '어떤 다른 경험'을 동일

39) 위의 책, 94면.

한 것으로 규정하는 데에 그 문제가 있다. 시인은 일상생활에서 경험하지 않은 것을 작품 속에 표현할 수 있는 능력을 지니며, '실지의 경험'과 시 작품 속에 '표현된 경험'은 다를 수밖에 없는 것임에도 불구하고, 리차즈는 이 양자(兩者)를 같은 차원에서 논의하기 때문이다. 즉 시를 창작하는 예술적인 경험의 표준과 그 바깥의 경험의 차이를 통찰해야 함에도 불구하고, 리차즈는 이것들을 동일한 차원에서 논하기 때문에, 시작(詩作)에 고유하게 작동하는 의식과 경험을 간과하는 문제를 발생시킨다는 것이다. 송욱은 리차즈가 현대 문화가 '비술적(秘術的) 세계관'으로부터 '과학적 세계관'으로 이행하였다고 진단하고, '영감'과 '종교적 의식'을 모두 '비술적' 혹은 '요술적 세계관'의 표현으로 규정한 것에 대해 '놀라운 독단론 내지는 편견'이라고 혹평한다. 이러한 '독단론'은 "인간의 정신 중에서 심리학의 대상이 될 수 있고 과학적 방법으로 다룰 수 있는 면만을 과장해서 생각하는 그의 경험론적 실증주의적 입장에서 우러나온 것이다."[40] 따라서 과거의 정신문화 가운데 '과학'을 제외한 '종교'와 '형이상학' 등을 부정하는 리차즈는 "우리는 무엇을 느끼고, 무엇을 해야 하는가"라는 질문에 해당하는 '윤리'와 '규범'의 문제를 해결할 수 없다. '규범'의 문제는 '신성한 존재 혹은 사건'을 추구하는 출발점이 되며 시는 이러한 '신성한 것'을 다루는 것이어야 하는데, 리차즈의 시관은 과학에 근거하여 이것이 존재할 수 있는 지반을 아예 거세해버렸기 때문이다.

> 衝動에 <새로운 秩序>를 주는 마지막 救世主는 무엇인가? 리챠아즈는 바로 詩가 그것이라고 단정한다. 그러니까 그는 心理學과 衝動의 信者로부터 시의 信者로 다시금 그 모습을 바꾸고 있는 것이다. 아마 심리학은 지성이 아니라 충동이 중요함을 그에게 알려 주었을 것이며

40) 위의 책, 98면.

> 질서를 주는 모든 전통적인 권위 혹은 과학밖에 있는 권위를 부정하고 난 다음에 충동과 질서 이 두 가지를 포함하고 있는 오로지 마지막의 문화현상으로서 詩를 붙잡았으리라! 이는 과학이 그처럼 중요한 충동에 질서를 주지 못하는 까닭이기도 하다. (위의 책, 101-102면.)

송욱은 리차즈가 인간의 '충동'의 문제와 그것에 '질서'를 주었던 과거의 '전통'과 '도덕적 권위'를 부정하면서 '시'는 과거의 '전통적 질서'를 대신하여 충동을 화해시킬 수 있는 '새로운 질서'로 작용할 수 있다고 한 주장에서 르네상스 이후의 '근대문화조류'의 특성을 발견한다. 즉 인간의 모든 충동을 최대한 보장하려는 문화로서, "상호간에 최대한의 화해가 이루어진 최대수의 충동의 활동"[41]을 '최고의 인간생활'으로 간주하는 세속적이고 개인주의적인 문화의 특성을 보여준다는 것이다. 송욱은 리차즈의 모든 이론적 결함이 과거의 모든 '전통적 질서'를 부정하는 것으로부터 나온다고 생각한다. 과학은 인간의 충동에 질서를 부여할 수 없는 까닭에, 리차즈는 시를 인간의 충동에 질서를 부여할 수 있는 '마지막 문화현상'으로 붙잡을 수밖에 없었다는 것이다. 시를 '전통적 질서'를 대신할 '새로운 질서'로 설정하는 데에서 나타나는 문제는 인간의 실제 경험을 이루는 '충동'과 '질서'의 표준을 '시의 가치'로 환원시킨다는 점이다. 즉 시인이 시에 부여하는 '언어의 질서'를 경험을 지배할 수 있는 능력에서 나온 것으로 간주하기 때문에, '작품 안에서 비로소 형성되는' 예술적 경험을 말할 수 없고 더 나아가 베를렌느와 보들레르와 같은 시인의 불행을 해명할 수 없다는 것이다.

경험을 지배하고 그것에 질서를 주는 능력은 시인으로서의 가치, 또는 시의 가치를 결정하는 표준이 아니라, "다만 일상생활에서의 행복

41) 위의 책, 101면.

과 불행 내지는 도덕적 가치 혹은 시민으로서의 그의 쓸모 등을 결정하는 것이다."[42] 송욱에 따르면, 시인은 자신이 실제로 겪고 있는 경험을 지배하여 "최대수의 충동을 최대한으로 화해시키는" '경험의 지배자'가 아니다. 다만 '놀라운 언어구사력'을 통하여 실제의 경험을 예술적 언어로 조형하여 '작품을 만드는 사람'일 뿐이다.[43] 송욱은 리차즈가 시가 구축하는 새로운 질서를 '리듬'에서 찾는 것에 주목한다. 리차즈가 말하는 '시의 리듬'이란 시인의 '지성'이 작용한 산물이 아니라, "본능적 충동이 스스로 질서를 이루려는" 시 자체의 '질서형성력'을 의미한다.[44] 그는 이러한 리차즈의 견해가 "사고를 비롯하여 경험의 모든 요소가 자동적으로 평형상태로 되돌아가기 마련이라고"[45] 생각하는 '인간기계론'에 지나지 않는다고 비판한다. 리차즈는 '과학적 심리학'을 앞세워 전통적인 '도덕'과 '형이상학' '종교' 등을 부정하고 그것을 대신할 '새로운 질서'로서 시를 내세운 결과로, 오히려 예술적 경험에서 작용하는 '지성'의 역할을 간과하고 '경험주의적 기계론'에 함몰되고 말았다는 것이다. 리챠즈의 이러한 '과학적 시관'이 말할 수 없는 것은 시의 창작 과정에서 작용하는 '지성'과 '의식'의 깊이이다. 리차즈에게 부재하는 것은 '시를 만드는 경험'이며 그의 시관은 '시를 읽는 경험'과 '시를 만드는 경험'을 비슷한 것으로 보고 이 두 경험을 동일화하는 문제를 발생시킨다.

송욱은 이 문제가 리차즈의 '詩則似而非陳述論'에도 그대로 나타난다고 본다. 그에 따르면, 리차즈가 '시'는 '과학적 진리'를 표현하는 '진술'과 구별되는 '사이비진술'을 사용한다고 주장한 것은 과학은 사

42) 위의 책, 103면 참조.
43) 위의 책, 103면 참조.
44) 위의 책, 104면 참조.
45) 위의 책, 106면.

실만을 다루며 시는 충동이나 태도를 노린다는 생각에서 나온 것으로 '자연과학의 입장'에서 시를 규정한 것이다. '자연과학'에 근거하여 "외경의 대상이 될 만한 모든 것을 부정하기" 때문에 '시'를 인간의 일상생활에서 나타나는 충동이나 태도와 같은 실증적인 경험의 차원으로 국한하게 되는 것이며, 이에 따라 시 창작 과정에서 발생하는 '예술경험'과 '초월적 가치'를 간과하고 폄하한다는 것이다. 이는 '과학적 사실'만을 '진리'로 인정하려는 태도로서 시가 창조하는 '신성한 가치'나 '초월적 진리'를 '사이비진술'로 비하하는 태도를 취하게 된다는 것이다. 다시 말하자면, "리차즈의 결함은 보편적인 원리, 이상적인 것(혹은 이데아적인 것)혹은 초월적 가치 원리를 모두 가지고 있지 않은 점"46)에 있다.

이와 같은 송욱의 비판은 시는 일상의 경험을 뛰어 넘는 '신성한 존재에 대한 외경의 정서'에 그 원천을 두며, 이것을 가능하게 하는 것은 시의 예술적인 창조 과정, '시창작의식'에 있다고 믿는 그의 일관된 가치 규준으로부터 나온다. 리차즈의 시관을 비판하는 근거로 인간이 경험하는 '실지정서'와 시 속에 표현된 '예술적정서'가 서로 다르다고 하는 엘리어트의 논의와 더불어 발레리의 시의 '보편적 원리'와 '이데아적 원리', 코울리지와 오든의 '상상력론'을 다시 끌어들인 것은 이들이 또한 실제적인 심리적 경험을 넘어서 문화적 전통에 잠재하는 '이상적 질서'와 '초월적 가치'를 '시창작의식' 내지는 '예술적 창조'에서 다시 발견했기 때문이다.

실상 송욱의 리차즈 비판은 두 층위를 겨냥한다. 하나는 르네상스 이후 '자연과학'의 방법과 모델을 인간의 '정신'이나 '윤리'의 문제에까지 적용하고자 하는 실증적 과학주의 일반에 대한 비판이고, 다른

46) 위의 책, 110면.

하나는 과학적 심리학으로 시적 경험과 그 외부의 실제적 경험들을 동일한 것으로 다루려고 하는 태도에 대한 비판이다. 시는 신성한 가치를 담아야 한다는 그의 가치 규준에서 보면, 이러한 이론들은 신성하고 거룩한 것이 존재할 수 있는 '종교'와 '형이상학' 또는 '문화적 전통'의 '질서와 권위'를 아예 거세해버리는 문제점을 지닌 것일 뿐만 아니라, 시가 생성하는 존재론적 창조와 현실 초월성을 통찰하지 못하고 시를 실제의 경험으로 환원하는 오류에 빠진 것이다. 결국 송욱은 '과학적 논리'나 '심리적 경험'을 넘어선 문화적 전통의 잠재력을 확신했던 것이며, 시의 원천인 '신성한 존재'는 현실적 경험을 제약하면서도 그것을 이상적인 차원으로 고양시키는 문화적 전통의 잠재력이라고 파악했던 셈이다. 즉 시의 '신성한 존재'는 '문화적 전통' 속에 잠재해 있는 것이며 시는 현실의 논리를 초월하여 이것을 드러내고 추구하는 것이라고 믿었던 것이다.

송욱이 한국어의 중요성을 강조하고 외국 시론과 한국시 제작의 간격을 토로하면서 '문화권'의 차이를 드러내려고 했던 이유 역시 여기에 있었다. 한국시의 '신성한 존재'는 우리의 '언어'와 '문화적 전통' 속에 잠재하는 것이며, 서구의 그것이 대신할 수 없는 것이라고 보았기 때문이다. 그가 발레리와 엘리어트, 코울리지와 오든을 상세하게 살펴본 것은 이들 모두가 서구의 '문화적 전통' 속에 잠재하는 '이상적'이고 '보편적'인 질서를 의식했거나, 시적 존재로 창조해낸 시인이자 시 이론가였기 때문이다. 오히려 송욱은 이들의 선례를 거울삼아 한국시가 '전통의 단절'이라는 현실의 상황을 초월하여 우리의 '문화적 전통' 속에 잠재하는 '신성한 존재'를 재발견하고 추구할 수 있는 가능성을 보았던 것이다.

송욱이 테니슨(A. Tennyson)의 시 「눈물, 덧없는 눈물」(Tears, Idle Tears)의 의미 구조를 '역설의 극적 효과'로 상세하게 분석한 브룩스

(C. Brooks)의 논의를 비판하고, "시의 원천은 역설이나 논리적 분석 이전에 있다"고 언급한 것 역시 이러한 맥락에서였다. "시를 빚어내는 창조력은 논리나 과학적 합리성을 뛰어 넘는 요소를 반드시 지니고 있는 것"[47]임에도 불구하고 브룩스의 비평은 '과학적 논리'와 '심리학적 의미분석'을 벗어나지 못하기 때문이다. 시는 시론의 '논리적 분석'보다 훨씬 더 넓은 것이며, "역설, 아이러니, 심리학적 방법 등은 시를 설명하는 수단에 지나지 않으며, 이러한 수단은 작품의 모든 면을 드러내지 못하고 또한 시작품의 바탕을 송두리째 밝히지도 못한다."[48]

브룩스는 과학과 시를 구별하는 기준으로 시는 '역설의 언어'를 사용한다는 점을 지적했지만, 이것은 리차즈의 "사이비진술론"과 다르지 않은 것이며, 리챠즈가 "서로 반대되고 보충하는 충동의 종합"이라고 심리학적으로 해석한 '아이러니'와 브룩스의 '역설'은 동일한 원리에서 나온 것이다. 송욱은 브룩스가 '역설'과 '아이러니'가 발전하고 변화하는 과정으로 '시의 구조'를 분석하는 것에서 "여러 충동을 포함하거나 종합하는 시가 그것을 배제하고 제거하는 시"보다 더 훌륭하다고 보는 리차즈와의 유사성을 발견한다. 브룩스의 '역설'은 "보통 논리에 반대되는 것이기는 하지만 그러나 그것이 반논리인 이상, 논리를 기준 삼아 생각해야만 드러난다"[49]는 한계를 지닌다. 따라서 '과학적 언어'와 다른 '역설적 언어'의 사용을 시에서 강조한다고 하더라도, 브룩스를 비롯한 신비평은 '논리적 분석'을 벗어나지 못하고 '논리의 세계'에 투영된 '시내용'만을 설명하는 차원에 국한될 수밖에 없다는 것이다.

송욱에게 있어서 시의 중요한 문제는 '시분석 이전의 종합' 곧 시의

---

47) 위의 책, 133면.
48) 위의 책, 132면.
49) 위의 책, 129면.

창조적 원천이 되는 '직관의 세계'에 존재한다. 신비평은 '시를 읽는 경험'에만 제한되고 그것이 창조되는 예술적 과정을 배제하기 때문에, 시의 창조로부터 존속하는 '문화적 바탕'과 '신성한 가치' 그리고 '현실초월성' 등을 다룰 수 없다는 것이다. 『시학평전』 제5장 「미국의 신비평과 한국의 시전통」에서 '신비평'과 더불어 김소월의 '시혼의 영원불변설'을 비판한 것[50] 역시 이러한 그의 시관에서 나온 것이라 할 수 있다. 송욱은 신비평의 한계를 지적하고 프랑스시와 영·미시의 '의미'를 대조하면서, "언어와 의미와 논리를 넘어뛴 구체적 실재를 되찾으려는 결과가 시"라고 본 이브 본느프아(Yve Bonnefois)의 논의

50) 송욱이 김소월을 비판하는 이유는 세 가지로 요약될 수 있다. 첫째, 우리나라가 개화기를 겪으며 이룩된 도시문화 혹은 도시의 생활을 배경으로 하는 소재를 김소월은 시의 테마에서 제외하였으며 그의 시에 나타난 동양은 동양의 야윈 일면에 지나지 않는다는 점이다. 즉 자연을 소재로 한 김소월의 감상주의의 한계를 지적한 것이다. (위의 책, 137-138면 참조.) 둘째, 김소월이 영혼 그 자체와 시작품 속에 표현된 시혼을 구분하지 않았다는 점이다. 이는 미의식이 뚜렷하지 않은 것일 뿐만 아니라 시인이 시작품을 만드는 사람이라는 의식이 박약한 것이며 기술이 중요함을 깨닫지 못한 결과라고 송욱은 지적한다(위의 책, 139면 참조). 셋째, 소월은 민요형식과 산문, 이 두 가지에 대하여 꼭 같이 거리를 가지는 '자기의 리듬'을 창조하겠다는 의식이 별로 없었다는 것이다. 송욱은 「진달래 꽃」과 「초혼」은 음악성에 대한 의식적 탐구에서 나온 결과가 아니라 순전히 천재와 우연이 자아낸 작품이라고 평가한다. (위의 책, 142-143면 참조.) 여기에서 우리는 송욱의 가치 규준을 다시 확인할 수 있다. 그 하나는 그가 전통과 현대의 창조적 접합을 한(恨)과 같은 애상주의에서 찾지 않고 한국의 역사, 사회적인 측면에 대한 철저한 인식과 대결에서 찾는다는 것이고, 다른 하나는 "시창작의식"과 그에 따라 수반되는 '표현기술'을 강조한다는 것이다. 송욱이 "한국시는 신성한 것을 다시 발견해야 한다"고 말할 때, 그것은 한국의 현대 사회 속에 작용하는 문화적 전통을 말했던 것으로 보인다. 그러나 그것은 고정된 범주가 아니라 전통과 현대성의 조합 속에서 변환을 이루어내는 것이기에 역사에 대한 통찰을 필요로 하는 것이며, 역으로 '개화기' 이후의 한국 사회에 대한 철저한 고민과 대결을 통해서만 얻어질 수 있는 것이다. 송욱이 김소월과 정지용을 비판하고 한용운을 고평했던 이유는 바로 여기에 있었던 것이다. 그가 시인의 '역사의식'과 '비평의식'을 그토록 강조했던 것은 이것이 전통과 현대의 창조적 접합을 실현시킬 수 있는 근본적인 동력이라고 생각했기 때문이다. 송욱은 김소월에게는 '역사의식'과 '비평의식'이 존재하지 않는다고 보았던 것이다.

에 관심을 기울인다.

> 본느후아는 리챠아즈와는 달리 시도 그 특유한 영역에서 객관적 진리를 표현한다고 생각한다. 다만 시와 과학의 차이는 그 판도가 다른 점에 있다. 시는 구체적이며 개체적이고 실존하는 것을 대상으로 삼는 만큼, 시가 지니는 객관적 진리는 단일하고 분할할 수 없는 것이다. (……) 이처럼 시를 추상적 가설로 만드는 리챠아즈의 잘못은 그 원인이 언어가 어떤 사물이나 내용을 전달하는 기호라고 보는 생각에 있다고 본느후아는 주장한다. 사실 일상생활에서 우리가 실용적 수단으로 사용하는 언어의 기능은, 리챠아즈의 생각대로 어떤 내용을 전달하면 그 뿐인 기호에 지나지 않는다. 그러나 시에서 언어가 발휘하는 기능은 <기호일 뿐만 아니라>,개체적 존재인 작품을 만드는 활동, 즉 존재를 창조하는 활동 그 자체다. (위의 책, 155면.)

송욱은 본느프아의 논의로부터 시의 '객관적 진리'를 말할 수 있는 이론적 근거를 얻는다. 본느프아는 리차즈의 과학과 시에 대한 구분이 '언어의 기능에 관한 실증적 구분법'으로부터 나온 것이며, "언어가 어떤 내용을 전달하는 것이라고 보는 이론과 떼놓고 고려될 수 없는"[51] 것이라고 언급한다. 다시 말해 본느프아는 리차즈의 '과학적 시관'이 언어를 사물과 세계를 지시하는 기호라고 보는 지시론적 세계관에 기초한다는 것을 해명한 것이다. 이러한 지시이론에 입각한 시관은 '기호와 기호로서 표현된 것의 통일성'을 그 전제로 한다. 이 관점에서는 '시의 의미'는 '시인의 경험'으로 환원되고 '시의 언어'는 '경험의 재생'으로 파악될 수박에 없다. 신비평의 "시작품을 의미의 총계로 환원하여 설명하려는 태도"는 언어의 지시이론적인 전제로부터 나온다. 이러한 전제는 시작품의 '특유한 실재성'을 파악하지 못하며, 진리

51) 위의 책, 154면.

를 '과학의 특권'으로 제한하여 시작품의 '객관적 진리'를 부정하게 만드는 결과를 초래한다.

송욱은 시의 활동이 "기호와 기호로서 표현된 것의 분단에 의지하고 있으며, 이 분단이야말로 시적 사상의 특유한 드라마를 시작하게 만드는 것이다"[52]라는 본느프아의 언급에 주목한다. 이 언급은 사물과 기호의 분단, 기표와 기의의 분단을 통해, 시적 창조는 논리학적 외연을 넘어서고 일상적 범위의 협소성을 초월하는 운동을 수행한다[53]는 점을 밝힌 것이다. 본느프아의 말처럼, '시의 가치'와 '시의 진리'는 일상과 논리의 관점에 은폐되고 억압되어 있는 존재의 어떤 진실을 드러내는 차원에 존재하는 것이라 할 수 있다. 송욱이 시의 '객관적 진리'를 발견하고 또한 '시창작의식'과 '시적 창조'의 현실 초월적 힘을 서로 결부시켜 '시'와 '신성한 가치'를 동일한 차원으로 귀속시키는 것은 바로 이 지점에서이다.

언어의 과학적 개념과 논리, 그 일상적인 사용은 기호의 두 측면인 기표와 기의의 통일성, 그것이 지시하는 사물 혹은 사태와의 일치를 전제로 한다. 그러나 시적 언어는 이 전제를 초과한다. 즉 그것은 기표와 기의의 고정적인 결합과 관습적인 사용을 초월하여 현실화되지 않은 잠재적 가능성들을 표현한다. 시적 창조는 현실을 규정하는 논리와 체계를 넘어서 그것에 주름 접혀진 잠재적 가능성의 복수적인 차원들을 발견하고 표현하는 것이다. 본느프아가 "시는 잃어버린 것을 구출하려는 의지이며, 깊이의 리얼리즘인데 이것은 다만 경도를 따라 비스듬이 투쟁을 통해서 태어날 수 있다"[54]고 한 것은 실상 시의 이러한 잠재적이고 초월적인 측면을 지적한 것이다.

---

52) 위의 책, 156면.
53) 김상환, 『예술가를 위한 형이상학』, 민음사, 1999, 207-215면 참조.
54) 송 욱, 앞의 책, 156면.

송욱은 시의 언어가 발휘하는 기능은 의미를 전달하는 '기호의 차원'에 머무르는 것이 아니라, "존재를 창조하는 활동 그 자체다"라는 본느프아의 견해에 다시 주목한다. 여기에서 '과학'이나 '시론'의 '논리적 분석'에 종속될 수 없는 시의 더 넓은 차원과 시적 창조의 위대한 힘을 볼 수 있었기 때문이다. 송욱은 본느프아를 통해, "존재 그 자체를 창조하는 활동"인 시적 창조가 현실의 논리를 뛰어 넘는 잠재성과 초월성을 겨냥한다는 사실을 강조할 수 있었으며, 이것으로부터 시적 창조와 시의 신성한 가치를 등치시킬 수 있는 근거를 마련했던 것이다. 이 양자(兩者)가 반드시 일치될 수 있는 것은 아니지만, '윤리적인 것과 미적인 것', '역사와 문학', '현실과 시'를 한데 통합시키고 하는 그의 '투기'는 양자(兩者)를 등치시키는 방향으로 나아갔던 것이다.

송욱은 또한 시적 창조가 하나의 '개체적 존재'를 만드는 활동이면서, '세계와의 참된 접촉'을 통해 '상상적 세계'와 '현실세계'를 합치시키려는 '시인의 투기'에 해당된다는 것을 사르트르(J. P. Sartre)와 리샤르(J. P. Richard)의 '실존철학적 비평'을 통해 발견한다. '시'가 '과학'과 다른 진리를 표현한다면, 그것은 추상적 논리와 과학적 개념을 통해서가 아니라, 구체적이고 개체적인 진리의 차원, 즉 인간의 실존의 차원에서이다. 그는 시가 '객관적 진리'를 담보할 수 있는 방법의 틀을 사르트르와 리샤르의 비평에서 다시 보았던 셈이고, 이것은 시적 창조를 불완전한 현실을 뛰어 넘는 거룩한 차원으로 간취할 수 있는 또 다른 이론적 근거이기도 했다.

사르트르는 '즉자존재'와 '대자존재'의 구분을 통해, "인간은 허무이면서도 인간신이 되려고 하는 욕망에 불타며, 인간신으로서 우주와 만물과 자신을 창조하려는 갈망에 불탄다"[55)]는 견해를 개진한다. 송욱은 사르트르의 논의로부터 "예술창조에 대한 갈망도 이와 같이 인간신(人間神)이 되려고 하는 욕망의 하나"[56]라는 결론을 이끌어낸다. 사르트르의 논의는 송욱에게 예술 창조의 위대함과 신성한 가치를 확증할 수 있는 좋은 사례였던 것이다. 또한 리샤르의 논의는 '사회참가'와 '자유'와 '공리적 목적'을 중요하게 생각하기 때문에 '시의 가치를 무시하는' 사르트르를 넘어 '시의 깊이'가 창조하는 '세계와의 참된 접촉'과 '인간들 간의 우애와 행복'이라는 시의 보다 높은 차원의 가치를 증명해 주었던 것이다.[57] 사르트르와 리샤르는 '현실과 예술', '현실과 시'의 상호 침투를 서로 다르게 보았던 것이기는 하지만, 어쨌든 송욱은 이들의 논의를 참조하고 인용함으로써, 예술과 시가 일상의 범주와 현실의 논리를 뛰어 넘어 '상상적 세계'와 '현실세계'를 합치시키려는 창조력과 초월적 가치를 소유한다는 것을 암시적으로 주장할 수 있었다.

그가 보들레르(C. P. Baudelaire)를 "감각적 사물의 존재 그 자체, 특수한 실재 그 자체, 그리고 완고한 실체들을 드러내고 마치 완전히 현상의 세계에 골몰하여 언어의 성직자적 사용(언어를 신성시하는 태도)을 포기한 것처럼 보인다"[58]고 한 본느프아의 견해를 부정하고, 보들레르의 '플라톤적'인 성격을 강조한 것도 같은 맥락을 이룬다. 영·미시의 '경험'을 넘어서 프랑스시의 '이데아적 성격'을 강조함으로써, 예술가의 내면적 고투와 예술의 새로운 존재창조를 이데아적인 신성한 것으로 격상시킬 수 있었기 때문이다. 송욱의 한국 모더니즘 비판 역시 이러한 시의 내면성의 깊이와 현대성의 사회적인 차원이 어우러지는 가운데 빚어질 수 있는 신성한 가치를 규준 삼아 행해진 것이다.

---

55) 위의 책, 158면 참조.
56) 위의 책, 158면.
57) 위의 책, 159-164면 참조.
58) 위의 책, 176면.

> 起林의 詩와 詩論을 읽고 느끼는 것은 그가 時間意識, 그리고 이와 관계가 있는 傳統意識과 歷史意識을 <自己作品속에 具現할만큼> 가지고 있지 않았으며, 또한 內面性이나 精神性을 거의 모르는 詩人이고 批評家였다는 슬픈 사실이다. 歷史意識과 傳統意識이 없이 어떻게 참된 모더니즘이 가능하며, 內面性이 풍부하지 않고 어떻게 훌륭한 詩人이 될 수 있겠는가! 그는 <現在에도 살아 있는 過去>를 몰랐기 때문에 過去의 모든 것을 등지고 무엇이든지 새로운 것을 따르는 것이 모더니즘이라고 그릇 생각하였다. (위의 책, 186면.)

송욱이 김기림을 비판하는 것은 크게 두 가지 이유에서이다. 하나는 리차즈를 비판했던 것과 마찬가지로 '시의 과학'이 갖는 근본적인 한계에 관한 측면에서이고 다른 하나는 김기림에게 우리의 전통에 관한 '역사의식'이 존재하지 않았다는 측면에서이다. 그에 따르면, 과학으로 환원되지 않는 '시의 진리'는 인간의 구체적 실존과 그 내면적 깊이 속에 존재하기 마련인데, 김기림은 "외국명을 가진 꽃, 국제열차, 항구의 이국풍, 기상도, 외국지도 혹은 방명록 혹은 외국영사관의 건물"등의 표피적인 현대 문물로 '모더니즘'을 표방하면서 시의 '내면성'을 아예 염두에 두지 않았다. 또한 '시대성'에 민감하다는 것은 "현재에도 살아있는 과거를 의식하는 것" 즉 엘리어트처럼 '전통'의 '이상적 질서'를 끊임없이 의식하는 가운데 이루어지는 것인데, 김기림은 새로운 것을 따르는 것이 '모더니즘'이라고 생각하는 문제점을 드러내었다는 것이다.

송욱은 '내면성'과 과거의 문화적 전통과 현대 사회의 관계에 대한 '역사의식'을 함께 아우르는 것에서 오히려 모더니즘이 그 '시대성'을 깊이 있게 성취할 수 있는 가능성이 열린다고 보았던 셈이고, 김기림의 '시의 과학'과 표피적인 '이국풍'이라는 한계는 모두 이것이 부재하는 것에서 나오는 것이라고 판단했던 것으로 추정된다. 이러한 판단은 "우리가 시대성에 민감하면 할수록 참다운 역사의식과 깊은 내면성과 정신성을 가지고 시대성을 소화하고 비판하고 혈육화할 때에 비로소 참다운, 즉 예술품다운 현대시를 쓸 수 있으리라"[59]는 그의 언급에서 분명하게 드러난다. 그의 정지용에 대한 비판도 동일한 맥락에서 이루어진 것이다.

> 芝溶은 새롭고 훌륭한 詩를 썼지만 그 主題가 매우 제한된 것이었기 때문에 그 表現形式도 現代詩의 主題를 휩싸기에는 매우 폭이 좁은 것이었다. 그래서 그가 詩의 修辭에 苦心하면 할수록, 그리고 藝術家로서 精進하면 할수록 現代詩의 世界로부터 완전히 물러가는 모순에 빠지고 말았다. 芝溶과 起林은 모두 <現在에 살 수 있는 過去>를 살리지 못했으며, 또한 새로운 시가 傳統을 變化시킨다는 意識이 박약했다. 芝溶은 起林보다 더욱 傳統을 알고 있었다, 그러나 그는 傳統을 變化시키지는 못했으며 初期에는 傳統을 아주 등지고, 後期에는 傳統에 그냥 安住하고 말았다. (위의 책, 206면.)

송욱은 정지용의 시를 세 단위로 분할하고 이 모두를 비판한다. 여기에서도 그 근거를 이루는 것은 '내면성'과 '역사의식'이다. 그는 정지용이 김기림처럼 "시의 음악성을 부정하고 회화성만을 인정하였으며, 감정을 드러내지 않는 것이 현대시라고 생각하였기"[60] 때문에, 「앨쓴 해도」와 같은 '감각적 인상'만을 노리는 시를 쓸 수밖에 없었다고 진단한다. 이러한 시에서는 '연속하는 리듬'을 발견할 수 없고 '짧은 산문의 모임'이라는 '표현형식'을 지향하게 된다는 것이다. 단순한 '감각적 인상'을 넘어 정서를 표현한 「고향」, 「소곡」과 같은 서정시에 '연속하는 리듬'이 나타나기는 하지만 이것은 시의 '리듬'과 '음악성'에 대한 의식

59) 위의 책, 194면.
60) 위의 책, 194-196면 참조.

적인 탐구의 결과가 아니며, 「불사조」와 같은 '종교시'들도 그 주제의 깊이를 다룰만한 '언어형식'을 창조하지 못하여 '짧은 산문의 모임'으로 귀착되고 말았다는 것이다. 여기에서 송욱이 한편으로 강조하는 것은 '리듬'이 시에서 차지하는 역할이다. 시는 '리듬'을 통하여 '의미'가 아니라 '마력'과 '주술'과 '신비'를 표현할 수 있다는 점을 영·미시와 프랑스시의 대비를 통하여 발견하고 또 강조했던[61] 그로서는 '시각적 인상'으로만 기울어진 정지용의 시를 '리듬'에 근거해서 비판할 수밖에 없었던 것이다. 시의 '리듬'은 '인간의 내면적 율동 그 자체'와 관련된 것이면서 '단편적인 소재조차 통일시키고 매우 평면적인 표현에도 입체감을 주는"[62] 위력을 지닌 것으로 보았기 때문이다.

송욱은 정지용이 '내면성'의 깊이에 천착하지 않고 자신의 '시각적 인상'이라는 표현 기술을 극대화하는 방향을 취했기 때문에, 현대시의 주제를 넓히지도 못하고 재래의 한시풍으로 귀결되고 말았다고 주장한다. 또한 『백록담』에 실린 동양적인 성격의 '자연시' 역시 '시각적심상'만을 두드러지게 강조하여 "자연과 사회와 정치와 종교를 종합한" 두보(杜甫)의 시와 같은 동양시의 넓은 차원을 보지 못하고, 그것을 '빈약하고 메마른 것'으로 국한시켰다고 비판한다. 그는 한자가 '표의문자'이고 한글이 '표음문자'인 것에 주목하여, "한자는 한 글자 속에 여러 개념을 응결시키고 있으며 이 응결체인 한자가 결합하면 매우 풍부한 뜻을 반향할 수 있으나 우리말은 같은 내용을 (교착어인 까닭도 있고 해서) 긴 문장과 복잡한 문장법을 통해서 표현할 수밖에 없다"[63]는 점을 강조한다. 즉 그는 한시가 한국시 창작의 지침이 될 수 없는 이유를 언어와 문자의 구체적인 차이를 통해서 지적한 것이다.

---

61) 위의 책, 146-151면 참조.
62) 위의 책, 202면.
63) 위의 책, 205면.

결국 정지용은 "자기의 기술을 마음껏 발휘할 수 있는 주제"를 동양의 '한시' 내지는 '자연시'에서 찾았지만, 이것은 동양시의 '신운이나 여운'을 성취한 것도 '현대시의 세계'도 아니었던 것으로 평가된다. 송욱은 김기림과 마찬가지로 정지용 역시 '내면성'과 '전통'을 변화시키고자 하는 '역사의식'이 존재하지 않았기 때문에, "시의 수사에 고심하면 할수록 현대시의 세계로부터 완전히 물러가는 모순에 빠지고 말았다"[64]고 평가한다. 그에 따르면, 김기림의 '이국풍'과 정지용의 '시각적 인상'을 위주로 하는 '사이비모더니즘'은 '내면성'이 부재하는 한국 모더니즘의 한계를 그대로 드러낸 것이다. 또한 전통을 변화시키지 못하는 '사이비전통주의'의 번창 역시 한국 모더니즘이 '구호'와 '감각'에만 그치고, '내면성'의 표현을 성취하지 못한 데에 그 원인이 있다. 즉 송욱은 한국 현대시는 "상징주의와 같은 내면화의 훈련을 겪지 못하였기 때문에"[65] '사이비모더니즘'이나 '사이비전통주의'와 같은 두 극단의 편향을 낳았으며, 우리의 문화적 전통으로부터 현대적인 질서로의 온전한 변환을 이루어낼 수 있는 작품을 탄생시킬 수 없었다고 파악했던 것이다.

송욱이 시의 현대적인 변환을 말할 때, 그것은 문화적 전통에 대한 전면적인 부정이거나 이탈이 아니라, 우리의 문화적 전통 속에 잠재하는 신성한 가치를 끊임없이 의식하는 가운데서 '개화기' 이후의 한국 사회의 변환을 고민하고 그것과 대결하는 것이었다. 이것을 송욱은 엘리어트를 빌려 '전통의식' 또는 '역사의식'이라 불렀던 셈이고, 프랑스의 실존철학적 비평과 상징주의는 그에게 '과학적 진리'로 수렴될 수 없는 현대시의 신성한 존재를 '내면성의 깊이' 속에서 되찾아 주었던 것이다. 송욱에게 있어 시의 '내면성'은 현대 과학 문명의 획일화된

64) 위의 책, 206면.
65) 위의 책, 206면.

가치 체계(과학적 합리성, 논리적 분석)를 비판하고 부정하는 근거였다. 또한 그것은 시의 신성한 가치를 문화적 전통과 연결시키는 동시에 현대적인 미학을 가능케 하는 열쇠였던 것이다. 그가 '상징주의'를 한국시의 중요한 지침이라고 생각했던 것은 '상징주의'의 '내면성'이 과학 기술을 토대로 한 현대 사회의 공적 체계에 저항하면서 예술가의 소외와 내면성, 미의 탐구와 시작품의 창조를 이데아적인 신성한 차원으로 끌어올렸기 때문이다. 바로 여기에서 송욱은 전통으로부터 단절된 한국 사회 일반의 모순과 고통을, 그리고 서구시의 보편성으로부터 소외된 한국시의 특이성을 오히려 거룩하고 신성한 것으로 전치시킬 수 있는 시적 창조의 위대한 힘을 발견했던 것으로 판단된다.

그가 보들레르의 시 「厄運」(Le Guignon)과 「넝마주이의 술」(Le vin Des Chiffonniers)의 분석[66]을 통해 '내면성'과 '시대성'의 결합을 강조할 때, 그것은 단순한 복합성의 시학이 아니라, 소외되고 궁핍한 현실을 아름답고 위대한 것으로 전치시키는 예술가의 고투와 예술의 창조적 힘을 한국시의 상황에 투사시킨 결과였다. 서구의 현대 사회가 기술의 분화를 토대로 한 진·선·미의 분열에 기초한다는 것, 그리고 서구의 현대시(상징주의)가 이 분열을 의식하는 가운데 수학과

---

66) 송욱은 『시학평전』 제6장에서 보들레르의 시 「액운」과 「예술가의 고해의 기도」를 분석하며, 「만상의 조응」(correspondances)과 「넝마주이의 술」을 제8장에서 분석한다. 제6장에서 주로 논의된 것은 '예술가'의 '소외와 고통'이라는 부정적인 면과 예술의 '위대한 힘'과 '영광스런 창조'라는 긍정적인 면의 이중성에 관한 것이고, 제8장에서는 '초월적인 것'과 '피안적인 것' 혹은 '인간 존재의 깊이'에서 '역사적 현실'이 결합되고 표현되는 방식에 관한 것으로 논의의 초점이 맞추어져 있다. 송욱은 「넝마주이의 술」에 대해 다음과 같은 논평을 내린다. "이로써 대충 이 작품의 내용은 밝혀졌으리라. 비참한 주정뱅이 넝마주이들은 작자의 폭이 넓은 인간성과 표현력을 거쳐 시인과 같은 존재가 되고 <거룩한 율법>을 선포하기도 하고 개선문을 지나가는 군인이라는 화려한 행동인으로 변하다가는 술의 덕택으로 王과 같이 된다. (……) 이와 같이 어떤 특수한 시대와 환경에 놓여있던 넝마주이들은 근대문명과 인간성의 어떤 보편적인 본질을 표시하는 상징으로 변화하고 승화하였다!" (위의 책, 236면.)

과학이 아닌 시와 예술을 이데아적인 위치에 올려놓고 그것을 정점으로 이 분열을 통합시키고자 한다는 것을 그는 명확하게 이해하고 있었던 것으로 보인다. 송욱이 '논리적 분석'에 근거한 '신비평'의 한계를 비판하고 프랑스 비평과 상징주의 시에 착목했던 것은 이러한 이유 때문이었다.

그러나 서구시의 현대적 의식이 진·선·미의 분열에 기초한 것이라면, 한국 현대시는 서구의 현대적인 분류 체계와 그 사회적 제도를 복제하는 가운데, 이 분열과 더불어 전통의 단절이라는 이중의 분열에 둘러싸여 있었다. 송욱이 이것을 분명하게 간파했음은 '삼중의 간격'이라는 언표에 이미 표현되어 있지만, 한국문학의 '특수성'을 세계문학적인 '보편성'으로 끌어올리려는[67] 그의 담론적 기획은 '보편성'의 압력과 유혹을 벗어나지 못했다. 상징주의의 선례는 한국시가 '세계적인 보편성'을 의식하지 않으면서도 그 역사적 특이성과 사회적 후진성을 오히려 위대한 것으로 전치시킬 수 있는 비전으로 작용할 수 있었다. 그러나 송욱의 강조하는 시의 '내면성'은 복수적 다양성이 아니라 초월적 보편성을 향해 있었다. 그에게 시적 창조의 위대한 힘과 신성한 가치는 잠재적 가능성으로 존재하는 복수적인 차원들이 아니라, 이데아적이고 보편적인 원리, 즉 초월적 보편성을 발견하고 표현하는 데 있었기 때문이다.

상징주의는 신성한 존재를 현대시가 추구하고 창조할 수 있는 가능성을 보여주었고, 한국시가 위대하고 거룩할 수 있는 통로를 열어주었

---

67) 「작가의 형성과 환경」, 위의 책, 408면 참조. "우리도 文學을 계속해서 하려며는 世界文學의 일부를 이루고 있다고 가정할 수 있는 문학에 자기가 참가해야 한다는 자각을 가져야 합니다. 정치가 혹은 경제학자 또는 史學者, 혹은 과학자에게 못지않게 文人은 창을 열고 세계를 바라다보아야지요. 세계문학의 일부를 이룰 수 없는 것이라면 그것은 한국문학도 아니며, 또한 문학이라고 할 만한 가치도 없습니다. 다시 말하면 이것은 과거 어느 시대보다도 매우 차이가 있는 현재의 특징이 요구하는 조건입니다."

지만, 그의 초월적 보편성에 대한 확고한 신념은 여러 문화들의 복수적인 차이들을 단일한 '문화권'으로 환원하고 형이상학적 초월성으로 시의 가치를 제한하는 결과를 낳았다. 그의 '동서문화비교'가 갖는 한계는 전자(前者)에 있었고 한용운에 대한 경외와 김소월, 김기림, 정지용에 대한 혹평은 후자(後者)에 기초한 것이었다.

4. 문화적 전통의 잠재력과 형이상학적 초월론

송욱은 『시학평전』 제8, 9, 10장에서 보들레르와 말라르메(S. Mallarmé), 발레리의 시와 시론을 집중적으로 검토하면서 한국 현대시가 상징주의적인 '내면화의 훈련'을 통과하지 못했다는 점을 되풀이하여 강조한다. 이들 상징주의 시와 시론은 송욱에게 내면성의 깊이 속에서 역사적 현실을 훌륭하게 조명할 수 있는 비전을 마련해 주었으며, 세계와 현실에 대한 지시작용(designation)을 벗어난 '본질적 언어'의 창조가 '계산과 신비', '지성과 주술', '분석과 종합', '정신과 육체'를 동시에 표현하게 되는 '시창작의식'의 놀라운 깊이를 제시해 주었던 것으로 추정된다. 그는 보들레르에게서 '예술가의 자의식', 곧 이 '시대적 현실'과 벌이는 대결의 드라마, 즉 예술가의 고통과 영광을 볼 수 있었고,[68] "도시의 추잡스런 생활에 관한 심상에서도 은밀한 아날로지를 발견하여 시를 보편적 융화상태에까지 끌어올리는"[69] 상징시의 '기교'와 '신비'를 동시에 발견할 수 있었던 것으로 보인다. 또한

---

68) 송 욱, 앞의 책, 221-224면 참조.

69) 위의 책, 236면 참조. 위와 같은 견해는 송욱의 견해가 아니라 마르셀 레몽의 견해를 그가 인용한 것이다. M. Raymond, 『프랑스 현대시사』, 김화영 역, 문학과지성사, 1983, 27면 참조.

말라르메와 발레리를 통해 '언어의 본질적 상태' 혹은 '순수의식'이 '언어에 대한 개인의 과학'이면서 '지성의 본질'임에 틀림없지만, 이것은 "깊은 감수성이 지니고 있는 어떤 신비로운 법칙을 따르는 것이기 때문에 결국에 가서는 시인의 언어에 대한 태도에는 지성만으로 밝혀지지 않는 신비와 창조가 반드시 깃들고 있다는 사실"70)을 간취할 수 있었다.

말라르메와 발레리는 현대 사회의 변환에 대한 '시대성'과 '역사의식'을 소유하지 않았지만, 세계와 현실에 종속되어 있던 언어를 해방시켜 '본질적인 언어'를 창조하고 그것을 엄밀한 '시창작의식'으로 확장시켰다는 점에서, 송욱에게 시사하는 바가 있었다. 우리가 전통으로부터 물려받은 시관이 "진정과 인정만이 시의 내용을 이룬다고 생각하는" 막연한 심정 상태를 벗어나지 못했던 까닭에, 시 창작 과정에 대한 엄밀한 의식이 없었다고 본 그에게는 말라르메와 발레리의 '시창작의식'은 한국 현대시가 반드시 흡수해야 할 필수 요건으로 파악되었던 것이다. 또한 이들에게 리차즈처럼 '지성'과 '과학'이 존재하기는 하지만, 그것은 '시'를 '객관적 진리'로부터 소외시키고 '과학'에 종속시키는 것이 아니라 오히려 이데아적인 차원을 겨냥한다는 것 역시 시사적이었다. "언어의 잠재력을 되찾는 작용, 즉 이데아가 그 모습을 비추는 거울로서의 언어의 작용"71)을 강조했다는 점에서 말라르메와 발레리는 "시는 신성한 존재를 다루어야 한다"는 그의 가치 규준에도 부합하는 것이었기 때문이다.

그러나 송욱은 '순수시'의 시작 과정에서도 '우연'과 '허무' '육체'와 '생명'이라는 '비순수'가 개입한다는 것을 또한 거듭하여 강조한다. 즉 말라르메와 발레리의 '순수시'는 '하나의 이상이며 극한'일 뿐이라

70) 송 욱, 앞의 책, 242면.

71) 위의 책, 248면

는 것이다. 그에 따르면, "시작품은 비순수의 숙명을 가지고 있으며, 산문적 요소가 혼합되어 있을 수밖에 없다. 따라서 하나의 작품 전체에 적용된 순수시의 개념은 하나의 실재가 아니라 이상이라고 규정해야 한다."[72] 송욱은 말라르메와 발레리의 '시창작의식'의 엄밀성을 한국 현대시가 흡수해야 할 필수 요건이라고 보았던 것임에 틀림없지만, 이들의 '순수시'에서 한국 현대시가 추구해야 할 비전과 목표를 보았던 것은 아니다. 말라르메와 발레리에게서 '시의 주제'가 좁아지는 문제와 '일상적 언어'와 '산문'이 배제되는 한계를 발견했기 때문이다. 즉 "주제가 허약하다는 것이 반드시 장점이 되는 것은 아니며, 순수시의 기준으로 보면 세계문학사상의 걸작이 지니고 있는 거의 모든 부분이 아름다운 시의 테두리 밖으로 쫓겨나가야 할 것이기"[73] 때문이다. 송욱은 발레리의 '순수시' 논의에 엘리어트의 논의를 대비시켜 그것을 상대화시킨다. 즉 엘리어트의 경험적이고 현대적인 시의 내용에 관한 견해나 회화, 산문 등의 시의 일상적인 언어 사용에 관한 논의를 인용하여 발레리의 '순수시'를 한편으로 부정한다.

실상 송욱에게 발레리의 '순수시'는 역사와 현실의 차원을 배제한 것이었기에 전면적으로 수용될 수 없었던 것으로 보인다. '전통 단절'이라는 문제를 한국 현대시의 가장 큰 난관이라고 생각하고 있었던 그에게는 전통과 현대의 상호 관계에 대한 '역사의식'이 훨씬 더 중요한 것으로 여겨졌기 때문이다. 그가 『시학평전』의 제12장 「본질적 순수와 경험적 비순수」에서 발레리와 엘리어트를 대비하여 상세하게 논한 것은 실상 '순수'와 '비순수'의 문제를 해명하기 위해서가 아니었다. 그것은 '시대적 경험'과 '초월적 본질'이 상호 침투하면서 '전통'과 '현대'가, '본질적 언어'와 '일상적 회화'가, '엄격한 형식'과 '변화

72) 위의 책, 270면 참조.
73) 위의 책, 272면 참조.

하는 형식'이 서로 접맥되는 것[74]을 강조하기 위해서였다. 송욱은 역사적 현실 속에 현현하는 초월적 본질을 확신했던 것으로 보인다. 이러한 측면을 '시창작의식'과 '내면성' 속에서 다시 발견하고 표현하는 것, 이것이 바로 그에게는 현대시의 '신성한 존재'였다고 할 수 있다.

결국 한국 현대시의 전통단절이라는 문제는 우리의 '언어'와 '문화전통' 속에 잠재하는 신성한 존재, 즉 초월적 본질이 역사적 현실로 다시 현현한다는 형이상학적 전제를 통해서 해결될 수 있었던 것이다. 더불어 그는 초월적 본질의 보편성이 각각의 시대에서 특수화되는 양상에 대한 통찰을 '역사의식'의 개념으로 강조함으로써, 현대시의 그 시대적인 변환에 대해서도 적극적인 태도를 취할 수 있었다. 송욱은 '전통과 현대', '초월적인 것과 시대적인 것', '신성한 것과 세속적인 것' 사이의 창조적 변증법을 신뢰했으며, 이것들을 융합시킨 엘리어트와 오든, 보들레르로부터 자신의 담론의 핵심이 되는 소단위 개념들을 확보할 수 있었다. 그가 코울리지, 말라르메, 발레리를 중요하게 언급하면서도 거리를 두었던 것은 이들에게서 '역사의식'과 '시대성'을 발견할 수 없었기 때문이었고, 리차즈와 브룩스를 적극적으로 비판했던 것은 이들이 '전통적 질서'를 모두 부정함으로써 시의 '신성한 가치'를 근본적으로 거세해버렸기 때문이었다. 그는 '초월성'과 '시대성'의 융합을 보들레르의 '내면성'에서 보았던 셈이고, '전통의식'과 '시대의식'의 동시성은 엘리어트의 '전통론'('역사의식')에서 발견할 수 있었고, '신성한 것'과 '세속적인 것'의 상호 조응은 오든의 '상상력론'에서 얻을 수 있었던 것으로 추정된다.

송욱은 한국 시인 가운데 이런 측면을 한데 융합하고 있는 유일한 시인으로 한용운을 기록한다. 김소월은 현대적인 변화에 대한 치열한

---

74) 위의 책, 332-340면 참조.

'시대성'과 '사회의식'이 없었다는 점에서 주로 비판되었고, 김기림은 시의 '신성한 존재'와 '전통'을 전혀 의식하지 않았다는 점에서 혹평되었으며, 정지용은 '전통'을 계승하기는 했지만, '내면성'과 '역사의식'이 부재했다는 점에서 비판되었다. 그에 따르면, 한국의 현대시는 과거의 '문화적 전통'을 끊임없이 의식하는 동시에, '개화기' 이후의 한국 사회의 변화를 철저하게 통찰하는 것이어야만 했다. 이 속에 시의 '리듬'이나 시의 '본질적 언어'를 고려하는 '표현기술'과 '의식적 건축'이 포함되어 있었던 것은 두 말할 나위가 없다. 그가 '시창작의식'을 강조했던 것은 시의 현대적인 방법과 형식이 이것으로부터 나온다고 생각했기 때문이다.

그러나 송욱은 『님의 침묵』의 실제 비평에서 시의 현대적인 방법과 형식에서 그것을 분석하지 않는다. 『님의 침묵』에 실린 대부분의 시들이 지닌 산문시 형식에 대해 "산문시는 기술과 형식이 내용에 못지않게 중요한 시와 달라서 위대한 사상과 인간성을 표현하는 데 적당한 형식"[75]이라는 언급이 나타나기는 하지만, 논의의 주안점은 주제와 사상의 관점에서 취해진 것이다. 다시 말해 『님의 침묵』은 '우리 시의 현대화'라는 관점에서가 아니라 '불교'라는 '사상전통의 근대화'라는 관점에서 논의된 것이다.[76] 이는 현대시의 형식과 방법에 대해서 철저하지 못한 태도를 보여주는 것이기는 하지만, 그 자신의 일관된 가치 규준으로부터 벗어난 것은 아니었다. 한용운은 '신성한 것'만을 유달리 강조해왔던 까닭에 '세속적인 것'과 '사회적인 미의식'이 빈약했던 우리의 '사상전통'을 혁신시킨 존재였기 때문이다.[77] 송욱의 시론이 일종의 문화담론의 특성을 지닌다는 점을 감안해본다면, 한용운은 우

---

75) 위의 책, 296면.
76) 위의 책, 295면 참조.
77) 위의 책, 309-312면 참조.

선 한국의 위대한 현대 시인이기보다는 한국 현대 문화의 위대한 선각자로서 논의되었다고 할 수 있다.

송욱 시론의 이러한 문화 담론적인 특성은 한국시의 실제 비평에 있어서 형식과 표현보다는 주제와 사상의 관점에서 시를 분석하고 평가하게 되는 결과로 작용했다. 앞에서 이미 살펴보았듯, 김소월과 정지용에 대한 비판은 주로 주제와 사상, 문화적 가치의 관점에서 행해진 것이었다. 『님의 침묵』에 대한 실제 논의가 형식과 내용의 일체화된 관계 속에서가 아니라, 타고르(R.Tagore)의 시집 『園丁』(The Gardener)과의 비교를 통해서 '근대적 역사의식'과 '사회정의'만을 강조하는 방향으로 진행된 것[78]은 실제 시 비평에 있어서는 분명한 결함이라 할 수 있다. 타고르와 동양의 전통에 부족한 '감각'과 '주체의식', '육체' 등을 지적하는 언급[79] 속에서 『님의 침묵』의 표현과 형식에 관한 희미한 암시가 더러 나타나기는 하지만, 이미지와 비유, 운율에 관한 본격적인 논의가 부재하다는 점에서, 그 난점은 자명하다.

그러나 실상 송욱에게 한국 현대시의 표현과 형식은 주제와 사상보다도 더 빈곤한 상태에 놓여 있는 것[80]으로 간주되었다는 점을 염두에 둘 필요가 있다. 그는 『시학평전』의 도입 부분에서부터 자신이 일관되게 주장해 온 현대적인 '시창작의식'과 '표현기술'과 '음악성'이 『님의 침묵』에도 역시 존재하지 않는다고 보았던 것으로 추론된다. 즉 다시

---

78) 위의 책, 312-322면 참조.

79) 위의 책, 302-309면 참조.

80) 송욱은 『시학평전』 제12장에서 한국시의 전통에는 서구시의 '소넷트', '세스티나', '비라넬'과 같은 '엄격한 형식'의 전통이 없었기 때문에, 우리 현대시는 '최소한도의 형식적 요소'조차 갖추지 못했다고 언급한다. "나는 이미 한국 현대시의 결함 하나가 사상 이전에 놓여 있는 점이라고 밝힌 바 있다. 여기서는 우리 現代詩가 지니는 또 하나의 결점, 즉 그것이 形式 以前에 놓여 있어서 자칫하면 藝術 以前의 상태에 빠지기 쉽다는 위험성이 밝혀진 셈이다." (위의 책, 335면.)

말해, 『님의 침묵』의 표현과 형식이 훌륭하지 않다는 것이 아니라, 그가 강조했던 현대적인 표현과 형식으로 간주하기에는 『님의 침묵』 역시 미흡한 것이라고 판단되었던 것이 틀림없다. 한용운을 "시의 현대화가 아니라 사상전통의 근대화에 기여한 인물"로 평가했던 것 역시 바로 이러한 이유 때문이었다고 할 수 있다. 그러나 또한 송욱이 『님의 침묵』을 '전통과 현대', '신성한 것과 세속적인 것'의 상호 변증법을 성취한 위대한 시집으로 평가했던 것 또한 틀림없다. 그가 타고르의 『원정』(園丁)보다 한용운의 『님의 침묵』이 더 위대하다고 말할 수 있었던 근거는 바로 여기에 있었다. 다시 말해 송욱은 한용운의 삶과 시에서 불교의 전통을 주체적으로 현대화하는, 세속적인 것의 소용돌이 속에서 신성한 것을 발견하는, 시대적 경험의 한계와 처절하게 대결하면서 그것을 뛰어 넘어 초월적 본질에 도달하는, 위대한 사상을 보았던 것이다.

송욱이 『문학평전』에서 동서의 여러 시들을 '감각'과 '육체' '내면공간'의 관점에서 논하고 바슐라르의 '물질적 상상력'에 관심을 두었던 것도 그의 시론이 소유한 문화 담론적인 특성과 연관되어 있다. 그는 고시조에 등장하는 꽃[81]의 '내면공간'과 릴케의 시 「장미의 내면」(Das Rosen-Innere)에 나타난 '내면공간'을 비교하면서, 릴케의 장미는 "미묘하고 복잡한 상징의 음악적 건축"인데 반해, 우리 고시조의 꽃은 "단순한 서정에서 우러나온 소박한 이미쥬"라는 점을 강조한다.[82] 더불어 릴케에게서 발견되는 서양의 '사상전통'은 '시간에 중점'을 두며, 동양은 '공간을 강조'한다는 점을 지적한다. 즉 릴케의 "자기

81) 『문학평전』에 인용된 고시조는 다음과 같다.(나뷔야/청산가자/범나뷔/너도/가쟈//가다가/져므러든/고즤/드러/자고/가쟈//고제서/푸더졉ᄒᆞ거든/닙헤서/자고/가쟈); (송욱, 『문학평전』,일조각, 1975, 206면.)

82) 송욱, 『문학평전』, 211면 참조.

충만을 통한 내면공간의 외면적 시간화, 즉 시간의 내면공간화"[83]는 우리 한시의 '내면공간'에서 드러나는 '비물질적이고 정신적인 경지'와 극명하게 대조되는 서양 사상의 특유한 측면을 보여준다는 것이다. 그는 나옹의 한시 「정암」(靜菴)이 "우리의 마음이 지닌 진여의 광명을 가리우는 육체의 장벽이 바람으로 변하는 순간"을 표현하며, 불교의 '내면공간'인 '신심(身心)조차 탈락한 진여(眞如)의 허공'만을 드러내어 릴케와 같은 '감미로운 육체'가 없다고 언급한다.[84] 이것은 동양의 열등함을 강조하기 위한 목적에서가 아니라, '물질화와 비물질화', '예술적 경지와 종교적 경지'의 창조적 변증법을 강조하기 위해서 언급된 것이다.

송욱이 주장하고자 했던 것은 동양과 서양의 시들의 배경을 이루는 '사상전통'의 차이이며, 파스칼의 "무한의 공간을 심연처럼 느끼고 몸서리치는" '두려움'과 그 극복을 위한 '사고'가 황진이의 「영반월」(詠半月)의 내면 공간에 나타난 '시원한 여유와 안전감'보다 더 우월한 것만은 아니라는 확신이었다.[85] 동양의 '사상전통'에는 '육체'나 '감각'같은 '물질성'이 빈곤한 결점이 있지만, 유럽의 '근대사상'에서 드러나는 '절박감'과 '두려움'이 없다는 점에서, 그 문화적 가치는 의의를 잃지 않고 존중되었다고 할 수 있다. 결국 송욱은 세계와 인간의 원초적 조화라는 믿음을 결코 져버리지 않았으며, 시는 이러한 조화를 표현하고 추구하는 것이라는 믿음 역시 확고했던 것으로 보인다. 그러나 그는 동양의 전통에 '물질성'이 부족하다는 문제가 한국 현대시의

83) 위의 책, 211면 참조.
84) 위의 책, 215-216면 참조.
85) 위의 책, 217-219면 참조. "우리 동양 사람은, 高僧이나 名妓나 가릴 것 없이 無限大의 空間에 오히려 安住하고 救濟를 느끼며, 존재의 母胎로서 <無>를 찬송하는 것이다. 동양인의 漠漠한 空間은 결코 유럽인의 深淵이 아니다! 따라서, 無限大의 空間은 우리를 <點처럼 집어 삼키지>못할뿐더러, 오히려 우리는 虛空과 一體가 된다." (위의 책, 219면.)

난점으로 작용할 수 있다는 것을 감지하고 있었던 것으로 판단된다.

실상 그가 동양(동아시아)의 시 전통에서 파악했던 것은 '감각과 육체' '자연과 사물' 등이 형이상학적 '도'(道)를 구현하는 매개적 수단이자 그것의 그림자에 불과했다는 사실이었다. 이는 한편으로 동아시아의 정신문화를 원초적 조화로 지탱시켜 준 힘이었음에 틀림없지만, 자연이나 사물, 육체적 감각 그 자체의 물질적 두께를 투시하지 못하는 난점을 지녔던 것 또한 분명했다. 송욱은 이 문제의 해결을 서구의 과학주의에서 찾지 않았다. 그것은 시의 본질이 인간과 세계의 원초적 조화에 기초한다는 믿음 때문이기도 했지만, 시는 과학보다 더 높은 위치에서 삶의 가치와 윤리, 형이상학적 문제를 포괄하는 신성한 가치를 소유한다는 확신이 있었기 때문이었다. 그에게는 시의 원초적 조화와 물질성을 동시에 충족시키는 것이 문제였을 터이고, 이는 과학이 다루는 외적 사실을 넘어서는 내면성 혹은 내밀성(intimité) 속에서 찾아져야만 했다. 바슐라르의 '물질적 상상력'에 감탄하고 관심을 기울였던 것은 바로 이러한 이유에서였다.

> 그(바슐라르: 인용자)는 物質을 항시 우리의 內面性의 깊이와 對應하고 있는 <깊이>를 지닌 것으로 보고 있다. 物質을 바탕으로 詩의 世界,文學의 版圖를 照明하려는 그의 방법은 非社會的이고 非歷史的이라고 할 수 있겠으나, 오히려 이 때문에 놀라운 普遍性을 띨 수 있는 것은 주목할만한 특징이다. 物質이야 東西古今에 무슨 차이가 있겠는가? (……) 간단히 말해서 그의 哲學的 詩論은 詩의 批評이나 鑑賞뿐만 아니라, 詩의 創造力과 詩興까지 북돋아 주는 놀라운 힘을 지니고 있다. 이러한 특징과 방법이 지닌, 그 놀라운 普遍性이야말로 나로 하여금 어쩔 수 없이 이 哲學的 詩論을 소개하고 또한 <실천>하면서, 그것을 古今의 韓國詩와 漢詩에까지 適用하고자 이러한 글을 쓰게 한 연유라 할 것이다. (송욱, 『문학평전』, 일조각, 1975, 226면.)

바슐라르는 '물질적 상상력'을 "존재의 바탕을 파고드는 것이며, 그것은 자연과 자신의 안팎에서 싹을 빚어내는데, 이 싹은 형식이 어떤 물질 혹은 실체 속에 잠겨 있어, 그것이 내면적인 경우를 뜻한다"[86]고 설명한다. 송욱은 '물질' 속에서 '내면적 형식'을 발견하는 '물질적 상상력'이 "플라톤의 형식관을 아주 뒤집어 놓은 것"[87]이라는 결론을 도출한다. 바슐라르의 '형식적 상상력/물질적 상상력'의 구분법은 고대 희랍 철학의'형상(형식)/질료(물질)'라는 이분법적 틀을 그대로 차용한 것이지만, 바슐라르는 "시각적 이미지들을 마무리하는 직관인 형식적 상상력"이 지닌 불충분성과 한계를 분명하게 언급한다.[88] 바꿔 말하면, 바슐라르는 서구의 전통적인 '형상' 우위의 관점을 '질료' 중심으로 역전시킨 것이다. 바슐라르는 '형식'(형상)개념이 '상상력'의 활동보다는 '시각적 이미지'를 인지하는 '지각'과 관련되어 있으며, "시각은 너무도 무상적으로 운동을 뒤따라가기 때문에 시각은 그 운동을 총체적으로, 또 내적으로 체험하는 법을 우리에게 가르쳐주지 못한다"[89]고 말한다.

플라톤으로부터 발레리에 이르기까지, 서구의 '사상전통'을 주체의 '의식'과 현존하는 사물에 부재하는 '이데아'(형식)로 환원시켰던 송욱에게 바슐라르는 서양사상사의 획기적인 존재로 여겨졌던 것으로 추론된다. 실상 바슐라르의 이론은 르네상스 이후의 서구의 기하학적 공간 개념에 대한 비판과 결부되어 있었고, '인간(의식)의 내면적 깊이' 못지않게 '물질의 내면적 깊이'를 강조했으며, '내밀성'의 개념으로 양자(兩者)의 밀접하고 친밀한 관계를 전제했다. 송욱에게 바슐라르가

86) 위의 책, 227-228면 참조.
87) 위의 책, 229면.
88) G. Bachelard, 『공기와 꿈』, 정영란 역, 민음사, 1993, 27면 참조.
89) 위의 책, 27면.

중요했던 것은 두 가지 이유에서였던 것으로 판단된다. 하나는 현격한 차이를 드러내는 동·서의 '사상전통'을 융합시킬 수 있는 '보편성'이 존재했기 때문이고, 다른 하나는 '자연' 뿐만 아니라 '도덕'과 '규범', 그리고 '이상적 가치'마저도 균질화하고 중성화하는 '과학'과는 다른 관점에서 '물질성'을 논하였기 때문이다. 이 속에서 송욱은 인간과 세계의 원초적 조화라는 시의 '신성한 가치'와 한국 문화의 전통 단절을 넘어서 '동서문화'의 창조적 융합을 모두 가능케 하는 이론적 근거를 보았던 것이다.

서구의 고대 문화로부터 유래하는 '기하학적 공간' 개념과 현대(modern)에 들어서 새롭게 나타난 '역사성'과 '시간' 개념은 모두 우리의 문화적 전통에서 유래하는 인식 체계와는 상이한 것으로 파악되었던 것은 틀림없었지만, 송욱이 주요한 비판의 대상으로 삼았던 것은 전자(前者)였다. 그가 '희랍'과 '동양'의 비교에서는 그 '문화권'의 차이를 강조했지만, 서구 현대의 실증적 과학주의를 아예 비교의 대상으로 삼지 않고 전면적으로 비판했던 것은 '신성한 가치'에 그 근거가 있었다. 플라톤 등의 고대 희랍의 사유는 기하학적이고 수학적이었지만, '이데아'라는 형이상학적 실체(metaphysical substance)에 의해 '신성한 가치'를 부여했기 때문이고, 르네상스 이후의 서구의 과학주의는 공간(자연)을 계량화하여 '신성한 존재' 자체를 소멸시켜 버렸기 때문이다. 또한 '전통'으로부터 단절된 우리의 현대시를 주체화하고 잠재적으로 존재하는 '문화적 전통'을 새롭게 복원하기 위해서는 '시간' 개념과 '역사성'은 반드시 요청되었던 것이지만, '신성한 존재'를 송두리째 폐기한 서구의 과학주의는 우리의 전통단절이라는 문제를 더욱 심화시킬 뿐이었기 때문이다.[90] 그가 『문물의 타작』에서 인간(주

---

90) 송욱이 동양의 전통은 '신성한 것'만을 유달리 강조하여 '제1상상력'만이 존재했을 뿐 역사적이고 사회적인 미의식에 관한 능력인 '제2상상력'이 발달하지

체)과 세계(자연)를 이분법적으로 대립시킨 과학주의를 비판하고, 인간의 '내면'과 '신체' 속에 잠재(지속)하는 '시간'과 '역사성'을 통해 다시 인간과 세계의 통합을 시도한 메를로퐁티에 주목했던 것도 같은 이유에서였다. 메를로퐁티의 이론은 시의 내향적이면서도 초월적인 원리를 해명할 수 있는 담론적 기반 위에 있었을 뿐만 아니라, '역사와 현실', '언어와 표현' 속에 존속하는 선험적 잠재력을 해명했다는 점에서 송욱에게는 의미가 있었다.

> 메를로퐁티는 말함과 생각함 그리고 나와 타인의 보편적 교대 관계를 거쳐서 생각이란 무엇인가, 사상의 근원은 어디 있는가, 이러한 철학의 근본을 캐고 있다. (……) 즉 바라본다고 함은 초월을 뜻하며, 나에게 보이는 사물과 세계는 보이지 않는 지평선에 자리 잡고 있다. 따라서 참으로 본다고 함은 보이는 것보다 더욱 많은 것을 보는 것이고, <잠재하는 존재>까지 봄을 말한다. 그러므로 사물이 어떤 측면을 드러내는 행위 자체가 다른 측면을 가리는 것을 포함하고 있다. (송욱, 『文物의 打作』, 문학과지성사, 1978, 136-137면.)

송욱은 "메를로퐁티의 철학에서는 언어와 표현의 문제가 하나의 중심을 이루고 있어서, 문학과 예술에 종사하는 이들에게 도움될 수 있는 면이 있다"고 언급한다.[91] 메를로퐁티에게 '생각'은 존재와 시공간이 서로 교직된 것이며,[92] "참된 표현이란 생각하는 말과 말하는 생각

못했다고 지적했던 것을 참조한다면, '신성한 것' 즉 '전통적 질서'와 '종교', '형이상학' 등을 부정하는 서구 과학주의는 전통을 현대 문화 속에 다시 연속시키고자 하는 그의 담론적 기획과는 정반대에 위치했던 셈이다. (『시학평전』 제 4, 5, 6장 참조.) 즉 송욱은 서구의 과학주의는 전통 단절을 발생시킨 주된 원인일 뿐만 아니라, 그것을 더욱 심화시키는 것으로 작용할 수 있다고 판단했던 것으로 추정된다.

91) 송욱, 『문물의 타작』, 문학과지성사, 1978, 123-124면 참조.

92) 위의 책, 125-126면 참조.

사이에서"[93] 이뤄지는 것이다. 이러한 '생각과 표현', 더불어 '몸짓'은 개인의 '시력'을 넘어서 '공적 지속'을 통해, "인간의 표현 작용이 지니는 전파 작용과 연대성, 사회성"[94]을 이룬다. 즉 '생각', '표현', '몸짓'은 개인에 의해 수행되는 것이지만, 이것은 "주체의 선험적인 의식으로 환원되는 것이 아니라, 타자의 시력과 역사적 상황의 가능성 안에서 이루어지는 육화를 포함한다."[95] 메를로퐁티에게 개인이 수행한 표현은 '선험적 주체'의 의식이 아니며, 이 표현 안에는 '타자의 시력'과 '역사적 상황', 그리고 '신체'가 존속한다. 즉 어떤 하나의 표현 안에 잠재하는 선험적인 장(場)이 문제적인 것이다. 이를 송욱은 "참으로 본다고 함은 잠재하는 존재까지 봄" 또는 "표현 속에는 실지로 표현된 것보다는 더욱 많은 것이 있다"[96]고 부연해서 설명했던 것이다.

메를로퐁티에 의해 밝혀진 표현의 잠재성과 선험적 장의 초월성은 시와 예술의 창조적 힘과 연관되어 있는 것이었지만, 송욱은 이것을 시의 원리 또는 한국시의 전통 문제와 직접적으로 연결시키지는 못했다. 오히려 그가 착안한 것은 사상적인 배경에 입각한 '문화권'의 비교였고, 그 차이였다. '동서문화권'의 차이는 실상 '문화권' 내부의 동일성을 전제하는 것이었다. 이 전제가 갖는 위험은 여러 민족들의 복수적인 다양성을 하나의 단일한 실체로 환원시키는 문제에 직면한 것이기도 했지만, 서구의 역사 속에서 각각의 시대들이 형성시킨 문화의 차이들을 배제하고 간과하는 이론적 결함으로도 나타났던 것이다. 송욱이 메를로퐁티의 철학이 '무'(無)를 다루기는 하지만, "동양적 무는 생각하지 않는다!"고 언급하고 동·서양의 '사상전통'을 '정지/운동'으

93) 위의 책, 131면.

94) 위의 책, 133-134면 참조.

95) M. Merleau-Ponty, 『지각의 현상학』, 류의근 역, 문학과지성사, 2002, 21면 참조.

96) 송욱, 앞의 책,,138면.

로 양분하여 설명할 때, 그것은 '문화권' 담론 자체에 이미 내재되어 있었던 결과였다. 『문물의 타작』에 수록된 「동서생명관의 비교」가 '노자'와 '송대의 철학', '베르그송', '하이데거', '사르트르' 등의 철학적 논의를 다루고, 「동서사물관의 비교」가 '베르그송'과 '주자', '퇴계', '율곡' 등의 철학 사상을 상호 비교한 노작(勞作)임에도 불구하고, '동서문화'의 보편성과 차이라는 단순한 결론을 피할 수 없었던 것도 같은 이유에서였다. 송욱의 말처럼, "서구의 기계학은 신비학으로 보충되어야 하고, 우리의 전통은 기계학으로 보충되어야 한다"[97]는 것은 '동서문화'의 바람직한 융합일 수는 있었지만, 그것은 지극히 소박하고 단순한 문화 담론의 가정이고 이상일 뿐이었다고 할 수 있다.

그러나 그것은 어쩌면 그 당시 우리 문화가 지닌 역사적 한계를 의미하고, 한국시가 전통의 단절을 극복할 수 있기 위해서 요청되었던 상상적 이상의 극한이었는지도 모르겠다. 그가 끊임없이 우리의 전통 속에 잠재하는 '이상적 질서'와 '신성한 존재'를 강조할 때, 그것은 한국의 현대 문화가 그만큼 사회적 후진성과 뿌리 없는 현대성 속에서 부유하고 있다는 것을 의미했기 때문이다. 따라서 한국 현대 사회의 물질적 후진성이나, 그 내부에서조차 소수자(minority)의 자리로 전락할 수밖에 없었던 우리의 문화적 전통은 예술의 상상적 힘과 시의 잠재적 초월성을 통해서만 그것을 극복할 수 있는 비전을 겨우 마련할 수 있었을 것이다. 상징주의 시와 프랑스 비평과 그 철학은 한편으로 이 비전을 제공해 주었고, 송욱의 문제의식의 시발점도 여기에 있었지만, 세계적(서구적) 보편성에 대한 중압은 그것에 동양적 보편성을 맞세우는 결과로 나타났다. 역사의 복수적인 차이들에 의한 다양한 생성보다는 '문화권'의 보편적 동일성에 무게 중심을 두었던 그에게 주어

97) 위의 책, 233면 참조.

진 것은 '문화권'의 비교 담론이었고, 그것은 결국 한국의 남루하고 고통스러운 현대성에 대한 집요한 탐구가 아니라, '노장사상'과 '불교'의 형이상학적 초월성에 대한 주관적 탐닉으로 귀결되었다고 할 수 있다.

5. 맺음말

송욱의 시론은 발레리와 공자의 시관, '동서'(東西)의 시간관, 엘리어트와 오든의 전통론과 유교와 불교의 전통론을 상호 비교하는 '동서문화비교론'의 특성을 지닌다. 이렇듯 '동서의 문화'가 상호 비교된 것은 단순히 양자(兩者)의 차이와 그 각각의 '문화권'의 보편성을 해명하기 위한 것이 아니었다. 그것은 오히려 과거의 전통으로부터 단절된 한국 현대시와 현대 문화 속에 잠재하는 문화적 전통의 선험적 규정력을 강조하기 위해서였다. 송욱은 엘리어트와 오든의 전통론을 통해 세계문학 전체가 '동시적 질서'를 이루면서 그것이 한국 현대시의 실제 창작에 있어서 선험적인 바탕이 됨을 강조했다. 이러한 '동시적 질서'의 담론에서 핵심적인 가치 규준으로 작용했던 것은 '주체성'과 '현대성'이라는 두 측면의 종합이었다.

송욱은 이 두 측면을 '역사의식'과 '내면성'이라는 용어로 표현했으며 한용운을 이 양자(兩者)를 가장 탁월하게 융합시킨 한국 최고의 시인으로 평가했다. 또한 이 양자를 가치 규준으로 삼아 김소월의 전통주의와 정지용, 김기림의 모더니즘을 모두 비판했다. 이 논문은 송욱의 이러한 비판 속에 '서구중심적인 편향적 시각'과 '오리엔탈리즘적인 관점'이 개입되어 있다는 선행 연구들의 견해를 부분적으로 인정하면서도, 그것을 단순하게 '한국적 전통의 폄하' 혹은 '서구 사상의 경도'로 파악했던 선행 연구의 논점을 수정하고자 하였다. 송욱이 되풀이하여 강조했던 가장 중요한 문제는, 우리 현대시가 주체적으로 현대화하기 위해서 필수적으로 요청되었던 사항인 시인의 '역사의식'과 '비평의식'이었기 때문이다. 다시 말해, 송욱은 한국 현대시의 실제 창작과 서구의 현대시 이론 사이에서 나타나는 괴리를 해명하고 그것을 극복할 수 있는 방법을 찾기 위한 모색의 지점에서만 전통을 비판했을 따름이며, 그것은 결코 우리의 문화적 전통이 지닌 잠재력을 폄하하기 위한 의도를 지니고 있지 않았다는 것이다. '역사의식'과 '비평의식'은 송욱의 시론이 한국적 전통을 갱신하고, 서구의 문화와 사상을 주체적으로 소화할 수 있는 한국시인의 의식적 역량을 그 무엇보다도 강조했다는 것을 구체적으로 예증하는 언표들이기 때문이다.

송욱의 이러한 관점은 리차즈의 '과학적 시관'과 브룩스를 비롯한 '신비평' 비판과도 연속된다. 송욱은 이들이 시에서 '신성한 가치'를 아예 소멸시키고, 시를 과학적 논리에 종속시켰다는 측면을 집중적으로 비판했다. 이것은 곧 그의 시를 바라보는 규준과 척도가 '신성한 가치', 곧 형이상학적이고 초월적인 차원에 놓여 있었다는 것을 의미한다. 그가 『문학평전』과 『문물의 타작』에서 바슐라르와 베르그송, 하이데거와 메를로퐁티에게 주목했던 것도 같은 이유에서였다고 할 수 있다. 송욱은 현대에 들어 나타나게 된 과학주의적 사유를 동·서양의 형이상학의 종합을 통해 극복하고자 했던 것으로 보인다. 그러나 이 종합은 한국의 남루하고 고통스러운 현대성에 대한 집요한 탐구로 귀결되지 않고, 노장사상과 불교의 형이상학적 초월론에 대한 주관적 탐닉으로 귀착되고 말았다. 이러한 주관적 가치 규정은 곧 그의 시론을 소박한 '문화권' 비교 담론으로 축소되게 하였고, 시의 잠재성과 초월성에 대한 이론적 사유를 보다 세밀하고 체계적으로 구축할 수 없게 하는 동인으로 작용했던 것으로 추론된다.

송욱 시론이 시 자체의 잠재적이고 초월적인 표현 형식과 의미 내용에 대한 논의를 체계적 이론으로 구축하지 못하고, 소박한 문화 담론의 늪에 빠지고 말았던 것은 그의 동양의 '신성한 것'에 대한 과도한 집착과 추구 때문이었던 것으로 보인다. 그러나 이러한 한계에도 불구하고, 송욱의 시론은 한국 현대시가 '주체성'과 '현대성'을 동시에 성취하기 위해서 어떤 노력을 기울여야 하는가를 치열하게 탐구한 최초의 시론이었으며, 그 이론의 폭과 깊이 역시 독보적이었다는 점에서, 한국 현대시론의 기념비적인 업적에 해당된다고 말할 수 있을 것이다.

✣ 참고문헌

송 욱, 『시학평전』, 일조각, 1963.

_____, 『문학평전』, 일조각, 1969.

_____, 『님의 침묵 전편 해설』, 과학사, 1974.

_____, 『문물의 타작』, 문학과 지성사, 1978.

_____, 『誘惑』, 사상계, 1954.

_____, 『何如之鄕』, 일조각, 1961.

_____, 『월정가』, 일조작, 1971.

김동식, 「한국의 근대적 문학 개념 형성 과정 연구」, 서울대 박사논문, 1999.

김종길, 「아키데미즘과 나르씨시즘」, 『시에 대하여』, 민음사, 1986.

김유중, 「사상의 창조와 실험정신」, 『한국현대시론사』, 모음사, 1992.

박종석, 「송욱 문학 연구」, 동아대 박사논문, 1998.

서지영, 「특수 속에서 보편의 추구」, 『송욱 연구』, 역락, 2000.

엄성원, 「새로운 문학 전통 수립을 위한 탐색」, 『송욱 연구』, 역락, 2000.

연혜진, 「사물의 말, 초월성의 시학」, 『송욱 연구』, 역락, 2000.

윤지영, 「혁명적 我空과 사랑의 證道歌」, 『송욱 연구』, 역락, 2000.

이광호, 「한국근대시론의 미적 근대성 연구」, 고려대 박사논문, 1998.
이민호, 「교합과 주체성의 시학」, 『송욱 연구』, 2000.
이 선, 「송욱의 비평정신과 실제비평」, 충북대 석사논문, 2002.
이숭원, 「송욱론: 비평정신의 고양과 방법론의 모색」, 이승하 편, 『송욱』, 새미, 2001.
이 찬, 「20세기 후반 한국 현대시론 연구」, 고려대 박사논문, 2004.
전용호, 「김기림과 최재서의 문학이론 대비 연구」, 고려대 박사논문, 2003.
한원균, 「宋稶文學硏究」, 경희대 석사논문, 1992.
황종연, 「文學이라는 譯語」,『한국문학이란 무엇인가』, 민음사, 1995.
황현산, 「랭보, 김현, 진이정」, 『포에지』 2호, 2000 가을.
황현산, 「역사의식과 비평의식」, 이승하 편, 『송욱』, 새미, 2000.

김기림, 『시론』, 김기림 전집 2, 심설당, 1988.
김붕구 『보들레에르』, 문학과 지성사, 1977.
김상환, 『예술가를 위한 형이상학』, 민음사, 1999.
김인환, 『비평의 원리』, 나남, 1994.
김재근, 『이미지즘 연구』, 정음사, 1975.
김학동 외, 『송욱 연구』, 역락, 2000.
김 활, 『모더니즘문학론과 질서』, 한신문화사, 1993.
김 현, 『한국문학의 위상/문학사회학』 김현 문학 전집 1, 문학과 지성사, 1991.
_____, 『존재와 언어/현대 프랑스 문학을 찾아서』 김현 문학 전집 12, 1992.
백운복, 『한국현대시론사 연구』, 계명출판사, 1993.
이승하 편, 『송욱』, 새미, 2001.
오형엽, 『한국 근대시와 시론의 구조적 연구』, 태학사, 1999.
서동욱, 『차이와 타자』, 문학과 지성사, 2000.
정종진, 『한국현대시론사』, 태학사, 1988.
조민환, 『중국철학과 예술정신』, 예문서원, 1997.
최동호, 『디지털 문화와 생태시학』, 문학동네, 2000.
최문규, 『문학이론과 현실인식』, 문학동네, 2000.
한계전, 『한국현대시론연구』, 일지사, 1983.
한계전 외, 『한국 현대시론사 연구』, 문학과 지성사, 1998.

황현산, 『말과 시간의 깊이』, 문학과 지성사, 2002.

Bachlard, G, 『공기와 꿈』, 정영란 역, 민음사, 1993.
Brooks, C, 『잘 빚어진 항아리』, 이경수 역, 문예출판사, 1983.
Calinescu, M, 『모더니티의 다섯 얼굴』, 이영욱 외 4인 역, 1993.
Eliot, T. S, 『T. S 엘리엇 문학비평』, 이창배 역, 동국대 출판부, 1999.
Foucault, M, 『이것은 파이프가 아니다』, 김현 역, 민음사, 1995.
Merleau-Ponty, M, 『지각의 현상학』, 류의근 역, 문학과 지성사, 2002.
Paz, O, 『흙의 자식들』, 김은중 역, 솔, 1999.
Raymond, M, 『프랑스 현대시사』, 김화영 역, 문학과 지성사, 1983.
__________, 『발레리와 존재론』, 이준오 역, 예림기획, 1999.

김준오 시론의 변화와 지속의 양상

1. 머리말

김준오 시론 전체를 특징짓는 가장 핵심적인 개념은 '동일성'이다. 1982년에 간행된 김준오의 첫 저작인 『시론』은 1997년의 제4판에 이르기까지 거듭하여 수정되고 개고되었다. 그러나 '동일성의 시론' 혹은 '시는 동일성이다'라는 전제는 변치 않고 지속되었다. 이것은 『시론』이 개고되는 과정에서 '동일성의 원리'로 환원되지 않는 현대시의 기법과 비유기적인 구성 원리, 시 장르의 해체 현상 등이 적극적으로 수용되었다는 것을 의미하는 동시에, 이것들이 다시 '동일성의 원리'로 수렴되었다는 것을 뜻한다. 『시론』을 포함한 김준오의 모든 시론은 변화와 지속이라는 이중적인 의미를 내포한다. 여기서 변화의 측면에 해당되는 것은 차이의 원리에 기초해 있는 한국 현대시의 다양한 기법과 문체, 구성 원리, 장르 해체 현상 등의 적극적인 수용이고, 지속의 측면에 해당되는 것은 "시는 동일성이다"라는 전제이다. 김준오 시론은 시의 본질적 원형으로서의 동일성과 현대시의 주류적 현상으로서의 차이(해체)를 공존시킨다. 그러나 이러한 차이의 현상들은 결국 동일성의 원리로 환원된다. 이 공존과 환원은 두 가지 이론적 전제와 그것의 중첩을 통해 가능했던 것으로 보인다. 그 하나는 시 텍스트 내부의 '화자'를 시 텍스트 외부의 '시인'의 '탈'(persona)로 간주하는 것이고,[1] 다른 하나는 '문학장르'의 '큰 갈래'는 '불변적이고 보편적인 것'이라고 규정하면서도 '작은 갈래'는 끊임없이 변화하는 것이라고 보는 것이다.[2]

전자(前者)에서 핵심이 되는 것은 '시인'과 '서정적 자아'가 등치(等値)된다는 것이며, 시인이 '자아와 세계의 동일성의 회복을 지향하는' 존재로 전제된다는 것이다.[3] 따라서 시 텍스트 내부의 '화자'가 '자아 분열' 혹은 '세계와의 대결 상태'에 놓여 있더라도, 그것은 시 텍스트 외부의 '시인'이 '동일성'을 회복하기 위해 설정해 놓은 허구적인 장치, 곧 '서정적 자아'의 '탈'이 된다는 것이다.[4] 마찬가지로 시 텍스트 내부의 '유기적 질서'(동일성), 혹은 '서정장르'의 '동일성'을 파괴하는 '해사체'(解辭體), '병치은유'(竝置隱喩), '담화양식'(談話樣式) 등은 모두 시 텍스트 외부의 '시인'이 '동일성'을 회복하기 위해 설정해 놓

---

1) "시 속에서 시인이 탈을 쓰고 탈에 어울리는 역할을 하고 독자는 이런 시를 이해하게 된다. 탈은 그가 행하는 역할 곧 행위에 의해 정의되므로 독자는 탈의 역할을 분석하고 제재에 대한 시인의 태도를 인식할 수 있다." (김준오, 『시론』 제1판, 문장사, 1982, 201면.) "결국 시인은 이런 소시민의 탈을 쓰고 가장 소시민다운 목소리를 통해 세계에 대한 자기의 태도를, 어쩌면 자기 자신에 대한 태도를 보여주고 있는 것이다."(위의 책, 204면.)

2) "사회·역사적 산물인 장르종들은 3분법이든 4분법이든 장르류의 분류체계로 질서화하는 것이 커다란 쟁점이었다. 불변적이고 보편적인 장르류의 추상적 고찰과 개별적인 장르종들의 연대기적인 역사를 추적을 겸해야 한다는 것은 장르 비평의 중심 과제다."(김준오, 『한국현대장르비평론』, 문학과 지성사, 1990, 230-231면.) "불변적이고 보편적인 큰 갈래와는 달리 작은 갈래는 생성, 발전, 소멸의 과정을 밟는다. 그래서 작은 갈래는 흔히 유기체에 비유되기도 한다. 이 과정은 요컨대 '변화'의 과정이다. (김준오, 「문학사와 장르 변화」, 『문학사와 장르』, 문학과 지성사, 2000, 12면.) 「문학사와 장르 변화」는 원래 (『한국문학사 서술의 제 문제』, 단국대 출판부, 1993.)에 수록되었던 글이다.

3) 김준오, 『시론』 제1판, 25면, 30면, 35면 참조.

4) 위의 책, 30-37면 참조.

은 문체와 기법으로 간주된다. 이에 따라 모더니즘 시 더 나아가 포스트모더니즘 시에서 시 텍스트 내부의 동일성(통일성)이 해체되는 현상이 나타난다 하더라도, 그것은 그 외부에 존재하는 '서정적 자아'의 '동일성의 회복을 지향하는 태도'로부터 기인한다는 역설적인 논리가 가능해진다.[5] 김준오 시론 전반이 "시는 동일성이다"라는 전제를 유지하면서도, 모더니즘 시, 더 나아가 포스트모더니즘적인 현대시의 장르 해체 현상들을 적극적으로 수용할 수 있었던 이론적 근거는 바로 이 지점에 있었다.

이렇듯 전자(前者)가 시의 공시적인 동일성을 입증할 수 있는 전제로 작용한다면, 시의 통시적인 동일성을 입증해주는 것은 후자(後者)이다. 후자에서 '세계의 자아화' 혹은 '자아와 세계의 동일성'이라는 '시적 세계관'('시정신')은 다른 '문학장르'로부터 '서정장르'의 '큰 갈래'를 구분할 수 있는 가장 핵심적인 기준으로 기능한다.[6] 그러나 이러한 '시적 세계관'이 구체적으로 표현되고 제시되는 형식, 즉 '제시형식'('화법')은 각각의 시대에 따라 상이하게 '양식화'되며, 또 역사의 전개에 따라 '변화'되는 것으로 전제된다.[7] 『한국현대장르비평론』(1990) 이후 김준오는 '서정장르'의 '큰 갈래'와 '작은 갈래'를 각각 '시적 세계관'과 '제시형식'이라는 서로 다른 기준을 근거 삼아 구분하고자 했던 것으로 추정된다.[8] 또한 1990년을 전후로 하여 김준오의

---

5) 위의 책, 35면 참조.

6) 위의 책, 21-22면 참조; 『시론』 제4판, 삼지원, 1997, 34-36면 참조.

7) 김준오, 「문학사와 장르변화」, 문학과 지성사, 2000; 『시론』 제4판, 34-55면 참조.

8) 실상 김준오가 문학장르의 큰 갈래와 작은 갈래를 구분하는 기준은 다소 모호한 측면이 있다. 이것은 그가 한편으로 에밀 슈타이거와 볼프강 카이저, 조동일 등의 장르 구분법을 그대로 수용하면서도,(『시론』 제4판, 34-39면 참조.) 다른 한편으로는 폴 헤르나디의 '제시형식'이라는 또 다른 장르 구분의 기준을 내세우기 때문이라 판단된다.(『한국현대장르비평론』, 문학과 지성사, 1990, 86-89면 참조; 『시론』 제4판, 53-55면 참조.)

시론은 '서정장르'의 이러한 상이한 구분을 통해, 역사의 전개에 따른 '서정장르'의 변화 양상과 장르의 해체 현상을 적극적으로 수용하면서도, '동일성의 시론'이라는 애초의 관점을 그대로 유지할 수 있었던 것으로 보인다.

그러나 '시적 세계관'과 '제시형식'('화법')은 서로 다른 이론적 배경을 거느리고 있는 것이었고, 이에 따라 김준오 시론 전반은 다소 모호한 논지와 모순적인 측면을 지닐 수밖에 없었던 것으로 추론된다. 이러한 모순적인 측면은 김준오가 현대 사회와 현대시에서 나타나는 여러 분열적 현상과 차이의 운동에 주목하고 그것을 적극적으로 수용했으면서도, 그가 초기 시론에서 전제했던 '서정적 자아' 혹은 '자아와 세계의 동일성'이라는 이론적 틀을 고수하고자 했던 데에서 발생하는 문제라고 할 수 있다.9) 이것은 또한 현대 사회의 분열상을 '시적 세계관' 혹은 '시적인 비전'을 통해 통합하고 극복하고자 했던 김준오의 태도와 가치 체계로부터 기원하는 것으로 추론된다.10) 어쨌든 '시적 세계관'은 김준오 시론 전반이 '동일성의 시론'이라는 이론적 전제를 계속해서 견지할 수 있는 힘으로 작용했으며, '제시형식'('화법')은 문

9) 이러한 김준오의 관점은 『시론』 제4판에까지 지속된다. 그는 『시론』 제3판부터는 후설의 '현상학', 혹은 '현상학적 자아'와 관련된 자신의 모든 진술과 논의를 삭제했지만, '자아와 세계의 동일성', '시적 세계관', '시정신', '서정적 자아'라는 개념은 제4판에서도 그대로 사용했다. 이것은 그가 '현상학적 자아'의 개념으로 '시의 동일성'을 설명하지는 않았지만, '동일성의 시론'이라는 이론적 틀을 그대로 유지하고자 했다는 것을 의미한다. 이러한 측면은 『시론』 제4판에서도 『시론』 제1판의 제1장 '시의 관점'(「공시적 동일성과 서정양식」, 「통시적 동일성과 서정양식」)에 해당하는 부분이 '동일성의 시론'이라는 제목으로 개고되어 부록으로 실려 있다는 것을 통해서도 예증될 수 있다.

10) 김준오의 이러한 태도는 『시론』 제1판에서부터 제4판에 이르기까지 변치 않았던 것으로 보인다. 이것은 제1판에서는 '책머리에'를 비롯하여 제1절 '시의 관점'과 제2절 '시의 요소' 가운데 '언어' 부분에서 나타나고, 제3판과 제4판에서는 제2절 '언어' 가운데 '주술적 언어와 의미론적 기호'와 '시어와 신화' 부분에서 나타난다.

학사의 구체적인 현상으로서의 장르의 변화와 혼합, 그 해체 현상 모두를 적극적으로 수용할 수 있는 이론적 근거를 제공했던 것으로 추론된다. 전자(前者)는 제4판까지 수정을 거듭한 『시론』을 비롯한 김준오 시론 전반의 지속의 측면에 해당되며, 후자(後者)는 변화의 측면에 해당된다고 할 수 있다.

김준오 시론에 대한 선행 논의들을 살펴보면, 그것들은 대체로 이러한 지속과 변화의 측면을 동시에 고려하기보다는 이 두 측면 가운데 어느 하나만을 일방적으로 강조하고 있는 것으로 판단된다. 이에 따라 선행 논의들 대부분은 그의 일반론적인 시론과 실제 비평, 문학사와 '문학장르'론 등이 형성하고 있는 이론적 연결 고리를 섬세하게 해명하지 못했던 것으로 보인다.[11] 이 논문은 김준오 시론의 일반론적인 시론이라 할 수 있는 『시론』의 여러 판본들의 차이를 상세하게 검토

---

11) 김준오 시론 전반을 지속의 관점에서 파악한 논의로는 김경복과 이광호의 논의를 꼽을 수 있으며, 변화의 관점에서 바라본 논의로는 구모룡과 고현철의 논의를 지적할 수 있다. 여기서 지속의 관점은 김준오 시론이 지닌 '동일성'의 차원을 강조하는 관점이라 할 수 있으며, 변화의 관점은 '동일성의 시론'에서 '차이의 시론'으로 이동했다는 것을 강조하는 관점이라 할 수 있다. 이 논의들을 연대순으로 정리하면 다음과 같다.
구모룡, 「비판시학의 열린 체계: 해석에서 해체로: 김준오론」, 『한국문학과 열린 체계의 비평 담론』, 열음사, 1992.
구모룡, 「시학의 확장: 본질시학에서 해체시학으로」, 『시와 시학』 통권28호, 시와 시학사, 1997 겨울.
고현철, 「이론과 실천이 직조하는 체계적 기술시학」, 『현대시학』 통권362호, 현대시학사, 1999. 5.
김경복, 「인간을 찾아, 근원을 찾아」, 『사와 사상』 제21호, 동남기획, 1999 여름.
구모룡, 「궁극적 和」, 『다층』 창간호, 1999 여름.
이광호, 「동일성의 시학과 균열의 시학: 김준오의 『시론』 다시 읽기」, 『포에지』 창간호, 나남출판, 2000 여름.
고현철, 「체계적 기술시학: 김준오의 시론과 장르론」, 『문학과 사회』 통권 50호, 2000 여름.
구모룡, 「비평적 글쓰기와 이타성의 지평」, 『문예중앙』, 통권91호, 중앙M&B, 2000 가을.

하고, 그의 실제 시 비평과 장르론을 모두 살펴봄으로써, 그의 다양한 문학 담론들을 관통하는 이론적 핵심을 규명하고자 한다. 이 논문의 이러한 연구 방향은 김춘오 시론 전체에서 나타나는 변화와 지속의 측면을 분명하게 드러내 줄 수 있을 것이며, 또 그것의 성과와 한계를 보다 객관적으로 인식할 수 있는 계기를 마련해줄 수 있을 것으로 예상된다.

2. '서정적 자아'와 '퍼소나'의 양립

김준오는 『시론』 제1판 서문에서 "시는 동일성이다"라는 결론을 제시했으며, 『시론』을 '동일성의 시론'이라 규정했다.[12] 이것을 가능하게 했던 가장 핵심적인 이론적 근거는 '서정적 자아'와 '퍼소나'라는 두 개념의 중첩에 있었다. 특히 '퍼소나'는 기존의 장르론에서 제기된 '서정적 자아'의 개념을 보완하면서 비동일성의 원리에 기초해 있는 현대시의 여러 현상들을 동일성의 원리로 포섭할 수 있는 소단위의 이론적 개념이었다고 할 수 있다. 1985년에 간행된 『가면의 해석학』은 이러한 '퍼소나'의 개념을 중심으로 하여 한국 현대시인과 시를 분석한 것이었다. 본래 '퍼소나'는 시의 내부와 외부를 단절적인 것으로 바라보고, 시인의 감정 그 자체보다는 시의 제작 과정과 기술을 중시하는 '현대의 몰개성론의 시관'으로부터 형성된 용어라 할 수 있다.[13] 즉 '퍼소나'는 시인의 '경험적 자아'와 시 텍스트 내부의 '화자'가 서로 다르다는 것을 강조하고자 한 데에서 발생한 용어이며, '시인의 개성'보다는 '시의 형식'을 중시하는 시관으로부터 나온 용어라는 것이

12) 김준오, 「책머리에」, 『시론』 제1판.
13) 위의 책, 200-201면 참조.

다.[14] 따라서 '퍼소나'라는 용어를 사용한다는 것은 실상 '현실세계'와 '작품세계' 사이의 분리(차이)를 전제하다는 것을 의미한다.[15] 이러한 측면에서 본다면, '퍼소나'의 개념과 '동일성의 시론'은 양립할 수 없는 것이라 할 수 있다.[16] 그러나 『시론』 제1판은 오히려 '퍼소나'의 개념을 통해 '동일성의 시론'을 완성시킨다. 이것은 시 텍스트

14) "작품 속의 시인은 시인의 경험적 자아가 시적 자아로 변용, 창조된 것이지 시인의 실제 개성 그 자체는 아니다. 이 양자의 구별은 실제 세계와 작품 세계의 차이에 상응한다. 시의 화자를 실제의 시인과 구별되는 퍼소나로 부름으로써 결국 시도 하나의 허구에 지나지 않는다는 예술성을 강조한 셈이다."(김준오, 『시론』 제3판, 195면.) "T.S. Eliot가 「전통과 개인적 재능」에서 시란 정서로부터 그리고 개성으로부터의 도피라고 말한 진정한 의미는 여기에 있다."(김준오, 『시론』 제4판, 283면.) 이러한 김준오의 언급은 제1판에서는 나타나지 않는다. 이것은 김준오가 시 내부의 화자를 시 외부의 시인에게 종속시키지 않는다는 것을 의미한다. 또한 그의 초기 시론의 중심을 이루었던 주체중심주의(현상학적 자아)의 이론틀이 바흐친적인 '담화 양식'의 틀로 변모한다는 것을 의미한다. 그러나 이 변모는 '동일성의 시론'에서 '마르크스주의 문화배평', 혹은 '해체시론'으로의 이동을 의미하지는 않는다. 김준오는 이것들을 배제하지 않고 포괄하고자 했지만, 결국은 시의 중심적인 원리가 '자아와 세계의 동일성', 즉 '서정적 자아'로 요약되는 '시적 세계관'('시정신')에 있다고 보았다. 이에 대해서는 (「시의 형식과 이데올로기」, 『문학사와 장르』, 132-136면, 154-155면과 『시론』 제4판의 3면, 34-55면.)을 참조할 수 있다.

15) 김준오, 『시론』 제3판, 195면 참조; 『시론』 제4판, 283면 참조.

16) '퍼소나'가 시인의 단일하고 통일된 의식인 '서정적 자아'로 환원되지 않고 독립적이고 자율적인 존재로서의 의미를 획득할 때, 시인과 화자의 '분열 현상' 혹은 시 내부의 '담화 양식'을 강조할 수 있게 된다. 전자는 시인 내면의 분열을 강조하는 방향과 시의 기술(방법)을 강조하는 방향으로 나누어질 수 있고, 후자는 시 내부에 여러 인물이 등장하는 서술시를 강조하는 것으로 요약될 수 있다. 전자에서의 두 방향은 이상과 정지용의 차이로 예시될 수 있을 것이고, 후자의 예는 70～80년대 리얼리즘시 혹은 서술시에서 찾을 수 있을 것이다. 그러나 '퍼소나'와 '담화양식'이 강조된다 하더라도, 시에서 소설과 같은 '다성적 담론'이 구축될 수는 없을 것으로 보인다. 적어도 지금까지의 장르 개념을 그대로 수용하고 인정한다면, 시는 소설처럼 많은 분량의 언술 내용을 담을 수 없는 짧은 글쓰기의 형식이기 때문이다. 어쨌든 '퍼소나'의 개념이 강조되면 될수록, 그것은 '담화 이론'과 근친성을 가지게 된다는 것은 분명해 보인다. 또한 시인과 화자의 동일성이 부정되고, 자아의 선험적 동일성이 전제될 수 없게 된다.

외부의 '시인'을 '서정적 자아'로 간주하고, 시 텍스트 내부의 '자기분열'적이고 '현실대결'적인 '화자'를 시인의 '진정한 자아'가 아니라 '거짓 자아'(탈, 퍼소나)로 규정하는 것을 통해 가능했다.

> 우리의 일상 의식의 차원에서 즉 실제의 자아와 세계는 엄연히 구분되어 있다. 나는 타인과 다르면 나 아닌 모든 사물과도 엄연히 구분된다. 더구나 현대 산업사회 속에서 자아와 세계는 갈등이 더욱 심화되고 인간은 세계로부터 소외감을 느끼며 살아간다. 이것은 말할 필요없이 동일성의 상실이다. 그러므로 시인이 상상 속에서 자신의 가치관, 신념, 의지 등 그의 개성 전체에 의하여 세계를 자아화한다는 것은 바로 그 상실된 동일성을 회복하는 일이 된다. (……) N. 프라이는 세계에 대한 인간의 정서적 반응은 好・不好 또는 快・不快의 두 큰 범주로 나타난다고 했다. 好・快는 자아와 세계가 동일화된 기분, 즉 일체감의 기분이며 不好・不快는 소외의 느낌, 일상적 의식의 상태, 즉 대립 갈등의 심리적 상태다. 후자의 경우에 세계를 자아화하는 예술이 시작된다는 것이다. 따라서 시인이란 동일성의 회복을 실현하는 존재로 정의할 수 있다. (김준오, 『시론』 제1판, 문장사, 1982, 29-30면.)

김준오는 현대 세계가 '의식의 발달', '문화의 진보' 속에서 '무자비한 변화와 다양성', '소외와 분열'을 발생시킨다고 진단한다.17) '동일성'이라는 개념이 제기되는 것은 바로 이 지점에서이다. 즉 '동일성'은 현대 세계에서 '주체로서의 자아'가 경험하는 "객관세계의 상실과 자아상실이라는 두 가지 위기감에서 야기된다"는 것이다.18) '동일성'은 현대 세계의 사실적이고 경험적인 현상을 설명하는 개념이 아니라, 그 세계가 발생시키는 '갈등'과 '변화'를 넘어서기 위해 요청되는 '가치개념'으로 정의된다.19) 여기서 '갈등'은 '공시적 동일성'의 문제와 관

---

17) 김준오, 『시론』 제1판, 18면.
18) 위의 책, 18면.

련되며, '변화'는 '통시적 동일성'의 문제와 결부된다. 김준오는 이 두 문제가 각각 '세계와 자아의 동일성', '자아'의 '개인적 동일성'이라는 측면으로 나누어진다고 보면서도, 양자(兩者)가 결국은 '개인적 동일성'의 문제가 합치된다고 본다. 즉 그는 양자(兩者)를 '분리된 별개의 것'이 아니라, "자아가 세계와 교섭해 가는 과정은 곧 개인적 동일성의 문제로 연결된다"고 본 것이다.[20]

이러한 김준오의 관점은 두 방향의 의미의 계열을 발생시킨다. 그 하나는 '동일성의 문제'를 자아 내부의 동일성으로 환원시켜, '자아의 동일성'을 선험적이고 본질적인 것으로 전제하는 것이고, 다른 하나는 시인을 이러한 '자아의 동일성'을 회복하려는 존재로 간주하여 '시인'과 '서정적 자아'를 일치시키는 것이다. 여기서 후자는 '서정적 자아'가 시 텍스트 내부의 '화자'가 아니라 시 텍스트 외부의 '시인'으로 전치되었다는 것을 의미한다. 더 정확하게 말한다면, 시 내부의 '화자'는 '서정적 자아'인 경우도 있고, 그렇지 않은 경우도 있으나, '시인'은 항상 '서정적 자아'로 전제된다는 것을 의미한다. 이렇듯 '시인'이 '서정적 자아'와 동일화될 때, '퍼소나'(화자)는 '시인/화자', '현실세계/작품세계'의 불일치와 분리를 강조하기 위한 개념이 아니라, '시인'의 "동일성의 회복을 지향하는 태도"[21]를 강조하기 위한 개념이 된다. 따라서 시 내부의 '화자'가 '자아분열'이나 '세계와의 대결' 상태에 놓여 있더라도, 그것은 "시는 동일성이다"라는 전제를 침해하지 않는다. 결국 분열적이고 대결적인 '화자'는 '시인'의 '진정한 자아'(서정적 자아)가 아니라, '거짓 자아'(탈)에 불과하기 때문이다.

---

19) 김준오, 「책머리에」, 『시론』 제1판.
20) 위의 책, 18면 참조.
21) 위의 책, 35면.

> 이처럼 현대시의 서정적 자아는 탈을 뒤집어쓰거나 비인간화되는 경향으로 그리고 유아론적 고립주의의 경향으로 세계와 날카롭게 대결하는 양상을 보여주고 있다. 그러나 현대시에 많이 나타나고 있는 이별의 정한, 고향 상실감, 어둠의 인식, 궁핍 의식, 자아 상실감, 세계 상실감 등은 비록 동일성 상실의 여러 가지 양상이지만 이것은 동시에 동일성의 회복을 지향하는 태도다. (……) 원시인에게는 의식화되지 못했던 (그러니까 무의식 상태에 있었던) 그 에덴의 가치를, 그리고 그 후 문명인이 상실했던 그 가치를 의식하고 이것을 추구할 때 더욱 커다란 에덴을 획득할 수 있다. 즉 분열, 갈등, 소외의 비극을 통해 재획득한 자아와 세계의 동일성은 더욱 가치를 지니게 되는 것이다. (위의 책, 35면.)

위 인용문에서 '현대시의 서정적 자아'는 실상 시 텍스트 내부의 '화자'를 가리키고, '동일성의 회복을 지향하는 태도'는 시 텍스트 외부의 '시인'의 가치 지향을 뜻한다. 일반적으로 현대 이전의 '시', 혹은 '서정장르'에 있어서 '시인'과 '화자'는 일치했다고 볼 수 있을 것이다. 이른바 '재도지기'(載道之器)의 관점이 우세했던 한국의 시 전통에서 시의 기법이나 그 예술적 창조의 독창성보다는 '도'(道)와 '사무사'(思無邪)로 표상되는 언표가 복수적인 의미의 맥락을 거느리고 있는 것이기는 하지만, 이것이 '자아와 세계의 동일성', '인간과 자연의 일체감'이라는 의미를 포함하는 것임에는 틀림없다. 따라서 한국의 시 전통에서 시인과 화자, 자아와 세계, 인간과 자연은 서로 연속적인 통일성을 이룩하고 있었다고 할 수 있다. 또한 김준오가 정의한 것처럼 "자아와 세계의 동일성을 몽상하고 갈망하는" '자아'가 '서정적 자아'라면,[22] 한국의 시 전통에서 '시인'과 '화자'는 모두 이러한 '서정적 자아'를 경험적인 차원에서 실현하고 있었다고 볼 수 있다.

---

22) 위의 책, 25면 참조.

그러나 김준오가 '동일성'이 '가치 개념'이라고 언급한 것처럼, 현대시의 일반적인 차원에서 '시인'과 '화자'는 이러한 '서정적 자아'로 규정될 수 없다. 다만 이러한 '서정적 자아'와 '서정시'를 추구하는 현대시의 한 흐름이 존재할 뿐이다. 현대시에서는 시 내부의 '화자'가 '자아분열', '세계와의 대결'을 보여주는 경우가 허다하며, 현실적이고 실제적인 차원에서의 현대시인 역시 '세계의 자아화' 또는 '자아와 세계의 동일성'이라는 '서정적 자아'의 개념으로 환원될 수 없기 때문이다. 따라서 '세계의 자아화'로 요약되는 '서정적 자아'의 개념은 현대 이전의 시에 대해서는 일반적인 원리로 기능할 수 있으나, 현대시에 있어서는 그 기능이 축소될 수밖에 없을 것으로 판단된다. '퍼소나'('화자')는 이러한 문제를 해결하기 위해 도입된 개념임에 틀림없다. 그러나 김준오는 '서정적 자아'를 '퍼소나'로 대체하는 것이 아니라, '퍼소나'를 '서정적 자아'의 '가면'('탈') 혹은 '거짓 자아'로 간주한다. 이에 따라 『시론』 제1판에서 '퍼소나'는 '서정적 자아'와 대립하는 것이 아니라, 그것에 종속된 하위 범주로서 기능하게 된다. 예컨대 『시론』 제1판에서 '현실대결의식', '비인간적 익명의 정조', '세계상실의 고립주의'를 드러내고 있는 한국 현대시의 '퍼소나'('화자')들은 '세계의 자아화'라는 '서정적 자아'의 개념과 어긋나는 사례로 이해되지 않는다.[23] 그것은 오히려 '시인'('서정적 자아')이 '자아의 동일성'을 회복하기 위해 허구적으로 설정한 '가면'('탈')이라는 의미를 지닌다. 즉 『시론』 제1판에서 '퍼소나'('화자')는 하나의 독립적인 존재로서의 의미를 부여받는 것이 아니라, 다만 '서정적 자아'에 종속된 '가면'('탈')이라는 기능을 수행할 뿐이라는 것이다. 여기서 문제가 되는 것은 '서정적 자아'가 존재하는 공간, 혹은 위치이다.

---

23) 위의 책, 20-38면 참조.

> 이렇게 시인에게 있어서 자아와 세계와는 서로 대조하는 상상적 관계가 성립한다. 이 관계의 궁극은 자아와 세계가 조화를 이루는 일체감이며 여기에 시적 세계관 곧 시정신이 내재한다. 시는 상상력의 산물이다. 상상력도 이런 시적 세계관의 문맥에서 정의될 수 있다. 다시 말하면 자아와 세계와의 동일성은 상상력의 작용에서 기인하는 것이다. 이 경우의 상상력은 흔히 이성과 대비되어 아주 극명하게 정의된다. (……) 이 도표에서처럼 상상력은 여러 가지 사물들의 같은 점을 발견하여 이것들을 결합해서 새로운 하나의 전체를 창조하는 능력이다. 상상력의 이런 특성에 의해서 <세계의 자아화>라고 하는 시적 세계관이 탄생하는 것이다. 자아와 세계의 동일성은 시의 원래의 모습이자 시인이 몽상하고 갈망하는 고향이다. 이런 자아를 우리는 서정적 자아라 부른다. 서정시에 존재하는 이 자아를 <역사적 자아historical I>, <논리적 자아 theoretical I>, <실용적 자아 practical I>와 엄격히 구분한다. (위의 책, 25면.)

위 인용문에서 알 수 있듯이, '시'가 '자아와 세계의 동일성'을 구축하게 되는 것은 '시인의 상상력'을 통해서이다. 또한 '세계의 자아화'라는 '시적 세계관'을 소유하고 있는 주체는 '시인'이다. 따라서 '세계를 자아화'하는 '서정적 자아'가 위치하는 자리는 '시인'의 내면이다. 다시 말해, '서정적 자아'는 시 창작의 결과로서 주어지는 시 텍스트 내부의 존재이기 이전에 이미 '시인'의 경험적인 내면에 존재하는 '자아'이다. 이렇듯 '시인'과 '서정적 자아'가 등치될 때, '서정적 자아'는 시 텍스트 내부에만 존재하는 것이 아니라, 시 텍스트에 선행하여 미리 존재하는 것이 된다. '시적 세계관', '시정신'이 '시인'의 '상상력' 속에 내재한다는 김준오의 언급은 곧 그가 '서정적 자아'를 시 텍스트 바깥으로 전치(轉置)시켰다는 것을 의미한다. 이 전치에 의해, 시 텍스트 내부의 '화자'('퍼소나')는 어떤 성격을 지니든 간에 시 텍스트 외부의 '서정적 자아'에게 종속될 수밖에 없다. '세계를 자아화'하지 않는 '화자'라고 하더라도, 그것은 '서정적 자아'의 개념을 부정하는 것이 아니라, 오히려 '서정적 자아'의 '거짓 자아'(탈)로 간주되어지기 때문이다.

실상 시 내부에서 '현실대결의식'이나 '비인간화', '유아론적 고립주의'를 드러내고 있는 현대시의 '화자'들은 '서정적 자아'라는 개념과 부합될 수 없다. 이 '화자'들은 '세계의 자아화'를 거부하는 '자아'들이며, '자아와 세계의 동일성'을 추구하거나 구현하지 않기 때문이다. 그럼에도 불구하고 김준오가 구태여 '서정적 자아'라는 개념을 사용하고자 했던 것은 모더니즘 시에서 나타나는 '차이', '분열', '해체'의 현상들을 동일성의 원리로 수렴하기 위한 의도에서였던 것으로 보인다. 이것은 또한 그가 현대 세계가 발생시키는 여러 분열상을 '시적 비전'을 통해 극복하고자 했다는 것을 암시적으로 표현한다. 김준오의 이러한 '시적 비전'은 유교의 '본연지성'(本然之性)과 기독교의 '에덴'으로의 회귀를 겨냥한다는 점에서,[24] 전통지향적인 가치 규준을 소유한다. 김준오는 현대시가 현대 세계(modern world)에 내재하는 분열상을 극복하려는 현대시인의 '동일성을 지향하는 태도'로부터 형성된다는 관점을 지니고 있었다. 더 나아가 그는 모더니즘을 표방하는 시인들 역시 현대 세계의 분열상을 거부하는 태도를 지니며, 궁극적으로는 동일성의 회복을 지향한다고 파악했던 것으로 보인다. 김준오가 모더니즘 시를 적극적으로 수용할 수 있었던 담론적 근거는 바로 여기에 있었다. 즉 그는 현대 세계의 분열상을 넘어서 '자아의 동일성을 회복하려는 태도'가 모든 시인에게 내재되어 있다고 전제함으로써, 모더니즘

---

24) 김준오는 '본연지성'을 '서정적 자아의 원형'으로 간주하고, 현대시의 서정적 자아가 '기질지성'을 넘어 '본연지성'을 추구하고 몽상한다고 본다. (위의 책, 25-28면 참조) 더불어 그는 현대시에서 나타나는 '분열', '갈등', '소외'를 기독교의 '에덴'의 상실과 재발견, 회복에 연결시킨다. (위의 책, 35면 참조)

시가 발생시키는 현대시의 분열 현상과 해체 현상을 적극적으로 수용할 수 있었던 것이다. 이 전제에 따르면, 시 텍스트 내부의 분열 현상과 해체 현상은 결국 시 텍스트 외부의 '서정적 자아' 곧 '시인'의 '동일성을 회복하려는 태도'로 환원될 수밖에 없기 때문이다.

김준오는 현대 세계의 분열된 총체성(동일성)을 극복할 수 있는 비전이 '시적 세계관'에 있다고 믿었다. 이 믿음은 '현대의 과학적 기술적 지성'에 대한 비판과 '신화'와 원시인의 '원초적 통일성의 세계'에 대한 '동경'이라는 가치 지향을 포함한다.[25] "현대인이 언어의 장벽을 무너뜨리고 원시적 언어의 시대를 향수처럼 동경하게 되는 것은 당연하다"[26]는 언급은 바로 이러한 김준오의 믿음과 가치 지향을 표현한다. 또한 '현대'는 '선험적 고향상실성'[27]에 봉착해 있는 '비극의 시대'이며, "현대의 문명인들은 신화적 세계의 동경과 탐구를 지향하게 된다"[28]는 그의 세계관적 믿음은 그의 시관과 언어관, 장르관을 전통지향적이고 본질지향적인 것으로 규정짓는다. 곧 그의 전통지향적인 신념 체계와 가치 규준은 '과학적 언어 - 산문 - 분열과 비극/원시적 언어 - 시 - 조화와 통일'이라는 이분법의 계열을 형성시키며, 이 가운데 후자(後者)에 우월한 가치를 부여하는 태도를 낳는다.

> 이처럼 시어의 특징은 신화와 같이 과학적 이성적 사고의 세계와는

---

25) 위의 책, 62-78면 참조.

26) 위의 책, 64면.

27) '선험적 고향상실성'(traszentale Obdachlosigkeit)은 루카치가 『소설의 이론』에서 사용한 용어이다. (G. Lukács, 『소설의 이론』, 반성완 역, 심설당, 1985, 47면.) 『시론』 제1판에서는 이 용어가 문면에 등장하지 않았지만, 이 책의 세계관적인 틀이 '본질 세계'(선험적 고향)의 동경과 그 기원으로의 회귀라는 낭만주의적인 세계관에 기초해 있었던 것은 분명해 보인다. 이러한 측면은 특히 '아이러니'를 설명하는 대목에서 가장 잘 드러난다. (『시론』 제1판, 196-198면 참조)

28) 김준오, 『시론』 제1판, 64면 참조.

> 다른 비문법적이고 비논리적인 성격에 있다. 시어의 전논리성은 단순한 난해의 몸짓이거나 과학에 대한 맹목적 거부의 태도는 아니며 따라서 단순한 신비도아니도 <비틀린 언어>로서의 시어에는 언어를 비틀어 버린 것만큼 시인의 아픔 같은 것이 젖어 있다. 이 아픔이란 자아와 세계 사이의 소외를 극복하는 일종의 고육책에 상당한다. 시인은 인간의 정신현상까지 측정, 증명할 수 있도록 이미지화하고 計量化함으로써 인간 존재의 가치를 파괴하고 본질 상실을 초래한 기술적 지성의 횡포에 깊은 혐오의 시선을 던지면서도 無償的 의지 작용으로서의 시인의 상상력은 이성이 팽개쳐버리고 비생명적으로 해체시켜 버린 것에서 인간이 추구하는 진정한 가치를 발견하고 이성적 논리로써 표현할 수 없는 것을 표현한다. 이런 詩語 속엔 신화적 세계의 전논리성이 보존되어 있으며 그래서 시어는 가장 순수하고 본질적인 말의 고향과 같은 것이다. (위의 책, 70-71면.)

김준오는 카시러와 바필드의 논의를 차용하여, '언시인' 혹은 '원시시대의 언어'가 '자연'과 '인간'과 '신'을 연속시키고 통합시키는 '마술적인 힘'을 지니고 있었다고 진술한다. 또한 '최초의 언어'는 그대로 '비유'였으며, '시적 가치'는 바로 이러한 "비유로서의 원시언어 속에 처음부터 잠재되어 있었다"고 본다.[29] 이러한 그의 관점은 현대의 일상적 언어와 과학적 언어에 대한 부정적인 평가로 이어진다. 즉 '인간의 의식'이 '발달'하고 '문명'이 '진보함'에 따라, 이러한 '원시언어'의 '단일한 의미'와 '마술적 힘'이 사라지고 '언어'는 단지 "의미를 전달하는 도구적이고 의미론적인 기능"만을 담당하게 되었으며,[30] "현대의 과학적 기술적 지성은 이런 분열화, 소외현상을 분업화, 전문화란 이름으로 더욱 부채질하고 있다"[31]는 것이다. 그는 또한 바로 이러한

29) 위의 책, 62-63면 참조.
30) 위의 책, 63면 참조.
31) 위의 책, 64면.

'분열화'와 '소외 현상'으로 인해 '현대인'은 "원시적 언어의 시대를 향수처럼 동경하게 된다"[32]고 전제한다. 이 전제로부터 '신화'와 '시'는 등치되고, '시적 언어'는 '원시적 언어'로부터 유래하며, 그것에 도달할 수 있는 탁월한 가치와 힘을 지닌다는 결론이 도출된다. 위 인용문은 김준오가 언어의 기원을 '비유'로 전제하고 그것에 본질적이고 원형적인 가치를 부여함으로써, '과학적 언어'와 '시적 언어'를 위계화하며, '시적 언어'를 언어의 기원이라는 자리에 올려놓는다는 것을 명시적으로 보여준다.

실상 『시론』 제1판을 구성하는 가장 근원적인 이론틀은 낭만주의적인 '고향상실성'과 '기원으로의 회귀'에 있었다. 이러한 측면은 다음과 같은 몇 개의 명제로 요약될 수 있을 것이다. '선험과 경험', '무한성과 유한성', '신과 인간', '이상과 현실', '절대아와 유한아' 등의 대립과 분열은 시간과 역사로부터, 곧 '기원의 망각'으로부터 나온다. 저 머나먼 태초의 시대가 지녔던 연속성과 동일성의 세계로부터 가장 멀리 이탈한 '궁핍한 시대'가 '현대'라면, 현대인은 '고향상실성'이라는 병을 앓을 수밖에 없으며, 그것을 치유하려는 '의식지향성'(Intention)을 지닐 수밖에 없다. 이 '의식지향성'은 '기원으로의 회귀', 즉 태초의 시대가 지녔던 '동일성의 세계'로의 지향을 의미한다. 이것을 가장 탁월하게 실현시켜 줄 수 있는 매개체는 바로 '시'이며, '시적 언어'만이 유일하게 저 '기원의 언어'에 도달할 수 있는 가능성을 지닌다. 김준오가 기독교의 '에덴' 혹은 유교의 '본연지성'의 회복과 재발견을 강조했던 것은 바로 이러한 맥락에서였다. 결국 김준오는 모든 것의 기원은 '동일성의 세계'로 구성되며, 현대에 나타난 여러 가지 분열과 차이의 현상들은 그 기원의 '동일성을 지향하는 태도'를 수반한다고

32) 위의 책, 64면 참조.

전제함으로써, 시 텍스트 외부와 내부에서 "시는 동일성이다"라는 전제를 입증하고, '동일성의 시론'을 견지할 수 있었던 것이다.

김준오는 모든 현재적인 것의 기원에는 '비유적 언어' 곧 '자아와 세계의 동일성'이 존재하며, 현재의 모든 차이와 분열의 현상은 그 기원의 동일성으로 되돌아가려는 움직임을 낳는다고 전제한다. 여기서 기원의 동일성을 근거 지우는 것이 '비유적 언어'라는 점에 주목할 필요가 있다. 김준오는 '태초의 언어'가 '비유적 언어'였으며, 이 '언어'(사유 방식)에 의해 '원시인'들은 '인간'과 '자연'과 '신'의 연속성과 통일성을 이룰 수 있었다고 말한다. 그리고 '과학적 언어'가 이러한 연속성과 통일성을 가장 극단적으로 분열(해체)시킨 것이라고 본다. 따라서 '비유적 언어'가 본질적이고 기원적인 가치를 부여받게 될 때, 언어의 여러 양상뿐만 아니라 그 언어들로 이루어진 글쓰기의 양식 역시 위계화될 수밖에 없다. 마찬가지로 시의 내부를 구성하는 화자와 은유 역시 위계적으로 파악되는 것은 필연적인 결과이다. '시적 언어/일상적 언어(과학적 언어)', '시/소설(산문)', '서정적 자아/탈(거짓 자아)', '치환은유/병치은유' 등의 대립항에서 우월한 가치를 지니는 것은 전자(前者)이다. 기원과 본질은 전자에 있고, 후자(後者)는 전자로부터 파생된 것에 불과하기 때문이다. '신화', '비유적 언어', '자아의 원형'이라는 기원을 상정하고 현대에 나타나는 모든 현상을 그 기원으로의 회귀로 규정지었던 까닭에, 『시론』 제1판은 이러한 위계론을 수반할 수밖에 없었던 것이다.

그러나 또한 『시론』 제1판을 구성하는 담론적 원리는 분할과 배제의 원리에 기초해 있지 않았다. 그것은 오히려 통합과 포괄의 원리에 기초해 있었다. 이 원리는 『시론』 제1판 이후 김준오의 시론이 더 폭넓게 현대시의 다양한 현상을 수용할 수 있게 하는 밑거름으로 작용했던 것으로 추론된다. 또한 이것은 『시론』 제1판 이후의 김준오 시론이 위계론적이고 본질론적인 관점에서 수평론적이고 현상론적인 관점으로 변모할 수 있는 토대를 제공했던 것으로 판단된다. 1985년에 간행된 『가면의 해석학』에서 '민중시' 혹은 '서술시'를 긍정적으로 평가했던 것이나, 1988년에 간행된 『시론』 제2판에서 제1판에서 핵심을 이루었던 '동일성의 시론'을 책의 말미의 부록의 실은 것, 1990년에 나온 『한국현대장르비평론』에서 문학사의 실제 현상을 중시하고, 장르의 역사적인 변화를 다룰 수 있는 '제시형식'에 주목한 것 등은 김준오 시론의 이러한 변모 양상을 명징하게 확인해준다.

3. 본질시학과 역사시학의 공존

『한국현대장르비평론』은 통시적인 차원에서 김준오 시론 전체가 형성하는 변화와 지속의 구체적인 양상을 추론할 수 있게 하는 매우 중요한 저서라고 판단된다. 김준오 시론을 구성하는 이론적 틀과 관점은 작든 크든 간에 계속해서 변화되었다고 할 수 있다. 이 변화의 측면은 제4판까지 나온 『시론』의 거듭된 수정과 개작을 통해서도 분명하게 드러난다. 그러나 이러한 변화에도 불구하고, 다른 한편으로 김준오의 근본적인 관점과 태도는 변치 않고 지속되었던 것으로 보인다. 이러한 지속의 측면은 약 15년이라는 시간적 경과를 가지고 있는 『시론』의 모든 판본에서 '세계의 자아화', '자아와 세계의 동일성'으로 요약되는 '시적 세계관'이 '시'를 정의하는 가장 핵심적인 기준으로 제시되고 있다는 사실에서 확인될 수 있다. 이것은 김준오가 한편으로는 '다원주의'적인 관점과 '역사시학'적인 이론의 틀을 새롭게 도입하면서도, 다른 한편으로는 '본질시학'적이고 '체계시학'적인 관점을 지속적으로 견지했다는 것을 의미한다.

『한국현대장르비평론』(1990) 이후 김준오의 시론 전반에서는 '본질시학'적인 논점은 상대적으로 축소되고 배경화되는 반면, '역사시학'적인 논점은 확대되고 전경화되는 양상이 나타난다. 이것은 한편으로 '문학장르'의 '큰 갈래'가 지닌 '불변성'과 '보편성'을 전제하면서도, 다른 한편으로 역사의 전개에 따른 '작은 갈래'들의 '끊임없는 변화'를 강조하는 그의 문학장르론의 이중성으로부터 기원한다. 김준오는 1990년을 전후로 하여 각 '문학장르'의 본질과 원형('장르류')은 불변한다고 보는 '본질시학'적인 관점을 견지하는 가운데, 그 본질과 원형을 담지하고 있는 '장르종'들은 역사의 단계마다 "생성, 발전, 소멸"을 거듭한다고 보는 '역사시학'적인 관점을 새롭게 도입했던 것으로 보인다. 김준오 시론에서 '본질시학'적인 관점과 '역사시학'적인 관점은 서로 충돌을 일으키는 상반된 것이 아니라, 오히려 '서정장르'의 '큰 갈래'의 불변성과 '작은 갈래'의 변화 현상을 동시에 기술할 수 있게 하는 상보적 기능을 하는 것으로 추론된다. 따라서 『한국현대장르비평론』에서 제시된 '문학장르'의 '다원적 분류 체계'는 결코 '해체시학'이나 '담화이론'으로의 전면적인 전환을 의미하지 않는다. 오히려 그것은 문학사에 나타난 다양한 현상들을 포괄하고 해명할 수 있는 보다 개방적이면서도 '다원적인 체계시학'의 모색을 의미한다. 다시 말해, 김준오는 기존의 '문학장르론'이 빠졌던 모순, 즉 이론적 체계 혹은 본질적 원형으로서의 '장르류'와 역사적 현상으로서의 '장르종'이 일치되지 않는 문제를 해결하기 위해 '다원적 분류 체계'를 내세웠을 뿐이며, 이것은 '서정장르'의 '큰 갈래를 부정'하는 '해체시학'의 제시가 아니라,[33] 오히려 '서정장르'의 본질적 원형과 그 역사적 현상을 일치시키고자 하는 개방적이고 다원적인 '체계시학'의 제시를

33) 김준오, 「서정, 반서정, 신서정」, 『현대시의 환유성과 메타성』, 살림, 1997, 114-121면; 『시론』 제4판, 52-53면 참조.

의미한다는 것이다.[34)]

김준오는 헤르나디(P. Hernadi)의 『*Beyond Gene*』에서 차용한 '화법'과 '제시형식'을 장르 분류의 새로운 기준으로 제시하고, 장르의 '다원적 분류체계'를 주장함으로써, 한편으로 '체계시학'이 지닐 수 있는 폐쇄적 독단론이나[35)] 문학사에 나타나는 여러 변화 현상들, 즉 '장르'의 '변화'와 '혼합', '해체', 더 나아가 '정전의 순위 변화' 등을 거부하고 폄하하는 본질시학의 위계론을 벗어날 수 있었던 것으로 보인다.[36)] 이것은 김준오가 역사의 전개에 따라 필연적으로 수반되는 '장르종'의 변화 현상과 더불어 현대시의 여러 해체현상에 대해 개방적인 관점과 태도를 취했다는 것을 반증한다. 이러한 그의 관점과 태도는, 『시론』 제1판을 구성했던 통합과 포괄이라는 담론적 원리에 이미 내재되어 있었던 것이기는 하지만, 『한국현대장르비평론』 이후에 발표된 김준오의 거의 모든 시론에서는 이러한 관점과 태도가 한층 더 강조되고 전경화된다. 이것은 다른 한편으로 『시론』 제1판, 『가면의 해석학』, 『시론』 제2판 등을 관류했던 본질시학적인 관점이 축소되었거나, 그 배경으로 후퇴하였다는 것을 의미한다. 『한국현대장르비평론』을 김준오 시론 전반의 큰 분기점으로 간주할 수 있다면,[37)] 그것은 바로 이

34) 이러한 그의 생각은 이미 폴 헤르나디의 『Beyond Genre』를 번역한 『장르론』의 서문에서도 나타난다. "장르연구에 있어서 독단적 도식화나 고정된 개념의 틀에 얽매이는 것을 거부하고 다원적이고 융통성 있는 태도를 견지해야 된다는 저자의 주장은 장르연구의 무정부주의라기보다 새롭고 바람직한 태도라고 여겨진다." (김준오, 「역자서문」, 『장르론』, 문장사, 1983, 5면.)

35) "자신이 세운 것이든 타인의 것이든 어느 하나의 체계에 배타적으로 의존한다면 이론적 국면과 역사적 국면 사이의 갈등에 직면하기 마련이고 따라서 명백한 오류에 빠지게 된다. (……) 체계는 한계가 있는 것이다." (김준오, 『한국현대장르비평론』, 문학과 지성사, 1990, 12면.)

36) 김준오, 「문학사와 장르 변화」, 『문학사와 장르』, 문학과 지성사, 2000, 21-27면; 『시론』 제4판, 삼지원, 1997, 98-99면 참조.

37) 구모룡, 「궁극적 和」, 『다층』 창간호, 1999년 여름, 45-46면 참조.

러한 '본질시학'에서 '역사시학'으로의 표면적인 중심 이동에서 찾을 수 있을 것이다.

1) 모든 문학은 '말하기'와 '보이기'의 두 극단 사이에 놓인다. 서정 문학은 개인적 시점으로 말해지는 문학형태이며 서사 문학은 사적 시점과 인물 시각적 시점(혹은 각 인물들의 사적 시점)이 번갈아 교체되는 혼합 화법의 문학 형태이며 극은 인물 시각적 시점에서 곧 대화의 형식으로 제시되는 문학 형태다. 그리고 주제 문학은 관념을 사건이나 어떤 한 인물의 목소리에 관련시키지 않고서도 표상하는, 주석적 시점의 문학 형태다. 이런 네 가지 화법 개념은 언어 예술로서의 모든 문학을 포괄하며 따라서 장르도 네 가지 장르류로 설정하는 것이 타당하다는 사실이 자명해진다. 언어는 기호로서의 기능뿐만 아니라 그 말들을 발화한 사람 곧 화자도 가리키고 있다는 사실을 인식한다면 화법의 개념은 장르 분류의 기본적 기준이 되고 있음을 알 수 있다. (김준오, 『한국현대장르비평론』, 문학과 지성사, 1990, 87-88면.)

2) 장르 구분의 한 기준인 제시 형식의 변화도 장르 변화의 한 요인으로 작용한다. 장르는 의식적(儀式的) 기능에서 발생한다는 설은 매우 유력시되고 있다. 고려 속요와 조선조 악장 문학 등은 그 발생이 궁중 연회와 종묘 제향이라는 의식과 깊은 관련이 되어 있다. 이것은 속요와 악장의 제시 형식의 문제를 제기하고 있는 것이다. 작품이 어떻게 독자에게 수용되느냐 하는 이런 제시 형식에 따라 장르는 구분된다. 가령 서사시는 청중에게 읽혀지고 서정시는 노래로 불리거나 음송되며 소설은 인쇄되어 읽힌다는 것은 제시 형식에 의한 장르 분류의 기술들이다. 이런 제시 형식의 변화가 장르의 변화, 문학의 변화로 나타난 것은 개화기 문학, 현대 장시, 70~80년대 문학에서 두드러지게 많이 나타나고 많은 평자들은 제시 형식의 관점에서 장르들을 기술하고 있다. (위의 책, 91-92면.)

김준오는 기존의 '문학장르론'이 지녔던 한계와 문제점을 '화법'과 '제시형식'이라는 개념들을 통해 보완할 수 있다고 생각했던 것으로 추정된다. 『한국현대장르비평론』에서 김준오는 헤르나디가 제시한 '장르 비평의 네 가지 유형'[38]을 차용하여 한국에서 논의된 거의 모든 '문학장르론'을 체계적으로 분류한다. 이 네 가지 유형은 곧 '표현론', '효용론', '구조론', '모방론'이다. 이 '네 가지 유형'을 구분할 수 있는 기준은 서로 다른 차원의 '유사성'에 있다. 즉 "이 유사성은 작가의 정신적 태도, 예컨대 인생관과 세계관의 유사성(표현론), 문학이 독자에게 미치는 효과의 유사성(효용론), 언어 매체나 형식의 유사성(구조론), 작품이 반영한 세계의 유사성(모방론)의 네 가지가 있으며, 그러므로 장르 비평도 크게 네 유형으로 분류될 수 있다"[39]는 것이다. '화법'은 곧 '구조론'적인 장르 비평의 구체적인 방법에 해당되며, '제시형식'은 '효용론'의 방법에 해당된다.

『시론』 제1판의 가장 핵심적인 개념은 '서정적 자아' 혹은 '세계의 자아화'였다. 동일한 기호 내용을 지닌 이 두 개념은 "시는 동일성이다"라는 전제를 구성하는 가장 근본적인 개념인 동시에, '서사'나 '극'과는 구분되는 '서정장르'의 '본질적 특징'을 규정짓는 장르론적 개념이었기 때문이다. 본래 이 두 개념은 조동일이 「시조의 이론, 그 가능성과 방향 설정」에서 제시한 개념이었고,[40] 조동일이 『한국소설의 이론』에서 '문학작품의 형성 원리'로서의 '자아와 세계의 관계 양상'에 입각하여 '서정장르'의 특징을 '세계의 자아화'라고 규정했을 때, 그것

38) 헤르나디의 '네 가지 장르 비평의 유형'은 에이브람스(M. H. Abams)가 『The Mirror and the Lamp』에서 제시한 '네 가지 문학관'을 변용한 것이다. "에이브람스는 문학관을 작자에 초점을 둔 표현론(expressive theories), 독자에게 초점을 둔 효용론(pragmatic theories), 작품이 재현하는 세계에 초점을 둔 모방론(mimtic theories), 작품 그 자체에 초점을 둔 객관론(objective theories)으로 분류했다. (P. Hernadi, 『장르론』, 김준오 역, 문장사, 1983, 18면 참조).

39) 김준오, 『한국현대장르비평론』, 문학과 지성사, 1990, 18면.

40) 조동일, 「시조의 이론, 그 가능성과 방향 설정」, 『고전문학을 찾아서』, 문학과 지성사, 1976, 186-190면 참조.

은 '작품 외적 자아', 즉 '시인'의 자아적 특성을 지칭하는 개념이 아니었다.[41] 다시 말해, '서정적 자아'나 '세계의 자아화'는 '서정장르'의 내적인 구성 원리를 지칭하는 개념이었지, 시 외부의 시인의 '자아'를 가리키는 것이 아니었던 것이다. 그런데 김준오는 조동일의 장르론에서 차용한 이 개념을 실상 '표현론'적인 것으로 전치시켰다. 이것은 이미 앞에서 살펴보았듯이, 시 내부에 존재하는 '서정적 자아'를 시 외부의 시인의 '진정한 자아'로 전치시키는 데에서 발생했던 결과였다. 따라서 '서정적 자아'('세계의 자아화')는 시 작품 내부의 구성 원리가 아니라, 시인의 선험적 자아가 되며, 위의 '네 가지 유형'에 따르면, '인생관과 세계관의 유사성'에 근거한 '표현론'이 된다. 그가 『시론』 제1판에서 제시했던 '세계의 자아화=자아와 세계의 동일성=서정적 자아=시적 세계관=시정신'라는 등식(等式)의 계열은 그가 '표현론의 관점'에서 '서정장르'를 여타의 장르와 구분했다는 것을 분명하게 예증해준다.

김준오는 그 자신이 표방하는 '동일성의 시론'의 이론틀이 '표현론적 관점'에 입각해 있다는 것을 헤르나디를 통해 자각했던 것으로 추론된다. 여러 차례에 걸친 『시론』의 수정과 개작 역시 이 자각에서 비롯되었던 것으로 판단된다. 이것은 『시론』 제3판과 제4판의 서두 부분이 앞에서 살펴본 '네 가지 문학관' 혹은 '장르 비평의 네 가지 유형'으로 대체된 것이나, 『시론』 제4판에서 자신의 '시적 세계관'에 의거한 '시의 정의'를 '표현론적 관점'으로 규정지은 것[42]에서 추론되어

41) 조동일은 '서정장르'를 "작품 내적 자아 및 세계만으로 이루어져 있으며 자아와 세계의 대립이 자아 쪽으로 기착된 세계의 자아화이다"라고 규정하였다. (조동일, 『한국소설의 이론』, 지식산업사, 1977, 99면.) 조동일은 "세계를 자아화"하는 주체를 시 내부의 화자로 규정지었던 셈이며, 따라서 '서정적 자아'는 시 내부에서 '세계를 자아화'하는 화자를 지칭하는 개념이었던 셈이다.

42) "세계관 또는 태도를 갈래 구분의 기준으로 삼을 때, 이것은 표현론적 장르관이 된다. 서정시의 장르적 특징은 무엇보다도 시정신 또는 시적 세계관이나

질 수 있다. 어쨌든 김준오는 헤르나디를 통해서 자신의 '동일성의 시론'이 의거하고 있는 조동일의 '장르론'의 한계를 보았던 것임에 틀림없다. 김준오에 의하면, 조동일이 제시한 '전환 표현'[43]과 '자아와 세계의 관계 양상'[44]이라는 구조론적인 장르 분류 체계의 한계는 문학사의 구체적인 변화 양상들, 즉 '장르종'들의 형성과 혼합, 해체 등의 현상을 포괄할 수 없다는 데에 있다.[45] 즉 '구조론적 관점'의 '체계시학'으로부터 분류된 '장르류'와 문학사의 구체적인 현상으로서의 '장르종'이 일치하지 않는다는 것이다. 김준오는 조동일의 구조론적 장르 분류 체계를 존중하면서도, 이것이 지닌 한계를 지적하고, 이 한계를

비전에서 발생한다. 서사와 극과 구분되는 시정신은 단적으로 말해서 자아와 세계의 동일성에 있다. 여기서의 동일성이란 자아와 세계의 일체감이다." (김준오, 『시론』 제4판, 34면.)

43) 김준오는 "조동일은 「18, 19세기 국문학의 장르 체계」라는 글에서 전환 표현이라는 기준을 내세워 장르류를 서정, 서사, 희곡, 교술로 4분하고, 당대의 공존하는 역사적 장르들을 여기에 귀속시켰다."고 진술한다. 김준오는 조동일의 전환 표현을 기준으로 한 장르 분류를 다음과 같이 정리한다. "서정: 비특정 전환 표현, 서사: 불완전 특정 전환 표현, 희곡: 완전 특정 전환 표현, 교술: 비전환 표현" (김준오, 앞의 책, 61면.)

44) 조동일은 『한국소설의 이론』에서 '전환 표현'이라는 장르 분류의 기준과 '자아와 세계의 관계 양상'이라는 분류 기준을 통합하여 다음과 같이 문학 장르를 넷으로 분류한다. (조동일, 『한국소설의 이론』, 지식산업사, 1978, 78-104면 참조.)

서정: 작품 내적 자아 및 세계만으로 이루어져 자아와 세계의 대립이 자아 쪽으로 귀착된 세계의 자아화한 다. '작품 외적 세계의 개입이 없는 세계의 자아화'

교술: 작품 내적 자아 및 세계에 작품 외적 세계가 개입하고 있으며 자아와 세계의 대립이 세계 쪽으로 귀착된 자아의 세계화이다. '작품 외적 세계의 개입으로 이루어지는 자아의 세계화'

서사: 작품 내적 자아 및 세계에 작품 외적 자아가 개입하고 있으며, 자아와 세계가 어느 한 쪽으로 귀착되지 않고 대결한다. '작품 외적 자아의 개입으로 이루어지는 자아와 세계의 대결'

희곡 : 작품 내적 자아 및 세계만으로 이루어져 있으며, 자아와 세계가 어느 한 쪽으로 귀착되지 대결한다. '작품 외적 자아의 개입없는 자아와 세계의 대결'

45) 김준오, 앞의 책, 76-86면 참조.

보완할 수 있는 대안으로 다원적 분류 체계를 제시한다.[46] 다원적 분류 체계의 제시는 곧 '표현론', '구조론', '효용론', '모방론'의 네 가지 관점이 '장르 분류'의 복수적인 기준으로 적용되어야 한다는 것을 의미하는 것이지만, 그가 이 가운데 강조한 것은 '구조론적 장르비평'의 핵심을 이루는 '화법'과 '효용론'의 핵심이 되는 '제시형식'이었다. 김준오는 이 두 개념을 통해 기존의 '문학장르론'이 처했던 모순과 난점을 해결할 수 있다고 본다.[47] 곧 '장르류'의 '불변성'과 '보편성'을 더 명확하게 입증하면서도, 이 '장르류'가 각각의 역사적 단계에서 구체화되는 방식, 즉 문학사에서 나타나는 '장르종'들의 구체적인 변화 양상들을 기술할 수 있다고 생각한 것이다.

앞의 인용문에서 주목해야 할 것은, '화법'은 주로 '장르류'의 4분법과 각 장르류의 원형적이고 본질적인 특징을 입증할 수 있는 개념으로, '제시형식'은 이러한 '장르류'가 각각의 시대에서 구체적으로 제시되는 방식, 즉 문학사의 실제적인 현상으로서의 '장르종'의 변화 양상을 기술할 수 있는 개념으로 언급된다는 사실이다. 김준오는 조동일이 분류한 '서정', '서사', '극', '교술'이라는 '문학장르류의 사분법'의 타당성을 '화법'을 통해 확증할 수 있다고 단언한다.[48] 즉 모든 문학은 '말하기'와 '보이기'라는 두 극단 사이에 위치하며, '화법'을 통해 각각의 '문학장르류'가 지닌 본질적인 특징을 추출할 수 있고, 그것의 구조화된 분류 체계를 구성할 수 있다는 것이다. 이것을 요약해보면 다음과 같다.

서정: 개인적 시점으로 말해지는 문학 형태

46) 위의 책, 86-89면 참조.
47) 위의 책, 86-92면 참조.
48) 위의 책, 88면 참조.

> 서사: 사적 시점과 인물 시각적 시점이 번갈아 교체되는 혼합 화법의 문학 형태
> 극: 인물 시각적 시점에서 곧 대화의 형식으로 제시되는 문학 형태
> 주제문학: 관념을 사건이나 어떤 한 인물의 목소리에 관련시키지 않고서도 표상하는 주석적 시점의 문학 형태

이러한 '화법'에 의한 분류는 결국 작품 외부의 작가, 작품 내부의 화자 또는 인물의 발화(시점)의 조건과 형태, 즉 이들의 담화 방식과 그 관계 양상을 구조화한 것이라 할 수 있다. 이것을 그대로 따르면, '서정'은 화자의 단독적인 발화로 구성되며, '서사'는 작가와 화자와 여러 인물들의 발화가 공존하기 때문에 '혼합화법'으로 구성된다. '극'은 작가와 화자의 발화가 그 표면에서 사라지기 때문에, 인물 각자의 시점과 그 상호간의 대화만으로 구성되며, '주제문학'에서는 작품 외부의 작가의 관념이 작품 내부에서 변형되지 않고 그대로 발화된다. 김준오가 '주제문학'이라고 지칭하는 '장르류'는 조동일이 제시한 '교술'에 해당된다. 김준오는 '문학장르'를 '서정', '서사', '극'만으로 분류하는 3분법에 반대하면서, 조동일의 4분법이 타당하다고 주장한다.[49] 그는 "본고에서는 편의상 3분법의 장르에 해당하는 문학을 허구적 문학이라 하고 제4장르를 주제적 문학이라고 부르고자 한다. 따라서 본고에서는 주제적 문학은 사상 위주의 문학과 논픽션류를 포괄한 장르 개념이 되겠다"[50]고 진술한다. 그는 조동일의 '자아와 세계의 관계 양상'에 따른 '장르의 4분법'에 적극적으로 동조하면서, 이것을 헤르나디의 '화법'(담화의 양식, 시점) 개념으로 보완하고자 한 것이다.

그러나 실상 헤르나디는 '화법' 즉 '담화의 양식'과 '시점'을 '장르류'의 '불변성'과 '보편성'을 확증하기 위한 개념으로 사용하지 않았

49) 위의 책, 19-21면 참조.
50) 위의 책, 20-21면 참조.

다.[51] 오히려 헤르나디는 이러한 '네 가지의 화법'을 어느 한 '장르류'의 전유물이 아니라, 모든 문학 형태에서 나타날 수 있는 개방적인 개념으로 정의했다.[52] 즉 헤르나디는 '화법'을 통해 '장르류'를 엄밀히 분류하려 했던 것이 아니라, '장르 분류의 경계선'을 넘어서 존재하는 '초(超)장르'적인 '문학의 질서', 혹은 '언어 예술의 항구적인 것'을 드러내고자 했던 것이라 할 수 있다.[53] 따라서 김준오는 실상 헤르나디의 '화법' 개념을 수용하면서도, 그것을 정반대 방향의 논리로 귀결시켰다고 할 수 있다. 헤르나디의 관심의 초점은 '장르류'의 '분류'가 아니라, '담화의 양식' 혹은 '시점'이라는 '초장르'적인 '문학의 질서'에 있었던 반면, 김준오의 초점은 헤르나디의 '담화의 양식'과 '시점'을 중첩하여 변용한 '화법' 개념을 기준으로 한 '장르류'의 '분류'에 있었던 셈이다.

김준오가 '화법' 개념을 통해 '장르류'를 넷으로 분류하고자 했던 데에는 두 가지 의도가 개입되어 있었던 것으로 보인다. 그 하나는 그가 초기부터 펼쳐온 "시는 동일성이다"라는 전제를 장르론적으로 확증하기 위한 것이고, 다른 하나는 '표현론적 관점'에 국한되어 있었던 그 자신의 장르론을 '구조론적 관점'에까지 확대하기 위한 것이었다고 추정된다. 그러나 '화법'을 기준으로 한 문학 장르의 분류는 문학사의

51) P. Hernadi, 『장르론』, 김준오 역, 문장사, 1983, 186-203면 참조.

52) '화법'이라는 용어는 실상 김준오가 헤르나디가 사용한 '담화의 양식'(mode of discourse)과 '시점'(perspective)이라는 두 용어를 중첩시켜 변용한 용어이다. 이 논문에서는 김준오가 '화법'이라는 용어로 이 두 용어를 통칭했던 것처럼, 이 용어를 의미를 그대로 사용하고자 한다. '화법'의 네 유형이 어느 한 장르의 전유물로 환원될 수 없다는 것은 김준오도 인정했던 바이다. "여기서 헤르나디는 이 네 가지 시점의 각각이 어느 한 장르류의 전유물이 아니라 모든 문학에서 부분적으로 이 네 가지 시점을 분별할 수 있다는 미시적 관점과 개방적 태도를 보이고 있다. 본고는 그의 이론에 힘입은 바가 크다." (김준오, 『한국현대장르비평론』, 87면.)

53) P. Hernadi, 앞의 책, 218-219면 참조.

구체적인 현상들을 포괄할 수 없는 매우 제한된 이론적 체계에 불과했던 것으로 보인다. 예컨대, '서정장르'만 하더라도, 그것에 속하는 '서술시', '담시' 등의 '장르종'들은 "개인적 시점으로 말해지는" 단독적인 발화의 형태가 아니라, 오히려 '혼합화법'적인 발화의 형태로 구성되기 때문이다. 또한 '화법'에 근거한 '장르의 사분법'이 문학사의 구체적인 현상으로서의 '장르종'들을 다루는 것이 아니라, 이들의 원형으로서 각 '장르류'들이 지닌 담화 방식의 본질적 특징을 추출해 낸 것이라는 점을 감안하더라도, 이것은 김준오가 주장해온 '시적 세계관'에 의한 '서정장르' 정의와 모순될 수밖에 없는 측면을 지니고 있었다.

김준오는 『한국현대장르비평론』 이전의 모든 시론에서 '서정장르'의 본질적 원형을 시 텍스트 외부의 시인과 시 텍스트 내부의 화자가 동일성을 유지하고 있는 상태, 즉 '시적 세계관'으로 정의했다. 이 정의에 따르면, '화자'는 '시인'의 허구적인 자아일 수 없고, '시'는 허구적인 것이 아니라 시인의 자기동일적인 실제 인격을 그대로 반영한 것이어야만 한다. 따라서 '서정장르'의 본질적 원형은 '작가주석적인 시점'을 지닐 수밖에 없으며, 선험적 자기동일성을 확보한 시인의 실제 인격을 그대로 투사한 '비허구적 문학 형태'가 될 수밖에 없다. 그렇다면 '주제문학장르'와 애초에 그가 정의한 '서정장르'는 서로 구분될 수 없는 동일한 범주의 것이 된다. 결론적으로 말해, 김준오는 '화법'을 통해 '표현론적 관점'에 입각해 있는 자신의 단선적인 장르론을 확장하고자 했지만, 이것은 오히려 '시적 세계관=세계의 자아화=서정적 자아=자아와 세계의 동일성'이라는 등식(等式)의 계열로 요약되는 이전의 그의 '서정장르' 정의와 모순을 일으켰던 셈이다. 이 모순은 실상 작품 내적 구성 원리로 규정된 조동일의 '세계의 자아화' 혹은 '서정적 자아'를 작품 외부의 시인의 '시적 세계관'과 동일한 것으로 등치시켰던 데에서 기원했다. 또한 '시적 세계관'에 입각한 '서정장르'

정의와 '허구적 문학'이 전제될 수밖에 없는 '화법' 개념에 의거한 '서정장르' 정의는 충돌을 일으킬 수밖에 없다. 왜냐하면, 전자(前者)에서는 시인의 선험적이고 초월적인 자아의 동일성이 전제되어야 하고, 시 내부의 화자 역시 이것과 일치되어야 하지만, '허구적 문학'이 강조되는 후자(後者)에서는 시인과 화자가 반드시 분리되어야 하기 때문이다.

이러한 두 논제의 모순과 충돌은 김준오가 여러 관점의 장르 분류 체계를 통해 자신이 애초에 전제했던 '동일성의 시론'의 타당성을 확증하고자 하는 동시에, 문학사의 구체적인 현상, 특히 현대시의 지배적인 현상인 기존 장르의 혼합·해체 현상을 적극적으로 수용하고자 하는 그의 양가적인 태도로부터 나온다. 바꿔 말해 이러한 모순은 본질시학(체계시학)과 역사시학(다원주의적 관점)을 동시에 지향하는 그의 이중적인 가치 규준으로부터 기원한다. '화법'에 의거한 '장르류'의 분류는 그가 치중해 있는 '표현론적 관점'의 '서정장르' 정의를 보완하려는 의도에서 제출된 것으로 판단된다. 그러나 그가 도입한 '화법' 개념은 오히려 '장르종'들의 변화나 여러 '문화양식'들의 '혼합', '해체' 현상을 다루기에 적합한 개념이었으며, '장르류'를 체계적으로 구조화하기에는 합당치 않은 개념이었다고 할 수 있다. 특히 '화법' 개념으로 '장르류'의 4분 체계를 구조화할 때 반드시 전제되어야만 하는 '서정, 서사, 극=허구적 문학/주제문학=논픽션'이라는 대립적 등식은 그의 '시적 세계관'에 입각한 '서정장르' 정의와 어긋날 수밖에 없는 것이었다.

이 어긋남은 '시적 세계관'('표현론', '서정적 자아')과 '개인적 시점으로 말해지는 문학 형태'('구조론', '퍼소나')의 거리로부터 기원한다. 전자(前者)의 핵심은 세계와 작가와 작품을 연속적이고 통일적인 것으로 전제할 수 있는 시인의 선험적 자기동일성에 있고, 후자의 핵심은

'세계와 작가(시인)' 혹은 '작가(시인)/작품(화자)'의 분리에 있다. 전자에서 시인의 주관적 감정이 강조된다고 하더라도, 이 감정은 선험적인 조화의 이념, 혹은 외부적인 도덕규범에 종속될 수밖에 없다. 그것의 본질적 원형은 '천인합일'(天人合一), '본연지성'(本然之性)에 근거한 시인의 '시적 세계관'에 있기 때문이다.[54] 반면, 후자에서는 '서정장르-허구적 문학-개인적 시점'과 '주제문학-논픽션(사상 위주의 문학)-작가주석적 시점'이라는 범주적 체계가 장르론적으로 전제되기 때문에, '세계/시인/화자'는 서로 연속적이고 통일적인 존재들이 아니라, 상호 분열(분리)된 독립체들이어야만 한다. 또한 후자(後者)에서 화자의 개인적 시점과 단독적 발화는 결코 그 외부의 시인의 선험적 자기동일성이나, 이 동일성을 규정하는 조화의 이념 혹은 도덕규범으로 환원되지 않는다. 왜냐하면, 여기에서는 그러한 이념과 규범으로부터 이탈한 개인적 내면의 독립성이나 예술적 기법의 독창성이 문제되기 때문이다. 김준오는 "사실 세계의 자아화로 규정되는 조선조 자연시에서 주객일치, 천일합일의 경지는 실상 자아의 탈락 또는 사물화의 상태이므로 세계의 자아화라기보다는 자아의 세계화로도 해석할 수 있다"[55]고 진술한다. 이 진술은 조동일이 정의한 '교술' 개념의 편협성을 비판하는 맥락에서 나온 것이지만, 오히려 그의 논리적 모순을 보여준다. 왜냐하면, '서정장르'의 본질적 원형을 '천인합일'과 '본연지성'에 입각한 '시인'의 '시적 세계관' 혹은 그것을 추구하는 '시인의 태도'(서정적 자아)에서 찾은 그의 애초의 정의대로라면, '서정장르'는 조동일의 '교술장르'와 다른 범주의 것일 수 없고, 그가 새롭게 제시한 '주제

---

54) 이러한 관점은 1992년에 나온 『시론』 제3판과 1997년에 나온 『시론』 제4판에까지 그대로 이어진다. (『시론』 제3판, 27-32면 참조; 『시론』 제4판, 34-39면 참조.)

55) 김준오, 『한국현대장르비평론』, 73면.

문학장르'와도 쉽게 구분되지 않기 때문이다.

김준오는 '표현론적 관점'(시적 세계관)에서 '서정장르'의 본질적 원형을 정의할 때는 '세계'와 '시인'과 '화자'를 등치시켰고, 이 셋을 '서정적 자아' 개념으로 동일화하였다. 여기서는 논리적 모순이 생겨나지 않는다. '문학장르'를 삼분했고, '교술', 혹은 '주제문학'을 '장르류'의 범주에서 배제했기 때문이다. 마찬가지로 '화법'을 기준으로 한 '문학장르류'의 '분류'에서 '서정장르'와 '주제문학장르'는 명확하게 구분된다. '문학장르'를 사분하면서, 전자와 후자를 '허구적 문학/논픽션'으로 명확하게 구분했기 때문이다. 그러나 '시적 세계관'에 의거한 '서정장르' 정의와 '화법'에 의거한 '서정장르' 정의는 양립할 수 없으며, 양자는 서로 모순 관계에 놓인다. 전자(前者)는 세계와 작가(시인)와 작품(화자)을 연속적이고 통일적인 관점에서 정의하는 것이라면, 후자(後者)는 이 셋을 불연속적이고 분열적인 관점에서 정의하는 것이기 때문이다.

실상 작품 내부의 '담화양식'에 주목하는 담화(담론)이론에서는 작품 외부에 존재하는 작가의 선험적 동일성을 전제하지 않는다. 오히려 이것은 작품외부에 초월적이고 선험적인 자아(작가)를 설정하는 것이 아니라, 자아 혹은 주체가 담화의 과정을 통해 형성된다는 관점을 취한다.[56] 누가 어느 위치에서 어떤 방식으로 말하는가를 미세하게 분석하고자 하는 담화이론은 그것이 '작가/화자'가 되었든, '작가/화자/인물'이 되었든, 혹은 '언표 행위의 주체/언표 내용의 주체'가 되었든 간에, 이 발화 주체들의 불일치와 분열을 문제 삼기 때문이다.[57] 따라서 그것은 시 작품이 형성되기 이전에, 미리 시인의 선험적 동일성을 전제하는 '시적 세계관'과는 정반대의 관점에 놓여있는 것이라 할 수 있

---

56) A. Eastop, 『시와 담론』, 박인기 역, 지식산업사, 1994, 56-57면 참조.
57) 위의 책, 75-82면 참조.

다. 김준오의 논리적 모순은 바로 이 지점으로부터 기원했던 것이다. 이 모순이 해결되기 위해서는 시 작품 이전에 시인의 선험적 동일성을 미리 전제하는 '시적 세계관'이라는 관점이 폐기되거나, '화법'에 의거한 '문학장르'의 분류법이 폐기되어야만 한다. 그래야만 그의 문학장르론과 이것에 근거한 '서정장르'의 일반적 정의는 일관된 논리의 맥락을 형성할 수 있기 때문이다.

김준오는 『한국현대장르비평론』 이후 '화법'에 의거한 '장르류'의 사분법을 더 이상 주장하지 않는다. 이것은 두 가지 의미를 내포한다. 하나는 김준오가 '시적 세계관'으로 표상되는 '동일성의 시론' 혹은 '본질시학'의 관점을 계속해서 견지했다는 것이고, 다른 하나는 문학사의 실제 현상으로서의 '서정장르'의 '장르종', 또는 현대시의 다양한 '유형', '종류', '양식'을 '화법'을 통해 범주화했다는 것이다. 다시 말해, 『한국현대장르비평론』 이후 김준오는 '서정장르'의 '장르류'를 정의하는 기준으로는 '시적 세계관'이라는 '표현론적 관점'을 적용하고, 그 '장르종'들을 범주화하는 기준으로는 '담화양식'이라는 구조론적 관점을 적용했다는 것이다.

『한국현대장르비평론』 이후 김준오의 시론은 세 방향으로 계열화되었던 것으로 판단된다. 여기서 첫 번째 계열은 '문학장르'의 변화와 문학사를 결부시킨 논의들이고, 두 번째 계열은 『시론』 제3판(1992)과 제4판(1997)의 개작 과정에서 새로 부가되었던 논의들이며, 세 번째 계열은 1980~90년대 한국 현대시에 대한 실제 비평들을 가리킨다. 첫 번째 계열은 그 대부분이 『문학사와 장르』에 수록된 것으로서, 보다 구체적으로는 「문학사와 장르변화」, 「메타성과 탈장르」, 「문학사와 패러디 시학」, 「시의 형식과 이데올로기」 등과 같은 글을 가리킨다. 두 번째 계열은 『시론』 제3판과 제4판에서 새로 수정되고 첨가되었던 '장르론' 또는 '담화양식' 관련된 모든 논의들을 말한다. 세 번째 계열은 『도시시와 해체시』(1992), 『현대시의 환유성과 메타성』(1997)에 수록된 거의 모든 논의들을 일컫는다. 이 세 계열 모두에서 나타나는 공통성은 '서정장르'의 '장르류'는 '시적 세계관'에 의해 정의되며, 그 '장르종'은 '담화양식'과 '제시형식'을 통해 유형화된다는 것이다. 전자(前者)는 그의 본질시학적이고 체계시학적인 관점을 반영하며, 후자(後者)는 그의 역사시학적이고 다원주의적인 관점을 반영한다.

이 세 계열의 표면적인 논의의 초점은 모두 역사의 전개에 따른 '장르종들의 변화', 즉 문학사의 각 단계마다 서로 다르게 나타나는 '제시형식의 변화', 또는 현대시의 다양한 장르 혼합과 해체 현상에 따르는 '서정장르'의 '담화양식의 변화'에 대한 구체적인 기술에 놓여 있었다. 이것은 김준오가 『한국현대장르비평론』 이후 '역사시학'(다원주의)적인 관점을 확대하고 전경화했다는 것을 의미하고, 그가 '해체시', '도시시', '일상시', '민중시', '노동시', '문명비판시', '정치시' 등으로 유형화되는 현대시의 구체적인 현상과 그 역사적 변화에 주목했다[58]는 것을 뜻한다. 그러나 이러한 표면적인 논점의 배경에는 '장르류'의 '불변성'과 '보편성', 각 '장르류'들의 '담화양식'과 '제시형식'에 있어서의 '본질적 원형', '서정장르'의 본질적 특징으로서의 '시적 세계관'과 '서정적 자아' 등으로 요약되는 '본질시학'적인 관점이 놓여 있었다. 이것은 '차이와 분열', '역사적 현상과 다원주의', '담화양식과 제시형식', '장르종과 변화' 등으로 표상되는 '역사시학'적인 의미의 계열이 '동일성과 연속성', '본질적 원형과 체계주의', '서정적 자아와 시적 세계관', '장르류와 불변성' 등으로 요약되는 '본질시학'적인 의미의 계열로 환원되었거나, 그것이 하위 범주로서 기능했다는 것을 의미한다. 따라서 『한국현대장르비평론』 이후의 김준오의 모든 시론은

58) 김준오, 『시론』 제3판, 3면.

그 표면에서만, 역사시학적인 관점으로 이동했을 뿐이며, '동일성의 시론'이라는 애초의 본질시학적인 관점은 결코 변환되지 않았다고 할 수 있다. 김준오가 '담화이론'을 전면적으로 수용하지 않았던 이유도 바로 여기에 있었다. 이것이 전면적으로 수용될 때, '동일성의 시론'은 부정될 수밖에 없기 때문이다.

4. '시적 세계관'과 유비적 세계상

김준오 시론 전체를 관통하는 담론적 원리는 통합과 포괄의 원리이다. 이것은 그의 시론이 전통시론과 현대시론, 동양시론과 서양시론을 아우르고 넘나들 뿐만 아니라, 시의 내적 구성 원리, 또는 그 형식적 특징으로서의 '치환은유/병치은유', '서정적 자아/퍼소나', '인유/패러디', '유기적 형식/비유기적 형식' 등의 대립항들을 포괄하고 통합한다는 것을 의미한다. 이 대립항에서 전자(前者)의 항들은 '동일성', '서정', '목적론적 세계관', '장르류의 불변성'이라는 개념과 연관된다면, 후자(後者)의 항들은 '차이', '반서정', '반목적론적 세계관', '장르종의 변화'라는 개념과 연관된다.

『한국현대장르비평론』 이후 김준오는 '정전'(正典)이라는 개념 속에 내포된 '지배 이데올로기'를 지적했고,[59] "어느 하나의 문맥만을 특권화시키는"[60] 폐쇄적 독단론을 부정하면서 '다원주의적인 관점'을 표방했다. 그러나 그는 계속해서 "장르류는 불변적이고 보편적이다"라고 전제했다. 이것은 그가 '해체주의'의 관점이나 바흐친의 '담화이론'을

59) 김준오, 「문학사와 장르 변화」, 『문학사와 장르』, 21-27면 참조; 「시의 형식과 이데올로기」, 『문학사와 장르』 132-146면 참조.

60) 김준오, 『시론』 제4판, 3면.

받아들이고, 문학사의 변화 현상 혹은 현대시에서 나타나는 다양한 분열과 해체 현상에 주목하면서도, 시의 본질적 원형이 전자(前者)의 계열 속에 존재한다는 애초의 믿음을 폐기하지 않았다는 것을 의미한다. 결국 김준오는 현대 세계 혹은 현대시에서 나타나는 다양한 분열과 해체의 현상을 배제하고 간과했던 것이 아니라, 이것을 포괄하고 통합할 수 있는 더 넓은 범주의 '동일성의 시론'을 모색했다고 할 수 있다. 이 모색에 의해 그의 시론은 '전통시와 현대시', '한국의 전통시론과 서구의 현대시론', '서정시학과 해체시학', '문학장르론과 실제 비평' 등의 광범위한 영역과 관점을 두루 아우를 수 있었으며, 이것은 한국 비평사에 있어서 주목할 만한 성취를 보여주었던 것으로 판단된다. 특히 자생적 이론의 생산이라는 측면에서 보았을 때, 그의 시론은 의미심장한 것이었다고 평가할 수 있다.

그러나 그의 시론은 '동일성'이라는 개념에 지나치게 많은 의미를 부여했고, 또 전혀 상반된 경향과 관점, 가치 규준, 구성 원리를 소유한 시와 시론을 한데 포괄하고 통합하고자 했다. 그의 시론에서 나타나는 '동일성/비동일성'이라는 이분법적 문제틀의 단순한 반복이나 다소 비약적인 논리 전개는 바로 이 지점에서 발생했던 것으로 보인다. 어쨌든 그의 시론이 '해체주의'와 '담론이론'을 수용하면서도, '동일성의 시론'이라는 애초의 전제를 계속해서 유지할 수 있었던 근거는 '시적 세계관'이라는 시 작품 외부의 시인의 자기동일성에 있었다.

> 세계관에 의하여 문학작품을 범주화하는 것은 장르 비평의 한 유형이다. 다시 말하면 세계관은 장르를 규정하는 한 조건이다. 세계관의 유사성에 의해 장르를 변별하는 표현론적 관점은 자아와 세계의 이원론이란 철학적 사유 방식에 근거하고 있다. 자아가 세계로부터 일정한 거리를 유지하면서 그 세계를 냉철하게 관찰하는 입장이 서사 장르라면 서

> 정 장르에서는 자아와 세계 사이의 이런 서사적 거리가 없다. 다시 말하면 자아와 세계 사이에는 '본질적으로' 아무런 단절이 없다. 서정적 세계관에서는 자아와 세계의 이원론은 자동 폐기된다. 이것을 가능하게 하는 것이 서정시의 가장 본질적 특성으로 기술되는 정조다. 신화적 세계와 꼭 같이 서정시에서는 시인이 지각하는 모든 사물은 특수한 정조로 채색되어 있으며 적어도 시인의 의식과 무관한 어떠한 사물도 존재하지 않는다. 정조는 자아와 세계를 연결하는 매개항이다. (……) 자아와 세계 사이의 이런 서정적 거리 결핍 현상은 다름 아닌 동일성의 감각이다. 자아와 세계 사이, 서로 다른 사물들 사이의 동일성을 발견하는 것이 서정적 세계관이다. 이런 세계관에 상응해서 시의 언어는 정서적 언어이면서 또한 본질적으로 은유 형식이다. 여기서 우리는 근본적으로 시의 두 유형을 구분할 수 있다. 유사한, 또는 동종의 사물들 사이에서 차이성을 발견하려는 아이러니 시와 서로 다른 사물들 사이에서 동일성을 발견하려는 은유시가 그것이다. 물론 후자의 은유시가 서정 장르의 원형임은 따로 지적할 필요는 없겠다. (김준오, 『시의 형식과 이데올로기』, 『문학사와 장르』, 문학과 지성사, 2000, 132-133면.)

위 인용문에서 볼 수 있듯이, 김준오는 『한국현대장르비평론』에서와는 달리, '표현론적 관점'이라는 단 하나의 기준에 의해서만 '문학장르'를 분류한다. 또한 이 분류는 '서정/서사'로 단순화된다. 이것은 『한국현대장르비평론』에서 제기된 '화법'에 의거한 '문학장르의 사분법'이 철회되었다는 것을 반증한다. 김준오는 '화법'(담화양식)을 기준으로 '문학장르'를 사분할 때, '세계관'에 의한 장르 분류가 무효해지며 또 '동일성의 시론'이 성립될 수 없는 난제(aporia)가 발생한다는 것을 자각했던 것임에 틀림없다. 앞에서 살펴본 바와 같이, '세계관'에 따른 장르 분류와 '담화양식'에 의한 장르 분류는 서로 부합될 수 없는 상이한 논점을 지닌 것이었고, 특히 이 양자(兩者)에 근거한 '서정장르' 정의는 서로 모순을 일으킬 수밖에 없는 것이었기 때문이다.

김준오는 '시적 세계관'과 '담화양식'을 각각 '서정장르'의 '큰 갈래'(장르류)와 '작은 갈래'(장르종)를 변별하는 기준으로 사용함으로써 이 모순을 벗어났던 것으로 보인다. 바꿔 말해 '시적 세계관' ('서정적 세계관')은 '서정장르'의 '큰 갈래'를 규정하는 개념으로 사용되고, '담화양식'은 다만 '서정장르'의 '작은 갈래'들을 유형화하는 제한적인 개념으로 사용됨으로써, 그의 '서정장르' 정의에 있어서의 논리적 모순은 해소될 수 있었고, '동일성의 시론'은 계속해서 견지될 수 있었던 것으로 판단된다.

위 인용문에서 '서정장르'의 '본질적 특성'은 '서사장르'의 '서사적 거리'와 대비되는 '서정적 거리의 결핍'으로 정의된다. 또한 이 정의는 '세계관'이라는 '표현론적 관점'에 근거한다. 그러나 이 '세계관'을 소유한 주체(자아)가 누구인지는 분명하지 않다. 즉 작품 외부의 작가인지 아니면, 작품 내부의 화자인지가 분명하지 않다는 것이다. 물론 그의 말대로 '서정장르'에서 '서정적 거리 결핍 현상'이 나타날 가능성은 매우 높다. '서술시', '담시' 등과 같은 경우를 제외한다면, 대부분의 시는 개인적 발화로 구성되며. 이 발화 역시 대개는 자아 (화자)와 세계(대상)를 유비적(analogical)으로 통합시키는 '비유적 언어'로 구성되기 때문이다. 그런데 문제는 '서정적 세계관'을 소유한 주체 (자아)의 성격과 그 주체가 존재하는 위치에 따라. '서정적 세계관'과 이에 근거한 '서정장르'는 서로 다르게 정의될 수박에 없다는 데에 있다. 즉 세계가 선험적인 조화의 질서로 이루어져 있다고 규정지을 수 있는 이상적인 도덕규범을 반영한 주체인가, 아니면 그것으로부터 이탈하여 개인 내면의 실존적 진실을 표현하려는 주체인가, 그도 아니면 세계의 선험적인 도덕규범이나 시인의 경험적 진실을 반영하지 않는 작품 내부의 허구적 주체인가에 따라, '서정적 세계관'은 세분화될 수 있고 '서정장르'는 서로 다르게 정의될 수 있다는 것이다.

첫 번째 주체가 주로 전통 서정시와 관련된다면, 두 번째 주체는 낭만주의 시와, 세 번째는 보들레르 이후의 모더니즘 시와 관련될 것이다. 첫 번째 주체에서는 세계와 시인과 화자는 분리되지 않는다. 그러나 두 번째 주체는 세계와 시인의 분열을 전제하며, 설혹 양자(兩者)의 통일이 나타난다고 하더라도 그것은 다만 시인의 가치 지향으로 존재하거나 혹은 시인의 상상 속에서만 존재하는 제한적인 것일 수밖에 없다. 마찬가지로 세 번째 주체는 세계의 선험적 조화의 질서나 시인의 경험적 진실로부터 분리되어 작품 내부에만 존재하는 주체이다. 따라서 이 주체는 세계의 선험적인 도덕규범이나 시인의 경험으로 환원되지 않으며 다만 작품 내부에서만 자아와 세계를 유비적으로 통합시킬 뿐이다. 따라서 이 각각의 주체들이 형성시키는 '자아와 세계의 동일성'은 서로 다른 차원을 그 구심점으로 삼는다. 이것을 정리해보면 다음과 같다.

1) 전통 서정시의 서정적 자아 혹은 주체; 세계의 선험적인 조화의 이념이나 도덕규범; 세계 중심

2) 낭만주의 시의 서정적 자아 혹은 주체; 작가 개인의 내면적 진실이나 상상; 작가(시인) 중심

3) 모더니즘 시의 서정적 자아 혹은 주체; 작품 내부의 화자의 진술이나 기법; 작품(화자) 중심

김준오는 이 셋을 명확하게 구분하지 않았다. 이것은 "시는 동일성이다"라고 하는 그의 확고부동한 전제를 이 셋 모두에서 관철시키려고 하는 데에서 기인하는 것으로 판단된다. 실상 김준오가 '표현론적 관점', 곧 '시적 세계관'(서정적 세계관)에 의해 '서정장르'를 정의할 때, 그것은 2)에 기초한 것이었고, 또 그럴 수밖에 없었던 것으로 판단된다. 2)를 통해서만, 1)과 3)은 서로 모순을 일으키지 않고, '동일

성의 시론'이라는 테두리 속에 포섭될 수 있기 때문이다. 1)에만 근거한다면, '서정'과 '교술'('주제문학')은 쉽사리 구분되지 않으며, 2)와 3)은 포괄될 수 없다. "조선조 자연시에서 주객일치, 천일합일의 경지는 탈락, 또는 사물화의 상태이므로 세계의 자아화라기보다 자아의 세계화로도 해석할 수 있다."[61]는 김준오의 말처럼, 1)에 근거한 '서정장르'는 사실상 '교술장르'와 쉽게 구분될 수 없는 것이며, 개인 내면의 독립적인 진실성을 강조하는 2)나, 세계나 시인과 분리된 화자의 진술, 혹은 작품의 예술적 기법을 강조하는 3)을 포용할 수 없는 것이기 때문이다. 마찬가지로 3)에만 근거한다면, 1)과 2)는 모두 배제되어야만 한다. 이것의 핵심은 예술적 기법의 독창성 또는 화자의 발화가 세계의 선험적인 질서나 시인의 경험적인 진실과 무관하다는 데에 있기 때문이다. 따라서 김준오가 현대에 나타난 '서술시'(리얼리즘), '무의미시'(모더니즘), '해체시'(포스트모더니즘) 등을 모두 포괄하면서도, '동일성의 시론'을 견지하기 위해서는 2)에 근거할 수밖에 없었던 것이다. 2)에 근거하게 될 때, 1)은 현대시에서 존재하지 않지만, 회복해야 할 '시'의 본질적 원형이 되며, '본연지성의 서정적 자아'와 '자아와 세계의 동일성'은 지향해야 할 가치가 되기 때문에, 1)과 2)는 모순을 일으키지 않게 된다. 마찬가지로 3)에서 나타나는 작품 내부의 화자의 분열이나 해체, 혹은 '혼합화법' 등은 작품 외부에 존재하는 시인의 '동일성을 지향하는 태도'로 환원되기 때문에, 2)와 3)은 공존할 수 있게 된다. 이러한 김준오의 논법은 『시론』 제4판에도 그대로 반영되어 나타난다.

> 1) 표현론적 관점은 시를 시인 자신과 관련시켜 보는 시관이다. 이것은 시를 감정의 유로로 정의하든가, 작가의 지각, 사상, 감정에 작용

61) 김준오, 『한국현대장르비평론』, 73면.

하는 상상력의 산물로 정의한다. 여기서는 자기표현이 시의 목적이 된다. 서정시란 바로 자기표현이다. 이런 관점은 낭만주의의 산물이며, 낭만주의 비평가를 중심으로 발전되었다. 표현론에서 작품평가의 중요한 기준은 성실성이다. 이것은 고전주의시대의 가치기준인 적격과 대립된다. (……) 이런 적격의 원리는 필연적으로 엄격한 문학상의 규칙이나 형식을 요구하기 마련이며 그만큼 관습적이고 인습적이 되어서 문학의 독창성과 진실성은 결여되기 마련이다. (……) 성실성은 우선 이 적격의 파괴에서 탄생한다. 적격의 파괴를 통하여 문학의 독창성이 획득된다. 표현론은 문학을 개성의 표현, 곧 자기표현으로 보기 때문에 개성적인 것, 독창적인 것이 가치기준이 될 수밖에 없다. 그러나 적격의 원리를 지킨 고전주의의 작품에서는 독창성과 개성은 좀처럼 찾아볼 수 없는 것이다. 문학을 창조라 할 때 이 창조는 표현론에서는 단순한 허구가 아니라 독창성과 개성을 뜻하는 것이다. (김준오, 『시론』 제4판, 23면.)

2) 세계관 또는 태도를 갈래 구분의 기준으로 삼을 때 이것은 표현론적 장르관이 된다. 서정시의 장르적 특징은 무엇보다도 시정신 또는 시적 세계관이나 비전에서 발생한다. 서사나 극과 구분되는 시정신은 단적으로 말해서 자아와 세계의 동일성에 있다. 여기서의 동일성이란 자아와 세계의 일체감이다. (위의 책, 34면.)

3) 이처럼 문명의 시대에 本然之性으로서의 서정적 자아는 하나의 이상으로만 존재하지 실존할 수 없다. 여기서 기질지성의 서정적 자아가 필연적으로 등장한다. 氣質之性의 서정적 자아는 그가 지닌, 차이와 분별을 만드는 기의 작용에 따라 분별과 대립, 갈등을 일으킨다. 氣質之性에서 본 세계는 대립, 갈등의 세계이지만 보편화의 원리인 이에 의하여 이 대립, 갈등을 극복하여 자아와 세계의 합일을 추구하게 된다. 다시 말하면 세계와의 갈등을 인위적으로 극복하여 합일의 경지를 몽상하게 된다. (위의 책, 39면.)

위의 세 인용문은 모두 '표현론적 관점', 즉 '시적 세계관'이라는 기준에 의해서 '서정시'의 장르적 특징을 정의한 것이다. 그러나 1)과 3)

은 서로 모순될 수밖에 없는 논제를 포함하고 있는 것으로 보인다. 1)의 핵심은 '고전주의=적격=인습, 관습/낭만주의=성실성=독창, 개성'이라는 대립적 등식(等式)의 계열에 있다. 또한 3)의 핵심은 '전통시=본연지성으로서의 서정적 자아/현대시=기질지성으로서의 서정적 자아'의 대립에 있다. 김준오의 말대로, 현대의 '기질지성의 서정적 자아'가 '본연지성으로서의 서정적 자아'를 '몽상'하는 것이라면, 이것은 실상 현대 이전의 시대를 지배했던 선험적인 조화의 이념, 혹은 외부적인 도덕규범을 회복하고자 한다는 의미를 지니게 된다. 따라서 시인이 지향하는 '자아와 세계의 동일성'은 '자아' 중심이 아니라, '세계' 중심이 되며, '서정적 자아'는 1)에서 제시된 '적격', 혹은 '인습'과 '관습'을 지향하는 것이 된다. 더구나 '서정적 자아'의 개념이 작품 내적 구성 원리가 아니라, 낭만주의와 표현론적 관점이라는 전제로부터 나온 것일 때, 그것은 반드시 '기질지성의 서정적 자아'를 의미하게 된다. 왜냐하면, 그것은 1)에서 볼 수 있는 바와 같이 고전주의적인 '적격의 원리를 파괴'하고 '개인의 개성과 독창성'을 지향하기 때문이다. 그러므로 '낭만주의'와 '표현론'을 전제하고 있는 '서정적 자아'가 지향하는 것은 '세계의 선험적 도덕규범=개인의 경험적 진실'이라는 '본연지성'이 아니라, 세계의 도덕규범으로부터 이탈한 개인적 진실성 혹은 그 개성과 독창성을 추구하는 '기질지성' 그 자체라고 규정되어야만 한다. 그래야만 1), 2), 3)의 논제는 상호 모순에 빠지지 않고, 일관된 논리로 연속될 수 있기 때문이다.

이러한 모순은 김준오가 시의 본질적 원형을 전통적인 서정시로 전제하고, 현대에 나타난 여러 분열 현상을 그 원형의 동일성을 회복하려는 움직임으로 환원하고자 하는 데에서 나온다. 그는 서로 다른 의미론적 장에서 사용되어야 할 '동일성'의 개념을 서로 중첩시키며, 이것을 시인의 '자아의 동일성'으로 환원시킨다. 이에 따라 『시론』 제4

판 역시 여러 번의 수정과 개작에도 불구하고, 『시론』 제1판에서 나타났던 '주체중심주의'와 '서정시중심주의'라는 위계론을 벗어나지 못하게 된다. 이것은 그가 표면적으로 '해체주의'와 '담론이론'을 수용하고, 문학장르의 역사적 변화 현상과 현대시의 여러 유형에 대한 '다원주의적 관점'을 강조했음에도 불구하고, 결국 이면적으로는 전통적 서정시에 본질적 가치를 부여하고, 이것이 기반하고 있는 전통적인 도덕규범을 통해 현대 세계의 여러 분열 현상을 통합하고 극복하려 했다는 것을 의미한다. 현대 세계의 분열과 갈등을 넘어설 수 있는 보다 더 포괄적인 '동일성의 원리' 모색이 그의 시론의 화두였던 셈이며, 그에게 '시'는 이러한 동일성을 실현할 수 있는 가장 탁월한 문학 형태로 이해되었던 셈이다.

> 1) 현대시의 미학적 중심은 음악적 차원에서 시각적 차원으로, 지적이고 논리적인 차원으로 변모되어 가고 있다. 그러나 시에서 정서를 환기시킬 수 있는 가장 중요한 요인의 하나는 시의 음악적 성격이다. 현대시가 이것을 외면한다는 것은 감수성의 분리가 아니라 정서의 상실을 의미한다. 정서의 상실은 시를 무력하게 만들고 그 결과로 시의 소외도 가져온다. (……) 앞에서 말한 것처럼 리듬은 시간적 동일성의 규칙적 반복이기 때문에 경험을 질서화하고 이 질서화 속에 자아발견을 가능케 한다. 즉 리듬의 시간적 동일성의 반복은 자아의 통시적 동일성과 통일성을 가져온다. (……) 자아분열과 자아상실의 현대사회에서 자아의 통일성과 변하지 않는 자기 정체를 확보하는 데 리듬의 또 하나의 의의가 있다. (김준오, 『시론』 제4판, 156면.)
>
> 2) 언어는 이질적인 두 사물을 연결하는 유사성을 우리가 지각하는 데 기여한다. 유사성의 발견은 언어의 중요한 한 기능이다. 여기서 비유의 시가 탄생하는 것이다. 서로 다른 사물들 사이에서 동일성을 찾아내는 것은 성숙한 마음, 즉 현실성의 복잡성을 관조할 수 있는 마음의 전형적 직분이라고 한다. 이것은 문학이 단순한 즐거움이나 유희 이상

> 의 의의를 지니고 있는 점을 시사한 말이지만 상이점 내에서의 동일성의 발견이 '성숙한 마음'의 직분이 되는 이유는 이것이 모순, 충돌을 피하거나 배제하지 않고 수용해서, 오히려 하나의 새로운 통일체로 '조화'시키는 마음에서만 가능하기 때문이다. 성숙한 마음은 복잡하고 모순투성이의 현대사회를 살아가는 시인의 자세이다. 이런 점에서 차이성 속의 동일성이란 비유의 본질은 단순한 문학적 차원 이상의 의의를 지니고 있는 점이다. (위의 책, 177면.)

인용문 1)은 김준오가 결국 '리듬' 혹은 '정서' 중심의 전통적인 서정시를 시의 본질적 원형으로 간주하며, '리듬'을 시 외부의 '자아의 동일성'으로 환원시킨다는 것을 명료하게 보여준다. 김준오의 말처럼 "리듬은 시간적 동일성의 규칙적 반복"일 수 있고, '경험의 질서화'일 수 있다. 그런데 '리듬'이 "자아발견을 가능케 하고", "자아분열과 자아상실의 현대 사회에서 자아의 통일성과 변하지 않는 자기 정체를 확보하게" 한다는 그의 진술은 '리듬'이 지닐 수 있는 여러 차원의 의미를 '주체중심주의'의 관점으로 환원한 것이라 판단된다. '리듬'이 시의 창작 과정에서 발생하는 어떤 규칙적 질서인 것은 분명하나, 그것은 시인의 의식적 동일성으로만 환원될 수 없을 것으로 보인다. 오히려 '리듬'은 시인의 의식을 넘어선 곳에 존재하는 모든 신체적인 것의 생성적 흐름이라고 할 수 있다. 따라서 그것은 인간 주체의 의식의 동일성을 증명해주는 것이 아니라, 오히려 자연과 사물의 역동적인 힘의 흐름으로, 인간의 신체적이고 무의식적인 힘의 율동으로 정의될 수 있다.[62]

물론 김준오는 다른 한편으로 "리듬은 심장의 고동, 호흡, 신체적 운동 등 모든 생명의 기능이다"[63]라고 정의하고 있다. 그러나 이것은

---

62) 김상환, 『풍자와 해탈 혹은 사랑과 죽음』, 민음사, 2000, 77면 참조.
63) 김준오, 『시론』 제4판, 156면.

결국 시인의 '경험의 질서화', 혹은 '자아의 동일성'으로 환원된다는 점에서, '주체'(자아)의 의식으로 표상되지 않는 신체적이고 무의식적인 힘의 율동을 포함하지 않는 것으로 보인다. 즉 김준오는 '리듬'을 시인의 의식적 동일성이라는 시선에 입각해서만 바라보며, 이러한 시선으로 포착되지 않는 세계의 복수적인 힘의 율동으로 바라보지 않는다는 것이다. '리듬'을 '경험의 질서화'가 아니라 세계의 모든 존재가 지닌 생성의 흐름과 힘의 율동으로 이해한다고 할 때, '리듬'은 '자아의 동일성'이 아니라 자아와 세계의 고정된 배치를 변환시키는 차이의 생성적 운동, 또는 그 규칙성의 발현으로 정의될 수 있을 것이다. 이러한 정의는 김준오가 '주체중심주의' 혹은 '주체'(자아)의 의식적 동일성이라는 차원에서 '리듬'을 정의하고 있다는 것을 분명하게 드러내 준다.

이러한 김준오의 관점은 인용문 2)에서도 그대로 나타난다. 그는 '비유'를 시 내부의 구성 원리 혹은 수사법으로만 간주하지 않고, 그것을 시 외부의 시인의 '윤리적 가치'에까지 확장시킨다. '비유'가 서로 다른 두 사물을 유추(유비)에 의해 결합시키는 언어의 한 방법이며, 이것이 시의 핵심을 이룬다는 것은 주지의 사실이다. 그런데 그는 이 '비유'를 "모순이나 충돌을 피하거나 배제하지 않고 수용해서 오히려 새로운 통일체로 만드는 성숙한 마음"이라 정의하고, 이것을 다시 "복잡하고 모순투성이의 현대 사회를 살아가는 시인의 자세"로 귀결시킨다. 즉 그는 '비유'를 언어의 한 방법, 또는 시의 구성원리라는 차원을 넘어서 현대 세계의 분열과 모순을 극복하고 통합할 수 있는 윤리적 가치를 지닌 것으로 간주하는 것이다. 이러한 김준오의 관점에는 실상 '현대이전=동일성의 세계=긍정적인 것/현대=분열과 갈등의 세계=부정적인 것'이라는 이분법적 가치 판단이 내재되어 있다. 또한 그에게 '비유'는 단지 '두 사물의 차이'를 지양한 '동일성'으로만 간주될 뿐,

사회 체제의 지배적인 질서 혹은 고형화된 인식 체계를 넘어서고자 하는 저항적이고 전복적인 힘으로 간주되지 않는다. 이것은 '비유'를 단지 시 외부의 시인의 '자아의 동일성'으로 귀결시키는 그의 관점으로부터 기인한다고 할 수 있다.

'비유'는 두 사물들 간의 유추 관계로부터 성립된다. 이 관계가 기존의 관습적 범주를 그대로 답습하느냐, 아니면 이 범주를 이탈하여 새로운 의미의 계열을 만드느냐에 따라, '비유'는 서로 다른 사회·문화적 의미를 내포하게 될 것이다. 전자(前者)의 경우는 주로 전통적인 서정시에 해당되고, 후자(後者)는 주로 현대시에 해당될 것임은 틀림없다. 물론 이 양자(兩者)는 김준오가 제시한 것처럼, 각각 '치환은유'와 '병치은유'의 차이로도 설명될 수 있다. 그러나 '비유'를 보다 섬세하게 정의하기 위해서는 '치환은유'를 '동일성'으로, '병치은유'를 '비동일성'으로 환원할 것[64]이 아니라, 이러한 '비유' 속에 내포된 힘과 가치의 방향을 고려해야 할 것으로 판단된다. 다시 말해, 동일한 '치환은유'를 사용한다고 하더라도, 선택된 사물의 범주나, 그 사물의 의미 계열화에 따라, 전혀 다른 경향의 시가 될 수 있다는 것이다. 또한 '비유'를 '치환은유'로 제한한다고 하더라도, 그것은 시 텍스트 내부의 동일성, 혹은 시 텍스트 외부의 시인의 '자아의 동일성'을 증명하는 표지로 환원될 수 없을 것으로 보인다. 왜냐하면, '치환은유'를 사용하는 시라고 하더라도, 기성의 사회 질서가 강요하는 의미의 일방향성(一方向性)을 무너뜨리고, 기존에 없었던 새로운 의미 계열을 창출하는 시라면, 그것은 '동일성의 원리'가 아니라, '차이의 원리'에 입각해 있는 것이기 때문이다. 더 나아가 '비유'의 핵심은 자동화되고 관습화된 인식 체계('동일성의 원리')를 초월해서 그것에 의해 배제되고 억압된

---

64) 김준오, 『시론』 제4판, 187면 참조.

것들을 새롭게 드러내고자 하는 차이의 운동이라고도 말할 수 있다. 여기서 차이란 기성 질서로부터 강요되는 '동일성의 원리'를 깨뜨리고 그것을 넘어서 새로운 의미의 계열을 생성할 수 있는 시의 창조적 변이능력(puissance)을 가리킨다.

1) 문화비평에서 작품의 통일성이란 계급, 성, 종족, 이데올로기 중에서 어떤 문맥을 특권화시킨 산물이다. 예컨대 조선조 양반시조의 통일성이란 충, 효의 유교적 이념이나 양반계급의 문맥을 특권화시킨 결과의 구조적 통일성이다. 통일성을 거부하고 이를 해체하려는 문화비평의 관점에서 작품의 여러 이질적 요소들이 어느 특권화된 문맥으로 통일됨이 없이 공존하고 갈등하는 단계로, 바흐찐의 용어를 빌린다면 대화적 관계로 놓여 있어야 한다. 문화비평이 작품의 통일성과 자아의 통일성을 상동 관계로 보는 브르조아 인문주의는 물론 여러 이질적 요소들을 하나로 통일시키고 종합하는 능력으로서 상상력을 강조한 낭만주의 시론을 비판한 것은 전연 놀랍지 않다. 사실 많은 현대시들에서 자아와 세계의 동일성은 좀처럼 찾아볼 수 없고 오히려 대립, 갈등이 지배적이다. 이기철학의 용어를 빌린다면 차이, 분별의 원리인 氣만이 작용하고 있는 것 같다. 이것은 세계의 자아화라는 서정장르 이론과 전면적으로 일치하지 않으며 이 불일치 자체는 서정시 이론의 불충분함을 시사한다. (김준오, 『시론』 제4판, 42면.)

2) 현실로부터의 도피가 시의 은유에서 도피의 원리를 가져왔다면 이 도피의 다른 한 양상은 대결이 된다. 현대시는 의도상으로 보면 현실과의 '대결의 시'가 된다. 휠라이트는 삶의 원리가 자아와 타인간의, 자아와 물리적 환경간의 사랑과 적개심, 본능적 충동과 죽음의 열망 사이의 여러 긴장 속에 나타나는 투쟁이라고 보고 언어도 살아있는 언어가 되기 위해서는 긴장적 언어가 되어야 한다고 했다. 이처럼 현대시의 은유는 과거와는 달리 도피 또는 대결의 원리 속에서 성립한다. (위의 책, 190면.)

위의 두 인용문은 『시론』 제1판과 제4판의 거리를 보여준다. 『시론』 제1판에서는 시 내부에 존재하는 '서정적 자아'가 시 외부의 시인과 등치되고, 시 내부에서 분열과 갈등을 일으키고 있는 '화자'가 시인의 "동일성의 회복을 지향하는 태도"로 환원됨으로써, '비동일성의 원리'로 구성되는 모더니즘 시까지도 '동일성'이라는 개념으로 포괄될 수 있었다. 즉 시 내부에 현상하는 분열과 갈등, 차이와 해체는 시 외부의 시인의 '자기동일성의 회복'이라는 의미로 환원되었던 셈이다. 그러나 위 인용문 1)에서 알 수 있듯이, 『시론』 제4판에서는 현대시에서 나타나는 분열과 갈등의 현상이 시인의 자기동일성으로 환원되지 않는다. 오히려 '세계의 자아화'로 정의되는 '서정장르 이론'의 한계나, '서정시 이론의 불충분함'을 인정하는 태도가 나타난다. 이것은 김준오가 1990년대 이후 바흐친의 '담화이론'이나 '해체주의' 이론을 의식하고 그것을 제한적으로나마 수용한 결과라고 할 수 있다. 그는 1990년대 중반에 들어서 모더니즘이나 포스트모더니즘의 관점에 입각해 있는 현대시를 '세계의 자아화' 혹은 '서정적 자아'라는 개념으로 포섭할 수 없으며, 그것을 해명하는 설명 모델로 '담화이론'이나 '해체주의'가 훨씬 더 적합하다는 인식에 도달했던 것으로 추정된다.

이러한 인식에 따라, 『시론』 제4판은 이중적인 가치 규준과 의미 계열로 구성될 수밖에 없었던 것으로 추론된다. 즉 『시론』 제4판은 '동일성의 원리'('세계의 자아화', '서정적 자아')와 '비동일성의 원리'('담화이론', '해체주의')'라는 두 축의 대립에 입각하여 구성된다는 것이다. 여기서 '동일성의 원리'로 수렴되는 것은 '시적 세계관', '시 정신', '서정적 자아', '서정적 감동', '비유', '치환은유', '인간적 시점' 등의 의미 계열이고, '비동일성의 원리'로 수렴되는 것은 '서사적 세계관', '산문 정신', '파토스적 감동', '퍼소나', '아이러니', '병치은유', '비인간적 시점' 등의 의미 계열이다. 김준오는 『시론』 제4판에서

‘비동일성의 원리’에 입각해 있는 의미 계열을 ‘동일성의 원리’로 곧바로 환원하지 않고 비교적 중립적인 관점에서 기술한다. 『시론』 제1판과 제4판의 거리는 바로 여기에 있으며, 『시론』 제4판은 그 이전의 어느 판본보다도 현대시의 폭넓은 유형과 현대시에 관한 다양한 이론들을 두루 포괄하고 있다. 그런데 여기서 주목해야 할 것은 ‘동일성의 원리’와 ‘비동일성의 원리’를 가르는 기준이 ‘자아의 동일성’이라는 시인의 선험적 자기동일성에 있다는 사실이다. 이것은 『시론』 제1판과 제4판의 연속성을 예증해주는 것이기도 하지만, 김준오가 실상 ‘주체중심주의’의 관점을 기준으로 하여 시를 정의했다는 것을 의미하는 것이기도 하다. 또한 동일성의 원리로 수렴되는 의미 계열이 시의 본질적 원형으로 간주된다는 점에서, 현대시의 지배적인 현상으로 나타나는 ‘산문 정신’, ‘퍼소나’, ‘아이러니’, ‘병치은유’, ‘비인간적 시점’ 등은 시의 본질적 원형에서 이탈한 것으로 규정될 수밖에 없다. 결국 김준오는 『시론』 제4판에서 ‘시의 본질적 원형=동일성의 원리=전통적인 서정시/시의 역사적 현상=비동일성의 원리=현대시’라는 대립적 등식의 계열을 형성시켰던 셈이며, 이 등식을 통해 ‘동일성의 시론’이라는 그의 애초의 관점을 계속해서 견지할 수 있었던 것이다.

이러한 측면을 종합해 볼 때, 『시론』 제4판은 현대시에서 나타나는 ‘비동일성의 원리’를 비교적 객관적으로 기술했으며, ‘해체주의’의 이론이나 ‘담화이론’을 수용했음에도 불구하고, 그 이전의 『시론』과 다름없이 ‘동일성의 시론’이라는 관점을 벗어나지 않았다고 할 수 있다. 『시론』 제4판에서도 시의 본질적 원형이 현대 이전의 ‘주술적 언어’에 있다는 애초의 관점은 변환되지 않는다. 초기부터 마지막에 이르기까지 그의 시론의 핵심에는 ‘주술적 언어’로 명명되는 현(근)대 과학 이전 시대의 ‘유사성’(resemblance)의 인식소(épistémè)와 ‘유비적 형상’(analogical figure)에 대한 동경이 자리 잡고 있었다. 김준오가

"언어가 이제 더 이상 대상과 동일시되지도 않고, 따라서 주술적 기능이 없는, 그 대상을 가리키는 의미론적 기능의 추상적 기호에 지나지 않는다는 언어관의 변화"[65]를 부정적인 것으로 평가한 것이나, "현대인이 도리어 언어의 장벽을 무너뜨리고 원시적 언어의 시대를 향수처럼 동경하게 된다"[66]고 말한 것, 또 "시의 언어는 원초적 통일성을 지향하는 언어이다"[67]라고 진술한 것은 그가 현(근)대 과학 이전 시대의 언어와 세계관을 지향하고 동경하고 있었다는 것을 분명하게 말해준다.

푸코(M. Foucault)에 따르면, 현대 과학 발생 이전인 르네상스 시대까지 서구 사회를 관류했던 인식틀은 유사성(resemblance)이었으며, 이것을 구성하는 가장 본질적인 형상은 '유비'(analogy)였다.[68] 또한 니담(J. Needam)에 의하면, 고대로부터 중세에 이르기까지 중국을 관류했던 가장 특징적인 세계관은 "유기체적 자연주의"였으며, 이 세계관을 구성하는 핵심 인자는 유비(analogy)였다.[69] 유비는 천문과 인문, 대우주와 소우주, 자연(신)과 인간을 그 속성, 비례, 구조, 기능의 유사성에 따라 상호 대응시키고, 동일화시키는 사유 방법이라고 정의될 수 있다.[70] 현대에도 이러한 유비에 근거한 사유는 존속하지만, 그것은 '유기체 철학'이라는 사상의 한 흐름으로, 시 작품 내부의 비유적 수사법으로, 혹은 '유추'라 불리는 논리학의 한 방법으로 축소된다. 김준오가 "언어의 주술적 힘에 대한 신뢰가 무너짐에 따라 언어는 의

65) 김준오, 『시론』 제4판, 60면.
66) 위의 책, 61면.
67) 위의 책, 61면.
68) M. Foucault, 『말과 사물』, 이광래 역, 민음사, 1980, 41-50면 참조.
69) J. Needam, 『중국의 과학과 문명』, 이석호 · 이철주 · 임정대 역, 을유문화사, 1986, 389-391면 참조; 413-419면 참조.
70) M. Foucault, 앞의 책, 46-47면 참조; J. Needam, 『중국의 과학과 문명 2』, 이석호 외 역, 을유문화사, 1986, 413-417면 참조.

미 표출 기능, 즉 의미론적 기능적 기능밖에 갖지 못한 것으로 생각하게 되었다"[71]고 말한 것은 바로 이러한 유비적 세계상과 그것에 맞닿아 있는 주술적 언어의 기능이 현대에 와서 축소되게 된 사정을 지적한 것이라 할 수 있다.

현(근)대 과학에 의하여 추방되었던 유비적 세계상은 낭만주의 예술에 의해 다시 부활한다.[72] 그러나 이 '유비'는 인간과 자연과 신의 연속성과 통일성을 실존적인 차원에서 유지하고 있었던 현(근)대 과학 이전 시대의 그것과 동일한 것일 수 없다. 현(근)대 과학 이후의 세계에서 자아와 세계의 연속성과 통일성은 실존적인 차원의 것이 아니라, 당위적인 차원의 것이기 때문이다. '낭만적 아이러니'는 이러한 연속성과 통일성이 당위적인 차원의 것이 될 수밖에 없음을 예증하는 개념이다. '낭만적 아이러니'는 인간과 자연과 신의 연속성과 통일성을 '있어야 할 것'으로 동경하고 추구하지만, 결국 이것에 도달하지 못하는 데에서 발생하는 비애의 감정 또는 불협화음과 분열의 언어로 정의될 수 있다.[73] 이것은 결국 낭만주의가 추구한 유비적 세계상이 실제적인 경험 그 자체가 아니라, 개인의 상상력의 산물이거나 예술 작품 내부의 비유(상징)적 언어로 축소되어 나타나는 이상향에 불과했다는 것을 의미한다. 김준오 시론에는 다양한 이론들이 수용되고 있지만, 실상 그것의 핵심을 이루었던 것은 바로 이러한 낭만주의의 유비적 세계상이었다. 그는 이 관점을 중심으로 하여 동양의 전통시론과 서구의 현대시론을 통합하고자 했던 것이다. 그의 시론에서 '동일성'이 회복해야 할 '가치 개념'으로 규정되었던 것이나, '표현론적 관점'에 입

71) 김준오, 『시론』 제4판, 59-60면.

72) O. Paz, 『흙의 자식들 외』, 옥타비오 파스 전집 2, 김은중 역, 솔, 1999, 78-100면 참조.

73) A. Hauser, 『문학과 예술의 사회사 3』, 백낙청 · 염무웅 역, 창작과 비평사, 1999, 227-235면 참조; O. Paz, 앞의 책, 76-77면 참조.

각하여 시장르가 정의되었던 것, 더 나아가 '리듬', '은유', '화자' 등과 같은 시의 내적 구성 요소가 시인의 '자아의 동일성'으로 환원되었던 것 등은 바로 이러한 낭만주의의 세계관을 반영한 것이다.

5. 맺음말

김준오 시론은 인간과 자연과 신을 통일적인 것으로 인식했던 현(근)대 과학 이전 시대의 유비적 세계상과 주술적 언어를 지향한다는 점에서, 전통지향적인 가치 규준을 지닌다. 이러한 측면은 현대 세계의 분열과 갈등을 부정적인 것으로 평가한 부분이나, 한국의 전통적인 조화의 이념인 '천인합일'(天人合一)이나 '본연지성'(本然之性)으로 '서정적 자아'를 정의한 대목에서 가장 명징하게 드러난다. '해체주의'나 '담화이론'이 수용되면서 분열적이고 해체적인 모더니즘 시 더 나아가 포스트모더니즘 시가 적극적으로 다루어지긴 했지만, 김준오 시론의 핵심적인 가치 규준은 전통적인 서정시에 있었다. 김준오는 문학의 여러 장르나 시의 여러 유형에 대한 위계적인 가치 평가를 표면적으로 언표화하지는 않았다.

그러나 언어의 본질과 기원을 '마술적 언어'로 간주했던 까닭에, '비유'와 '음악성'과 '정서'가 우세한 전통적인 서정시가 문학, 혹은 시의 본질적 원형으로 격상되는 것은 불가피한 결과였다고 할 수 있다. 시 텍스트 내부의 동일성인 '유기적 형식', 시인(자아) 내면의 동일성인 '시적 세계관', 시인(자아)과 세계의 동일성인 '본연지성'은 '동일성의 시론'을 완결시킬 수 있는 작은 단위의 '동일성' 개념이었던 셈이다. 이 세 개념은 시의 본질적 원형을 정의하는 개념이었고, 이에 따라 현대시에서 나타나는 비유기적이고 분열적이며 해체적인 현상은 그 본질로부터 이탈한 것으로 정의될 수밖에 없었던 것이다. 이것은 실상 '전통적인 서정시 - 본질적 원형/현대시 - 역사적 현상'이라는 대립 구도를 전제하는 것이었고, 김준오가 의도했든 그렇지 않았든 간에, 이 전제는 전자(前者)에 기원적인 가치를 부여할 수밖에 없다는 점에서, 위계론적인 가치 평가는 이미 내재된 것이었다고 할 수 있다. 이러한 위계론은 그의 전통지향적인 가치 체계로부터 나오며, '자아와 세계의 원초적 동일성'을 지향하는 낭만주의의 담론 체계로부터 기원한다.

김준오 시론은 전통시론과 현대시론, 동양시론과 서양시론을 넘나들고 아우르면서 광범위한 시와 시론의 영역을 관통한다. 이러한 포괄성은 그의 시론이 지닌 미덕이라고 평가할 수 있을 것이다. 그러나 그의 시론은 결국 '본연지성'과 '천일합일'이라는 말로 표상되는 '전통적인 서정시'를 시의 기원과 정점으로 삼는 위계론과 실체론을 벗어나지 못한다. 이에 따라 그의 시론은 '동일성/비동일성'이라는 이항 대립적인 단순 논법에 갇히게 되며, 현대시의 새로운 창조, 다시 말해 현대시의 다양한 의미 계열화를 통해 마련되는 새로운 삶의 비전과 능동적인 자유의 에너지를 배제하게 된다. 김준오의 시론은 현대시의 다양한 유형과 양식을 적극적으로 언급하기는 했으나, 그것이 창출하는 전복적인 힘이나 생성적인 차이를 긍정적인 것으로 이해하지는 않았다. 이것은 현대시가 발생시키는 역동적인 변이능력으로서의 '차이'를 상위 범주의 '동일성'으로 수렴하고자 했다는 것을 의미한다. 바로 이것이 그의 시론이 지니는 보수적 측면이자 한계라고 평가할 수 있을 것이다. '장르류'의 '불변성'과 '보편성', '서정장르'의 본질적 특징으로서의 '자아의 동일성'과 '형식적 통일성' 등과 같은 개념들은 이러한 보수성을 예증하는 표지들이다. 또한 시의 존재 가치를 '기원으로의 회귀'가 아니라 '미래로의 투기'로 규정하는 관점에서 바라본다면, 그의 시론이 지니는 한계는 자명한 것이었다고 할 수 있다. 그러나 또한 이러한 한계에도 불구하고, 그의 시론이 우리의 전통시론을 계승하여 자생적인 시 이론을 모색했으며, 현대시의 다양한 양식과 그 변화에 주목하면서 끊임없이 갱신되었던 것은 긍정적으로 평가되어야만 할 것이다.

✣ 참고문헌

김준오, 『시론』 제1판, 문장사, 1982.
______, 『가면의 해석학』, 기린원, 1984.
______, 『한국현대장르비평론』, 문학과 지성사, 1990.
______, 『도시시와 해체시』, 문학과 비평사, 1992.
______, 『시론』 제3판, 삼지원, 1992.
______, 『현대시의 환유성과 메타성』, 살림출판사, 1997.
______, 『시론』 제4판, 삼지원, 1997.
______, 『문학사와 장르』, 문학과 지성사, 2000.

고현철, 「이론과 실천이 직조하는 체계적 기술 시학」, 『현대시학』 통권362호, 현대시학사, 1999. 5.
______, 「체계적 기술 시학: 김준오의 시론과 장르론」, 『문학과 사회』, 통권50호, 문학과 지성사, 2000 여름.
구모룡, 「한국 근대 문학유기론의 담론 분석적 연구」, 부산대 박사논문, 1992.
______, 「비판시학의 열린 체계: 해석에서 해체로」, 『한국문학과 열린 체계의 비평 담론』, 열음사, 1992.
______, 「시학의 확장: 본질시학에서 해체시학으로」, 『시와 시학』 통권28호, 시와 시학사, 1997 겨울.
______, 「궁극적 和」, 『다층』 창간호, 1999 여름.
______, 「비평적 글쓰기와 이타성의 지평」, 『문예중앙』 통권91호, 중앙M&B,

2000 가을.
김경복, 「인간을 찾아, 근원을 찾아」, 『시와 사상』 제21호, 동남기획, 1999 여름.
오형엽, 「시학과 수사학」, 『어문논집』 제49호, 민족어문학회, 2004. 4.
이광호, 「동일성의 시학과 균열의 시학」, 『포에지』 창간호, 나남출판, 2000 여름.
이 찬, 「20세기 후반 한국 현대시론 연구」, 고려대 박사논문, 2004.
조동일, 「시조의 이론, 그 가능성과 방향설정」, 『고전문학을 찾아서』, 문학과 지성사, 1976.
황종연, 「한국문학의 근대와 반근대」, 동국대 박사논문, 1991.

구모룡, 『제유의 시학』, 좋은 날, 2000.
김상환, 『풍자와 해탈 혹은 사랑과 죽음』, 민음사, 2000.
_____, 『니체 · 프로이트 · 맑스 이후』, 창작과 비평사, 2002.
김영석, 『도의 시학』, 민음사, 1999.
김인환, 『비평의 원리』, 나남, 1994.
김흥규, 『조선후기의 시경론과 시의식』, 고려대 민족문화연구소, 1982.
배종호, 『한국유학사』, 연세대출판부, 1992.
서동욱, 『차이와 타자』, 문학과 지성사, 2000.
서우석, 『시와 리듬』, 문학과 지성사, 1981.
이병헌, 『한국현대비평의 문체』, 고려대 민족문화연구소, 2001.
이상섭, 『아리스토텔레스의 『시학』 연구』, 문학과 지성사, 2002.
조동일, 『한국소설의 이론』, 지식산업사, 1977.
조동일, 『한국문학사상사시론』, 지식산업사, 1978.
조민환, 『중국철학과 예술정신』, 예문서원, 1997.
최동호, 『하나의 도에 이르는 시학』, 고려대 출판부, 1997.
최승호, 『서정시의 본질과 동양적 생명 사상』, 다운샘, 1995.
劉若佑, 『중국시학』, 이장우 역, 명문당, 1994.
三好行雄, 『일본문학의 근대와 반근대』, 정선태 역, 소명출판, 2002.

Abrams, M · H, 『*The Mirror and the Lamp*』, Oxford university press, 1953.
Aristotele, 『시학』, 천병희 역, 문예출판사, 1976.
Deleuze, G, 『차이와 반복』, 김상환 역, 민음사, 2004.

Eastop, A, 『시와 담론』, 박인기 역, 지식산업사, 1994.

Eliot, T · S, 『T · S 엘리엇 문학비평』, 이창배 역, 동국대 출판부, 1999.

Heidegger, M, 『예술작품의 근원』, 오병남 · 민형원 역, 경문사, 1979.

Hernadi, P, 『장르론』, 김준오 역, 문장사, 1983.

Foucault, M, 『말과 사물』, 이광래 역, 민음사, 1980.

__________, 『이것은 파이프가 아니다』, 김현 역, 민음사, 1995.

Needam, J, 『중국의 과학과 문명』 Ⅱ · Ⅲ, 이석호 외 역, 을유문화사, 1986.

Paz, O, 『흙의 자식들』, 김은중 역, 솔, 1999.

제2부

현대 한국소설의 현대성 탐구

이광수의 '서사적 논설' 「농촌계발」에 나타난 지배자 담론의 양상

1. 들어가며

「농촌계발」은 1916년 11월 26일부터 1917년 2월 18일까지 『매일신보』에 연재된 이광수의 논설이다. 이광수 초기 논설의 이념적인 내용과 장·단편 소설들의 주요 모티프, 주제 등이 모두 결합되어 있는 「농촌계발」은 1910년대 이광수 문학의 총화로서 매우 중요한 의미를 지니고 있다. 「농촌계발」에서 다루어졌던 '혼인'과 '자녀교육'에 관한 문제는 이후 「조선가정의 개혁」(『매일신보』, 1916. 12.14~22), 「조혼의 악습」,(『매일신보』, 1916. 12.23~26), 「혼인론」(『매일신보』, 1917. 11.27~30), 「자녀중심론」(『청춘』 15호, 1918. 9) 등의 논설에서 거듭하여 정밀하게 논구된다. 「농촌계발」은 전체적으로는 논설의 형식을 취하면서도 그 중간에 허구적 서사를 활용하는데, 여기에 나타난 몇몇 서사적 모티프들은 「소년의 비애」(『청춘』 8호, 1917. 6)와 『무정』(『매일신보』, 1917. 1.1~6.14) 등과 같은 장·단편 소설에서 주요한 모티프들로 다시 등장한다. 이처럼 초기 논설들의 사상적 내용과 장·단편 소설들의 주요 모티프 등을 한데 포괄하고 있는 「농촌계발」의 내용적 복합성은 그 형식적 특이성과 긴밀한 관계가 있다.

「농촌계발」은 논설자가 자신의 가치 체계와 주장을 개념적 언표로 전달한다는 점에서 하나의 '논설'임이 분명하지만, 허구적 서사의 문법을 차용하고 있는 특이한 형식의 '논설'이라고 할 수 있다. 이광수는 허구적 서사가 지니는 '묘사의 구체성'과 논설이 지니는 '논리의 명증성'이라는 장점을 결합하여 자신의 계몽적 의도를 대중들에게 효과적으로 전달하고자 했던 것으로 추정된다. 즉 '논설'이기는 하지만 '서사성'을 부가시킨 '서사적 논설'이라는 특이한 양식을 통해 계몽의 효과를 높이고자 했던 것이다. 그런데 허구적 서사와 논설을 결합시키는 양식적 실험을 이광수가 최초로 시도했던 것은 아니며, 그 이전에도 이런 양식은 존재했다. 김영민은 『한국근대소설사』에서 "우리의 근대소설사는 논설과 서사가 만나면서 시작된다"[1]라고 언급한다. 한국의 근대 서사문학은 논설을 담는 그릇으로 출발했으며, 서사의 완성보다는 논설자의 계몽적 의도를 효과적으로 전달하기 위해 허구적 서사를 활용하는 이른바 '서사적 논설'로부터 시작한다는 것이다. '논설'과 '서사'가 결합한 글쓰기 양식인 '서사적 논설', '논설적 서사' 등은 우리 근대문학사의 특이한 성격을 보여주는 하나의 지표가 된다고 보는 것이다. 이들 양식에서 핵심은 논설의 '정론성'에 있으며, 한국 근대문학의 계몽주의적 성격은 바로 이 '정론성'에서 기원한다는 것이다.

김영민은 "「농촌계발」이 구한말의 '서사적 논설'을 계승한 문학양식이며, 이광수는 한문학의 글쓰기 체험을 바탕으로 한 전통적인 논설 중심 계열의 소설사적 흐름을 이어받은 작가"[2]라고 평한다. 이광수에게 있어서 중요했던 것은 "실제적인 계몽의 효과와 사회적 효용성이었다고 할 수 있으며 그의 글쓰기는 이를 위한 수단이자 도구였다고 할 수 있다."[3] 그러므로 이광수는 완성된 소설 작품을 산출하고자 하

1) 김영민, 『한국근대소설사』, 솔, 1997, 482면.
2) 위의 책, 493면.

는 근대적인 작가 의식을 가지고 있지 않았으며, 오히려 '재도지기'(載道之器)로 표상되는 전통적인 문관(文觀)을 가지고 글쓰기를 실천했다[4]고 보아야 한다. 이광수가 "작가이기보다는 사회개량가를 자처했다는 사실"[5]은 이를 분명하게 예증해준다. '사회개량가'로서의 글쓰기는 독자적이고 전문적인 개념의 근대의 '문학'(literature)적 글쓰기와 대립되는 것이며, 오히려 '글'(文)이란 사회적 도를 담는 그릇이라고 보는 전통적인 '문'(文)의 효용론적 관점의 연장선상에 있는 것이다. 이광수는 분업화된 '전문적인 작가'(文人)로서의 글쓰기보다는 사상가이면서 실천적인 지식인이며 작가이기도 한 동아시아의 '전통적인 지식인', 즉 '문사'(文士)에 가까운 글쓰기를 했다고 보아야 한다.

그러나 글쓰기 방식이 전통적이었다고 해서 그 속에 담겨지는 이념이 전통적인 것은 아니었다. 이광수는 당대 누구보다도 근대 문물을

---

3) 이광수가 문학의 사회적 효용성을 중시하고, 계몽의 일환으로 글쓰기를 실천했다는 것은 그의 문학론에 대한 선행 연구들에서 이미 검토된 바 있다.
신동욱, 「문학의 효용설」, 『한국현대비평사』, 한국일보사, 1975.
이선영, 「이광수론－개화, 식민지시대의 문학가」, 『문학과 지성』, 1975 겨울.
김윤식, 「초창기 문학론과 비평의 양상」, 『근대한국문학연구』, 일지사, 1978.
김열규, 「이광수 문학론의 전개」, 『한국근대문학연구』, 서강대출판부, 1979.
권영민, 「이광수의 계몽문학론」, 『한국근대소설연구』, 일지사, 1984.

4) 김열규는 이 문제에 대해서 다음과 같이 언급한다. "이광수가 전통적 문의 관념을 견지한 것은 의심할 나위없다. 스스로 유교의 이념을 배척코자 하였음에도 불구하고 그 문관은 답습하는 일방, 그 문관이 지향하는 바를 새로운 이념세계와 절충하였다. 한 시대 사회의 교화 내지 계도의 방편인 문의 철학에 담겨질 새로운 이념을 실천하기 위한 새로운 언어전술에서 이광수의 작품성이 비롯한다는 관찰이 있을 수 있다." (김열규, 「이광수 문학의 문법: 담화론적 접근을 위한 한 시도」, 『춘원 이광수 문학 연구』, 국학자료원, 1994, 115-116면 참조.) 김열규는 이광수가 전통적인 개념의 문학관을 지니고 있었으며, 그 바탕 위에서 새로운 이념 즉 근대적인 제도와 사유에 관한 담론을 계몽하고자 하는 의도를 가지고 있었다고 보는 것이다. 즉 전통적인 '문사'로서의 글쓰기, '재도지기'로서의 글쓰기 방식 속에서 서구적이고 근대적인 이념 — 이것이 이광수에게는 새로운 道였다 — 을 내용으로 담고 그것을 선전, 계몽하는 글쓰기가 이광수 글쓰기의 특이성이라는 것이다.

5) 이광수, 「우리 문예의 방향」, 『조선문단』 제13호, 1925. 10.

적극적으로 수용하고자 한 근대의 숭배자였다. 근대가 제공한 사유체계와 물질적 제도들을 새로운 '도'(道)로서 파악하면서, 그 도를 '문'(文)이라는 그릇에 담고자 하는 새로운 '재도지기'로서의 글쓰기를 이광수는 추구했다. 이광수 문학의 계몽주의적 성격은 바로 이러한 글쓰기 방식에서 기원한다. 이광수의 새로운 '재도지기'로서의 글쓰기는 '웅변의 수사학'[6]이라는 담론의 서술 방법을 규정하는 모태가 된다. 이광수의 대표작인 『무정』 역시 이러한 서술 전략에서 한 걸음도 벗어나지 않는다.[7] '논설'의 형식을 취한 글쓰기가 웅변의 성격을 띠는 것은 당연하다고 할 수 있다. 그러나 인물과 사건을 중심으로 언어의 형상성을 축조하는 『무정』과 같은 소설 작품이 어떻게 '웅변의 수사학'을 조직할 수 있는가 하는 문제는 복합적인 언어 표현의 층위를 구체적으로 탐구해야만 해명될 수 있다.

「농촌계발」은 『무정』과 같은 복합적인 언어 표현의 층위를 지니지 않는다. 그러나 「농촌계발」은 논설자 한사람의 단독적인 발화로 구성된 논설이 아니다. 때문에 일반적인 논설들과는 상이하게 언어 표현의 복합적인 층위를 소유한다. 서사(소설)의 방식을 차용한다는 것은 논설 내부에 최소한 두 개의 목소리, 혹은 그 이상의 복수적인 목소리가 존재하게 된다는 것을 말한다. 「농촌계발」은 논설이지만 단독적인 논설자의 발화만이 아니라, "복수적인 인물들의 발화가 공존하는 소설의 담론적 특징"[8]을 공유한다. 그러나 「농촌계발」은 근대적인 의미의 완성된 소설 작품으로 간주하기는 어려워 보인다. 전체적인 형식이 논문의 틀을 취하고 있으며, 서사의 완성보다는 논설적 계몽에 집필의 초

6) 김열규, 앞의 글, 113-121면 참조.
7) 위의 글, 102-113면 참조.
8) M. M. Bakhtin, 「소설속의 담론」, 『장편소설과 민중언어』, 전승희 외 역, 창작과 비평사, 1988, 129-130면 참조.

점이 놓여있기 때문이다. 「농촌계발」은 '문사'로서의 글쓰기를 실천했던 이광수 문학의 한 표징이다. 「농촌계발」은 전통적인 '문'의 개념을 가지고 새로운 근대적 이념을 계몽하고 선전하고자 했던 이광수의 새로운 '재도지기'로서의 글쓰기를 예증한다.

2. 복수적인 발화 체계와 단독적인 담론 체계의 역설적 공존

「농촌계발」은 모두 12장으로 구성되어 있다. 맨 앞 장과 마지막 장인 1장과 12장은 논설자의 발화(enunciation)[9]만이 존재하는 언어 표현의 체계로 되어 있어서 일반적인 논설과 다르지 않다. 2장에는 '김대감'과 '백길석'이라는 인물이 등장한다. 그러나 이들의 발화가 문면에 언표화 되지 않는다. 논설자의 요약적 진술만이 발화된다. 3장에서는 「농촌계발」이 차용한 '허구적 서사'의 주인공 '김일'이 등장한다. 논설자와 '김일'은 텍스트 외부의 독자와 내부의 인물들에게 '웅변의 수사'를 두 겹으로 형성한다. 논설자는 1910년대 당대의 독자들에게 농촌계발의 필요성을 역설하며 주인공 '김일'은 '김촌'이라는 작품 내적 공간의 인물들에게 농촌계발을 웅변하고 그것을 실행한다. 이를 통해 '논설자 - 독자', '김일 - 동민들'이라는 두 겹의 계몽의 구조가 성립된다. 논설자와 '김일'은 서로 공모(共謀)의 관계를 가지면서 자신들의 이념과 신념체계를 독자와 등장인물들에게 "감화와 논증과 설복이라는 화법을 통해 웅변한다."[10] 이러한 화법은 "확신주기와 행동유

9) 이 논문에서 사용되는 '발화'와 '언표'(utterance), '담론'(discourse) 등의 개념은 김인환의 다음과 같은 정의를 따른 것이다. "발화의 결과로 언표가 산출되므로 이 둘은 원인과 결과의 관계이고, 담론은 여러 문장들로 이루어진 복잡한 언표를, 그것들이 이루고 있는 문장들이 짜여 나가는 규칙의 견지에서 이르는 개념이다."(김인환, 『비평의 원리』, 나남, 1994, 285면.)

발"[11]을 동시에 의도한다.

텍스트 외부의 독자에게로 향해 있는 논설자의 담론은 직접적인 실천을 요구하는 화법으로 나타난다. 텍스트 내부의 사건은 '김일'에게 설복되고 감화된 등장인물들이 행동과 실천을 변화시키는 것으로 연쇄된다. 이를 통해 입증되는 것은 주인공이 가진 이념의 진리성과 우월성이다. 주인공과 논설자의 이념은 동일하며 논설자는 허구적 공간과 인물의 창조를 통해 자신의 이념이 이상적으로 실현되는 계몽의 낙관성과 확실성을 텍스트 내부에서 완결시킨다. 즉 주인공 '김일'은 차용된 허구적 서사의 가상적인 낙관적 완결성을 실현하면서 논설자의 이념을 구체적으로 예증하는 것이다. 논설자가 배치한 주인공과 등장인물들은 서로의 갈등과 투쟁을 통해서 복수적이고 다층적인 현실의 관계들을 표현하는 것이 아니라, 논설자가 의도하고 있는 담론의 확실성을 표현하기 위한 도구에 불과하다. 따라서 논설자와 주인공 사이의 거리는 거의 존재하지 않는다고 할 수 있다.

소설이 다성적인 담론의 발화체로서 기능하는 것은 서술자의 담론과 인물들의 담론들 사이에서 나타나는 차이에서 발생한다. 소설에 존재하는 다양한 시점과 서술 방법들 역시 바로 이러한 복수적인 담론들의 차이에서 기원하는 것이다. "등장인물들의 욕망과 신념체계의 갈등을 진술하는 것은 서술자이지만 그로부터 서술자는 거리를 취함으로써 소설은 여러 목소리들이 공존하는 다성적인 담론체가 된다."[12] 「농촌계발」에 차용된 서사에서는 인물들 간의 갈등이 존재하지 않는다. 주인공 '김일'의 발화에 '동민'들이 설복되고 감화되어 실천하는 과정만이 기술된다. 따라서 등장인물은 복수적이지만 발화자는 '김일' 단 한

---

10) 김열규, 앞의 글, 94면.
11) 위의 글, 101면.
12) M · M Bakhtin, 앞의 글, 140면.

사람밖에 존재하지 않는다고 할 수 있다. 인물들도 발화하기는 하지만 '찬성'과 '반대'라는 '김일'의 설교적 코드에 수동적으로 응답하는 발화이기 때문에 일방적인 '수신자'의 위치를 결코 벗어나지 못한다. 즉 「농촌계발」에서 '김일'을 제외한 여타의 인물들은 '발신자'로서의 권리를 갖지 못하는 것이다.

1) 이 두 가지 즉 産業上 情神上 의미로 나는 農村啓發을 叫號합니다. 그리고 우리 대부분되고 中堅되는 農村啓發의 情神 方針을 내 생각대로 陳述하려 합니다. (……) 알아보기도 쉬웁고, 興味 있기 위하여 한 農村을 차차 改良하여 理想的으로 만드는 小說 비슷하게 하기로 하였습니다.(이광수, 「농촌계발」, 『이광수 전집 10』, 삼중당, 1971, 63면.)

2) 『여러분이 이처럼 一心하심을 感謝합니다. 여기 모인 우리는 全洞民의 三分의 一도 못 되지마는 우리가 一心으로 노력하면 족히 全洞民을 感化할줄을 確信합니다. 여러분은 어떻게 생각하십니까?』 (拍手) 『옳소이다. 感賀하옵니다. 이렇게 拍手로써 贊成하는 뜻을 表하시는 여러분은 반드시 此會를 위하여 全心力을 다하실 줄을 믿습니다.』 (拍手) (위의 책, 70면.)

3) 『또 우리가 先祖께 奉할 음식을 淸潔히 하여야 좋겠습니까? 不潔히 하여야 좋겠습니까?』

『淸潔히 하여야 좋겠습니다.』 (70면.)

4) 『우리 집에서는 兒孩 다섯을 다 보내기로 하였습니다. 「계집애들까지」 처음에는 못하리라고 하시더니 한 달을 두고 틀었더니 마침내 父母께서 그러자 하십디다.』(77면.)

『네 同生은 내가 工夫를 시켜 주겠으니, 너는 또 한 同生의 工夫를 시켜라. 그리고 나는 내 집에 있는 아이들을 죄다 學校에 보내겠소.』 (77면.)

5) 金村에는 先知者가 났소 또 農村은 그 先知者를 받았소. 先知者의 가르침을 좇았소. 金村人의 腦髓에는 先知者의 鼓吹하는 新思想이 浸潤되었고 生長하오.(96면.)

> 이리하여 金村은 과연 富하고 貴하게 될 것이외다. 이에 비로소 新文明의 泰平이 臨하여 至千萬世할 것이외다. 어찌 金村뿐이리요. 이 것이 朝鮮 十三道의 將來외다.(97면.)

인용문 1)과 5)는 논설자의 언표이다. 인용문 1)에서 논설자는 '농촌계발'의 구체적 방침을 '소설 비슷하게' 보여주겠다는 의도를 분명하게 드러내고 있다. 여기에서 '소설 비슷하게'라는 말은 가상적인 이야기를 통해 자신의 구체적인 이념적 좌표를 표현하겠다는 의미이다. 이것을 수식하는 말은 '한 농촌을 개량하여 이상적으로 만드는'이란 구절이다. '이상적으로 만드는' 것이 가능한 것은 허구적 서사, 즉 소설의 방식을 차용했기 때문이다. 일반적인 논설의 경우라면 그 주장이 설득력을 지니기 위해서는 그 구체적인 예증이 현실적 조건이나 사실과 부합해야만 한다. 그러나 소설의 방식, 즉 허구적 서사라는 담론체 내부에서는 현실적 조건이나 사실과 부합하지 않는 이상적이고 환상적인 사건의 생산이 충분히 가능하다.

인용문 5)에서 97면을 살펴보면 허구적 서사 내부에서만 가능했던 '이상적 문명촌'의 건설이 현실의 조선 13도 모든 곳에서 가능하다는 실제적인 주장으로 전환되는 것을 볼 수 있다. 「농촌계발」의 논설자는 실제로 일어난 사건을 통해 자신의 주장을 입증하지 않는다. 일어나지 않은 허구적 사건을 통해 자신의 주장을 입증하고 설교한다. 허구적 서사는 경험적 현실성의 차원으로부터 초월하여 그 내부에 얼마든지 이상적이고 환상적인 사건들을 전개하고 구축할 수 있다. 그러나 논설은 지금 우리는 무엇을 수행해야 한다는 직접적인 명령어들로 구성된 것이다. 따라서 그것은 경험적 현실성의 지평을 아무렇게나 이탈할 수 있는 것이 아니다. 실제로 무엇을 할 수 있고, 무엇이 가능한가라는 현실적 가능태의 범주로부터 논설은 견인되며 그 타당성을 끊임없이 확인받기 때문이다.

그렇다면 이제 1)의 '농촌계발'의 목표가 5)의 이상적인 낙관론으로 이동하는 과정에서 필요했던 것은 명확해 보인다. 그것은 1910년대 조선의 실제 농촌이 아니라 허구적 서사 속에서 논설자가 마음대로 조작할 수 있는 농촌이 필요했던 것이다. 「농촌계발」에 개입된 허구적 서사는 이러한 논설자의 의도와 전략적 이데올로기를 은폐하고 있다.[13] 서사(소설)의 구성적 본질에 해당하는 "자아와 세계의 대결"[14]이 「농촌계발」의 서사적 사건에서 발생, 전개되지 않는 것도 같은 이유에서이다. 인물간의 갈등과 투쟁은 사라지며 일방적인 발화에 따라 감화, 설복, 확신주기, 자극화, 행동유발이라는 사건의 계열이 「농촌계발」의 표면을 가득 채운다. 이러한 사건의 계열은 '계몽의 수사학'의 서술 전략에서 파생된다. 인용문 2)~4)는 「농촌계발」의 이러한 화법을 명징하게 보여준다.

인용문 2)는 허구적 서사의 주인공 '김일'의 말이다. '김일'은 농촌계발을 위해서 "부노들과 상의했으나" 별 지지를 받지 못하자 청년들을 설득한다. 설득된 청년들을 규합하여 '동회'를 설립하고 청년들에게 설교하는 내용이 바로 인용문 2)에 나타나 있다. '감화', '확신',

---

13) 문학 연구에서 화용론(pragmatics)이 요구되는 것은 바로 이러한 맥락에서이다. 언표의 순수한 기의는 고정되어서 따로 존재하지 않는다. 오히려 언어의 관습적이고 코드적인 쓰임새는 상황과 조건, 힘과 권력의 배치에 의해서 규정된다. 문학의 형상성을 축조하는 언어적 질료는 동일한 기표로 모든 것을 환원하고 차이를 무화시키는 개념적 언표가 아니다. 언어에 새겨진 느낌, 표정, 욕망, 권력 등을 생생하게 전달하는 감성적 언표이다. 감성적 언표는 동일한 기표로 환원되지 않는 상이한 의미와 내용, 감정과 욕망을 표현하는 언표이다. 화용론은 문학을 구성하는 언어적 질료인 감성적 언표 속에서 욕망과 권력의 배치를 읽어내고자 한다. 화용론을 '언어의 정치학'이라고 부르는 것은 이 때문이다.(G. Deleuze · F. Gattari, 『*A Thausand Plateaus*』, trans. Brian Massumi, University of Minnesota Press, 1987, p.75-110 참조.)

14) 조동일, 『문학연구방법』, 지식산업사, 1980, 172-173면 참조.

'박수', '찬성', '전심력' 등의 단어에 주목해보자. 마을 청년들은 '김일'의 말에 '박수'로써 '찬성'의 뜻을 표하고 '전심력'을 다해 '동민'을 '감화'시켜야 한다는 '김일'의 말을 전적으로 수용한다. 그리고 '김일'은 청년들에게 그것의 실현가능성을 확신시킨다. 청년들은 '김일'의 웅변에 대답하고 호응하는 권리 밖에는 지니지 못한다. 모든 발화는 '김일'의 웅변으로부터 시작해 마을 사람들의 감화와 동의로 끝난다. 허구적 서사에 등장하는 모든 인물들의 발화는 '김일'의 설교에 대한 응답으로만 제한된다.

인용문 3)은 전형적인 '찬성'과 '반대'의 웅변적 화법을 보여주는 사례이다. '김일'이 농촌계발을 위해 가장 먼저 시작한 것은 '생활개량운동'이다. '집안 청결히 하기', '음식 청결히 하기', '목욕하기', '나무심기' 등이 그 구체적인 지표로서 제시된다. 이때 사용되는 화법은 바로 '옳겠습니까/그렇지 안겠습니까'라는 찬성을 유도하는 질문이다. 청년들의 발화는 찬성으로만 제한된다. 청년들은 '김일'이 제공한 문명적인 생활의 혜택 속에서 '김일'의 절대적인 지지자가 된다. 근대적인 문명의 기준에 입각한 생활 방식이 전통적인 생활 방식보다 우월하며, 좋고 편리하다는 가치 판단은 이러한 이분법적인 '찬/반'의 화법을 통해 심각하게 거론되거나 탐색되지 않는다. '찬/반'을 묻고 대답하는 언표의 체계는 자연스럽게 '근대=선/전통=악'이라는 가치 판단을 각인시킨다.

인용문 4)에서는 발화자의 '행동의 적극성'이 나타난다. 이때의 적극성은 '김일'에게 감화되어 그가 의도한 것을 충실하게 실천으로 행한다는 의미의 적극성이다. 우선 시간의 경과를 생각해 보아야 한다. 즉 '김일'이 의도한 농촌계발의 목표와 구체적 방침이 마을사람들에게 하나의 신념 체계로 내면화되는 과정을 우리는 인용문의 언표에서 읽어낼 수 있다. 이것은 시간의 경과 속에서 계몽적 의도가 충실하게 실현된다는 것을 의미한다. 마을 사람들은 '김일'의 질문에 단지 응답하고 찬성을 표하는 것에 머무르지 않는다. 자발적으로 학교교육에 참여하는 능동적 실천을 행한다. 그러므로 이제 '찬/반'의 '질문과 대답'이라는 화법은 더 이상 필요하지 않다. 인용문 4)에서 앞의 것은 마을 청년의 언표이고 뒤의 것은 마을의 '경앙받는 어른'이라고 할 수 있는 '김의관'의 언표이다. 청년들만이 '김일'의 계몽에 의해 변화되는 것이 아니라 전통적인 가치관을 고수했던 '부노'들 역시 변화되고 있다는 것을 '김의관'의 언표가 예증해 주는 것이다.

인용문 5)의 앞부분에서 논설자는 '김일'을 '선지자'라고 말한다. 또한 '김촌'은 마을 사람들의 내면에 각인된 김일의 "신사상"에 의해 행복한 미래를 보장받을 수 있다는 것이다. 계몽의 과정을 통한 사회 진보에 의해 현재보다는 미래가 행복하고 발전된 모습이 될 것이라는 확신이 이 문장 속에 스며있다. 이것은 그 자체로 진보의 교의를 확신하는 근대성의 기획이자 계몽주의적 사유[15]라고 할 수 있다. 물질적인 차원에 놓인 생활의 습속이 가장 먼저 근대적으로 개량되고 그 이후에 근대사회가 요구하는 정신과 내면을 가진 주체(인간형)를 생산하기 위해 교육장치(가정, 학교)가 변화된다. 인용문 2)~4)는 이러한 계몽의 구체적인 과정을 명확하게 보여준다. 이 과정을 통해 5)의 행복하고 낙관적인 미래 전망이 도출되는 것이다.

「농촌계발」의 논설자는 허구적 서사를 차용하여 그 내부에서 자신의 계몽적 이념을 가상적으로 완벽하게 실현해내는 '김일'을 창조해낸다. '김일'은 논설자의 계몽적 이념을 허구적이고 가상적인 공간 속

15) 윤평중, 『푸코와 하버마스를 넘어서』, 교보문고, 1990, 22-27면 참조.
위의 책에서 저자는 "근대성의 이념을 축약해서 드러내고 있는 계몽사상의 특징"을 다음과 같은 세 가지로 축약한다. "1. 이성의 능력에 대한 믿음 2. 기계론적 자연관 3. 진보의 교의"이다.

에서 발화한다. 또한 이 공간에서 구축된 계몽의 완결성은 논설자의 주장을 뒷받침하는 근거가 된다. 이 가상적인 계몽의 완결성을 위해서 필요했던 것이 웅변의 수사학이다. 웅변의 수사는 대결과 갈등을 통한 사건의 환유 연쇄가 아니라 찬성과 감화와 자발적 실천이라는 연속적인 행위의 궤적으로 귀결된다. 서술자와 주인공과 다양한 작중 인물들의 대립과 투쟁이 존재해야만 욕망과 신념 체계(이념)의 다양성이 표면에 나타날 수 있다. 그러나 주인공 '김일'에게 찬성하고 감화하며 복종하기 위해서 고용된 「농촌계발」의 작중 인물들은 자신의 내면과 욕망을 아예 가지고 있지 않거나, 혹은 발화의 기회를 논설자로부터 박탈당한다. '김일'이라는 분신을 허구적 서사 속에 배치함으로써 논설자는 자신의 이념의 확실성과 타당성을 두 층위에서 발화할 수 있게 된다. 논설자와 주인공은 상호 간의 공모(共謀)를 통해 텍스트 내부와 외부의 수신자에게 계몽의 이념을 웅변하는 것이다. 그러므로 「농촌계발」에 복수적인 인물들과 복수적인 발화 체계가 존재한다고 하더라도 그것은 논설자의 욕망과 신념 체계를 동조, 지지하기 위해서만 존재하는 것이다. 복수적인 발화 전체가 논설자의 계몽적 이념에 복종하는 단수적인 담론 체계로 전환되는 것은 이러한 웅변적 담론의 특성에서 기인한다.

3. 근대적 문화영웅의 욕망과 금욕주의적 헌신의 이면적 공존: 논설자와 주인공의 욕망과 신념 체계

논설자는 허구적 서사에 고용한 자신의 분신인 '김일'의 내면을 제8장 '회장의 이상'에서 매우 구체적으로 진술한다. '김일'의 내면에 펼쳐져 있는 계몽의 기획을 통해 우리는 논설자의 욕망과 신념체계를 추적할 수 있다. 논설자는 텍스트 외부의 수신자(독자)에게 발화하고 '김일'은 텍스트 내부의 수신자(등장인물)에게 발화한다. 발화의 층위는 서로 교차되거나 중첩되지 않는다. 그러나 제8장에서 '김일'의 내면을 진술하는 발화 표현의 주체는 논설자이지만, 그 발화 내용의 주체는 논설자 자신이 아니라 '김일'이다. 실상 이것은 '김일'이라는 가상적 인물을 통해 논설자가 자신의 내면(욕망과 신념 체계)을 드러내는 화법이라고 할 수 있다. 따라서 '김일'에 대해 논설자가 '성스럽고 거룩하다는' 가치 판단을 문면에 노출하는 것은 필연적이다. '김일'과 상이한 신념 체계를 지닌 인물을 논설자가 직접 논박하고 공격함으로써 '김일'은 그 타당성과 우월성을 부여받게 된다. '김일'의 이념은 진리이자 선(善) 그 자체가 된다.

'김일'이 서사 내부에서 다른 인물들과의 논쟁 혹은 대결을 통해 이념의 우월성을 쟁취하는 것이 아니라는 점에 주목할 필요가 있다. '김일'은 단지 논설자에 의해 수동적으로 묘사될 뿐이다. '김일'의 반대자를 물리치고 배척하여 이념적 우월성을 지니게 해 주는 것은 논설자이다. 오직 논설자만이 말할 권리가 있다. '김일'조차도 논설자에 의해 중개되는 것일 뿐이다. '김일'의 반대자는 자신을 변호하거나 항변할 만한 발화의 조건을 논설자에 의해 박탈당한다. 따라서 자신의 욕망과 신념 체계를 논설자에게 일방적으로 비판당하고 '김일'보다 열등한 이념을 가진 자로 추락하게 된다. 논설자는 '김일'과 '반대자'를 동시에 묘사하기는 하지만, '김일'의 욕망과 신념체계만을 신성화함으로써 그를 진리의 담지자로 격상시킨다. 그러므로 신성화된 '김일'의 욕망과 신념 체계는 표현의 층위에서 논설자 자신의 것이 아니지만, 담론 내용의 층위에서는 논설자 자신의 것으로 전환된다. 여기에 '논설자'와 '김일'의 공모 관계가 은폐되어 있다. '논설자'는 자기의 내면과 이념을 말하지 않는다. 허구적 인물의 형상을 통해 어떤 이념이 올바르고 우월한가를 말하고 있을 뿐이다. 자기 주장의 개진인 논설과 타자 행동의 진술인 3인칭 서사가 「농촌계발」에 접합된 것은 이러한 서술적 전략에서 기원하는 것이다. '나의 이념이 지닌 진리성과 우월성을 가공적인 타자의 형상을 통해 말하기', 이것이 「농촌계발」이 은폐하고 있는 담론적 전략이다.

1) 회장은 자기의 오척단구와 삼.사십년 여생을 차 농촌의 계발에 공헌하기로 더욱 확실히 작정하였소. (……) 오십여명 신사를 有한 洞中이 문명한 동중이 아니면 무엇이리요. 옳다, 옳다. 나의 이상도 실현되리라 하고 터지는 듯한 기쁨을 겨우 참았소.(80면.)

2) 그는 또 생각하였소. 이러한 사업을 하려면 종교가적, 헌신적 정열이 필요하다. 일신의 모든 욕망을 억제하고 전혀 사회를 위하여 차신을 희생한다는 열화 같은 정성과 용기가 필요하다. 이렇게 그는 생각하고 독서를 하되, 정신의 수양과 농촌계발에 관계없는 것은 일체 아니하기로 결심하였소. (……) 그러나 더욱 그로 하여금 세상을 잊지 못하게 한 것은 경성 같은 번화한 도회에서 전화놓고 자동차 타고 화려한 의복 입고 화려한 요리점에서 好酒美姬에 鹿世의 쾌락을 실컷 취함이요, 富보다도 貴보다도 다른 아무 것보다도 그를 유혹하는 것은 실로 이것이었소.(81면.)

3) 그는 번거한 세인이 흠차하는 사를 버리고 단연히 적막한 농촌계몽사업에 일생을 헌하기로 결심하였소. 아무도 그의 사업을 지금 흠차하는 하는 이는 없으리다. 차라리 그를 열패자라 하고 무기력자라 하고, 大志가 無한 자라 하여 조소하리다. 그러나 그를 조소하던 그네야말로 마침내 조소를 받을 자외다. 청년시대에 그를 흠차치 아니하였거니와 노년에 그를 흠차하고 통곡하며 그와 같이 아니하였음을 悔恨하오리다.(81면.)

4) 그래서 처음에는 경성의 중앙에 좌하여 신문잡지나 연설 강연 등으로 농촌계발사상을 고취하여 자기는 차 신운동의 중추가 되고 교주가 되어 다수의 부하로 하여금 자기의 이상을 실하게 하려 하였소. 이는 실로 누구나 생각하는 바요, 누구나 당하는 유혹이요 과연 유혹이

요. 김군은 능히 이 유혹을 이기었소. 그리하여 일개 농부되기를 감수하였소. 아아, 거룩한 김군이어.(82면.)

김윤식은 「농촌계발」이 우연히 씌어진 것이 아니라, 이광수가 오산학교 교원 시절 교주 남강의 뒤를 이어 용동마을의 동회장을 겸하면서 실제로 농촌계발운동에 참여하였던 경험을 바탕으로 씌어진 글[16]이라고 파악한다. 「농촌계발」의 논설자를 굳이 이광수와 직접적으로 등치시키지 않더라도 이러한 판단은 설득력이 있어 보인다. 인용문 3)과 4)에서 논설자는 도시에서 강연과 연설만을 행할 뿐 농촌의 현실에 실제로 뛰어들지 않는 당대 '조선청년들'을 비판한다. 물론 이것은 '김일'이라는 허구적 인물의 농촌계몽이라는 실천 행위를 기준 삼아 이루어진다. 논설자는 '김일'이라는 허구적 인물을 통해 당대 현실의 조선청년들을 비판하는 것이다. 논설자 자신이 '농촌' 속에서 실제로 계몽운동을 한 경험이 없다면, 이러한 비판은 애초에 성립할 수 없는 것이다. 도시에서의 문필 활동이나 설교 활동을 통한 계몽도 의미가 있고, 농촌에서의 직접적인 실천 활동도 의미가 있다는 식의 다원적인 가치 판단을 논설자는 내리지 않는다. 오직 농촌에서의 실제적이고 직접적인 계몽 운동만이 올바르며 우월하다.

논설자의 이러한 단선적이고 위계적인 가치 판단을 가능케 하는 것은 허구적 인물인 '김일'의 실천 활동이다. 논설자는 자기의 경험을 말하지 않고 가상적 인물을 통해 이러한 가치 판단을 내린다. 당대의 현실에 존재하는 '도시의 큰 뜻을 품은 조선청년들'보다 허구적 인물인 '김일'이 우월하기 위해서는 논설자 자신의 우월감이 선행하지 않으면 안 된다. 왜냐하면 '김일'의 우월함은 실상 논설자의 은폐된 우월감이기 때문이다. 논설자는 자신의 우월감을 '김일'이라는 허구적

16) 김윤식, 『이광수와 그의 시대』 1, 솔, 1999, 557-559면 참조.

인물과 실제 현실의 '조선청년들'과 비교함으로써 은폐한다. 또한 이러한 우월감은 텍스트 내부에 표면화되지 않는 논설자의 직접적인 경험으로부터 발원하는 것이다. 직접적인 경험이 존재하지 않는다면 이러한 위계적인 가치 판단은 단호한 논법과 격정적인 어조로 나타날 수 없다. 이 우월감은 세상의 모든 부귀영화를 버리고 척박한 농촌에 문명공동체를 건설하려는 순교자적인 희생 정신에서 나온다. '숭고한 도덕', '종교가적 정열', '헌신적인 행위'로 표상되는 순교자적 실천은 필연적으로 '금욕주의'를 수반한다.

인용문 3)에서 논설자는 '도시의 조선청년'들을 비판하면서 그들을 '조소받고 마침내는 통곡하고 회한하게 될' 열등한 존재로 치부해 버린다. 이러한 힘은 바로 '김일'의 금욕주의적 헌신과 순교자적 희생 정신에서 나온다. 인용문 2)에는 세상의 부귀영화와 쾌락을 모두 버린 자의 숭고함과 위대함이 기술되어 있다. 논설자는 '富보다도 貴보다도 다른 아무 것보다도 그를 誘惑하는 것은 快樂'이었다고 말한다. '김일'에게 부귀영화는 쉽게 포기할 수 있는 것이었으나, 쾌락은 쉽게 끊어버릴 수 있는 것이 아니다. 부귀영화와 쾌락은 상이한 방향으로 운동하는 욕망의 실현물이다. 부귀영화가 세상의 지배자가 되려는 욕망의 운동에서 가능해지는 것이며 따라서 지속적인 궤적을 그리는 것이라면, 쾌락은 욕망이 어떤 매혹적인 대상에 달라붙어 순간적으로 파열하는 찰나적인 것이다. 가질 수 있는 부귀영화를 포기한다는 것은 현실에서 안락하고 쾌적한 지배자의 삶을 살고자하는 욕망을 버리는 것이기에 금욕주의적이다. 쾌락의 유혹으로부터 벗어나려는 것 역시 금욕주의적이다. 그러나 나날의 삶의 순간 속에 도사리고 있는 우발적이고 충동적인 쾌락적 욕망을 통제하고 억압하기 위해서는 극단적인 내면의 기율이 필요하다.

인용문 2)에 나타난 '종교가적 정열'이란 바로 이러한 '쾌락의 유혹' 마저도 벗어난 종교적 사제가 지니는 극한의 금욕주의를 의미한다. 그러나 이러한 '김일'의 금욕주의는 관조적이고 명상적인 것이 아니다. 오히려 적극적이고 능동적인 실천적 행위로 나아가기 위한 전제 조건일 뿐이다. '이상적 문명촌 건설'이라는 '농촌계몽운동'의 목표는 "농민들의 절대적 감화와 지지"라는 행복한 과정과 구체적 방침의 이상적 실현이라는 낙관적 결과를 수반해야만 한다. '김일'의 금욕주의는 과정의 기쁨과 이상적 실현을 기대하지 않고는 생성될 수 없는 것이기 때문이다.

여기에서 '금욕주의'는 두 방향의 환유 연쇄를 발생시킨다. 하나는 '타자에 대한 우월감'이며, 다른 하나는 '시대적 사명의 헌신적 실현'이라는 또 다른 방향의 영웅의 욕망이다. '타자를 설득 감화하여 자신을 추종하게 하려는 욕망'은 타자보다 우위에 있다는 우월감으로부터 나온다. 또한 '시대적 사명'으로 강조된 '농촌계발운동'의 헌신은 새로운 시대, 즉 근대의 문화영웅이 되고자 하는 욕망으로부터 생성되는 것이다. '김일'이 농촌계발운동에서 지도자가 되는 과정의 기쁨과 낙관적 결과를 획득할 수 없다면, '김일'과 '논설자'는 결코 선지자나 문화 영웅이 될 수 없다. 따라서 「농촌계발」의 '웅변의 수사학'과 '낙관적 전망'의 의미 구조는 새로운 시대의 문화영웅이 되고자 하는 '논설자'의 은폐된 욕망에서 기원하는 것이다. 문화영웅이 되기 위해서는 금욕주의적이어야만 하고 그 결과는 이상적으로 실현되어야만 한다. 그래야만 영웅이 될 수 있기 때문이다. 결국 「농촌계발」의 환상적이고 낙관적인 농촌의 미래 전망은 새로운 시대의 영웅이 되고자 하는 논설자의 과도한 욕망에서 생성되는 것이다. '금욕주의'는 문화영웅의 계몽적 욕망을 실현하기 위한 하나의 수단이자 도구에 불과하다. 금욕주의적 헌신과 근대적 문화 영웅의 욕망은 동일한 태반에서 자라나온 쌍생아이다.

4. 식민지적 근대 주체 생산을 위한 토대: 아동의 발견과 학교교육을 통한 훈육

「농촌계발」에 삽입된 허구적 서사의 주인공인 '김일'이 '농촌계발'의 여러 사업 중에서 가장 먼저 착수한 것은 청년들을 규합하여 '동회'를 설립하는 것이었다. '동회'는 '김일'에게 청년들을 교화하고 설득하는 일상적인 설교의 장(場)이 된다. '동회'에서 '김일'은 근대적 문명생활과 전통적 생활의 차이를 '청결'과 '위생'에서 찾는다. '김일'은 '음식과 부엌의 청결', '집안의 청결', '몸의 청결(목욕)', '우물의 청결' 등을 웅변하면서, 일종의 '생활개량운동'을 농촌계몽을 위한 구체적인 첫 방침으로 청년들에게 제시한다. '김일'은 '위생과 건강의 관계가 밀접함'을 근대 과학의 지식[17]을 통해 논증하고 설교한다. 청결과 위생을 통해서 국민 신체의 건강을 지도한 것은 근대 국가에 이르러서였으며, 이것은 국민의 신체적 능력의 산업 생산의 활용과 사회 안정이라는 정치적 문제와 결부되어 있다.[18] 서구의 근대국가는 청결과 위생을 특히 아동들에게 강조했으며, 이것은 아동이 특정한 보호와 대우를 필요로 하는 존재로 인식되게 된 근대 사회의 아동의 발견[19]과 관련되어 있다. 근대 이후 '아동'들은 학교교육을 통해 '세수하기', '양치하기' 등과 같은 신체적인 위생의 관념을 자동화된 하나의 습관으로 체득하게 된다. 이 습관을 통해 신체와 내면에 성실과 근면이라는 덕목이 새겨진다.

---

17) "코흐와 파스퇴르에 의해서 세균이론이 발전하면서 근대의학은 병의 원인을 외부의 세균(병균)이 몸 안으로 침입하는 것에서 찾았으므로 외부의 환경을 청결히 하는 일은 건강보호에 있어 가장 기본적인 과제로 인식되었다." (김혜경, 「일제하 자녀양육과 어린이기의 형성」, 『근대주체와 식민지 규율권력』, 문화과학사, 1997, 233면.)

18) 김혜경, 위의 글, 228-234면 참조.

19) 柄谷行人, 『일본근대문학의 기원』, 박유하 역, 민음사, 1996, 172-179면 참조.

'김일'은 청년들에게 '생활개량운동'을 고취하고 난 이후 '학교교육'을 문제 삼는다. 이것은 근대적 계몽 운동의 필연적인 순서이자 과정이라고 할 수 있다. '청결'과 '위생'이 생활 습속의 근대적 변화에 불과한 것이라면, '학교교육'은 근대적 정신과 내면을 가진 주체를 안정적으로 생산해 내기 위한 기본적인 토대이다. 즉 '청결'과 '위생'이 근대적 생활 습관과 관련된 것이라면, '학교교육'은 근대적인 정신을 가진 주체를 재생산하기 위한 안정적인 조건과 관련되어 있다. '학교교육'의 대상이 되는 것은 물론 '아동'이다. '아동'은 '학교교육'을 통해 근대적인 사회적 조건과 배치에 합당하게 교육되어야 하는 것이다. 이른바 '근대적 주체'는 선험적으로 존재하는 것이 아니라, 근대 사회의 여러 제도들에 의해 훈육되고 생산되는 것이다. '아동의 보호'는 이러한 '근대적 주체'의 지속적인 재생산을 위해 선언되었던 것이다. 이것은 중세의 농업 중심에서 상공업 중심의 생산 체계로의 전환이라는 근대 자본주의 사회의 탄생과 맞물려 있다. 아동의 청결과 위생을 특별히 강조하는 근대 국가의 '아동보호' 시책은 국가 전체의 노동력과 인구를 조절하기 위한 것이었으며, '학교'는 사회적 노동이 금지된 '아동'을 '근대적인 주체'로 생산해 내기 위한 훈육 장치였다[20]고 할 수 있다. 서구의 근대 초기에 탄생한 '보호되고 교육되어야 할 아동'이라는 관념은 「농촌계발」에 '새로운 도덕'이라는 언표로 그 흔적을 남기고 있다. '김일'은 '난희'라는 어린 처녀가 늙은 양반의 첩실로 팔려가는 상황에서 '자녀중심론'과 '학교교육론'과 '혼인론' 등을 동시에 개진한다.

그네는 자녀를 자기의 소유물로 알지 아니합니다. 자녀를 자기와 같

20) 박태호, 「근대적 주체의 역사이론을 위하여」, 『근대주체와 식민지 규율권력』, 문화과학사, 1997, 68-72면 참조.

> 은 독립한 생명으로 압니다. 그네는 天과 國家・社會가 자기에게 양육과 교육을 위탁한 인생이 즉 자기의 자녀라 합니다. 그러므로 그네는 자기의 자녀를 정신이나 육체를 건전하게 발달시킬 의무가 있는 줄로 확신합니다. (……) 더욱 부모가 자녀에게 대하여 짓는 대죄악은 소유물로 여겨서 자기의 마음대로 혼인을 시킴이외다. (94면.)

인용문 앞부분에서 '김일'은 예의 도덕은 진보하는 것이며, 서구의 도덕이 조선의 전통적인 도덕보다 우월하다고 '동민'들에게 역설한다. 우리의 도덕이 '장유유서'에 입각하여 효를 강조하고 자녀의 희생을 강요하는 것이었다면, 서구의 도덕은 자녀의 독립적인 인격을 존중하고 자유로운 혼인을 허용하며 자녀의 교육을 위하여 오히려 부모가 희생하는 도덕을 가지고 있다는 것이다. 전통적인 가부장적 질서에 입각한 도덕보다 서구의 자율적인 개인의 도덕이 더 진보된 것이라는 가치 판단과 '김일'이 '동경유학생'이라는 점은 인과의 관계를 형성한다. 서구적 근대가 종교로부터 정치, 문화, 예술, 도덕 등이 자율화되는 과정21)이었듯이 독립적이고 자유로운 개인이라는 관념 형태 역시 이러한 근대의 자율화 원리와 관계되어 있다. 서구적 근대에 기원을 둔 자율적인 개인의 이념이 '김일'의 입을 통해 "자녀는 부모의 소유물이 아니다"라는 '자녀에 대한 신윤리사상'(95면.)과 "부모 마음대로 자녀를 혼인시켜서는 안 된다"는 '혼인에 대한 신견해'(95면.) 등으로 발화된다.

'아동의 위생', '조혼의 폐지', '아동의 사회적 노동 금지와 보호' 등의 이념은 '어린이기'라는 특정한 시기에 '학교교육'을 의무적으로 받아야 한다는 근대 국가의 시책과 필연적인 관계를 가진다. 자유로운 개인과 근대 사회가 필요로 하는 근대적 주체는 동일한 개념이 아니

21) J・Habermas, 「근대성－미완의 과제」, 윤평중 역, 『푸코와 하버마스를 넘어서』, 교보문고, 1990, 248면 참조.

다. 가족과 농토로부터 자유로워진 개인이 근대 자본주의적 생산 체계의 충실한 수행자가 될 때 비로소 근대적 주체가 되는 것이다. 이를 위해 필요한 것은 주체 스스로가 자신을 통제하고 규율할 수 있는 내면의 기율이며, 이것은 구체적으로 성실과 근면이라는 도덕으로 표상된다. 내면의 기율을 형성시키고 훈육하는 것이 바로 근대의 다양한 규범체계와 제도들이다. 근대적 주체는 "어린이를 위해 재편된 가족관계와 이들을 체계적으로 훈육하고 교육시키기 위한 학교의 제도적 발전과 공장에서 행해지는 개개인의 노동과 숙련을 통제하는 포획과 포섭의 과정"[22]을 통해서 생산되는 것이다. '학교교육'은 근대적 주체를 생산하고 훈육하기 위한 가장 기본적인 장치이다. 「농촌계발」에서 '김일'은 "아이들을 학교에 보내기 위해서는 어른들이 더 많은 노동과 저축이 필요하다"고 역설한다. 유아 노동의 금지와 학교 보내기 사이에서 사회적 노동의 분배는 새로운 배치로 전환되어야 한다. 근대 계몽기의 수많은 아동 관련 자료들에서 이러한 사례를 쉽게 찾아볼 수 있으며[23] 「농촌계발」의 텍스트 내부에서는 "동생을 학교에 보내기 위해서라면 제가 더 많은 일을 기꺼이 하지요"라는 마을 청년의 언표를 통해 이러한 측면이 나타난다.

「농촌계발」은 1916~1917년 사이에 발표된 글이다. 따라서 「농촌계발」에서 주장되는 '학교교육'은 일제 식민지 통치라는 조건 하에서만 가능함을 고려해야 한다. '김일'은 '학교교육'을 통해 근대적인 문명이 이상적으로 건설될 수 있다고 생각한다. 그러나 '학교교육'이 근대적인 조건에 맞는 주체를 생산하기 위한 제도라는 회의적인 견해는 이 생각 속에 포함되어 있지 않다. 더구나 이 근대적 주체는 일본 제국주의에 충실하게 복무하는 식민지적 근체 주체이며 학교 교육에는

22) 박태호, 앞의 글, 71면.
23) 김혜경, 앞의 글, 228-239면 참조.

일제의 식민지 통치를 정당화하는 훈육의 과정이 포함되어 있음을 '김일'은 사유하거나 언급하지 않는다. 동회의 '제삼회 월례회'에서 '학교교육'의 필요성은 다음과 같은 근거로 제시된다.

> 1) 양반되고 상놈되는건 꼭 한 곳에서 갈립니다. 즉 시세를 따르는 자가 양반이 되고 시세를 거슬리는 자가 상놈이 되는 것이외다. (……) 그런데 시세가 변하였습니다. 과거제가 폐지되고 사서오경으로 입신출세하던 시대가 지났읍니다. 지금 과거는 대학교 졸업이외다. 법률, 경제, 산업, 상업, 공업, 농업, 문학 등 모든 전문을 學함이외다. 이전에 과거한 사람이 입신출세하던 모양으로 지금은 대학교 졸업한 사람이 곧 입신출세하옵니다.(75면.)
>
> 2) 이달부터 자녀들을 학교에 보냅시다. (……) 고등보통학교를 졸업시킨 뒤에는 전문학교에 보냅시다. 이것이 양반되는 유일의 비결이외다.(76면.)

'김일'은 '김촌'이라는 문중이 '상놈'으로 전락하였고 그 원인이 '학교교육'을 받지 않은 데 있다고 주장한다. 그리고 '상놈'을 벗어나기 위해서는 "자녀들에게 교육을 시켜 전문학교를 졸업해야만 양반이 될 수 있다"고 말한다. '양반'이라는 단어는 사회적 권력을 가진 '지배자'(majority)의 은유이다. 근대 사회가 '반상'의 신분체제를 혁파하고 만인의 평등을 선언하였음은 주지의 사실이다. '김일'은 전통적인 과거제의 폐지를 말하면서도 '양반'과 '상놈'이라는 신분 질서에 빗대어 자녀 교육의 타당성을 역설하고 있다. '김일'은 우열론에 입각하여 집단적 행동을 유발시킨다. '양반'이라는 '지배자'의 은유는 "우리도 자녀를 교육시키면 사회적 권력을 획득할 수 있다"라고 하는 욕망을 부추기며, 이것은 또한 근대적 계몽 운동의 이상적이고 낙관적인 전망을 대중들에게 확신시키기 위해서 필요한 것이다.

'우월한 개인', '우월한 종족'이 되고 싶다는 욕망의 흐름은 타자를 무시하고 복종시키려는 행위로 귀결된다. 이 욕망에 의해 구분된 것이 '양반/상놈'이다. '김촌'의 '이상적 문명촌 건설'이라는 계몽 운동의 좌표는 "사회적으로 우월한 지배자가 되고 싶다"는 욕망을 실현시키는 '자녀교육'으로 모든 것이 수렴된다. 일제의 식민지 통치라는 사회적 조건 속에서 지배자가 되겠다는 욕망은 식민지 통치를 거부하지 않고 그것에 충실히 복종하겠다는 은폐된 의미를 내장한다. "입신출세하기 위해서는 시세를 잘 따라야 한다"는 언표는 일제 식민지라는 사회적 체계의 지배 질서를 내면화하고 그것에 복속해야만 '지배자'가 될 수 있다는 가치 판단을 함유한다. 오직 일본 제국주의의 철저한 신민(臣民)이 됨으로써만, 당대의 지배자의 자리를 차지할 수 있는 것이다. '김일'의 발화를 통해 주장되는 「농촌계발」의 '학교교육'은 이러한 일제의 식민지적 근대 주체의 생산이라는 의도에 완벽하게 상응하는 것이다. "양반이 되기 위해서는 일본을 배워야 한다"는 '김일'의 말은 노골적으로 친일을 정당화한다. 이른바 "억압과 강제에 의한 부역으로서의 친일이 아니라 하나의 신념 체계와 이데올로기로서의 친일"[24]이 표면화된 것으로 볼 수 있다.

「농촌계발」에 나타난 과장된 '낙관적 전망'은 근대 문명의 건설 이라는 이념적 좌표 속에 새겨져 있는 식민지 근대화의 또 다른 억압과 폭력을 은폐하는 것으로 기능한다. '학교교육'을 통해 찬란한 근대적 문명이 전파될 것이라고만 생각하는 '김일'은 식민지적 근대 주체, 즉 일제의 신민을 생산하는 일제시대의 '학교교육'의 이면을 보지 못한다. 그러나 텍스트 내부에서 '김일'을 '식민지 근대'의 열렬한 신봉자로 창조한 논설자 이광수는 이러한 이면을 파악하지 못했는지 의문이다.

24) 김인환, 「한국현대소설의 계보」, 『문학동네』 17, 1998년 겨울, 201면 참조.

"당시 총독부의 기관지였던 『매일신보』에 「농촌계발」을 게재하고 그에 힘입어 장편소설 『무정』을 연재할 수 있었다"[25]는 이광수의 전기적 사실은 그가 의도적으로 식민지 한국의 현실을 왜곡하고, 일제의 억압과 폭력을 은폐하기 위해 「농촌계발」을 집필했다는 것을 유추할 수 있게 해준다. "한말의 우국지사들이 일제의 검열을 피하기 위한 수단으로 서사와 논설을 결합시켰던 것처럼, 이광수는 국민적 저항과 검열을 피하기 위한 수단으로 서사와 논설을 결합시켰다"[26]는 김영민의 말처럼, 이광수는 하나의 신념 체계로서 '식민지 근대'와 '친일'을 지향했다고 볼 수 있다.

5. 나오며

「농촌계발」은 한국 근대소설사의 전개에 있어서 강한 계몽성을 표출하는 구한말의 '서사적 논설'을 계승한 서사 양식의 한 갈래이다. 구한말의 '서사적 논설'에서 서사적 완결성보다 시대적인 정론성이 중요했던 것처럼, 「농촌계발」 역시 허구적 서사를 차용했던 근본적인 이유는 계몽적 효과의 극대화에 있었다고 할 수 있다. 이는 이광수가 구한말의 지식인들과 동일하게 '논설 중심의 문학관'을 지니고 있었다는 것을 말해준다. 전문적인 근대적 작가 의식을 가지고 완성된 소설 작품을 생산하기보다는 근대적 계몽과 사회적 개량 운동을 위한 한 방편으로 글쓰기를 실천했다는 것은 결국 그가 '재도지기'라는 전통적인 문학관의 자장으로부터 크게 벗어나지 못했다는 것을 의미한다. 그러나 글쓰기의 방식과 문학에 대한 관점이 전통적이었을 뿐 그 속에 담

25) 김영민, 『한국근대소설사』 솔, 1997, 440-441면 참조.
26) 위의 책, 438면.

겨지는 사상적 내용은 근대적인 것이었다. 조혼의 폐지와 가족 제도의 개혁, 생활 관습의 전환과 학교 교육의 필요성 등의 구체적인 근대적 계몽 운동의 내용이 이를 예증한다.

이광수의 「농촌계발」은 표현·형식적인 측면에서는 구한말의 '서사적 논설'의 방식을 계승하였지만 사상·내용적인 측면에서는 근대적인 계몽적 이념을 선전하고자 했다. 그리고 이때의 근대란 일제로부터의 자주 독립을 전혀 고려하지 않은 식민지 근대이다. 「농촌계발」은 계몽 운동의 필연성과 낙관성을 강하게 주장하지만, 이것이 식민지라는 사회·정치적 상황 과 어떤 함수 관계를 가지는지에 대해서는 아예 관심을 두지 않는다. 즉 「농촌계발」의 계몽성은 식민지 근대를 건설하기 위한 계몽이며, 허황된 미래 전망은 식민 통치자의 이데올로기적 담론에 의해 조작된 것이다. 「농촌계발」이 문학적일 수 없는 이유는 단지 논설적인 측면이 강하기 때문이 아니라, 의례적인 지배자 담론의 특성을 함유하기 때문이다.

이광수 문학 연구가 작품의 텍스트 내적인 탐구를 벗어나 전기적 사실과 논설을 모두 고려해야 하는 이유 역시 그의 문학이 바로 이러한 지배자 담론의 특성을 지니고 있다는 데서 나온다. 지배자의 담론과 새로운 '재도지기'로서의 글쓰기는 이광수 문학의 의미 내용과 표현 방식으로 완벽하게 상응한다. 이광수가 '작가'보다는 '사회개량가'를 자처했다는 사실 역시 지배자의 담론이라는 이광수 문학의 특질과 수미일관한 관계를 가진다. 「농촌계발」은 『무정』, 「소년의 비애」 등과 같은 소설 작품들과 「혼인론」, 「자녀중심론」 등의 논설을 연결하는 매개고리이다. 「농촌계발」은 지배자의 담론이라는 특성을 갖는 이광수 문학의 시금석에 해당한다. 이 논문은 이러한 이광수 문학의 특질을 전체적으로 파악하고자 하는 첫 걸음에 해당될 것이다.

✤ 참고문헌

대한매일신보, 조선문단, 청춘, 학지광
『이광수 전집』 1, 8, 10, 삼중당, 1971.

고미숙, 「근대계몽기, 그 생성과 변이의 공간에 대한 몇 가지 단상」, 『민족문학사 연구』, 제14호, 소명출판, 1999.
권보드래, 『한국근대소설의 기원』, 소명출판, 2000.
권영민, 「이광수의 계몽문학론」, 『한국근대소설연구』, 일지사, 1984.
김복순, 『1910년대 한국문학과 근대성』, 소명출판, 1999.
김열규, 「이광수 문학론의 전개」, 『한국근대문학연구』, 서강대출판부, 1979.
______, 「이광수 문학의 문법: 담화론적 접근을 위한 한 시도」, 『춘원 이광수 문학 연구』, 국학자료원, 1994.
김영민, 『한국근대소설사』, 솔, 1997.
______, 「한국 근대소설 발생 과정 연구」, 『국어국문학』 127, 국어국문학회, 2000, 12.
김윤식, 『이광수와 그의 시대』 1·2, 솔, 1999.
김인환, 「한국현대소설의 계보」, 『문학동네』 17, 1998 겨울.
______, 『비평의 원리』, 나남, 1994.
김혜경, 「일제하 자녀양육과 어린이기의 형성」, 『근대주체와 식민지 규율권력』, 문화과학사, 1997.
박태호, 「근대적 주체의 역사이론을 위하여」, 『근대주체와 식민지 규율권력』, 문화과학사, 1997.
신동욱, 「문학의 효용설」, 『한국현대비평사』, 한국일보사, 1975.
양문규, 『한국근대소설사연구』, 국학자료원, 1994.
이선영, 「이광수론: 개화·식민지시대의 문학가」, 『문학과 지성』, 1975 겨울.

정선태, 『개화기 신문 논설의 서사 수용 양상』, 소명출판, 1999.
조동일, 『문학연구방법』, 지식산업사, 1980.
한승옥, 「이광수 연구」, 고려대 박사 논문, 1980.
황종연, 「문학이라는 역어」, 『한국문학이란 무엇인가』, 민음사, 1995.

Bakhtin, M. M,「소설속의 담론」,『장편소설과 민중언어』, 전승희 외 역, 1988.

Deleuze, G · Gattari, F,『*A Thousand Plateaus*』, Trans. Brian Massumi, University of Minnesota Press, 1987.

염상섭의 『만세전』에 나타난 억압적 규범체계와 식민지 지배 권력

1. 들어가며

『만세전』은 원래 1922년 7～8월까지 『신생활』이라는 잡지에 『묘지』라는 제목으로 연재된 작품이며 1924년 『시대일보』에서 완결된 작품이다. 1924년 단행본으로 출간되면서 제목이 『만세전』으로 개제되었다.[1] 『만세전』은 한국 근대소설사 전체에서도 중요한 의미를 차지하는 작품이며, "염상섭 소설의 특질을 해명하는 데 있어서도 핵심적인 위치를 차지하는 작품이다."[2] 그러므로 『만세전』에 대한 평가는 개별 작품론을 넘어서 한국 근대소설의 형성에 관한 문학사적 구도와 시각을 마련하는 데에 매우 중요한 지침을 제공할 수 있다. 『만세전』에 대한 선행 연구를 살펴보면, 앞에서 제기한 것처럼 문학사적인 의미를 검토하는 연구[3]와 염상섭 소설 전체 속에서 통시적인 의미를

1) 이 논문이 분석 대상으로 삼는 텍스트는 1987년에 민음사에서 나온 염상섭전집이다. 여기에 수록된 『만세전』은 1924년에 나온 고려공사판을 근간으로 한 것이다. 또한 이 텍스트와 다른 텍스트와의 관계라든가 개작에 대한 검토는 추후의 과제로 남기도록 한다.

2) 김윤식, 『염상섭 연구』, 서울대출판부, 1987, 189면.

3) 한국 근대소설사에서 『만세전』이 차지하는 위치는 대개 "한국의 명실상부한 근대소설은 『만세전』으로부터 시작되었다"라는 문장으로 요약될 수 있다. 『만

검토하는 연구[4]), 그리고 개별 작품론의 성격을 띤 연구[5]) 등 크게 세 가지 연구 방향으로 대별될 수 있다.

이 논문은 『만세전』에 관한 개별 작품론을 목표로 하기 때문에, 문학사적 의미망이나 염상섭 소설 전체에서 차지하는 『만세전』의 위치 등에 관한 통시적인 검토는 상세하게 개진하지 않기로 한다. 『만세전』이

세전』의 문학사적 의미를 논하고 있는 저술들은 아래와 같은 것들이 있다.
임 화, 「조선신문학사론서설-이인직으로부터 최서해까지」, 『임화 신문학사』, 한길사, 1993.
임 화, 「소설문학의 20년」, 『임화 신문학사』, 한길사, 1993.
김윤식·김현, 『한국문학사』, 민음사, 1973.
송하춘, 『1920년대 소설연구』, 고려대 민족문화연구소, 1985.
김우창, 「한국현대소설의 형성」, 『궁핍한 시대의 시인-김우창 전집1』, 민음사, 1993.
조동일, 『동아시아문학사비교론』, 서울대출판부, 1993.
조동일, 『한국문학통사』 5, 제3판, 지식산업사, 1994.
임규찬, 『한국근대소설의 이념과 체계』, 태학사, 1998.
장수익, 「1920년대 초기 소설의 시점 연구」, 서울대 박사학위 논문, 1998.
박현수, 「1920년대 초기 소설의 근대성 연구」, 성균관대 박사학위 논문, 1999.

4) 김윤식, 「염상섭의 소설구조」, 『염상섭』, 문학과 지성사, 1977.
권영민, 「염상섭의 민족문학론과 그 성격」, 『염상섭 문학연구』, 민음사, 1987.
김상태, 「염상섭문학의 날과 씨」, 『염상섭 문학연구』, 민음사, 1987.
김윤식, 「작가의 탄생-만세전의 세계」, 『염상섭 연구』, 서울대 출판부, 1988.
하정일, 「보편주의의 극복과 복수의 근대」, 『염상섭 문학의 재인식』, 깊은샘, 1998.
이현식, 「식민지적 근대성과 민족문학」, 『염상섭 문학의 재인식』, 깊은샘, 1998.
최시한, 「염상섭 소설의 전개」, 『염상섭 소설 연구』, 국학자료원, 1999.
장수익, 「염상섭 초기 소설과 계몽주의」, 『한국 근대소설사의 탐색』, 월인, 1999.
박상준, 「1920년대 초기 소설 연구」, 『한국 근대문학의 형성과 신경향파』, 소명출판, 2000

5) 이상억, 「『만세전』의 언어상 분석」, 『염상섭 문학연구』, 민음사, 1987.
한형구, 「한국 근대소설의 진정한 출발, 그 근대성의 기념비적 성격-염상섭의 <萬歲前>論」, 『장편소설로 보는 새로운 민족문학사』, 열음사, 1993.
김종균, 「민족현실 대응의 두 양상-<만세전>과 <두 출발>」, 『염상섭 소설 연구』, 국학자료원, 1999.

형성한 근대소설적인 성취를 부정하는 논자는 거의 없다. 그러나 『만세전』의 의미 구조를 해석하고 평가하는 데 있어서는 대립적인 견해가 존재한다. 『만세전』이 당대 식민지 조선의 현실을 잘 반영하고 있다는 견해와 제도적 장치로서의 근대적 보편성(가치중립성)에 입각해 있다는 견해가 그것이다.[6] 『만세전』이 근대적 보편주의에 입각해 있는 소설인가 아니면 식민지 조선의 특이한 상황을 묘사한 소설인가에 관한 평가는 매우 중요한 의미를 지닌다. 이러한 『만세전』의 평가가 곧장 한국 근대소설사의 지형도를 그리는 것과 연관되기 때문이다. 이 논문은 『만세전』의 의미 구조를 세밀하게 분석함으로써 이러한 평가를 재검토하도록 하겠다.

2. 길의 구조와 의미: 식민지 현실의 체험적 인식

1인칭 주인공 시점을 채택하고 있는 『만세전』은 여행 혹은 길의 모티브를 근간으로 하고 있다. 주인공 '이인화'가 '동경'에서 '서울'로 귀국하는 여로가 작품의 전체적인 구조를 형성하며 서사의 연쇄를 추동한다. 전 8장으로 구성되어 있는 『만세전』은 실제로 여로의 공간적인 구획이 각 장의 구획을 규정한다. 1장에서는 주인공 '나'가 '아내'가 위독하다는 편지를 받고 '동경' 거리를 배회하다가 '동경역'에 이르기까지의 과정이 서술된다. 2장은 '동경'에서 '신호'까지의 길이며

6) 전자를 대표하는 것은 김우창의 논의이고 후자는 김윤식의 논의가 대표적이다. 김종균과 하정일의 논의는 전자에 속하고 한형구와 장수익의 견해는 후자와 상통한다. 최근에 제기된 하정일의 논의는 주목할 만하다. 하정일은 김윤식의 제도적 근대로서의 '보편주의'라는 관점을 비판하고, 『만세전』을 비롯한 염상섭의 초기 소설들이 '복수적인 근대'의 관점에서 식민지 조선의 현실을 형상화하고 있다고 평가한다.(하정일, 앞의 글, 54-68면 참조.)

'신호'에서 '을라'를 만나고 '하관'에 이르는 과정이다. 3장은 하관에서 부산까지 4장은 부산에서 김천에 이르기까지이며, 5장은 서술 분량이 가장 많은 장으로 김천에서 서울까지의 여로 과정이 서술된다. 6~8장은 서울에서의 사건들을 서술하고 있으며, 작품의 결말 부분은 동경으로 되돌아가는 '서울역'을 공간적 배경으로 한다.

서술자이자 주인공인 '나'(이인화)는 '민족문제'와 같은 '정치적인' 것에 그다지 관심을 갖고 있지 않으며, 어떤 일도 적극적으로 '실행할 수 없는 약점'을 지닌 인물이다. '열세살'에 조혼을 한 '나'에게 '아내'는 '아무런 느낌도 주지 않는' 존재이다. '나'의 서울행을 추동하는 것은 적극적인 의지가 아니라, 냉소적인 자신의 존재가 개입되지 않은 현실적인 대세이다. '책상도령'이자 '실행이 없는' 주인공에게 '여행'이란 자신의 욕망이나 내면적 성찰을 위한 것이 아니며, 마지못해 하는 소극적인 것에 불과하다. 그러나 외부로부터 강제된 '여행'은 '나'의 의지와는 관계없이 '나'의 경험적 지평의 확대와 성숙에 기여한다. '실인생, 실사회'를 보게 하며 현실의 '이면의 이면'을 깨닫게 만든다. 물론 '1인칭 주인공 시점'이라는 『만세전』의 서술적 조건상, 모든 사건과 경험은 '나'의 시선과 의식을 투과하여 표상된다. 나의 시선에 포착된 현실적 흐름의 표지들은 '나'가 관찰하는 것에 불과하지만, 그것은 '나'에게 내면적 성숙을 폭력적으로 강요하는 것이다. '하관'에서 '부산'으로 오는 동안 '조선인을 천시하는' 일본인들의 눈빛에서, 일본인들 중에서 가장 하층이라 할 수 있는 '국수집 여급'들에게 무시당하는 사건을 통해 '나'는 일상 생활에 침투해 있는 '내지인'과 '조선인'이라는 이항 대립적 선분의 권력을 깨닫게 되는 것이다. 문학청년이자 지식인으로서 근대인의 자아 각성을 추상적 지식으로만 되뇌던 '나'로 하여금 식민지 현실의 구체성을 발견하게 하는 것, 이것이 길이 나에게 준 '기호의 폭력'[7])이자 길의 의미이다.

일상 생활의 공간에 침투하는 식민지 지배의 거시 권력은 구체적인 것으로 표상된다. 동경이라는 공간에서 '나'는 '조선인'이라는 자의식을 깊게 경험하지 않는다. 또한 동경에서 하관까지의 일본 안의 공간에서도 '나'는 구태여 '조선인'이라는 것을 표출할 필요가 없었다. 그러나 조선으로 들어가는 관문인 '하관'에서부터는 사정이 다르다. 형사들에게 '검속'을 당하며, 조선인이라는 신분은 필연적으로 노출되고 일본인들의 천시어린 시선을 받는다. 일본으로 통하는 제일 관문인 부산은 왜색으로 변해가며, 부산에서 서울에 이르기까지 조선인의 생활공간에는 일본인들의 감시와 처벌이라는 권력의 지표가 작동한다. 동경이 '나'에게 자유로운 개성을 통해 근대인의 추상적인 자아 각성을 사고하게 하는 공간이었다면, 부산에서 서울에 이르는 조선이라는 공간은 일상에 침투해 있는 거시 권력의 억압을 통해 식민지인의 구체적인 현실 인식을 경험하게 하는 공간이다. 자유로운 개성을 통해 '자아를 각성'시켜야 한다는 가치관을 형성한 것은 '동경'에서이지만, 이

7) 질 들뢰즈, 『프루스트와 기호들』, 서동욱 · 이충민 역, 민음사, 1997, 141-152면 참조.
들뢰즈는 미리 수립된 이념이나 진리의 체계를 따라가는 사유의 운동을 통해서는 이미 규약된 공리들만을 찾을 수 있을 뿐이며, 오히려 우발적으로 한 개인의 경험에 폭력을 행사하는 기호들에 의해 진리와 본질은 사유된다고 말한다. "그런데 이 폭력은 우리 의지와는 상관없이 우리를 본질에까지 안내한다. 왜냐하면 본질들은 명석판명이라는 온대 지방이 아니라 숨겨진 어두운 지대에 서식하기 때문이다. 본질들은 사유하도록 강요하는 것(기호) 속에 감싸여 있으면서, 우리의 자발적인 노력에는 응답하지 않는다. 우리가 사유하도록 강요받을 때만 본질들은 사유에 붙잡힌다"(위의 책, 150면.) 『만세전』에서 주인공이 '서울'로 귀국하는 여로는 적극적인 '자기의지'가 아니라는 점에 주목해 볼 필요가 있다. 또한 이 여로에서 우발적으로 그가 감각하고 발견하게 된 비참한 조선인의 생활상이 주인공의 내면에 가하는 폭력들과 그에 따른 내면의 율동을 고려해 본다면, 『만세전』은 우발적으로 감각된 식민지 현실의 '기호'와 그것이 행사하는 '폭력'들이 강요하는 내면적 충격을 드러낸 소설이라고 평가할 수 있다. 『만세전』이 지닌 '심리주의적 소설'의 성격은 여기에서 기원하는 것이다.

러한 일반적인 근대적 주체의 정립 요구가 식민지 현실에서는 수용되기 어렵다는 것을 주인공인 '나'가 인식하게 되는 계기로서 '여로'는 기능한다. 또한 당위적인 근대적 이념으로서의 '개성'이 아니라, 주인공에게 절실한 내적 욕구로서 '개성'을 경험하고 사유하게 만드는 그 구체적이고 생생한 과정이 곧 길의 구조와 의미이다.

3. 서술자의 양가적인 언표 행위와 관찰의 객관성

『만세전』은 1인칭 주인공 시점으로 서술되고 있다는 점에서, 그 조건상 서술자이자 주인공인 '나'의 감각과 경험을 통해서만 사건들이 언표화되는 제한성을 지닌다. 또한 서술자와 주인공이 동일하기 때문에 주인공 이외의 다른 인물들이 언표화하는 담론은 일방적으로 비판될 수 있는 가능성이 높다. 그에 반해 주인공이 지니고 있는 욕망이라든가 가치 체계는 항상 정당한 것처럼 합리화될 수 있다. 따라서 서술자와 주인공이 공모(共謀)하여 타자의 담론을 일방적으로 부정하고 재단하는 단성적(monologic) 서술이 될 가능성이 높다. 이러한 서술적 조건은 개인의 내면적 진실과 심리의 흐름을 정치하게 표현하는 데에는 유리할 수 있지만, 복합적이고 중층적인 삶의 층위를 공존시켜 현실의 전체성을 묘사하는 데에는 불리하다. 그런데 『만세전』은 '이인화'라는 개인적 삶의 진실을 넘어서 식민지 시대의 일상생활 전반을 흐르고 있는 현실의 전체성을 포착하고 있다. 『만세전』이 1인칭 주인공 시점이라는 서술적 조건의 한계에도 불구하고, 파편적인 개인의 진실을 넘어서 공통된 민족 현실을 묘사할 수 있었던 것은 두 가지 방법 때문에 가능했다. 하나는 앞에서 살펴본 것처럼, 주인공이 폐쇄적이고 고정적인 공간에 머무르지 않고 끊임없이 공간 이동을 하면서 동시대의 현실적 공간 속에 여러 가지 삶의 층위가 공존하고 있다는 것을 서술자가 직접적으로 경험하고 목도하도록 구성되어 있는 '길의 구조' 때문에 가능했다. 다른 하나는 서술자(주인공)의 언표행위 방식과 태도 때문이다. 주인공의 문제로만 국한시킨다면 욕망과 가치 체계의 일관성이라고 말할 수 있는 '성격' 때문이다.

> 그러면서도 「내妻」가죽어가는데 술을먹다니? 하는 所謂 「良心」이 머리를 들지만, 그것이 眞正한 良心이안이라, 「觀念」이란 惡魔가 목을 매서 끄는 것이다. 사람은 그릇된 觀念의 奴隷다. 그릇된道德的觀念으로부터 解放되는거기에 眞正한生活이 잇는 것이다. 사랑치안으면 눈도 떠보지안을 것이요, 사랑하고 십흐면 이러케해도 相關이 업는 것이 된다. (『염상섭전집』 1, 민음사, 1987, 20면.)

'나'는 자신의 심리를 분석하면서 자신의 가치 체계를 언표화한다. 아내가 죽어가는 것에 대해 연민과 동정이 없는 자기 자신의 심리가 어디에서 기원하는가를 '나'는 말하고 있다. '양심'과 '사랑'은 단순한 단어가 아니며 그 속에는 이데올로기와 가치 체계의 대립이 내포되어 있다. '양심'이 '도덕적 관념'으로부터 기원하는 것이라면, '사랑'은 거기에서 해방된 '진정한 생활'에서 기원하는 것이다. 이는 또한 전근대적인 가족 윤리와 근대적인 개인의 윤리를 각각 표상하고 있다. '양심'이란 관념에 불과하며 허위이며 위선이라고 '나'는 생각한다. '나'는 무기력하고 냉소적이지만, 허위와 가식으로 포장된 도덕과 규범을 비판하고 부정하는 '회의하는' 근대적 주체의 일면을 보여준다. 앞의 인용문에서 '진정한 생활'이란 곧 도덕에 '결박된 자기'를 해방하고 끊임없이 회의하는 근대적 주체의 인식 행위를 말한다. 이러한 주인공의 태도와 성격은 타자가 표출하는 담론과 행위 내부에 어떠한 욕망이 잠복해 있는가를 추적하게 만들며, 그것은 서술자(주인공)의 언표로 구체화된다.

> 1) 남성이란 남성을 저주하면서도, 그래도, 내버리고 단념할수업는 인간답은 애착이며 성적요구에서 니러나는 鬱陶한 內的苦鬪를, 그대로 象徵한 것이 이계집애의 視線과 微笑이엇다. (위의 책, 17면.)
>
> 2) 을라의 얼골에는 그럴듯하게 보아서 그런지, 이때것 멋모르고 挽留한것이, 북그럽기도하고 一便으로는 忿하기도하다는 낫빗이돌며, 눈과입이, 샐록하야젓다. 그러나 내가 불쑥온 것이 무슨意味가 업지나안은가하는 一種의期待가 잇는듯도하다. (34면.)
>
> 3) 日人애비와 朝鮮人에미를 가젓다는 계집은 히스태리컬하게 얼굴이 주홍빗이되고 눈추리가 샐륵하야젓다. 어쩐지 조선사람의 어머니를 가진것이 압히굽는다는 모양이다. (57면.)

1)은 '나'가 '정자'와의 대화 도중에 그녀의 언표행위와 표정을 통해서, 그녀의 기대와 욕망을 포착한 것을 언표화한 것이다. 2)는 '을라'에 관한 것이며 3)은 부산에서 만난 술집 여급에 관한 것이다. '나'는 귀국길에서 부딪친 모든 타인들의 '말'과 '표정'과 '행위'를 통해서 그들의 언표와는 상반되는 이면의 욕망을 읽어낸다. 또한 그것에 대해 부정하고 비판하고 조롱하기까지 한다. '나'가 '정자', '을라'와 '술집 여급' 등의 여자들에게 가하는 '우롱조'의 언표행위와 위악적 태도는 그들의 허위와 가식을 폭로하고 그들의 실제적인 욕망의 이면을 들추어내는 것으로 기능한다. 이러한 서술자-주인공의 서술방식과 태도는 '나'가 만나는 모든 타인들에게 적용된다. '하관'에서 만난 '조선인 형사'에게서는 조선인임을 감추고 일본인인체 하려는 것을 그의 어설픈 일본어 발화를 통해서 포착하고, 기차 안에서 만난 '갓장수'의 말과 표정과 태도에서 복종적이고 비겁한 조선인의 기질을 본다. '나'가 만난 모든 조선인들은 그들의 언표행위를 통해서 조선인임을 부끄러워

하고 이해 타산을 앞세워 식민지 지배 권력의 선분(segment)을 추종함을 드러낸다.

물론 이것을 언표화하는 것은 서술자-주인공인 '나'이다. 『만세전』이 '나'의 감정과 심리와 관념을 서술의 중핵으로 삼고 있으면서도 그것이 한 개인으로서의 '나'를 넘어서 그 지평이 타자와 전체성으로 확대되는 것은 타자와의 대화를 통해 그들의 욕망과 가치 체계에 대해 서술하고 있기 때문이다. '나'의 담론과 관념은 '나'에 관한 것이 아니라 타자로 인해 발생한 것이며 타자에 관한 것이기 때문이기도 하다. 또한 이것은 미리 수립되거나 결정된 어떠한 이념이 추상적으로 언표되는 것이 아니라, 우발적으로 부딪친 '기호'에 의해 유발된 '나'의 구체적인 사유로 언표된다. 『만세전』이 '소설'이라는 글쓰기만이 지닐 수 있는 일상의 감각적 구체성을 획득하는 방법도 여기에 있다. 그렇다면 '나'에 의해 평가되고 판단된 타자와 현실은 '나'의 시각에 의해 왜곡된 것은 아닐까하는 의심을 가져볼 수 있을 것이다. 이것은 서술자-주인공인 '나'의 서술 태도와 성격을 통해 규명될 수 있다.

1) 오늘쯤 電報나 오지안을가하는, **근심인지 期待인지** 자기도 알수업는 막연한 생각을 하며 오든차에 그런소리를 듯고보니, (11면.)

2) 가만히 눈을 감고 잡바저서도, 이처럼 餘裕잇고 느러진 **자기의 심리를 疑心스러운 눈**으로 드려다보지 않을수업섯다.(14면.)

3) 그러나 죽을힘을 다-드려서 「靜子다」라고 대답을하야 본뒤에는, 또다시 질색을 하며 머리를 내둘럿다. 實相말하면 **靜子가 안이라는것도, 靜子라고 對答하니만치** 本心에서 나온 대답이엇다.(14-15면.)

4) 화ㅅ김에 이러케 소리는질넛스나, 그哀乞하는 樣이 **밉살스런中에도 가엽서보이지안은것도 아니오.**(43면.)

5) 제풀에 自己를 위압하는 **自己의 卑怯을 內心에 스스로 웃으면서도, 어쩐지 말씨도 自然 곱살스러워지고,** 저절로 고개가 숙으러지는 것

가타왔다. (51면.)

위 인용문들은 모두 주인공 '나'의 양가감정(ambivalance)을 언표화하고 있다. 이는 접속 어미를 통해서도 확인할 수 있다. '-인지, -인지', '-라는 것도', '-중에도', '-하면서도' 등의 접속 어미는, 모두 대립적인 상태에 놓인 심리의 양가적인 측면을 공존시키는 것으로 기능한다. 또한 '나'가 자신의 심리가 지닌 복수성과 중층성을 인식하고 있으며 그것을 표면화한다는 것을 보여준다. 1)은 '아내'의 죽음과 관련된 '나'의 심리적 태도를 반영하고 있다. '근심인지 기대인지'라는 것은 단순한 심리적 반응을 넘어서 '아내'와 나의 관계 또한 '조혼'에 대한 '나'의 욕망과 가치 판단의 혼란상을 보여준다. 2)에서 자기의 심리를 의심스러운 눈으로 본다는 것은 자기 심리의 복수성을 인식한다는 것이며, 자신의 부정적인 내면조차 정직하게 관찰하여 언표화한다는 것을 보여준다. 3)은 '정자'에 대해 '나'가 갖는 양가적인 감정을 보여준다. 4)는 '하관'에서 검속을 요청하는 조선인 형사에 대한 양가감정이며 5)는 부산에서 검속을 당할 때 드러난 나의 심리와 행위의 괴리이자 이중성이다. 서술자-주인공인 '나'가 보여주는 이러한 양가적인 태도는 『만세전』 전체를 수미일관하게 관통하며, '나'의 담론의 양가성을 규정한다. 또한 이것은 단수적인 하나의 가치 체계로 모든 것을 환원하는 단의적인 담론의 형성을 가로막는다. 오히려 단의적인 담론을 구사하는 것은 '김천형님'과 '아버지'와 같은 타자들이며, '나'는 그들의 언표 이면에 숨어있는 또 다른 욕망의 흐름을 발견하여 그들의 언표에 도사리고 있는 다의성을 포착한다. '눈빛', '표정', '낯빛', '얼골', '눈치' 등의 단어는 '나'가 타자의 언표 이면에 존재하는 욕망의 흐름을 통찰하는 표지로서 기능한다.

'무이상적이고 감상적'인 주인공은 어떤 특정한 이데올로기와 가치 체계를 미리 수립하고 있지 않으며, "절실한 내적 욕구로서 각자의 개성이 존중되는 개인주의의 실현을 자신의 가치 정립의 기준으로 삼고 있다."[8] 때문에 주인공은 이해타산에 밝고 성실한 '김천형님'의 가족주의 윤리에도 동의할 수 없고, '정치광, 명예광'에 빠져있는 아버지의 가치 체계를 비판할 수 있는 것이다. '가족'과 '정치'라는 집합적이고 제도적인 가치는 주인공의 '개성존중'이라는 가치에 의해서 부정되고 비판된다. 또한 주인공의 '개인주의'는 형식화된 윤리 체계를 비판하는 힘이며, 언표행위의 양가성과 더불어 주인공의 관찰적 시선의 객관성을 가능하게 한다. 주인공에게 '개인주의'란 외부로부터 당위적으로 설정된 도덕이나 윤리가 아니다. 그것은 모든 사람의 삶의 존귀함에 대한 상호 인정에 불과한 것이다. 이 상호 인정은 개인의 삶의 개체성과 삶의 사회성에 대한 단순한 인정이다. 그러므로 주인공에게 새로운 가치 체계와 윤리의 정립이란 곧 윤리자체의 폐기이며 일체의 이상주의적인 윤리의 거부를 의미한다."[9]

8) 장수익, 『한국근대소설사의 탐색』, 월인, 1999, 147-148면 참조.
이러한 '개인주의'를 서구적 근대의 보편성에 입각해 있는 '합리주의'에서 나온 것이라는 평가하는 것은 일면적이다. 비록 이러한 이념을 주인공이 '동경'에서 습득했을지라도 구체적인 현실에서 절실한 내적 욕구로 경험되고 사유되는 것이 더 중요하기 때문이다. 『만세전』의 주인공이 확고부동한 자기 이념에 의해서 실천하는 인물이 아니라 자신의 윤리와 가치를 현실 속에서 끊임없이 재정립하려고 시도하는 인물이라는 점에 주목해 본다면, 그의 '개인주의'는 추상적이고 보편적인 근대적 이념으로서의 '개인주의'라기 보다는 구체적 현실 속에서 자기의 경험을 중심에 놓고 사유한다는 의미에서의 '개인주의'이다.

9) 김우창, 「한국현대소설의 형성」, 『궁핍한 시대의 시인』 김우창 전집 1, 민음사, 1993, 116-117면.

4. 일상을 가로지르는 세 가지 선분과 집중화: 연애-가족-식민지 권력

『만세전』에서 생성되는 모든 사건들은 주인공 한 인물의 의식과 대화로 수렴된다. 서술자-주인공인 '나'는 모든 사건들을 집중시키는 구심적 중심이 된다. 그러므로 '나'에게 새로운 인식을 강요하는 사건은 중요한 의미 계열을 이루게 된다. '나'의 내면에 파동을 일으키는 사건의 계열은 세 계열로 요약된다. 첫 번째는 '조혼'을 하여 아내를 사랑하지 않는 '나'에게 닥쳐온 '아내의 위독'이라는 전보와 '정자'와 '을라'와 얽힌 연애 문제이다. 이것은 나에게 사랑과 전통적인 결혼 관습에 대해 새로운 윤리를 정립하도록 강요한다. 두 번째는 '하관'에서부터 관찰되기 시작한 일본인들의 검속과 천시하는 태도, 그리고 조선인들의 굴종적인 태도와 현실추수적인 모습이다. 이것은 '나'에게 식민지 상태의 민족 현실과 조선인들의 삶에 대한 관심을 강요한다. 세 번째는 김천과 서울에서 만난 가족들과의 상면을 통해서 '나'는 그들의 공허한 윤리적 허세를 경험하고 그것이 내포하고 있는 식민지 근대와의 유착 관계를 발견하게 되는 계기를 마련해 준다.

이 세 가지 의미 계열은 각각의 공간이 지닌 속성과도 대응된다. 동경에서 하관까지의 일본 안의 공간에서 만난 사람들 중에서 '나'에게 중요한 의미를 띠는 사람은 '정자'와 '을라'이다. 두 사람 모두 주인공 '나'와 일정한 이성 관계를 가지고 있는 만큼, 결혼과 연애의 새로운 윤리를 정립하는 것과 관계가 있다. '하관'으로부터 '서울'에 이르는 여로는 조선인과 일본인들의 구체적인 삶의 행태들을 통해 식민지 상태에 놓인 민족의 현실을 자각하게 되는 계기이다. '김천'과 '서울'은 '형님'과 '아버지'를 공간적으로 표상하며 그들이 지닌 가족주의적이고 전(前)근대적인 인식 체계와 담론적 논쟁을 벌이는 구체적인 장소이다. 이 세 가지 계열은 '나'의 구체적인 삶의 행로를 결정하며 그것이 요구하는 선분(segment)[10]의 방향으로 귀속되게 하는 압력을 가한다. '나'의 일상적 생활 속에는 이 세 가지 계열의 선분들이 가로지르며 삶의 방향을 구획(區劃)하고 있다.

『만세전』의 도입부분에 나타난 주인공의 우울증은 '조혼'이라는 전통적 결혼 제도에서 기원하는 것이다. '아내'를 사랑하지도 욕망하지도 않는 그에게 '아내'가 위독하다는 '전보'는 내면적인 갈등을 야기한다. 자신의 '마음이 악독해서 그러한가'라고 한편으로는 자책하게 하며, 또 다른 한편으로는 '양심'이라는 문제에 대해서 깊게 사유하도록 강요한다. '양심'이라는 문제는 그의 불행한 결혼 관계가 단지 개인적인 차원의 것이 아니라, 사회적이고 규범적인 차원의 것임을 보여준다. 또한 주인공은 이러한 전래적인 가족 윤리의 문제점을 누구보다도 첨예하게 인식하고 있다.

> 六七年이나 갓치사라온情으로 참 正말 情이 드럿다 할가? 그러면 義理로나 人事治禮로? 그러치 안으면 일가들에게 대한 體面에 그럴수

---

10) '선분', '선분성' 등의 용어는 들뢰즈 · 가타리의 『천의 고원』에서 사용된 용어이다. 들뢰즈 · 가타리는 "우리는 모든 곳에서 모든 방향에서 선분화되어 있다. 인간은 선분적인 동물이다. 선분성은 우리를 구성하는 모든 지층에서 포함되어 있다. 거주, 왕래, 노동, 놀이: 체험은 공간적으로, 사회적으로 선분화되어 있다. 집은 그 방에 할당된 목적에 따라 선분화되어 있다. 길은 도시의 질서에 따라 선분화되어 있고 공장은 거기서 수행되는 노동과 작업의 성질에 따라 선분화되어 있다."라고 말한다. (G. Deleuze · F. Gattari, 『*A thousand plateaus*』, trans. Brian Massumi, University of Minnesota Press, 1987, p.208.) '선분성'(segmentarity)은 인간의 삶을 구획하고 규정하는 외부적인 규율과 질서가 그어놓은 힘의 궤적을 의미한다. 『만세전』에서 주인공의 일상적 삶을 꼴 짓는 것 역시 이러한 '선분'들이며, 이 힘의 궤적을 넘어서고자 하는 열망이 심리적 고투를 발생시킨다. 주인공 한 개인의 의식에 집중화된 『만세전』의 서술 체계가 사회성과 정치성을 띠는 이유도 주인공의 삶을 여러 방향으로 구획하는 선분들의 얽힘에 있다.

> 가업다거나, 남편된 책임상, 피할 수 업서서 나간다는 말인가. 흥! 그런 생각은 애當初에 念頭에도 업거니와 그런虛僞의 짓을 하지안으면안될 理由는 어데 잇는가.(15면.)

위의 인용문에서 알 수 있듯이 주인공은 '의리'와 '인사치례', '체면'과 '책임'을 염두에 두고 있지 않으며 그것을 '허위의 짓'이라고 생각한다. '의리'와 '인사치례'란 모두 전통적인 유교적 도덕을 구체적으로 표상하는 단어들이다. '양심'은 곧 이러한 전통적인 규범체계와 '도덕적 관념'이 개인에게 내면화된 것을 말한다. 그러므로 '도덕적 관념'으로부터 '해방'되어 '진정한 생활'을 찾고자 하는 주인공은 자신의 불행을 개인적인 문제를 넘어선 전통적인 사회 제도의 억압적인 상황으로 인식하게 되는 것이다. 공허한 도덕을 거부하는 그의 내면적 완강함은 '아내'가 죽는 상황에서도 지속된다. 가족들의 요구와는 정반대로 주인공은 '눈물 한 방울 조차 흘릴 수 없'는 것이다.

두 번째 의미 계열은 식민지 상태의 현실 속에 놓인 조선인들의 구체적인 생활상의 목도를 통해서 주인공이 인식하게 된 민족 현실의 문제이다. '동경'에서 '민족관념도 그다지 굳세지 않고 정치문제에도 무취미'했던 주인공은 귀국길의 경험을 통해 조선인의 운명과 민족적 현실에 관심을 갖게 된다. '하관'에서 '서울'에 이르는 여로의 곳곳에서 주인공은 내면적 고통을 겪는다. 추상적으로 '개성존중'과 '자아각성'을 생각하고 문학을 공부하면서 인생과 사회를 사변적으로 논했던 '나'는 식민지 조선의 실상을 직접적으로 목도하면서 진정한 각성에 이른다. 귀국길 내내 감시와 미행을 행하는 일본 경찰과 헌병은 식민지 지배 권력의 표지이다. '연락선'에서 주인공은 조선인들을 인신매매하여 일본의 각지의 공장노동자로 팔아먹는 일본인 '협잡부랑배'들을 만나며, 그 원인이 식민지 지배의 수탈구조와 소작인들의 궁핍한 생활에 있음을 발견하게 된다. '부산'에서 만난 '국수집 여급'은 '조선인 어미'에게서 태어난 것을 '자기의 운명의 검은 그림자가 드리운 것'이라고 생각하며 '일본인 아버지'를 찾아가겠다고 말한다. 주인공은 이것이 '자식의 정리' 때문이 아니라 '어떠한 이해관계나 일종의 추세라는 타산이 앞서기' 때문이라고 생각한다.

식민지 지배 권력은 일상생활을 가로지르며 사람들로 하여금 지배 권력의 선분으로 향하도록 만든다. 그것은 사람들의 이기심을 부추기고, 왜곡된 삶의 인식과 태도를 생성시킨다. 정치적이고 사회적인 권력과 제도가 어떻게 일상에 스며들고 또 삶의 꼴과 틀을 규정하는가를 주인공은 생생하게 체험한다. 기차간에서 만난 '갓장수'는 '맞는 것보다는 천대받는 것이 낫다'고 하면서 상투를 자르지 않는데, 이를 통해 주인공이 발견하는 것은 조선인의 '비겁'과 '굴종'과 '가식'이다. '대전역'에서 '결박당한 범인'들을 보면서 "이것이 생활이라는 것인가? 모다 되어젓버려라", "공동묘지다 구덱이가 욱을욱을하는 공동묘지다!"라고 외치게 하는 것은 식민지 현실에 대한 깊은 절망감이다. 각자의 개성에 따른 '진정한 생활'과는 전혀 상반된 식민지 조선의 참담한 생활상은 '공동묘지'라는 죽음의 상징으로 표현된다. 주인공의 '울분'과 '절망'은 곧 식민지 현실에 대한 구체적인 인식과 각성을 파생시키며, 이것이 두 번째 의미 계열의 도달점이다.

주인공은 '김천역'에서 '형님'과 조우한다. '형님'은 한학뿐 아니라 신학문도 익힌 '인텔리'로서 '보통학교 훈도' 노릇을 하고 있다. '헌병보조원'이나 '사무원' 등에게 순종적이며 이재(理財)에 밝은 '형님'은 집근처에 일본인 상점이 여러 개 생겨난 것에 대해 전혀 관심을 두지 않는다. 다만 자신의 '집값'이 올랐다는 것을 자랑스럽게 이야기한다.

1) '어떠튼 문학이니, 뭐니하구, 공연히…… 그까짓건 하구 난대야

至今世上에 어따가 써먹는단말이냐(62면.)

2) 이런 소리는 一年에 한번이나 두어번 귀국할때마다 꼭두번씩은 듯는다. 형님한테 한번 아버님한테 한번이다. 그러나 어떠한때는 아버님에게 귀에 못이 박이도록드를때가잇다. 처음에는 熱心으로 반대도 하야 보앗다. 교육이라는 것은 「사람」을 만들자는것이요 機械를 제조하는 것이안이니까, 학문을 당장에 月給分에 써먹자는것도안이요, (……) 個性은 所重한것이니까 제각긔個性에따라서 教育을 하여야 한다는 問題를 들추어가지고 늘 辨明을 하야왓다.(62면.)

1)은 '형님'의 언표이다. 이 언표 속에는 그의 욕망과 가치 체계가 내포되어 있다. 경제적이고 실용적인 가치를 중시하는 '형님'에게 문학은 전혀 가치가 없는 것이다. '형님'과 주인공이 세상을 읽고 삶을 판단하는 기준은 전혀 다르다. 2)는 주인공의 언표이다. 주인공과 '형님', '아버지'의 근본적인 가치 체계의 대립이 이 언표를 통해서 드러난다. 주인공은 교육과 학문을 통해서 '인간다운' 삶을 구현하는 것에 자신의 가치 지향을 두고 있다. 그러나 '형님'과 '아버지'는 현실의 모순과 문제점을 전혀 고려하지 않으며 오직 '돈'과 '출세'로 표상되는 실용적인 가치관을 가지고 있다. 그러므로 '부자간, 형제간'임에도 서로 소통할 수 없는 것이며, 주인공에게 '가정'이란 결국 '여관' 같은 것에 불과한 것이다. 이는 주인공의 '무이상적이고 냉소적인' 성격과도 관련이 있으며, 상호 소통이나 계몽이 근본적으로 불가능하다는 주인공의 인식과도 관련되어 있다.

그런데 '형님'의 이러한 실용주의적이고 현실추수적인 가치관은 가족주의라는 도덕적 명분으로 윤색되어 있다. '작은 형수'를 얻은 일을 두고 주인공에게 비판을 당하자 '형님'은 '구한다는 사실이 이 세상에 업다하면 너부터 굶어 죽을라'라고 말한다. 이 언표 역시 주인공의 경제적 무능력에 대한 '형님'의 가치 판단을 내포하고 있다. 또한 '형님'

의 경제적이고 실용적인 능력에 대한 자긍심을 드러낸다. 이러한 가치체계의 대립은 '작은 형수'를 얻은 문제를 두고 논쟁적 대화로 표면화된다. '양자를 들일수도 있는데 왜 유처취처(有妻娶妻)를 하느냐'라는 식의 주인공의 말을 들은 '형님'은 자신의 욕망을 공명심으로 포장한다. '사람하나 구하는 셈치고 어떻게든 데려온 것이지'라는 형님의 말을 주인공은 조리있게 비판한다. '소위 구제나 자선이라는 말은 향기있고 아름다운 말이 아니라 실상은 사회가 병들었다는 반증밖에는 안된다'고 비판한다.

주인공이 '형님'과의 대화를 통해 발견하는 것은 "윤리의 이름 아래 숨어 있는 이기적인 자기추구와 다른 사람에 대한 압제와 생명의 권리에 대한 압살이다."[11] '형님'의 이러한 공허한 '윤리' 의식은 '산소문제'를 놓고 대화하는 중에도 나타난다. '부모님이 돌아가시면 자식된 도리라기보다도 남 부끄러워서 공동묘지에 모실 수 없다'는 '형님'의 언표는 그의 형식적이고 인습적인 '윤리' 의식을 드러내 보여준다. '총독부 법령을 어겨서라도 자신의 가족만 특별히 산에 묘를 쓰기 위해서 충청도장관에게 부탁을 해야 한다'는 형님의 말은 전근대적인 가족 윤리와 식민지 지배 권력 간의 유착관계를 보여준다. '가족'은 식민지 현실 속에서 '윤리'라는 이름으로 사회적 지배 권력의 선분(segment)을 간접적으로 작동시키는 권력의 대행자이다. '형님'의 '가족을 위한다'는 명분 속에는 자신만을 위한 욕망의 추구가 또한 자기 가족들만의 안위와 출세를 위한 욕망이 가로놓여 있다. 이 욕망을 실현하기 위해서는 현실의 식민지 지배 권력의 선분을 추종해야 하고 그것에 충실하게 복종해야하는 것이다. 이것이 '형님'과의 대면을 통해 발견하게 된 '가족'이라는 이름의 집단, 혹은 그 '윤리'의 참모습이며, 여행이 가져

11) 김우창, 앞의 글, 113면.

다 준 세 번째 의미계열이다.

연애와 가족과 식민지 권력의 문제는 나의 삶에 각각의 고유한 '선분성'(segmentarity)으로 작용한다. 그러므로 이 각각의 선분을 구체적으로 작동시키는 인물들은 서로 다른 층위를 이룬다. 주인공의 일상적 삶을 구획하고 규정하는 것은 바로 이러한 선분들이며 이 선분들 속에 놓여있는 관계들이다. 이 관계들의 얽힘 속에는 규범체계와 사회·정치적인 세력의 힘들이 상호 작용하고 있다. 이러한 선분들의 얽힘은 구체적이고 미시적인 차원에서 작동한다. 그러나 미시적이라고 해서 이것이 개인의 사소사적인 차원에 머무르는 것은 아니다. 미시적인 동시에 거시적인 것이다. '연애' 문제에는 전근대적인 사회 규범의 문제가 내포되어 있고, '가족'의 윤리에는 식민지 현실의 사회 제도가 개입한다. 『만세전』은 '여행'이라는 공간 이동이 야기하는 주인공 한 개인의 내면적 의식으로 모든 사건을 제한하고 있지만, 오히려 이 제한적 집중화는 구심적 축소가 아니라 원심적 확산이라는 의미를 생성한다. 그것은 주인공의 의식이 자신의 일상적 삶 속에 작용하는 여러 선분들의 힘을 자신의 삶의 일부로서 파악하고자 하기 때문이다[12] 주인공의 삶을 가로지르는 집합적이고 제도적인 규범체계와 권력들은 개인을 사회에 귀속시키는 중력이다. 『만세전』의 주인공이 가지는 내면적 고투는 이 중력이 지닌 허구적 장식과 억압적 상황을 거부하는 데서 발생한다. 이 거부는 필연적으로 주인공의 새로운 윤리 정립을 향해 나아가며, 그 구체적인 의미는 동경으로 돌아가기 전에 '정자'에게 쓴 편지 속에 배어 있다.

---

12) 김우창, 위의 글, 111면 참조.

5. 새로운 윤리 정립의 의미

『만세전』에서 주인공은 여러 사건에 얽혀 있기는 하지만, 실제로 그가 개입하고 실행하는 사건은 '아내'와 관련된 사건들뿐이다. 아내의 임종을 지켜보고 3일장을 치르게 만드는 주체는 주인공이다. 그러나 나머지 일들에 대해 그는 실천적 개입을 통해 문제를 해결하려 하기 보다는 방관적 관찰을 행할 뿐이다. 물론 이는 '여로'(旅路)가 서사적 구성 원리를 이루기 때문이기도 하며, 주인공이 학생 신분이라는 점에서도 기인한다. 주인공이 우발적으로 부딪친 사건들은 지금 여기(동경)의 자신의 절실한 문제가 아니라 다만 잠시 여행길에서 목도하게 된 사건들에 불과하다. 주인공은 그 어떤 사건에도 깊숙하게 개입하려고 하지 않는다. 그러나 그의 의식은 이 사건들을 통해 새로운 윤리를 정립하는 것으로 나아간다. 실천의 측면에서 보자면 주인공 '이인화'는 귀국하기 전 '동경'에서의 태도와 변한 것이 없다.[13] 그렇지만 의식의 차원에서는 명확한 변화를 겪는다.

따라서 『만세전』의 여로를 '원점회귀적 여로'라고 주장하는 선행 논의들은 주인공의 '실행'이라는 측면에만 초점을 둔 것이라 판단된다. 어떤 사건에도 개입하기를 꺼려하는 태도는 변하지 않았지만, '책상도령'의 추상적 지식은 구체적 현실 인식으로 탈바꿈된다. 또한 이 인식

13) 김윤식이 『만세전』을 '원점회귀적 여로'라고 칭하는 이유는 바로 여기에 있다. 곧 주인공이 변화가 전혀 없이 '동경'이라는 원점으로 복귀하는 여로라는 것이다. (김윤식, 위의 책, 203-206면 참조.) 그러나 이것은 실행의 측면에만 초점을 둔 해석이라 판단된다. 주인공 이인화는 분명히 '민족문제'와 같은 사회적이고 정치적인 문제에 관심을 두게 되는 변화를 겪는다. 또한 전근대적인 가족 윤리에 대해서도 다른 인식을 획득하게 된다. '정자'와 일종의 절교를 선언하는 것도 동일한 의미 계열을 이룬다. 오히려 '1인칭 주인공 시점'이라는 서술적 조건과 '여로'라는 서사적 구성 원리를 고려해 본다면, 주인공의 내면적 의식의 변화, 즉 새로운 윤리와 가치의 정립이라는 문제에 주목해야 한다.

은 표면적인 실행으로는 나타나지 않지만, 그 이면에서 주인공의 윤리 체계와 가치관을 변화시키는 계기로서 작용한다. 의식의 변화에 따라서 실천의 변화가 이루어지지 않는 괴리 현상은 바로 '여로'라는 『만세전』의 구성 원리에서 기인하는 것이다. 실행을 이룰 수 없는 시간적, 공간적 위치에 주인공이 놓여있기 때문이다. 즉 『만세전』은 '여로'의 시작과 끝을 작품 내부의 시작과 끝으로 구성하고 있기 때문이다. 그러나 이러한 의식과 실행의 괴리는 주인공의 성격과 태도에서도 기인하는 것이라 할 수 있다.

> 道德的理論으로나書籍으로는 所謂無產 階級이라는것처럼, 우리親舊가되고 우리편이될사람은 업다고 생각하면서도, 實際에 그들과 마조딱對하면 어쩐지 얼굴을 찝흐리지안을수업섯다. 或은 그들에게對한嫌惡가 甚하야지면 甚하야질스록, 그原因이 그들自身에게잇는것이안이라는, 더욱 그들을爲하야 일을하여야하겟다는 結論에 이르게될지는모르나 感情上으로 그들과 融合할길이업다는것은 아마 儼然한事實일 것이다. (48면.)

주인공은 '도덕적 이론'이나 당위적 측면에서는 노동자와 같은 '무산계급'에 동조하고 '그들을 위해 일해야 한다는' 의식적 결의를 가진다. 그럼에도 불구하고 '감정상으로는 그들과 융합할 수 없는' 자기 내면의 괴리를 말한다. 이는 또한 의식적인 차원에서는 '무산계급'을 위한 실행을 꿈꾸지만 실제로는 그렇게 하지 못하는 의식과 행동 사이의 괴리를 의미한다. 이 괴리는 한편으로는 주인공의 모순된 내면에 대한 정직한 표현이라고 할 수 있지만, 다른 한편으로는 주인공이 획득하는 의식의 변화를 제한하는 것으로 작용한다. 또한 이는 타자와의 소통이 불가능하며, 계몽은 근본적으로 불가능하다는 주인공의 의식으로 확대된다. 자신의 삶과 타자의 삶이 얽혀 상호 의존하고 서로 간에 힘을 가한다는 사실을 외면하는 주인공의 의식은 그러므로 오로지 자기 자신 한 개인에게만 국한된 윤리와 가치의 정립으로 나아간다.

따라서 작품의 말미에 놓인 '정자'에게 보내는 편지에서 드러난 주인공의 새로운 윤리가 피상적일 수밖에 없는 것은 필연적이다. 비록 '전세계에 신생의 서광이 가득하다는(1차 세계대전의 휴전)'식의 사회 인식을 보여주고는 있으나, '스스로의길을 힘잇게밟고 굿세게살아나가야할 자각'이라는 추상적인 구호를 반복해서 보여줄 뿐이다. 모든 현실의 문제를 개인의 자각과 책임으로만 환원하는 극단적 개인주의라는 새로운 윤리는 그만큼 허약하고 피상적이다. '어떻게 살아야 할 것인가'를 묻는 삶의 실천적 문제에 대해 주인공이 도달한 지점은 '개인에게서 출발하야 개인에 종결하는 것'이다. 이는 주인공이 참담한 식민지 현실의 문제를 직접 경험한 구체성에 비해 지극히 추상적인 삶의 진로와 좌표이다. 그러나 이 추상성 때문에 주인공이 정립한 새로운 윤리가 '허구적 포즈'라거나 '수사적 장식'[14]이라고 평가하는 것은 '실행'이라는 한 측면만을 지나치게 강조한 것이라 판단된다. 추상적임에도 불구하고 분명히 '동경'에서와는 다른 변화된 의식을 주인공이 획득하게 되었고, '스스로를救하지안으면 안이될 책임이 잇는것을 깨다랏'기 때문이다. 내성의 차원에서이기는 하지만, 또한 추상적이기는 하지만, 주인공이 자신의 삶의 책임과 의무를 자각하는 것은 외부적 계율에 의해서가 아니라 절실한 내적 요구에서 나온 것이기에, 현실적 조건을 넘어설 수 있는 잠재적 힘을 함유한다고 할 수 있기 때문이다.

14) 장수익, 위의 글, 156면 참조.

6. 나오며

문학의 현실에 대한 대응의 능력을 문제 삼는다면, 『만세전』의 피상적이고 허약한 새로운 윤리의 정립은 여러모로 비판될 수 있을 것이다. 식민지 시대의 참담한 현실 속에서 모든 사람의 삶의 방향이 민족의 해방을 위한 투쟁에 동참할 수 있는 것은 아닐지라도, 구체적으로 '무엇을 할 것인가'에 대한 삶의 실천적 좌표를 『만세전』은 보여주지 못하기 때문이다. 그러나 문학이란 '인간의 삶을 꼴 짓고 틀 지우는 여러 선분적 힘들의 역학 관계와 그로 인해 빚어지는 내밀한 삶의 율동을 포착하는 것'이라는 전제 또한 가능하다면, 『만세전』은 식민지 시대에 생산된 모든 작품들 가운데서도 최고의 수준을 이룩한 작품이라는 평가가 가능하다. '근대계몽기' 문학의 정론성과 추상적 구호성을 극복하고 또한 이광수, 김동인의 문화적 영웅주의와 근대 문물의 외면적 장식을 넘어서 일상적 삶을 가로지르는 선분적인 힘들을 해부함으로써, 경험적 구체성에 뿌리박은 사건의 묘사라는 진정한 근대소설적 요구를 실현한 소설로서 『만세전』은 위치지어진다.

주인공의 방관적 관찰은 『만세전』의 한계이기는 하지만, 또한 개인의 삶에 침투하는 여러 가지 사회적 선분들의 힘을 통해 사회적 전체성을 발견하고 포착하는 근거이기도 하다. 주인공의 실천적 개입을 통해 『만세전』과는 또 다른 방식으로 사회적 전체성을 포착하고자 하는 소설은 이후 카프문학에서 추구되어 이기영의 『고향』에서 최고의 성과를 이룬다. 그러나 주인공의 실천적 개입을 서사 구성의 추동력으로 삼은 『고향』이 『만세전』 보다 더 탁월한 성취를 이루었다는 판단은 지나치게 단선적이다. 문학과 정치가 모두 현실의 조건을 뛰어넘어 새로운 가능성을 추구하는 것이기는 하지만, 양자는 단순한 반영론에 의해 동일화될 수 없는 것이기 때문이다.

'문학'(literature)은 혹은 문학이 추구하는 정치는 결코 새로운 집합표상(collective representation)이나 정치 제도를 구축하는 것에 봉사하는 것이 아니다. 그것은 어떤 원리나 이념적 건축으로 환원되지 않는 인간의 내밀한 운명과 무의식을 표출하려 한다. 개인의 운명과 무의식 속에 새겨진 사회적 선분들의 힘과 정치적 코드들을 발견하고 그것들이 지닌 이데올로기적 허위성을 폭로하는 것이 사실상 '문학'이 추구할 수 있는 정치의 최대치이다. '문학'이 추상적 구호와 고형화된 이데올로기를 뛰어넘어 생생한 감각적 경험을 표현할 수 있는 것은 그 무엇으로도 포섭되지 않고 부단히 현실의 조건과 주류 이데올로기를 초월하고자 하는 '문학'이 지닌 특유한 정치성 때문이다. 『만세전』의 탁월한 근대소설적 성취는 문학의 바로 이러한 내적 요구를 구체적으로 실현한 것에서 기원하는 것이다.

✣ 참고문헌

권영민, 「염상섭의 민족문학론과 그 성격」, 『염상섭 문학연구』, 민음사, 1987.

김상태, 「염상섭문학의 날과 씨」, 『염상섭 문학연구』, 민음사, 1987.

김예림, 「1920년대 초반 문학의 상황과 의미」, 『1920년대 동인지 문학과 근대성 연구』, 깊은샘, 2000.

김우창, 「한국현대소설의 형성」, 『궁핍한 시대의 시인－김우창전집1』, 민음사, 1993.

김윤식, 「염상섭의 소설구조」, 『염상섭』, 문학과 지성사, 1977.

______, 『한국근대소설사연구』, 을유문화사, 1986.

______, 『염상섭 연구』, 서울대 출판부, 1987.

김윤식 · 김현, 『한국문학사』, 민음사, 1973.

김종균, 「민족현실 대응의 두 양상－<만세전>과 <두 출발>」, 『염상섭 소설 연구』,

국학자료원, 1999.

박상준, 「1920년대 초기 소설 연구」, 『한국 근대문학의 형성과 신경향파』, 소명출판, 2000.

박현수, 「1920년대 초기 소설의 근대성 연구」, 성균관대 박사논문, 1999.

송하춘, 『1920년대 소설 연구』, 고려대 민족문화연구소, 1985.

이상억, 「『만세전』의 언어상 분석」, 『염상섭 문학연구』, 민음사, 1987.

이현식, 「식민지적 근대성과 민족문학」, 『염상섭 문학의 재인식』, 1998.

임규찬, 『한국근대소설의 이념과 체계』, 태학사, 1998.

임 화, 「조선신문학사론서설－이인직으로부터 최서해까지」, 『임화 신문학사』, 한길사, 1993.

______, 「소설문학의 20년」, 『임화 신문학사』, 한길사, 1993.

장수익, 「염상섭 초기 소설과 계몽주의」, 『한국 근대소설사의 탐색』, 월인, 1999.

______, 「1920년대 초기 소설의 시점 연구」, 서울대 박사논문, 1998.

조동일, 『동아시아문학사비교론』, 서울대 출판부, 1993.

______, 『한국문학통사』 5, 제3판, 지식산업사, 1994.

최시한, 「염상섭 소설의 전개」, 『염상섭 소설 연구』, 국학자료원, 1999.

하정일, 「보편주의의 극복과 복수의 근대」, 『염상섭 문학의 재인식』, 1998.

한형구, 「한국 근대소설의 진정한 출발, 그 근대성의 기념비적 성격 염상섭의 <萬歲前>論」, 『장편소설로 보는 새로운 민족문학사』, 열음사, 1993.

Deleuze, G, 『푸루스트와 기호들』, 서동욱 · 이충민 역, 민음사, 1997.

Deleuze, G · Gattari, F, 『*A Thousand plateaus*』, trans. Brian Massumi, University of Minnesota Press, 1987.

Hauser, A, 『문학과 예술의 사회사』 3, 염무웅 · 반성완 역, 창작과 비평사, 1999.

柄谷行人, 『일본 근대문학의 기원』, 박유하 역, 민음사, 1996.

김동리의 「황토기」에 나타난 '전설'의 구성 원리와 감각적 언어

1. 들어가며

1935년 「화랑의 후예」로 문단에 나온 김동리는 「바위」, 「무녀도」 등과 같은 작품으로 등단 초기부터 소설가로서의 능력을 인정받았다. 또한 그는 유진오와의 '순수논쟁'을 통해 1930년대 후반의 시기에 신세대를 대표하는 이론가로 성장하면서 '세대논쟁'의 중심에 서게 된다. 앞 시기 '신경향파'의 리얼리즘은 "박래류의 조잡한 이념에 불과할 뿐 리얼리즘이 아니다"[1]라는 언급은 김동리가 계급투쟁과 사회경제사로 환원되지 않는 또 다른 방식의 리얼리즘을 지향하고 있었음을 알게 해준다. '개성과 생명의 구경적 의의'[2]로 집약되는 그의 '개성적 리얼리즘'은 결국 인간 신체와 감각의 미세한 울림을 묘사하려는 방향을 취하고 있으며, 인간의 의식과 무의식을 횡단하는 정신분석적이고 인류학적인 특성을 지닌다. 즉 그의 소설의 핵심은 생(生)의 궁극과 극한에서야 비로소 발견되는 인간의 초시대적 본질을 묘사하려는 데에 있다.

---

1) 김동리, 「문자우상」, 『조광』, 1939. 4, 305-306면 참조.
2) 김동리, 「신세대의 정신」, 『문장』, 1940. 5, 84면.

역사적 구체성 속에서 그 현실적 계기들의 연관 관계를 반영하거나, 사회·경제사와 계급투쟁 속에서 역사발전의 합법칙성을 표상하려고 하는 리얼리즘을 일반적이고 정식적인 의미에서의 리얼리즘[3]이라고 할 수 있다면, 김동리가 추구한 리얼리즘은 역사적 구체성을 거세하고 시대와 사회를 초월하여 존재하는 인간의 궁극적 본질을 간취하고자 하는[4] 리얼리즘이라고 할 수 있다. 따라서 그의 문학은 필연적으로 생의 궁극과 극한에 놓인 인간의 운명을 탐구하는 형이상학적 성격을 지니게 된다. 김동리의 대표작이라 일컬어지는 「무녀도」, 「역마」, 「달」, 「까치소리」, 「등신불」 등은 모두 이러한 인간의 궁극적인 본질과 운명을 탐구한 소설들이라 할 수 있다. 「황토기」 역시 전술한 작품들과 동일한 성격을 지니는 것으로 판단되며, '인간의 비극적 운명'이라는 주제의식을 여타의 작품들보다 훨씬 더 강렬한 문체로 표현했던 것으로 보인다.

실상 「황토기」에서 제시되는 시·공간은 한국의 역사적 구체성과는 거의 관계가 없다. '동해변', '영천', '언양'이라는 한국의 구체적인 지명이 명기되어 있기는 하지만, 그 공간을 살아가는 인물들의 삶에 작용하는 사회, 정치적 압력(역사적 구체성)은 완전히 소거되어 있다. 시간(시대)은 더욱 불투명하다. 근대 이전의 시대일 수도 있고 근대일 수도 있다. 한국의 역사적 구체성을 배제한 「황토기」의 작품 내적 시공간은 시대와 사회의 역사적 조건들을 초월해서 존재하는 인간의 보

---

3) B. Kiralyfalvi, 『루카치 미학 연구』, 김태경 역, 이론과 실천, 1984, 69-84면 참조.
T. Metscher, 「반영이론으로서의 미학」, 『리얼리즘 미학의 기초이론』, 이춘길 편역, 한길사, 1985, 80-111면 참조.

4) 김동리, 『문학과 인간』, 김동리 전집 7, 민음사, 1997, 67면 참조.
"시대와 사회를 초월하여 인간이 영원히 가지지 않을 수 없는 인간의 가장 보편적이요 근본적인 문제에 대한 고도의 해석이나 비평 — 이것이 문학에 있어서의 참된 사상성 다시 말하면 문학적 사상의 주체가 되는 것이다."

편적 운명을 표상할 수 있는 전제로서 작용한다. 「황토기」가 정신분석적이고 인류학적인 공시적 항상성(共時的 恒常性)의 주제로 탐구될 수밖에 없는 이유도 바로 여기에 있다. 「황토기」를 '신체성'과 '금기-위반의 이중구속'이라는 문제로 검토한다면, 우리는 「황토기」가 인간의 초시대적 보편성과 공시적 항상성이라는 심층적 주제에 도달하는 과정을 발견할 수 있을 것이다.

「황토기」에 대한 기존의 선행 연구들을 살펴보면, 그것은 대략 세 가지의 방향으로 크게 구분될 수 있을 것으로 판단된다. 그 하나는 '아기장수전설' 등을 비롯한 구전 설화의 수용 양상을 해명한 연구들이고,[5] 다른 하나는 「황토기」의 서사 구조 혹은 액자소설적인 특성을 구조주의적인 방법론을 원용하여 구명한 연구들이고,[6] 마지막 하나는 주제론의 차원에서 「황토기」의 비극성과 허무주의적 특성을 탐구한 연구들이다.[7] 첫 번째 연구의 방향은 고전문학과 현대문학의 연속성

---

5) 장덕순, 『한국설화문학연구』, 서울대출판부, 1978, 308-313면.
최병탁, 「김동리의 「황토기」에 나타난 風水說話 모티브와 그 구조 및 문학정신」, 『북악논총』 창간호, 국민대 대학원, 1983.2.
이혜원, 「좌절된 힘의 의미」, 『어문논집』 제32집, 고려대 국어국문학연구회, 1993.
이지영, 「치소차지경쟁 신화소의 현대소설적 변용 양상」, 『구비문학연구』, 제6집, 한국구비문학회, 1998.
이금란, 「김동리의 「황토기」 연구」, 『숭실어문』 제16집, 숭실어문학회, 2000.
박유희, 「아기장수설화의 변용과 의미」, 『디지털 시대의 서사와 매체』, 동인, 2005, 129-169면.

6) 최시한, 「한국현대소설의 구조시학적 연구」, 서강대 석사논문, 1980.
김현덕, 「김동리소설의 구조연구」, 서강대 석사논문, 1983.
고정상, 「김동리 「황토기」론」, 『백록어문』, 제7집, 제주대 국어교육학회, 1990.
안성수, 「대화적 상상력과 화답의 구조」, 『현대소설연구』, 제7집, 한국현대소설학회, 1997.

7) 김영숙, 「김동리문학과 니힐리즘」, 건국대 석사논문, 1971.
한명환, 「김동리 소설의 죽음에 대한 고찰」, 『순천향인문과학』 제2집, 순천향대 인문과학연구소, 1996.
심상교, 「김동리 소설의 비극적 특성 연구」, 『논문집』 21, 한양여대, 1998.

을 예증해준다는 점에서 의의가 있다. 그러나 구전 설화와 「황토기」가 지니는 화소의 상동성 또는 서사적 유사성을 해명하는 데에 논의가 집중되어 있기 때문에 「황토기」 자체에 대한 심층적인 텍스트 분석을 어렵게 하는 측면이 있다. 나머지 두 연구의 방향은 「황토기」의 형식과 표현, 사상과 주제에 해당되는 연구들로서 그 각각이 따로 추구되기보다는 양자(兩者)가 결합될 수 있는 방향을 취하는 것이 바람직하다고 판단된다.

따라서 이 논문은 「황토기」가 수용한 '전설'의 서사 구성 원리가 그것의 사상적이고 주제론적인 차원의 문제인 '비극적 운명론' 혹은 '허무주의'와 어떻게 연관되는지를 해명하는 데에 초점을 두고자 한다. 이는 기존의 연구 성과를 최대한 수용하는 것인 동시에, 「황토기」의 내용과 형식 혹은 주제와 표현을 함께 포괄하여 해명하려는 시도가 될 것이다. 또한 이를 통해 보다 섬세한 텍스트 분석이 이루어질 수 있을 것으로 기대한다.

「황토기」는 원래 1939년 5월 『문장』지에 발표되었으나, 1949년 단행본 『황토기』에 실리면서 그 내용의 일부분이 개작되었다. 이 개작을 통해 도입 부분의 '황토골'의 형성과 관련된 전설과 등장인물의 이름(원작의 '이설'은 개작에서는 '설희'로 개명된다.)과 '분이'의 죽음 등이 원작과는 다르게 처리되었다. 그러나 이러한 개작은 다만 소설의 수사적인 부분을 좀 더 세련되게 조형하거나 서사의 흐름을 매끄럽게 만드는 수준에서 그쳤으며, 소설의 의미 구조 혹은 주제 자체의 변화를 발생시키지는 않았던 것으로 판단된다. 따라서 이 논문에서는 1939년 『문장』에 게재된 「황토기」 원작을 연구 대상으로 삼지 않고 개작된 텍스트를 중심으로 논의를 전개하고자 한다.

김종균, 「김동리 초기 소설의 반근대성 연구」, 『논문집』 31, 한국외대, 1999.

2. '전설'의 구성 원리: '예언'과 '실현'의 '원형적 구성'

「황토기」의 서두에는 세 가지의 전설이 나온다. 이 세 전설은 모두 '황토골'의 형성과 금기에 관한 것인 동시에 작중 인물들의 운명과 행위를 상징한다. "등천하려던 황룡 한 쌍이 때마침 금오산에서 굴러 떨어지는 바위에 맞아 허리가 상한다"는 '상룡설'(傷龍說)은 그 내용에 있어 우연성이 강조되어 있다. 이 우연성은 시간의 흐름 속에 내포된 다발적인 사건과 그 배열에서 기인하는 것으로, '억쇠'의 운명이 시간 혹은 시대를 잘못 타고났음을 상징하는 것이라 할 수 있다. "잠자리를 삼가지 않는 죄로 상제께서 노해 여의주를 하늘에 묻으매 한 쌍의 용이 저희들의 머리를 물어뜯어 피를 흘리고, 이 피에서 황토골이 생겼다"는 '쌍룡설'(雙龍說)은 '황토골'의 형성에 관한 전설이다. 이 전설 역시 '분이'와 '설희'를 두고 갈등과 싸움을 반복하는 '억쇠'와 '득보'를 상징하며, 이들의 싸움이 어떤 희망과 기대가 아니라 절망과 허무에 기초해 있다는 것을 상징한다. "당나라의 장수가 동국에서 장사가 난다면 중원을 범할 것이라 하여 산의 혈을 지른다"는 '절맥설'(絶脈說)은 '황토골'의 형성에 관한 전설이면서도 "황토골에서 장사가 나서는 안 된다"는 금기를 내포한 '황토골'의 규범체계를 보다 명시적으로 보여준다.

> 상룡설. 옛날 등천하려던 황룡 한 쌍이 때마침 금오산에서 굴러 떨어지는 바위에 맞아 허리가 상하니라. 그 상한 용의 허리에서 한없이 피가 흘러내려 부근 일대를 붉게 물들이니 이에서 황토골이 생기니라.
>
> 쌍룡설. 역시 등천하려던 황룡 한 쌍이 바로 전야에 있어 잠자리를 삼가지 않은지라, 상제께서 노하시고 벌을 내리사 그들의 여의주를 하늘에 묻으시매 여의주를 잃은 한 쌍의 용이 슬픔에 못 이겨 서로 저희들의 머리를 물어뜯어 피를 흘리니, 이 피에서 황토골이 생기니라.

> 이상의 상룡설 또는 쌍룡설 밖에 또 절맥설도 있으니 그것은 다음과 같다.
>
> 절맥설. 옛날 당나라에서 나온 어느 장수가 여기 이르러 가로되, 앞으로 이 산에서 동국의 장사가 난다면 감히 중원을 범할 것이라, 이에 혈을 지르니, 이 산골에 석달 열흘 동안 붉은 피가 흘러내리고 이로 말미암아 이 일대가 황토 지대로 변하니라.[8)]

'황토골'의 '지리적 결구'를 이루는 이 세 전설들은 모두 「황토기」의 전체 소설적 구성을 상징한다. 이 전설들이 일종의 예언(premonition)의 기능을 한다면, 주인공 '억쇠'와 '득보'는 이 예언을 작품 내에서 충실하게 실현(realization)한다. '절맥설'이 작품 내에서 "장사가 나면 역적이 된다"는 '황토골' 자체의 폐쇄적이고 억압적인 공간성을 규정한다면, '상룡설'과 '쌍룡설'은 '억쇠'와 '득보'의 운명으로 환치(displacement)된다. 바로 이 지점에서, '황토골'이라는 자연과 '억쇠'('득보')라는 인간은 상호 조응하는 '유비적 통합'(analogical unification)[9)]의 관계에 놓이게 된다. 곧 '황토골'이라는 공간성을 규

---

8) 김동리, 「황토기」, 『무녀도 · 황토기』, 김동리 전집 1, 민음사, 1997, 215-216면.

9) '유비(analogy)는 자연과 인간 사이에 서로 유사한 것끼리 대응, 감응한다고 보는 사유방식을 말한다. 예를 들어 창공의 별과 인간의 눈을 서로 유사한 것으로 대응시키는 세계 인식방법이 유비이다. 따라서 별의 운행과 이동을 관찰해 그것과 인간의 운명을 대응시키는 점성술, 자연적 공간의 기(氣)가 인간의 운명과 신체에 대응된다고 보는 풍수지리설(風水地理說), 수(數)와 기호(記號)의 상징을 인간의 운명에 대응시키는 점괘 등은 모두 유비적 사유방식의 여러 갈래들이라고 할 수 있다. 김동리 소설 미학의 핵심을 이루는 애니미즘, 풍수지리설, 역마살, 점성술 등은 유비적 사유방식에 속한다고 할 수 있다. 김동리 소설에서 자연 - 인간, 초월계 - 현실계를 대응시키고 통합하는 원리 역시 유비적 세계관이다. 대표작이라 일컬어지는 김동리의 소설들은 대부분 자연 - 인간 - 신이 연속성으로 통합되는 유비적 통합의 구성 원리를 취한다. '유비'(analogy)적 사유방식에 대해서는 (J · Needam 『중국의 과학과 문명』 II, 이석호 외 역, 을유문화사, 1986, 406-419면.)과 (M · Foucault., 『말과 사물』, 이광래 역, 민음사, 1980, 41-51면.)을 참조했다.

정하는 억압적 규범과 금기가 '억쇠'와 '득보'의 내면성 혹은 운명 그 자체로 환치된다는 점에서, '황토골'과 '억쇠', '득보'는 각자 서로 분리된 존재들이 아니라 하나의 통합된 운명체로서 상호 조응한다는 것이다. ' -니라'라는 서술어가 보여주듯, 천상의 목소리를 직접 현현시키는 것과 같은 초월적인 서술자에 의해 진술된 서두 부분의 '전설'이 소설 내부의 공간성과 인물의 운명으로 전환됨으로써, 「황토기」는 '원형적 구성'[10]의 원리를 획득한다.

'황토'는 이 세 가지 전설에 나타난 '핏물'의 흔적을 구체적으로 표시하는 물적 증표이다. "전설은 자아와 세계의 대결에 있어서 세계의 우위에서 전개된다. 세계의 횡포는 자아에게 세계의 경이로 나타나고 자아는 세계의 경이 때문에 좌절을 경험한다."[11] '억쇠'와 '득보'는 모두 평범하지 않은 힘을 지닌 장사들이나, 이들에게 '황토골'에 전해 내려오는 '전설'은 자연스럽게 힘을 쓸 수 있는 기회조차 박탈하는

---

10) 김동리의 대표적인 소설들이 '원형적 구성'을 취하고 있다고 해명한 논의로는 아래와 같은 것들을 열거할 수 있다.
최시한, 「한국현대소설의 구조시학적 연구」, 서강대 석사논문, 1980.
진정석, 「김동리 문학 연구」, 서울대 석사논문, 1993.
김양선, 「1930년대 후반 소설의 미적 근대성 연구」, 서강대 박사논문, 1997.

11) 조동일, 『한국소설의 이론』, 지식산업사, 1978, 117면 참조.
조동일은 위의 책에서 서사 장르의 역사를 '신화 - 전설 - 민담 - 소설'의 순서로 정리한다. 이러한 서사 장르의 분류는 '자아와 세계의 대결 양상'에 따른 것이다. 그는 연역적인 원리를 먼저 구성하고 그것에 따라 서사 양식의 역사적 전개와 그 변화를 추적하는 방식을 취하고 있다. 신화, 전설, 민담, 소설에 대한 개념 규정에 대해서는 아래와 같은 조동일의 견해를 수용하였음을 밝혀둔다. "신화는 자아와 세계가 상호 보완적이거나 동질적인 관계를 갖도록 대결하여 자아와 세계에 두루 통용될 수 있는 포괄적인 질서 즉 신화적 질서를 구현하는 것이다. 전설은 자아와 세계가 세계에 우위에 입각하여 대결하면서 자아로서는 어떻게 할 수 없는 세계의 경이, 즉 전설적 경이를 보여주는 것이다. 민담은 자아와 세계가 자아의 우위에 입각하여 대결하면서 세계의 사정에 구애되지 않는 자아의 가능성 즉 민담적 가능성을 보여주는 것이다. 소설은 자아와 세계가 상호 우위에 입각하여 대결하면서 자아와 세계 양쪽에 통용될 수 있는 진실성 즉 소설적 진실성을 추구하는 것이다." (위의 책, 135면.)

'세계의 횡포'로 작용한다. 또한 '억쇠'와 '득보'에게 이 전설들이 지닌 권위와 신성성은 단 한 번의 의심이나 도전의 대상이 되지 못한다는 점에서, 세계 그 자체가 지닌 경이인 동시에 좌절을 경험하게 하는 거대한 억압의 체계로서 존재한다.

「황토기」 서두의 전설이 '승천하지 못한 용'의 슬픔과 비극을 보여주면서, 자아의 좌절과 세계의 우위를 표상하는 일반적인 전설의 서사원리에 입각해 있듯이[12], 작품 내적 주인공인 '억쇠'와 '득보'의 운명도 '황토골'의 금기와 '분이'의 질투심에 의해 좌절을 경험하는 것으로 귀결된다. 그러나 정작 중요한 문제는 작품 내적 서사를 추동하는 대결이 두 겹으로 중첩되면서 일상적 안정성의 체계를 결코 벗어나지 않는 대결로 축소된다는 점이다. '억쇠'는 '황토골'에 작동하는 금기, 곧 세계가 선험적으로 규정해놓은 규범체계와 대결하지는 않는다. 오히려 규범체계를 합리적으로 위반할 수 있고 자신의 욕망(desire)을 충족시켜줄 수 있는 세계인 '득보'와 대결한다. 따라서 「황토기」는 "세계의 우위에 입각한 자아와 세계의 대결"이라는 전설의 구조 원리를 변용한다. 이 변용은 곧 작품 내적 자아인 '억쇠'('득보')가 '황토골'의 전설이 표상하는 세계의 억압적 횡포와 직접적인 대결을 벌이는 것이 아니라, 작품 내적 자아들('억쇠'와 '득보') 간의 대결로 그 범위가 축소된다는 것을 의미한다. 바로 이 지점에서 '금기 - 위반'이라는 이중구속(double bind)[13]의 보수주의 혹은 인간의 존재론적 비극이라

---

12) 선행 연구들 가운데 '황토기'를 '아기장수전설'의 수용 혹은 그 현대적 변용이라는 관점에서 연구한 논문들은 '황토기'의 바로 이러한 전설적 모티프 혹은 그 서사적 원리에 주목한다.

13) '이중구속'은 들뢰즈와 가타리가 『앙티 오이디푸스』에서 사용한 용어를 수용한 것이다. 이 저작에서 그들은 정신분석이 지니는 보수주의적인 성격을 비판하기 위해 베이트슨(G · Bateson)에게서 이 용어를 차용했던 것으로 보인다. "이중구속은 오이디푸스 전체와 다를 바 없는 것이다. 이런 의미에서 오이디푸스는 하나의 계열, 혹은 두 극 사이를 왔다갔다하는 것으로 제시되어야 한

는 「황토기」의 참주제가 발생한다.

3. 금기와 위반의 '이중구속': 허무와 유희로서의 힘겨루기

'억쇠'는 '황토골'에서 전해 내려오는 규범체계의 금기와 억압을 내면화한다. "예로부터 황토골에 장사가 나면 부모한테 불효하거나 나라의 역적이 된다"고 하는 금기는 힘을 써 보고 싶다는 '억쇠'의 욕망을 무의식적인 차원에 머물도록 억압한다. '황토골'의 이 규범체계를 '억쇠'는 충실하게 지키고자 한다. 그러나 주체할 수 없는 무의식적 충동은 이 규범체계를 배반하고 넘어선다.

> 그의 나이 스무살 남짓 했을 때는 과연 솟는 힘을 제 스스로 감당할 수 없었다. 어떤 날 밤에는 혼자서 바위를 안고 산꼭대기로 올라갔다 골짜기로 내려왔다 하는 동안, 어느덧 밤이 새어버리는 수가 있었다.

다: 그 두 극은 신경증적인 일체화와 이른바 규범의 내면화이다. 이쪽이나 저쪽이나 모두 오이디푸스요, 이중의 막다른 골목이다. (……) 이 이중의 길에서는 규범성도 신경증도 다 같이 출구를 가지고 있지 못하고, 문제도 해결도 다 같이 길이 막혀 있다." (G. Deleuze · F. Guattari, 『앙띠 오이디 푸스』, 최명관 역, 민음사, 1994. 126면.) 위의 인용문에서 알 수 있듯이, 들뢰즈와 가타리는 '아버지의 법' 곧 사회적 규범체계를 그대로 내면화하는 경우이든, 아니면 그와 정반대로 그것을 거부하는 경우이든 간에, 정신분석이 '오이디푸스 구조'로 모든 사태를 환원시키는 측면을 비판한다. 정신분석은 아버지의 법', 곧 상징계적 질서를 거부하고 그것을 이탈하게 되면 '신경증'에 걸리는 것으로 보며, 이것은 곧 사회로부터의 소외와 배제를 의미하기 때문에, 결국 이러한 정신분석의 사유는 '오이디푸스 구조'로부터 파생된 '규범의 내면화'와 '신경증적인 병리현상'이라는 이중의 구속을 벗어날 수 없다는 것이다. 이에 따라 이 논문에서는 「황토기」에서의 '억쇠'의 삶과 '득보'의 삶이 이러한 '오이디푸스 구조'('아버지의 법', '상징계적 질서')로부터 파생된 양극('규범의 내면화'와 '신경증적인 병리현상')을 상징적으로 표현하고 있다고 보며, 양자의 경우 모두 '황토골'의 전설이 지닌 규범성을 넘어서지 못하고 결국 그것에 복속되고 만다는 의미에서 '이중구속'이라는 용어를 사용했다.

> 상투가 풀려 머리칼이 헝클어지고 두 눈엔 벌겋게 핏발이 서고하여 흡사 미친 사람 같았다. 밤사이는 또 이렇게 바위와 시름이라도 할 수 있지만, 낮이 되면 무엇이든지 눈에 뵈는 대로 때려부수고 싶고 메어치고 싶고, 온갖 몸부림과 발광이 치밀어올라 잠시도 견딜 수 가 없었다. 힘자랑이 하고 싶어서가 아니라, 힘을 써보고 싶다는 욕망이었다.14)

'억쇠'가 힘을 쓰는 시간은 '밤'이다. "낮에는 힘을 쓸 수 없다"는 것은 '억쇠'가 타자의 시선에 내장된 규범체계의 감시와 처벌을 의식하고 있다는 것을 말한다. 그러나 이러한 '황토골'의 규범체계를 내면화한 '억쇠'의 의식을 그의 또 다른 분신인, "힘을 써보고 싶다"는 '억쇠'의 무의식은 배반한다. 이 배반은 곧 금기의 위반이 되며, '의식/무의식', '규범체계/욕망', '노동/유희'가 '억쇠'라는 한 인물 내면에서 어긋나고 대립하는 양상을 보여준다. '온갖 몸부림과 발광'은 이 분열을 표현하는 생생한 신체의 언어이다. 그러나 '억쇠'는 '황토골'의 전설이 지닌 권위와 억압 체계에 정면으로 도전하지 않는다. 즉 '세계의 횡포'와 대결하지 않는다. 세계의 억압적인 체계와의 대결이 한 인물 내부의 대립과 분열로 전환되는 것이다. '억쇠'의 억압된 욕망은 "낫으로 오른쪽 어깨를 끊고 피를 흘리는" 신체적 사건과 "홀로 가슴속에 타는 불길을 감춰온" 심리적 고투를 생성한다. 이런 '억쇠'에게 찾아든 '득보'란 그러므로 '억쇠'의 억압된 욕망을 주기적이면서도 합리적으로 해소할 수 있게 하는 대상이 된다. 곧 '억쇠'에게 '득보'는 근원적 결여를 채울 수는 없으나, '황토골'의 규범체계의 금기를 위반하지 않으면서도 일상의 구조적 체계 안에서 욕망을 해소할 수 있게 하는 일종의 연물(fetish)이라 할 수 있다.

14) 김동리, 앞의 책, 225-226면.

1) 보매 기골도 범상히는 생긴 놈이 아니로되, 그래도 처음 억쇠는 그놈이 그저 힘깨나 쓰는데다 싸움에 익은 놈이려니쯤으로밖에 더 생각하지 않았는데, 한번 힘을 겨뤄보자 그냥 이만저만 센놈이나 부랑한 놈만은 아니라는 것을 깨닫게 되었다. 순간, 억쇠는 문득 자기의 몸이 공중으로 스르르 떠오르는 듯한 즐거움이 가슴에 솟아오름을 깨달으며 저도 모르게 멱살 잡았던 손을 슬그머니 놓아버렸다.[15)]

2) 안냇벌은 황토골에서 잔등 하나 넘어있는 아늑한 산골짜기요 (……) 억쇠와 득보들 같이 온종일 먹고 놀고 싸우고 할 자리로서는 더 할 나위 없이 알맞은 곳이었다. (……) 한철에 한 두 번씩 이 안내벌에서 대개 이렇게 술을 마시게 되었지만, 이 두 사람에게 있어서는 이때같이 가슴이 환히 트이도록 즐겁고 만족할 때가 없었다. 그것은 아무것과도 바꿀 수 없는 기쁨이요, 보람이요, 그리고 거룩한 향연이기도 하였다. 이에 견준다면 분이와 설희의 자색도 한갓 이 놀이를 돋구고 마련키 위한 덤에 지나지 않을 듯 했다.[16)]

'억쇠'는 '득보'를 보는 순간 즐거움을 느낀다. '억쇠'의 즐거움은 생성의 욕망, 혹은 창조적 열정과는 무관한 자리에서 발생한 것이다. '억쇠'는 전설이 규정한 원초적 금기와 그 억압을 넘어서지 못했기 때문에, 근원적 결여로부터 자유로울 수 없다. '아버지의 법'으로 표상되는 '황토골'의 전설 또는 그것의 신성화된 금기와 대결하지 않기 때문이다. 따라서 '억쇠'의 욕망은 생성과 창조라는 벡터를 따라 운동하지 않고 소비와 파괴라는 폭력의 유희를 따라 움직이게 된다. 인용문 2)에서 '억쇠'와 '득보'의 싸움이 '황토골'에서 행해지지 않고 '안냇벌'에서 일어난다는 것에 주목해 볼 필요가 있다. '황토골'은 타자의 시선에 응축된 규범체계의 억압이 작동하는 공간이며, 이 공간이 행사하는 금기의 압력에 '억쇠'뿐만 아니라 '득보' 역시 저항하지 않는다.

15) 위의 책, 228면.
16) 위의 책, 219면.

‘황토골’이 사회적 규범 차원의 ‘상징계’(the Symbolic)를 의미한다면, ‘안냇벌’은 무의식적인 차원의 ‘상상계’(the Imaginary)를 공간적으로 상징한다.[17] ‘안냇벌’은 무의식적 욕망의 에네르기를 아무런 사회적 억압이나 억제 없이 분출시킬 수 있는 공간이라면, ‘황토골’은 “힘을 써서는 안 된다”는 전설에 명시된 사회적 금기가 그대로 작동하는 공간이기 때문이다.

서로의 신체에 가하는 폭력이 유희가 되고 축제가 되는 일이 ‘안냇벌’에서 일어난다. 문제는 ‘억쇠’의 가슴 속에서 끊임없이 솟아오르는 “힘을 써보고 싶다는” 욕망과 정념(passion)이 새로운 창조와 생성을

---

17) ‘상상계’와 ‘상징계’는 본래 J· Lacan의 용어이다. 이 용어의 개념에 대해서는 라플랑슈와 퐁탈리스가 공동으로 집필한 『정신분석사전』을 참조했다. “라캉은 거울 단계에 비친 연구에서, 인간의 아이는 특별히 생물학적인 조산으로 인하여, 그의 닮은 자(거울에 비친 자아)로부터 출발하여 자아가 구성된다는 생각을 분명히 밝히고 있다. 그러한 체험을 고찰해 보면, 상상계를 다음과 같이 정의할 수 있다. a) 주체 내의 관점에서, 그것은 기본적으로 주체와 자아의 자기애적인 관계이다. b) 주체 간의 관점에서, 그것은 닮은 자의 이미지(성적인 매력, 공격적인 긴장)에 기초한, 그리고 그것에 사로잡힌 소위 양자적 관계이다. 라캉에 따르면 오로지 자아가 원래 타자이기 때문에 닮은 자(자아인 타자)가 있다.” (J · Laplanche · J · B Pontalis, 『정신분석사전』, 임진수 역, 열린책들, 2005, 191면 참조.) “우리는 라캉이 그 용어(상징계: 인용자)를 두 가지 방향에서 사용하고 있다는 것을 지적하는 것에 만족하고자 한다. a) 어떤 구조(이 구조의 변별적 요소가 기호 형식(언어학적 모델)으로 작용한다)나, 좀 더 일반적으로 말해, 그러한 구조들이 속하는 영역(상징적 질서)을 가리키기 위해, b) 그 질서의 기초가 되는 법을 가리키기 위해, 그는 상징계라는 용어를 사용한다. 그래서 라캉은 ‘상징적 아버지’나 ‘아버지의 이름’이라고 말할 때, 법을 공포하는 어떤 형태의 현실적인 아버지나 상상적인 아버지로도 환원할 수 없는 심역을 염두에 두고 있다.“ (위의 책, 193면 참조.) ‘상상계’와 ‘상징계’를 좀 더 간명하게 요약하면, ‘상상계’는 사회적인 규범이나 법으로 환원되지 않는 자아가 지니고 있는 이상이나 열망을 실제적인 자아와 동일시하여 그것을 착각하거나 왜곡하는 것이라고 할 수 있으며, ‘상징계’는 사회적 기호작용의 체계로서의 언어인 동시에 그 언어 속에 기입되어 있는 ‘사회적 규범체계’와 ‘아버지의 법’이라 할 수 있다. 그러므로 ‘상상계’는 인간의 무의식적 욕망이 사회적 규준에 의해 억압되거나 억제되지 않고 그대로 분출되는 무대이며, ‘상징계’는 사회적 언어와 규범체계에 의해 인간의 욕망이 규율되고 통어되는 무대라고 할 수 있다.

향한 방향을 찾지 못하고, '황토골'에 수인(囚人)처럼 갇혀 '득보'와의 집착적인 폭력의 유희라는 파괴적 충동으로 귀결된다는 것이다. 이러한 폭력의 유희와 무의식의 카오스(chaos)가 '안냇벌'을 가득 채우게 되면서 나타나는 것은 결국 '거룩한 향연'이라고 언술된 광란의 축제이다. 이 축제는 억압된 무의식적 욕망으로부터 나와 시퍼렇게 멍들고 병든 신체라는 물질적 상태로 귀결된다. 실상 축제(carnival)는 일상적 노동과 규범체계의 억압으로 규율할 수 없는 욕망의 잉여를 주기적으로 처리하기 위해서 고안된 것이다.[18] 그러므로 축제는 일상의 구조적 안정성이나 사회적 규범체계를 전복하기 위한 것이 아니라, 그것들로부터 일시적으로 해방될 수 있는 계기를 마련함으로써, 오히려 그것들을 더욱 공고하게 보존시키는 데에 기여한다. '안냇벌'에서 벌이는 '억쇠'와 '득보'의 광란의 축제는 사회적 금기에 대한 위반이기는 하나, 일상의 구조적 안정성을 해치지 않는 범위 내에서의 합리적 위반이며 결국 사회적 규범체계와 금기에 대한 도전과 저항이 아니라 그것에 대한 순응이자 욕망의 퇴행이라고 정의할 수 있다.

'억쇠'와 '득보'에게 '술'이나 '분이'와 '설희'마저도 모두 이 축제를 위한 촉매에 불과하다. '억쇠'와 '득보'의 싸움은 늘 술 취한 상태에서 이루어지며 '분이'와 '설희'를 핑계 삼아 이루어진다. 이 싸움보다 더 중요한 것은 아무것도 없다. 가장 근원적인 무의식이기 때문이다. 그러나 이 싸움을 제외하면 '억쇠'와 '득보'의 삶은 정반대의 방향으로 나아간다.

> 득보는 본래 이 황토골에서 한 팔십리 가량 떨어져 있는 어느 동해변에서 그의 이복 형제들과 더불어 대장간 일을 하고 있었는데, 한번은

---

18) 淺田彰, 『구조주의와 포스트구조주의』, 이정우 역, 민음사, 1995, 59-60면 참조.

> 그 형제들과 싸움을 하다 괭이로 머리를 때려서 그 형제 하나를 죽이고 그 길로 서울까지 달아나 거기서 누구 집 하인 노릇을 하던 중, 이번에는 또 그곳 어느 대가의 부인과 관계를 맺었던 모양이다. 그랬다가 그것이 세상에 드러나게 되자 거기서 도망질을 쳐서 도로 고향 근처로 내려와 다시 옛날과 같은 대장간 같은 일이나 보고 있으려니까 이번에는 다시 그가 옛날 형제를 죽인 사람이란 소문이 퍼져, 더 머물러 살 수 없게 되니, 하는 수 없이 또 나그네 길을 떠날 수밖에 없었던 듯하다.[19]

'억쇠'는 '황토골'의 규범체계를 벗어나려고 하지 않는다. 아버지의 유언은 황토골의 금기를 내면화한 동기이며, '설희'와의 혼인은 늙은 어머니를 위한 것이었다. 그러므로 '억쇠'는 가족을 벗어나지 않으며, 황토골을 떠나지 않는다. '착실한 농사꾼'으로서의 삶을 살려고 하며 따라서 사회의 요구와 '아버지의 법'을 내면화한다. 그러나 '득보'는 사회의 모든 규범체계와 금기를 위반하면서, 무의식적 욕망이 지닌 쾌락과 폭력의 야만성을 자기 운명의 곳곳에서 그대로 표출한다. 그러므로 '득보'는 한곳에 정착해서 일상적 노동을 자신의 신체에 각인시키며 살 수 없다. 금기의 위반에는 반드시 처벌과 단죄가 가해지는 법의 역사와 사회적 규범체계의 관습은 '득보'를 필연적으로 '나그네'가 되게 만든다. 바로 이 지점에서 이중구속(double bind)의 보수주의, 존재론적 심연의 비극이라는 「황토기」의 참주제가 발생한다. '득보'는 '억쇠'와 다르게 자기의 욕망을 그대로 표출하며 사는 인물이다. 그러나 '상징계'가 요구하는 '근친상간 금기'와 '살인 금지', '신분 질서'의 규범체계를 내면화하지 않고 위반하는 '득보'는 타자와 공존할 수 없고 사회의 한 분자가 될 수 없고 공화국으로부터 배제되고 추방될 수밖에 없다. '득보'는 사회적 규범체계의 억압을 수용하지 않았기 때문

---

19) 김동리, 앞의 책, 230-231면.

에 타자들로부터 소외되는 또 다른 방식의 사회적 억압과 배제의 선분(segment)[20]에 종속되게 된다. 즉 사회적 규범체계의 억압을 내면화한 '억쇠'의 운명이나 그것을 거부하는 '득보'의 운명이나 모두 '아버지의 법'으로부터 이탈할 수 없는 것이다.

「황토기」는 '억쇠'와 '득보'라는 두 인물의 서로 다른 삶의 방향을 통해 '금기 - 위반'이라는 '이중구속'(double bind)을 완성한다. 이 '이중구속'은 주체에게 배타적인 이분법을 강요한다. 사회적 규범체계의 내면화 아니면 사회적 배제와 소외이다. '억쇠'의 운명이 전자(前者)를 표상한다면, '득보'의 운명은 후자(後者)를 표상한다. 인간의 운명은 이 배타적인 이분법으로부터 결코 벗어날 수 없으며, 이 양자(兩者)의 선택 이외에는 다른 삶의 가능성을 가질 수 없는 비극적 존재가 결국 인간이라는 믿음, 이것이 「황토기」의 참주제이다. 「황토기」가 신체적이고 감각적인 언어를 통해 인간의 무의식적 충동과 창조적 삶에 대한 열망을 핍진하게 묘사하면서도 결국 비극적인 결말로부터 벗어날 수 없는 것은 바로 이 지점에서 기원하는 것이다.

'금기 - 위반'의 회로 안에 갇혀 있는 것은 '억쇠'의 욕망만이 아니다. '득보'의 욕망도 마찬가지이다. 다만 위반의 방식이 다를 뿐이다.

---

20) '선분'(segment), '선분성'(segmentarity) 등은 들뢰즈 · 가타리가 『천의 고원』에서 사용한 용어이다. 그들은 선분과 선분성을 다음과 같이 요약하여 진술한다. "우리는 모든 속에서 모든 방향에서 선분화되어 있다. 인간은 선분적인 동물이다. 선분성은 우리를 구성하는 모든 지층에서 포함되어 있다. 거주, 왕래, 노동, 놀이: 체험은 공간적으로, 사회적으로 선분화되어 있다. 집은 그 방에 할당된 목적에 따라 선분화되어 있다. 길은 도시의 질서에 따라 선분화되어 있고 공장은 거기서 수행되는 노동과 작업의 성질에 따라 선분화되어 있다."(Deleuze, G · Guattari, F, 『*A thousand plateaus*』, translation by Brian Massumi, University of Minnesota Press, 1987.) 곧 '선분성'은 인간의 삶과 언어, 행동과 가치관 등을 특정한 방식으로 제어하고 규정하는 규율과 질서, 혹은 그 힘의 특성을 의미하며, '선분'은 이러한 선분성이 구체적인 사회 · 역사적 조건 속에서 특정한 방식으로 현실화된 것을 의미한다.

'억쇠'가 합리적으로 위반하고 있다면, '득보'는 야만적으로 위반하는 것이 다를 뿐, 그들의 운명에는 자신들이 소유한 거대한 힘을 새로운 창조적 삶으로 전환시킬 수 있는 길이 끊어져 있다. 그들의 욕망이 쾌락적 소비와 폭력적 유희로 귀결되는 이유 역시 바로 '금기 - 위반'이라는 이중구속의 보수주의, 존재의 근원적 결여를 상정하고자 하는 형이상학적 본질주의와 밀접한 관계가 있다. "현실은 이데아가 아니다. 현실은 이데아의 결여이다. 현실은 불완전하고 속악하고 잔인하다. 그러므로 이데아가 소외된 불완전한 현실을 불완전한 방식으로 모방하는 시인은 추방되어야 한다"는 것이 플라톤(Plato)의 '시인추방론'이고 보면, 「황토기」의 비극적 세계 인식은 이 형이상학을 고스란히 계승한 것이라고 볼 수 있다.

무의식적 욕망이 분출시키는 역동적인 힘을 파괴적이고 소비적인 것으로 간주하는가 아니면 생성적이고 창조적인 자연의 한 과정으로 인식하는가에 따라 '금기 - 위반'이라는 감옥에 욕망을 가둘 수도 있고, 그렇지 않을 수도 있다. 「황토기」는 전자(前者)에 입각해 있다. 황토기의 인물들이 보여주는 욕망과 정념은 미지의 잠재적 가능성을 향한 탐험으로, 혹은 다양한 계열들을 횡단하는 새로운 실험으로, 그 실험 속에 수반되는 창조와 생성의 기쁨으로 나아가지 않는다. 그것은 사회적 금기와 규범체계의 족쇄에 가로막혀 하나의 대상에만 집착하고 서로에게 폭력을 가하는 파괴와 죽음의 선으로 귀결된다. 무의식적 욕망이 내장한 역동성이 하나의 대상에게만 고착화될 때, 배제와 파괴와 죽음의 욕망이 발생하게 되는 것은 필연적이다. 폭력과 파괴가 쾌락이 되고 축제가 되는 기이한 전도 현상, 파괴와 죽음을 향한 욕망이 '억쇠'와 '득보'의 대결 속에 이미 전제되어 있는 것이다. 「황토기」는 신체적 감각과 힘의 사유, 무의식적 욕망이 가지는 역동성을 핍진하게 묘사하고 있지만, 그것을 '금지 - 위반'이라는 이중구속의 체계로 환원함으로써 인간의 비극적 운명론으로 귀착된다.

4. 무의식적 충동과 감각적 언어

「황토기」는 등장인물들의 내적 충동이나 감정 상태를 감각적이고 신체적인 언어로 묘사한다. 이것은 다시 말해 '느낌'과 '욕망'이 결코 관념적이거나 정신적인 것이 아니라, 현실적이고 신체적인 차원의 것임을 보여주는 것이다. '분이'의 질투심과 소유욕은 "연놈을 한 칼에 푸욱……"이라는 독백으로 나타난다. '설희'의 정조에 대한 강렬한 욕망은 "두 눈에 싸늘한 칼날이 돋힘"으로 표면화된다. '분이'는 자신이 아니라 '설희'를 두고 '억쇠'와 '득보'가 서로 경쟁하게 되자 질투심과 '살해충동'에 휩싸이게 된다.

> 1) 억쇠와 득보 두 사람이 서로 겨루듯이 열을 내어 설희에게 다니기 시작한 뒤부터 분이의 낯빛과 거동엔 변화가 생겼다. 그녀는 전과 같이 수다스레 지껄이지도 노골적으로 입을 비쭉거리지도 않았다. 밤으로는 어디 가 무엇을 하고 오는지 집안에 붙어 있지도 않다가, 낮이 되면 온종일 이불을 쓰고 잠을 자는 것이었다. 언제 어떻게 끼니를 치르는지 그녀는 거의 식음을 전폐하듯 하였다. 그녀의 낯빛은 이제 종잇장같이 되고, 입가에 언제나 뱅글거리던 웃음도 아주 흔적을 감추어버렸다.[21]
>
> 2) 그녀의 낯에는 그믐달빛 같은 독기가 서리고 그 두 눈에는 야릇한 광채가 감돌며, 그리고 그 품속에는 헝겊에 싸인 날이 새파란 비수 하나가 들어 있었다.[22]

---

21) 김동리, 앞의 책, 239면.
22) 위의 책, 238면.

인용문 1)에서 '분이'의 '낯빛'의 변화는 '종잇장 같은 낯빛', '뱅글거리던 웃음이 흔적을 감춤'으로 '거동'의 변화는 '이불을 쓰고 잠을 자'는 것과 '식음을 전폐하'는 것으로 나타난다. '분이'의 질투심과 열등감은 자신의 죽음을 욕망하는 것으로 귀결된다. '죽음충동'(death drive)은 '살해충동'을 그 이면에 전제한다.[23] '설희'가 나타나서 '억쇠'와 '득보'에게 자기 존재의 무가치함을 확인받게 된 '분이'가 선택한 것은 '설희'와 '득보'의 살해이다. 이 '살해충동'을 감각적인 언어로 형상화한 것이 인용문 2)이다. '그믐달빛 같은 독기'와 '날이 새파란 비수 하나'라는 감각적이고 색채적인 문구는 질투심으로부터 살해충동에 이르는 '분이'의 심리적이고 신체적인 리듬의 변화 과정 전체를 축약한다. 결국 '분이'에게 '억쇠'의 아이를 임신한 '설희'는 '목에 푸른 비수가 꽂인채' 죽임을 당한다. '분이'가 '득보'를 살해하려다 미수에 그치는 장면을 살펴보자.

> 방문 앞까지 와서, 방안의 득보의 코고는 소리를 들은 분이는 흡사 조금 전에 설희의 방문 고리를 잡으려던 그 순간과 같이, 별안간 가슴에서 걷잡을 길 없는 쌍방망이질이 일어나며 그와 동시에 코에서는 어릴적 남 몰래 주워 먹던 마른 흙냄새가 확 끼쳐 오르며 정신이 몽롱하였다. 바로 그 다음 순간, 분이는 반무의식 상태에서 바른손에 든 식칼로 어둠 속에 코를 골고 자는 득보의 목을 내리 찔렀다. 그러나 칼날은 그의 목을 치지 못하고 목에서 한 뼘이나 더 아래가 빗나가 그의 왼편

---

23) J. Laplanche · J · B. Pontalis, 『정신분석 사전』, 임진수 역, 열린책들, 2005, 431면 참조.
이 책에서 정의된 '죽음충동'(욕동)은 다음과 같다. "프로이트의 후기 욕동 이론의 틀에서 쓰인 용어로서, 삶의 욕동과 반대되는 기본적인 범주의 욕동으로, 긴장의 완벽한 삭감을 지향하는, 다시 말해 생물을 무생물의 상태로 환원시키는 욕동을 가리킨다. 죽음의 욕동은 처음에는 내부를 향해 자기 파괴를 지향하다가, 2차적으로는 외부를 향해 공격 욕동이나 파괴 욕동의 형태로 나타난다."

가슴을 찔렀다.[24)]

'코고는 소리', '가슴의 쌩망이질', '마른 흙냄새'라는 감각적인 문구들이나 '식칼 - 목 - 가슴'이라는 사물과 신체의 결합만큼 질투심과 '살해충동'을 신체적이고 물질적인 차원의 사건으로 명확하게 표상하는 것은 없다. '분이' 역시 '억쇠'와 '득보'만큼이나 정념의 열도가 강한 인물임엔 틀림없다. 그러나 '분이'의 정념은 '애욕'에만 고착되어 있고 '득보'라는 한 대상에만 집착적으로 달라붙는다. 정념의 복수성(multiplicity)을 인정해야만 사랑은 소유욕이 되지 않고 자유는 운명을 건 자존심 싸움으로 전락하지 않는다. 강렬한 정념의 일방향적 통행은 필연적으로 죽음과 파괴의 선으로 귀착된다. '분이'는 '득보'의 살인미수에 그쳤지만, '황토골'을 떠난다. 그리고 '언양'에 가서 "우물에 빠져 죽는다." '득보'와의 근친상간을 통해 '계집애'까지 낳은 '분이'의 욕망 역시 '금기 - 위반'이라는 '이중구속'의 감옥을 벗어나지 못한다. '분이'의 운명은 '근친상간 금지'라는 인류의 근원적인 금기의 차원을 넘어서서 무한한 자유를 향유하는 것처럼 보이지만 실상은 그렇지 않다. '분이' 역시 '득보'로부터 자유롭지 못하기 때문이다. '분이'는 '억쇠'가 '설희'를 얻은 것을 그다지 질투하지 않는다. '분이'가 질투심을 느끼는 대상은 '득보의 여자들'이다. 때문에 '분이'의 강렬한 정념은 '득보'에게로 고착되고, 이로 인해 생겨나는 결과는 '새파란 비수 하나'에 찔린 시퍼렇게 죽고 멍든 신체들이다.

1) "득보"
"……"
"죽든 않겠나, 죽든"

---

24) 김동리, 앞의 책, 240면.

"……"

"대답 대신 득보는 왼편 가슴을 더듬었다. 거기엔 시뻘건 핏덩이가 풀처럼 엉켜 붙어 있고, 다시 그의 엉덩이 즈음에서는 피칠갑이 된 식칼 하나가 나왔다."

"식칼을 집어 들어서 보고 있는 억쇠의 신발에서는 피가 스며 올라와 버선을 적시었다"[25)]

2) 그 한 뼘도 넘어 될 득보의 단도 날이 자기의 가슴 한복판을 푹 찔러, 이 미칠 듯이 저리고 근지러운 간과 허파를 송두리째 긁어내어 준다면, 하는 생각과 함께 자기 자신도 모르게 몸서리를 한 번 치고, 문득 걸음을 멈추며, 고개를 들었을 때, 해는 이미 황토재 위에 설핏한데 한마장 가량 앞에는 득보가 터덕터덕 혼자서 먼저 용냇가로 내려가고 있었다.[26)]

인용문 1)은 '득보'가 '분이'에게 가슴을 찔리고 난 직후의 장면을 보여준다. '억쇠'는 '설희'의 죽음에 대해서는 별 다른 마음의 동요를 일으키지 않는다. 그러나 '득보'의 상태에 대해서는 너무도 간절하다. "죽든 않겠나, 죽든"이라는 대사는 '득보'에 대한 '억쇠'의 간절한 애정과 욕망을 표현한다. '득보' 역시 마찬가지이다. '분이'와 '설희'을 두고 벌인 '억쇠'와의 대결은 실상 자기 자신의 힘과 능력을 확인하고 과시하기 위한 것일 뿐이다. '득보' 역시 실제로는 '분이'와 '설희'를 욕망하지 않는 것이다. 그러므로 '득보'의 정념은 다만 '자기애'(narcissism)의 회로 안에 갇힌 것이다.

'득보'가 근친상간을 행하고 '이복형제'를 때려죽이고, 유랑하는 곳곳에서 사회적 규범체계를 위반하는 것은 진정으로 자유를 찾기 위한 싸움이 아니다. 그것은 자기의 힘과 능력을 확인하고 타자를 소유하고 굴복시키고자 하는 지배욕에 불과하다. '억쇠'가 진정으로 욕망하는

25) 위의 책, 241면.
26) 위의 책, 245-246면.

대상은 바로 이러한 지배욕에 가득 찬 '득보'이다. '득보'를 소유하고 지배함으로써 '황토골'의 전설로부터 발생한 금기와 그로인해 파생된 자신의 근원적 결여를 주기적으로 해소할 수 있기 때문이다. 그러나 '억쇠'와 '득보'의 싸움은 용과 용의 대결이 되지 못하고 금기-위반의 감옥에 갇힌 여의주를 잃은 이무기들의 난투극이 된다. '자유'와 '자존심'을 구분하지 못하고 '사랑'과 '소유욕'을, 더 나아가 무의식적 욕망이 내장한 창조적인 열망과 고착적이고 파괴적인 지배욕을 분별하지 못하기 때문이다.

인용문 2)는 「황토기」의 결말 부분이다. '억쇠'는 자기 파괴적인 '죽음충동'을 명백하게 느낀다. "나중에 크게 쓰일 날"을 기다려온 힘을 쓰고 싶다는 억쇠의 욕망이 창조와 생성으로 나아가지 못할 때, 그것은 "이 미칠 듯이 저리고 근지러운 간과 허파"를 '득보'의 '단도 날'이 긁어 주기를 바라는 '죽음충동'으로 전환되는 것이다. 바로 이 순간이 무의식의 창조적 자발성이 파괴와 죽음의 욕망으로 전환되는 순간이며, 인간의 자기희생과 억압과 욕망의 퇴행은 운명적인 것일 수밖에 없다는 비극적 세계관이 명징하게 표현되는 순간이다.

「황토기」는 인간의 내적 욕망이 지닌 그 운동의 리듬을 감각적이고 신체적인 사건과 결부시킴으로써, 시대를 넘어서 존재하는 인간의 보편적 본질을 리얼하게 묘사할 수 있었던 것으로 보인다. 그러나 작품 내적인 시공간에서 역사적 구체성, 곧 정치, 사회적인 압력을 애초부터 소거함으로써, 형이상학적인 존재의 심연, 혹은 인류의 공시적 항상성으로 회귀한다. 이것은 곧 「황토기」가 우리 민족의 역사적이고 정치적인 상황이나 그것의 변혁에 관심을 기울인 작품이 아니라, 인류의 보편적인 존재 탐구에 초점을 둔 소설임을 예증하는 것이라 할 수 있다.

5. 나오며

「황토기」는 식민지 시대에 산출된 단편 소설 가운데 매우 특이한 미학을 성취한 수준작이라 평가할 수 있을 것이다. 김동리가 카프의 계급문학을 이념의 우상에 종속된 논설에 불과하다고 비판하면서 자신의 소설이 진정한 '리얼리즘'이라고 주장할 수 있었던 근거는 바로 인간의 감각과 신체 리듬의 핍진한 묘사에 있었다. 카프문학이 주로 사회·경제사에 기초하여 궁핍과 계급투쟁의 문제를 '리얼리즘 문학'으로 승화했다면, 김동리는 인간의 무의식적 욕망과 충동이 신체와 결부되는 미세한 결들의 운동을 리얼하게 묘사했다.

「황토기」는 인간의 능동적이고 적극적인 욕망이 파괴적이고 공격적인 폭력성으로 귀결될 수밖에 없는 심리적 율동과 그것이 지닌 비극성을 하나의 미학으로 승화시켰다고 할 수 있다. 또한 인간의 궁극적이고 초시대적인 본질을 작중인물의 신체와 감각으로 형상화하거나 상징적인 색채어로 표현하는 데에 있어서 탁월한 성취를 이루었다고 평가할 수 있을 것이다. 「바위」, 「무녀도」, 「역마」 등과 같은 김동리의 대표작들 역시 이러한 차원에서 새롭게 해석될 수 있을 것이다.

또한 그의 소설 작품에 표현된 미세한 감각과 신체의 상태를 표현하는 언어들, 혹은 작중인물들의 내면 상태를 상징적으로 드러내고 있는 색채어들에 대한 상세한 탐구는 지금까지 사상 혹은 주제의 차원이나 서사 구성의 차원에서 주로 연구되어 온 김동리의 소설 작품들을 보다 섬세하게 탐구할 수 있는 계기가 될 것으로 기대한다. 이러한 소설 언어들에 대한 분석과 해석은 아직까지도 매우 드물게 시도되었다는 점에서 이후 집중적으로 탐구되어야 할 새로운 영역이라 판단된다.

✣ 참고문헌

김동리, 「황토기」, 『문장』, 1939. 5.
김동리, 『무녀도 · 황토기』, 김동리 전집 1, 민음사, 1995.
김동리, 『문학과 인간』, 김동리 전집 7, 민음사, 1997.
김동리, 『자전기』, 김동리 전집 8, 민음사, 1997.

고정상, 「김동리 황토기론」, 『백록어문』, 제7집, 제주대 국어교육학회, 1990.
김영숙, 「김동리 문학과 니힐리즘」, 건국대 석사논문, 1971.
김우석, 「김동리의 초기소설 연구」, 『행당논집』, 제3집, 한양대 대학원 원우회, 1987.
김인환, 「현대문학의 학제적 연구 현황과 과제」, 『어문학』, 제79집, 한국어문학회, 2003.
김현덕, 「김동리 소설의 구조 연구」, 서강대 석사논문, 1983.
김종균, 「김동리 초기 소설의 반근대성 연구」, 『논문집』, 제31집, 한국외대, 1999.
박유희, 「아기장수 설화의 변용과 의미」, 『디지털 시대의 서사와 매체』, 동인, 2005.
심상교, 「김동리 소설의 비극적 특성 연구」, 『논문집』 제21집, 한양여대, 1998.
안성수, 「대화적 상상력과 화답의 구조」, 『현대소설연구」 제7집, 한국현대소설학회, 1997.
이금란, 「김동리의 황토기 연구」, 『숭실어문』, 제16집, 숭실어문학회, 2000.
이지영, 「치소차지경쟁 신화소의 현대소설적 변용」, 『구비문학연구」, 제6집, 한국구비문학회, 1998.
이 찬, 「김동리 문학 연구」, 고려대 석사논문, 1999.
이혜원, 「좌절된 힘의 의미」, 『어문논집』, 제32집, 고려대 국어국문학회, 1993.
최병탁, 「김동리의 황토기에 나타난 풍수설화 모티브와 그 구조 및 문학정신」, 『북악논총』, 창간호, 국민대 대학원, 1983.
최시한, 「한국현대소설의 구조시학적 연구」, 서강대 석사논문, 1980.
한명환, 「김동리 소설의 죽음에 대한 고찰」, 『순천향인문과학』 제2집, 순천향대 인문과학연구소, 1996.

김동리박사송수기념특집, 『동리문학연구』, 서라벌 문학 8집, 서라벌예술대학, 1973.
김윤식, 『김동리와 그의 시대』, 민음사, 1997.
김상환・홍준기 편, 『라깡의 재탄생』, 창작과 비평사, 2003.
김인환, 『비평의 원리』, 나남, 1994.
이상우, 『현대소설의 원형적 연구』, 집문당, 1989.
장덕순, 『한국설화문학연구』, 서울대출판부, 1978.
조동일, 『한국소설의 이론』, 지식산업사, 1978.

Deleuze, G・Guattari, F, 『앙띠 오이디푸스』, 최명관 역, 민음사, 1994.
Deleuze, G・Guattari, F, 『*A thousand plateaus*』. translation by Brian Massumi, University of Minnesota Press, 1987.
Evans, D, 『라깡 정신분석 사전』, 김종주 외 역, 인간사랑, 1998.
Laplanche, J・Pontalis, J. B, 『정신분석사전』, 임진수 역, 열린책들, 2005.
Lemaire, A, 『자크 라캉』, 이미선 역, 문예출판사, 1994.
淺田彰, 『구조주의와 포스트구조주의』, 이정우 역, 새길, 1995.

김동리의 연작소설 「솔거」 연구

1. 들어가며

한국 근대문학사에서 김동리는 하나의 뚜렷한 "문학사적 계보"를 형성하고 또 그것을 대표하는 문제적 작가로 평가되어 왔다고 할 수 있다. 이른바, '근대의 초극'1), '미적 근대성'2), '반근대'3) 등의 용어들은 그의 문학이 지닌 이러한 "계보"적 특성을 표현하는 서로 다른

1) 김윤식, 『한국문학의 근대성 비판』, 문예출판사, 1993.
김윤식, 『한국근대문학사상연구』 2, 아세아문화사, 1994.

2) 진정석, 「김동리 문학 연구」, 서울대 석사논문, 1993.
김양선, 「1930년대 소설의 미적 근대성 연구」, 서강대 박사논문, 1997.

3) 위에 열거한 선행 연구들을 제외한다면, 김동리 문학을 문학사 혹은 사상사의 관점에서 연구한 논의들은 대체로 '반근대'라는 개념으로 그의 문학의 세계관적 특질을 규명했다. 이런 논의로는 아래와 같은 것들이 있다.
구모룡, 「생의 형식과 서정적 소설론」, 『한국문학논총』, 제13집, 한국문학회, 1992.
노 철, 「반근대주의와 신명의 사회적 의미」, 『어문논집』, 제34집, 고려대 국어국문학회, 1995.
김종균, 「김동리 초기 소설의 반근대성 연구」, 『논문집』, 제31집, 한국외국어대, 1999.
한수영, 「순수문학론에서의 미적 자율성과 반근대의 논리」, 『국제어문』, 제29집, 국제어문학회, 2003.
황치복, 「동아시아 근대 문학사상의 비교 연구」, 고려대 박사논문, 2005.

용어들이라 할 수 있다. 이 용어들의 세부를 구축하고 있는 그 이론적 '문제틀'(problematic)들은 매우 상이한 것임에도 불구하고, 김동리가 한국 근대문학사에서 가장 문제적인 작가 가운데 하나라는 평가에 대해서는 거의 모든 선행 논의들이 공감하고 있는 바이다. 또한 김동리의 문학사적 문제성에 대한 광범위한 동의는 대체로 그의 '대표작'이라 지칭되어온 「바위」, 「무녀도」, 「황토기」, 「역마」, 「등신불」 등에 대한 집중적인 탐구와 그 해석을 근거로 하여 이루어졌다고 할 수 있다. 이러한 김동리의 '대표작'들을 관통하는 원리는 '자연과 인간과 신'을 연속적이고 통일적인 것으로 바라보는 '유비적 세계상'(analogical vision) 또는 '범신론적 형이상학'(pantheistic metaphysics)의 세계관으로 규정될 수 있을 것으로 판단된다.

그러나 이 세계관은 김동리 문학 전체를 관통하는 일반적인 원리로 귀결될 수는 없을 것으로 추론된다. 왜냐하면, 그가 작가 활동을 시작했던 1930년대 후반에 산출된 작품들 가운데에서 「술」, 「솔거」, 「잉여설」, 「완미설」 등과 같은 작품들이나, 해방 이후에 씌어진 「인간동의」, 「송추에서」 등과 같은 작품들은, 주술적이거나 신화적인 인물을 등장시켜 '무한-유한', '자연-인간', '천문-인문', '초월계-현실계', '자아-세계' 등이 상호 합일되고 감응(correspondence)하는 것이라 전제했던 근대(the modern) 이전의 '유비적 세계상'에 근거해 있는 것이 아니라, '신'(神)이라는 형이상학적 실체(substance) 혹은 그 본체계(eidos)를 열망하고 동경하지만 그것에 도달하지 못하는 데에서 발생하는 불협화음과 비애를 표현하는 '낭만적 아이러니'(romantic irony)의 미학 또는 그 세계관에 기초해 있기 때문이다.

따라서 그의 문학적 글쓰기 전반에서 나타나는 가장 일반적인 원리는, '근대'(modernity) 지향과 '반근대'(anti-modernity) 지향의 교차 현상이라고 말할 수 있을 것이다. 또한 양자(兩者) 가운데서 보다 더 우세하고 주도적인 담론의 틀로 그의 문학적 특질을 규정한다면, '근대 과학'의 분열상과 파편화 현상, 그리고 그 폐해에 대한 부정과 반대로 구체화되어지는 '전통지향적 반근대주의'라는 용어로 표현될 수 있을 것이다. 그러나 김동리에 관한 선행 논의들을 살펴보면, 그것들은 대체로 그의 대표작들을 중심으로 삼은 연구 방향으로 현저하게 기울어져 있음을 거듭 확인할 수 있다. 따라서 그의 문학에 대한 보다 광범위하고 총체적인 연구가 제대로 이루어지기 위해서는 '대표작'이라 지칭되지 않았던 그의 작품들에 대한 심층적인 탐구가 면밀하게 이루어져야 할 것으로 판단된다.

이 논문은 이러한 선행 연구들이 지닌 문제점들과 한계들을 타개하기 위한 첫 시도로서 우선 그의 「솔거」 연작이 지닌 '예술가 소설'의 특성과 '낭만적 아이러니'의 미학, 그리고 '정신분석'의 차원에서 논의될 수 있을 '열반원칙'과 '마조히즘'의 성격을 규명해보고자 한다. 이 연작은 근대 세계(modern world)에서 필연적으로 나타날 수밖에 없는 '현실과 이상', '세속과 신성', '일상과 예술(종교)'의 모순 관계에 대한 빼어난 철학적 통찰을 함유하고 있는 동시에, "예술가소설"의 위상과 그 의미의 벡터를 가늠할 수 있는 매우 중요한 문제를 내장하고 있음에도 불구하고, 선행 연구들 대부분은 그것을 그다지 주목하지 않았다. 실제로 김동리 문학 전반을 다루고 있는 학위논문들[4]에서조차도 「솔거」 연작은 주요 작품으로 분석되지 않았다고 할 수 있으며, 「솔거」 연작만을 대상으로 한 선행 연구 역시 유철상의 논

---

4) 이동하, 「한국문학의 전통지향적 보수주의 연구」, 서울대 박사논문, 1988.
진정석, 「김동리 문학 연구」, 서울대 석사논문, 1993.
이 찬, 「김동리 문학 연구」, 고려대 석사논문, 1999.
이지연, 「김동리 문학 연구」, 연세대 석사논문, 2003.
홍기돈, 「김동리 연구」, 중앙대 박사논문, 2004.
황치복, 「동아시아 근대 문학 사상의 비교 연구」, 2005.

문[5]이 유일할 정도로 매우 희박하다.

따라서 이 논문은 김동리의 소설 작품들 가운데서 그 중심으로 평가받지 못했던 작품들, 혹은 "예술가소설"이라 지칭할 수 있는 그의 작품들이 지닌 미적, 형식적, 수사학적인 차원 원리와 더불어 사상적이고 세계관적인 차원의 일반적 원리를 규명하기 위한 첫 걸음으로서 「솔거」 연작을 우선적으로 탐구해 보고자 한다. 이를 통해, 김동리 문학을 관통하는 세계관적 원리가 결국은 '근대'와 '반근대'의 교차 혹은 양자(兩者)의 변증법적 투쟁 관계에 있다는 사실이 가시적으로 드러날 수 있을 것으로 기대한다. 또한 김동리 문학의 핵심부에 진입하기 위해서는, "시대와 사회를 초월하여 인간이 영원히 가지지 않을 수 없는 인간의 가장 보편적이요 근본적인 문제"[6]라고 그가 말했던 바와 같이, 특정한 시·공간적 제한성을 넘어서 존재하는 인간의 항구적 보편성의 문제를 탐구하는 인류학적인 또는 정신분석적 방법과 '문제틀'(problematic)이 필수불가결한 전제가 될 수밖에 없다는 사실이 확증될 수 있을 것으로 기대한다.

2. '예술가소설'의 개념과 역사철학적 의미

"별이 빛나는 창공을 보고, 갈 수가 있고 또 가야만 하는 길의 지도를 읽을 수 있던 시대는 얼마나 행복했던가?"[7]라는 루카치(G. Lukács)의 비유적 문장은 실상 인식과 행위, 자아와 세계가 행복하게

---

5) 유철상, 「환멸의 낭만주의와 예술가 소설의 한 양상: 김동리의 <솔거> 연작을 중심으로」, 『비교문학』, 한국비교문학회, Vol. 35, 2005. 227-250면.

6) 김동리, 「문학적 사상의 주체와 그 환경」, 『문학과 인간』, 김동리 전집 7, 민음사, 1997, 68면.

7) G. Lukács, 『소설의 이론』, 반성완 역, 심설당, 1993, 29면.

합일될 수 있었던 희랍 시대에 대한 낭만적 동경과 더불어 이러한 존재의 원환(圓環)이 파괴되어 버린 근대 세계에 대한 환멸을 동시에 포함한다. 그에 따르면, '소설'(novel)은 '신이 사라져 버린 시대', 그 '원환적 총체성'이 파괴되어 그것이 하나의 이념으로만 존재하게 되어 버린 시대인 '근대'(the modern)에 발생한다. "하나의 이념으로만 존재한다"는 것은 이 총체성을 회복하려는 동경이 결코 실현될 수 없는 것이면서도 그러한 동경을 끝내 포기할 수 없는, 근대 예술 양식이 함유할 수밖에 없는 근원적인 '아이러니'(irony)를 표현하는 것이다. 이것은 보다 구체적으로 말해 '낭만적 아이러니'를 의미하며, 루카치가 말했던 '문제적 주인공'은 이 '아이러니'를 온몸으로 체현하는 작품 내부의 등장인물을 가리킨다.

근대 세계(modern world)에서 참(眞)과 올바름(善)과 아름다움(美)의 선험적 좌표를 명징하게 밝혀 주었던 신(神)은 소멸되어 버렸고 종교는 개인적 믿음의 영역으로 전락했다. 이것은 근대인들에게 가치의 상실과 불안과 고독을 가져다주며, 우리에게는 다만 무의미하게 흐트러진 현상들 속에서 잃어버린 의미의 세계를 찾으려는 모색의 과정만이 가능할 뿐이다. 칸트는 「계몽이란 무엇인가」에서 근대 세계의 이러한 선험적 조건을 "미성년의 상태를 벗어난 성년의 상태"에 비유하였고, 니체는 '신의 죽음'과 '해석학적 무한성'이라는 용어로 표현했다. 루카치가 '소설'을 '성숙한 남성의 형식'으로 비유했던 것 역시 동일한 맥락과 사태를 가리킨다. '성숙한 남성'이 된다는 것은 곧 아버지(神)의 보호와 울타리를 벗어나 자기 삶의 방향을 모색하고 탐험하기 위해 길을 떠난다는 것을 비유하기 때문이다.

그러나 이 길 위에서 질문하고 탐구하고 싸우는 '문제적 주인공'에게 존재 그 자체의 원환을 실현할 수 있는 길은 애초부터 막혀 있다. 그는 천상과 지상을 연결하는 무지개를 잡으려는 노력을 할 수 있을 뿐, 그것을 결코 잡을 수 없다. 이 노력은 동경과 환멸의 역설적 공존이라는 모순적 상황을 반복하면서 끝내 완결되지 않으며, 그것은 단지 '존재의 총체성'과 평행을 이룰 수 없는 '이지러진 총체성'인 소설의 '내적 형식'으로만 출현할 수 있을 뿐이다. 루카치가 소설을 '아이러니의 형식'이라고 말했던 것은 바로 이러한 의미에서다. 과거의 이상적 전범(典範)들을 단지 뒤따르기만 하면 되었던 예술의 형식은 이제 그 스스로가 모든 것을 다시 창조해야만 하는 상황에 직면하게 된 것이다.[8] '소설'은 바로 이러한 상황에서 '서사시'(epic)를 대신하여 등장한 근대 예술의 한 양식이다. 따라서 루카치의 이러한 '소설' 개념에 의하면, 그것에는 그 어떤 규범화된 형식도 존재할 수 없다. 그것은 차라리 그 어떤 것도 내부에 수용할 수 있으며 그 어떤 새로운 형식으로도 변환될 수 있는 무한한 가능성의 체계에 가깝다.

마르쿠제(H. Marcuse)는 루카치의 이러한 '소설' 개념을 수용하면서, '예술가 소설' 역시 '소설'과 동일한 역사적 배경을 지닌다고 전제한다. 근대 세계에서 "예술가가 하나의 고유한 생활형식을 대표하게 될 때, 즉 예술이 더 이상 생활에 내재적이지도 않고 전체의 완성된 생활에 대한 필연적인 표현도 아니게 될 때 예술가 소설은 비로소 가능해진다"[9]는 것이다. 이러한 마르쿠제의 인식 속에는 사회의 모든 영역들이 종교의 영역으로부터 분리되어 저마다의 입법적 권리를 통해 자율권(autonomy)을 획득하게 되었던 근대 세계의 근원적인 조건과 더불어, 그에 따른 값비싼 대가로서 주어졌던 세계의 분열과 파편화 현상에 대한 통찰이 함유되어 있다. 즉 마르쿠제는 예술이 그 자신의 자율성을 획득하는 동시에, "예술과 생활이 분열된 때에만, 예술가

8) 김인환, 『비평의 원리』, 나남, 1994, 15-16면 참조.
9) H. Marcuse, 「독일 예술가 소설의 의의」, 『마르쿠제 미학사상』, 김문환 편역, 문예출판사, 1989, 8면.

가 더 이상 주변의 생활형식들에 동화되지 않고 고유한 의식을 일깨울 때에만"[10] '예술가소설'은 비로소 가능할 수 있다고 본 것이다. 결국 이러한 관점에 따르면, '예술가소설'은 생활과 예술, 주위 환경과 예술적 자아가 행복한 합일을 이룩했던 시대의 생활감정의 근거였던 '탈개인화'(Entpersölichung)를 벗어나야만 한다. 다시 말해, "예술가소설"은 예술가 자신의 독창적인 개성이 주제를 이루고, 주인공인 예술가를 "본질적으로 더 이상 주변의 생활형식과 일치하지 않는 고유한 생활형식의 대표자"[11]로 형상화하는 소설이라고 정의할 수 있을 것이다.

블로흐(E. Bloch)는 '예술가소설'에서 주로 등장인물의 특유하고 예외적인 성격과 그가 처한 삶의 고유한 상황에 주목한다. 그는 이미 진행된 사건들을 추적하는 '탐정소설'에 대비하여 '예술가소설'은 "새로운 것을 세상에 내놓는 창조적 인간에 대한 인식과 관심을 요구한다"[12]고 언급하면서 근대적 개성의 문제에 접근한다. 그에 따르면, 고대 희랍 시대와 중세에는 개인으로서의 예술가에 대한 관심이 부재했을 뿐 아니라 예술가를 다룬 소설의 기원이나 발생 양상을 밝혀낼 수 없었다. 예술가의 초상이 부각되기 시작한 것은 18세기에 브르주아가 권력을 장악한 이후이며, '질풍노도운동'으로 표상되는 이 시기 예술가들이 가졌던 개성과 천재성에 대한 숭배는 그 시대가 요구했던 예술가의 위상이었다. 즉 낭만주의 시기의 '예술가 소설'은 "질풍노도운동이 주된 제재로서 지속적으로 등장했던 방법론적으로 유일한 소설 장르"[13]로서, 주로 화가나 음악가들을 주인공으로 설정하여 예술의 신

10) 위의 글, 11면.

11) 위의 글, 11-12면.

12) E. Bloch, 「*A philosophical View of the Novel of the Artist*」, 『*The Utopian Function of Art and Literature*』, translated by Jack Zipes and Frank Mecklenburg, MIT press, 1988, p. 267 참조.

비를 벗기려는 시도와 더불어 예술가로서의 개인적 삶의 행로를 보여준다는 것이다

앞에서 살펴본 마르쿠제와 블로흐의 논의는 결국 독일 낭만주의 시기의 문학에서 '예술가소설'이 성립되는 역사적 배경과 그 과정을 조명하고 있다는 점에서 공통된다. 결국 이들의 논의를 종합해보면, '예술가소설'은 사회 각 영역의 분화와 더불어 예술이 하나의 자율적인 영역으로 확립되기 시작했던 근대 초기에 발생한 것이며, 예술가를 주인공으로 설정하여 주변의 표준적인 생활형식과 일치되지 않는 그의 고유한 생활형식과 개성을 주제로 삼은 근대 소설의 한 양식으로 규정될 수 있을 것이다.

'예술가소설'은 한 인물이 예술가 주체로 성장해나가는 과정에서 체험하게 되는 갈등과 각성의 과정을 소설 구성의 중심 모티프로 설정할 수 있다는 점에서 '교양소설'(Bildungsroman)의 하위 범주로 분류되어야 한다는 견해가 제시될 수 있을 것이다. 그러나 모든 '예술가소설'이 인간의 내면적 성장과 인격적 완성이라는 '교양소설'의 계몽주의적인 공리(公理)로 수렴될 수 있는 것도 아니며, 다만 이러한 성장과 완성의 주체를 예술가로 두는 제한된 경우에만 '교양소설'과 '예술가 소설'은 등치(等値)될 수 있다. "교양 소설은 소설 내용을 자전적인 개인 성장 과정에 두고 있지만 작가의 체험 세계나 허구적 주인공의 성장 과정을 세계와 연관시킴으로써 이상과 현실 사이를 미학적으로 접목시키며, 이를 통해 개인의 내면성과 세계와의 화합을 가져올 수 있는 객관적 이상을 추구한다"[14]는 점에서, 그것은 예술가의 광기나 비정상적인 삶의 행태를 다루거나 예술과 생활형식과의 근원적인 불화(不和)를 첨예화하거나, 또는 그의 비극적 운명이나 죽음을 묘사

13) 위의 글, p. 269.
14) 오한진, 『독일 교양소설 연구』, 문학과 지성사, 1989, 18면 참조.

하는 '예술가소설'을 그 개념 범주의 내부로 수렴할 수 없다. 따라서 '예술가소설'과 '교양소설'은 종속 관계로 정의될 수 없으며, 단지 양자(兩者)의 공분모는 예술가를 주인공으로 등장시켜 그의 내면적 성숙과 인격적 완성의 과정을 서사(narrative)의 중심에 위치시키는 동시에 그 이념적인 목표가 세계의 객관적 이상과 합치되는 경우에만 형성된다고 할 수 있다.

김동리의 「솔거」 연작은 "예술가가 현재의 환경을 바탕으로는 더 이상 충족을 맛볼 수 없으며, 생활과는 거리가 먼 이상적인 꿈의 나라로 도피하여 거기에서 자기의 만족스러운 시화된 세계를 건설한다"[15]고 정의되는 '낭만적 예술가소설'의 개념에 부합하는 여러 특질들을 지닌다. 「솔거」 연작에 산재해 있는 예술적인 것과 일상적인 것의 갈등이나 주인공의 삶과 천년 이상의 시간적 거리를 지닌 '솔거'라는 '황홀한 세계'로의 탐닉, 그리고 '정원'의 창조를 통해 또 다른 예술적 인공낙원을 건설한다는 모티프들은 바로 이러한 측면을 예시한다. 그러나 「솔거」 연작 가운데서 예술가의 고유한 자의식과 그 존재론적 위상을 탐구하면서 그 독특한 삶의 방식과 인식 구조에 주목한 작품은 「솔거」(이후 「불화」로 개제) 단 한 작품에 불과하다. 「솔거」의 후속편이라 할 수 있는 「잉여설」과 「완미설」은 "화가"를 주인공으로 삼았다는 소재적인 차원의 범주에서만 '예술가 소설'로 수렴될 수 있을 뿐, 그 서사적 연쇄를 추동하는 핵심 인자는 예술과 생활의 근원적인 대립이 아니라, 실상 인간의 내면성 속에 깃들어 있는 '열반원칙'(nirvana principle)과 '생활형식'을 규정하는 '현실원칙'(reality principle)의 대립에 기초해 있기 때문이다. 이것은 곧 「솔거」 연작의 후속편들이 '예술가소설'의 본질적인 문제설정으로부터 이탈하여 결국

15) H. Marcuse, 앞의 글, 17면.

에는 '서정적 심리 소설'로 나아갔다는 것을 의미한다. 「솔거」 연작의 전체적인 의미 구조에 대한 해석이나 그것에 대한 객관적인 평가는 이 문제를 탐구하는 과정에서 가시적으로 드러날 수 있을 것이다.

3. '낭만적 아이러니'와 '서정적 심리소설'

「솔거」 연작에 등장하는 주인공은 '화가'인 '재호'이다. 그는 '열일곱인가 나던 해'에 '양쪽 가문의 반목'으로 첫사랑을 잃게 되자, 내면적인 고통과 세계에 대한 환멸을 경험하게 된다. 이 고통과 환멸은 그를 '그림'이라는 예술적 세계로 나아가게 만들며, '솔거의 유적'이라는 '연애에 못지않은 또 하나 다른 황홀한 세계'에 몰두하게 되는 계기를 부여한다. 그러나 실연의 고통은 실상 일상적인 생활형식을 규정하는 세속성과 '현실원칙'에 대한 '재호'의 환멸을 상징적으로 표현하는 것일 뿐이며, 그가 표준적 일상성과 단절하고 사회화를 거부하는 근원적인 동기를 이루지 않는다. '재호'가 '결혼도 하지 않고 독신으로 객지로만 돌아다니게 된 것'은 '황홀한 세계'의 발견, 즉 '그림'이라는 '이상적인 꿈의 나라'에서만 살고자 하는 그의 실존적인 삶의 태도와 선택에 근본적인 이유가 있다. 이것은 다시 말해, '결혼'으로 상징되는 '세속사'(世俗史)와 '솔거'로 상징되는 '신성사'(神聖史)의 갈등 속에서, 또는 일상적인 생활형식과 이상적인 예술세계의 대립 속에서, 그가 자신의 삶에서 후자(後者)의 차원만을 보존하고자 한다는 것을 의미한다. 이 두 세계에 대한 극단적인 환멸과 동경은 단편 소설 「솔거」의 서사적 연쇄를 추동하는 근본적인 동인이자 이 작품을 '낭만적 예술가소설'로 조형하는 본질적인 '문제설정'(problematic)에 해당된다.

그러나 '재호'가 추구하는 생활형식과 예술의 완전한 분리는 지속될 수 없는 것이다. 왜냐하면, "이러한 분리는 너무도 고통스러운 것이어서 그가 자신의 예술가됨과 그 인간됨을 파괴하지 않고서는 그 지속을 견뎌낼 수 없기 때문이다."[16] 즉 이 분리는 어떻게 해서든지 하나의 해결, 하나의 새로운 통일을 획득해야만 한다. 그것은 크게 두 방향에서 이루어질 수 있다. 하나는 일상적 생활형식을 거부하거나 그것으로부터 도피하는 것이 아니라 오히려 그것이 내재한 모순과 오류와 불협화음과 비루함을 철저하게 수긍하는 가운데, 예술만이 지닐 수 있는 고유한 창조성을 향유하고 더 나아가 그것을 통해 '상징계'(the Symbolic)의 표준적 질서에 구멍을 뚫는 것이다. 이러한 방향은 이 세계의 불완전성과 허무와 오류를 그 자체로 인정하면서도, 그것이 형성하는 무한한 파괴와 생성의 과정에 능동적으로 참여하면서 그것을 예술적 창조의 기쁨으로 전환시키고 그 자신이 새로운 가치 척도의 주인이 되는 니체의 '디오니소스의 긍정'으로 예시될 수 있다.[17] 다른 하나는 일상적 생활형식에서 나타나는 모든 세속적 국면들을 자신의 삶 속에서 모조리 배제하고, 예술(종교)로 표상되는 이상적인 인공 낙원 속에서만 거주하려고 하는 것이다. 그러나 이것은 예술의 종교적 차원으로의 전환이나 예술가 자신의 죽음을 통해서만 비로소 완성될 수 있다. 종교적 해탈과 생명의 소멸은 공히 세속적 삶이 가져다주는 모든 변화와 긴장과 희노애락의 율동을 영(zero)의 상태로 만드는 것이기 때문이다.

그러나 위에서 살펴본 이 두 방향은 상반된 양(兩) 극단의 위치를 지정해주는 것일 뿐이며, 실상 예술과 생활형식의 통일은 이 극단 사이에 존재하는 무수히 많은 좌표들 가운데 한 지점에서 이루어진다.

---

16) 위의 글, 16면.
17) 백승영, 「니체 철학, 무엇이 문제인가」, 『니체가 뒤흔든 철학 100년』, 민음사, 2005, 133-137면 참조.

「솔거」에 등장하는 '어머니'와 '혜룡선사'는 각각 일상적인 생활형식과 절대적인 미(종교)의 세계를 상징한다. 또한 이들이 나타나는 '재호'의 꿈은 그의 절대적인 세계에 대한 추구와 더불어 예술과 생활형식의 완전한 분리가 좌절될 수밖에 없는 것임을 암시하는 것이다. 이것은 곧 '낭만적 아이러니'(romantic irony)를 의미하며, 형이상학적 본질 세계에 도달할 수 없고 일상의 세속적인 삶으로도 진입할 수 없는 '재호'의 모순적인 심리 상태와 내면적인 불협화음을 표현한다. 실상 그는 종교적 해탈을 이룰 수도 없으며, 예술가의 고고한 이상을 간직하기 위하여 숭고한 죽음을 선택할 수도 없으며, 더구나 어머니가 계신 고향으로도 돌아갈 수 없기 때문이다.

이러한 '재호'에게 구원의 손길은 예기치 않은 곳에서 찾아온다. '혜룡선사'의 탈속적 세계나 '어머니'의 세속적 세계, 그 어떤 것에도 완전하게 동화될 수 없는 '재호'에게 '개동'이라는 아이와의 우연한 만남은 그의 내면적 분열을 가까스로 봉합할 수 있는 계기로서 작용한다. 이것은 「솔거」 연작의 의미 구조가 '절'과 '솔거'와 '불화'로 표상되는 절대적 미의 세계와 '고향'과 '어머니'와 '결혼'으로 표상되는 일상적 생활형식의 완전한 분리로부터 '개동'을 매개로 하여 양자(兩者)가 통일되는 방향으로 전환된다는 것을 의미한다. '재호'가 '개동'과 함께 "흰 햇빛이 강물처럼 번쩍거리는 동구 밖 황톳길 위로 커다란 트렁크와 조그마한 나무 가방과 보따리 하나를 지게에 지우고 절에서 마을 쪽을 향해 내려가는" 「솔거」의 마지막 장면은 바로 이 전환의 순간을 구체적으로 예시하는 것이다.

「솔거」 연작의 두 번째 작품에 해당되는 「잉여설」(이후 「정원」으로 개제」)은 '절'에서 내려온 이후의 '재호'와 '철'(「솔거」의 "개동")의 동거 생활을 중심으로 서사가 전개된다. '재호'는 '절'이라는 탈속적 공간에서 '마을'이라는 세속적 공간으로 내려오고 난 이후에도 일상의 표준적 생활형식의 원칙을 수용하지 않는다. 그가 결혼을 하지 않고 '철'을 '자식 삼아 아내 삼아 기르면서' 삶을 유지해 가는 것이나, '정원'이라는 또 다른 예술적 공간을 가꾸는 데에 몰두하는 것은 세속적인 '현실원칙'(reality principle)을 완강하게 거부하고 있다는 것을 구체적으로 예증한다. '재호'에게 '철'은 공들여 세심하게 다듬는 '정원'과 같다. 실상 '철'은 또 다른 하나의 '주체성'(subjectivity)을 가진 인격적 존재라기보다는 그가 기르고 가꾸는 일종의 식물적 공예품에 가깝다. 따라서 '재호'에게 '철'과 '정원'은 동일한 의미로 소급되며, 일상적인 생활형식과 이상적인 예술의 인공낙원을 통일시키는 매개자인 동시에 예술에 대한 상징적 기호로서의 기능을 수행한다고 할 수 있다. '재호'는 이 양자(兩者)를 통해 결혼과 가족의 구성이라는 세속적인 삶의 원리를 거부하면서도, 이로 인해 발생할 수밖에 없는 고독과 결핍감을 해소하고 여전히 '정원'이라는 예술적 이상 세계에 거주할 수 있기 때문이다.

그러나 '정원'과 '철'을 통해 탈속적인 삶과 세속적인 삶의 균형을 절묘하게 유지하려고 했던 '재호'의 기획은 애초부터 불안정할 것일 수밖에 없다. 여기에는 '철'이라는 타자의 상이한 욕망과 주체성에 대한 고려가 전혀 개입되어 있지 않기 때문이다. '재호'는 그 누이와 더불어 조카인 '정아'가 그 자신의 곁에 살게 되었을 때부터 힘겹게 유지하고 있었던 삶의 균형('정원의 평화')이 깨어질지 모른다는 불안감을 느낀다. '밤새도록 심어놓은 열매가 떨어지는' 꿈 이미지는 '철'이 그의 곁을 떠나면서 '정원의 평화'가 파괴될 것이라는 것을 상징적으로 예언하며, 이것은 현실에서 그대로 실현된다. '정아'를 사랑하게 된 '철'은 '재호'에게서 점차로 멀어져가며, 결국 '철'과 '정아'의 동반 가출로 인해 그가 가까스로 지탱하고 있었던 '정원의 평화', 즉 일상적인 생활 형식과 이상적인 인공 낙원의 행복한 통일은 또 다시 분열되는 운명에 처한다. 세속적인 삶의 원리 혹은 '현실원칙'의 테두리를 조금도 수용하지 않으려고 하는 '재호'에게 이 분열은 실상 필연적인 것일 수밖에 없으며, 임시적으로나마 유지되었던 일상적인 것과 예술적인 것의 화해는 타자('철')의 욕망과 주체성을 배제한 자리에서 생성되었던 것이므로 결코 오래 지속될 수 없는 것이기 때문이다.

주인공 '재호'가 행하는 이러한 타자의 주체성에 대한 배제는 「잉여설」을 자아와 세계가 서로 동등한 입장에서 갈등과 투쟁을 벌이고 그 외면적 행위들의 연쇄가 서사적 구성의 중핵을 차지하는 사건 중심의 소설이 아니라 자아 내부의 서로 다른 욕망과 충동들의 갈등이나 그 내면적 흐름에 주목하는 심리 중심의 소설로 나아가게 하는 주요인이 된다. 요약컨대, 자아와 세계의 외면적 행위의 대결이 아니라 자아와 또 다른 자아의 내면적 갈등이 「잉여설」의 '라이트모티프'(leitmotif)를 점유하게 되는 것이다. 「잉여설」은 3인칭 화자를 고용하고 있음에도 불구하고, '재호'와 '철'의 상이한 입장과 처지를 동등하게 기술하지 않는다. '철'이 가지고 있는 생각이나 행동은 '재호'라는 타자의 인칭을 통해서만 우회적으로 인용되는 것이므로, 실상 그에게 발화(發話)의 권리는 박탈되어 있는 것이나 다름없다. 이것은 결국 「잉여설」이 "예술가의 내면과 그 존재론적 위상에 천착하면서 예술과 관련된 문제 전반에 대한 미학적 검토를 수행한다"[18]는 '예술가소설'의 본령에서 벗어나 한 개인의 내면적 정감과 자서전적 회고를 주안점으로 삼는 '서정적 심리소설'로 귀착되고 말았다는 것을 의미한다.

「솔거」에서 탐구되던 '불이암', '향일암', '유마상', '관세음상', '나한도' 등등과 같은 불교 예술에 대한 섬세한 묘사와 미학적 탐구가 「잉여설」에서는 사라지게 되며, 이 공백을 채우는 것은 주인공 '재

18) 이강은 · 이형숙, 「'예술가 소설'의 개념과 접근방법」, 『러시아어문학 연구논집』, Vol. 8 No. 1, 2000, 70면.

호'의 개인적 회한이나 의식의 변화를 서정적 이미지로 묘사한 일기와 회고담이다. 이 일기와 회고담은 「잉여설」이 지닌 '서정적 심리소설'의 특질을 구체적으로 예시한다. 「솔거」 연작의 마지막 작품이라 할 수 있는 「완미설」 역시 이러한 '서정적 심리 소설'의 특질을 공유한다고 할 수 있으며, 다만 「잉여설」에서 나타난 일기의 형식을 편지의 형식으로 대체한다는 점이 다를 뿐이다. 일기와 편지는 모두 1인칭 고백체의 화법을 전제하는 글쓰기라는 점에서, 개인적 감정의 기술이나 자서전적 회고를 주 내용으로 삼을 수밖에 없다. 여기에서는 각기 다른 여러 주체들이 소유한 상이한 욕망과 가치의 대결이 객관적으로 기술될 수 없으며, 1인칭 주체의 나르시시즘적인 내면 풍경이나 '타자성'을 거세한 단독적인 발화가 서술의 중심부를 차지하게 된다. 소설 내부에 일기와 편지, 회고담 등과 같은 담론 양식이 차용된다는 것은 곧 주인공의 내면적 회한과 갈등을 주요 모티프로 삼는 '심리소설'로의 경사를 의미하는 것이다. '솔거의 유적'이라는 불교 예술과 '어머니'와 '실연'이라는 일상적 생활형식의 대립이 근간을 이루었던 「솔거」에서와는 달리, 「잉여설」과 「완미설」에서 예술적인 것이 절대적 종교성의 차원에서 상대적 창조성의 차원으로 내려앉게 되는 것이나, 작품 구성(plot)의 중심축이 '재호' 자신의 내면이라는 무대로 옮겨지는 것 역시 이러한 '심리소설'로의 전환을 예증한다. 「잉여설」과 「완미설」을 예술과 생활형식의 대립에 기초한 '예술가소설'이 아니라 자아 내부에 존재하는 상이한 감정과 충동들의 갈등을 주축으로 삼은 '심리소설'로 읽어내야 하는 근거 역시 바로 이 지점에서 나온다.

4. '열반원칙'과 '마조히즘'의 윤리학

「솔거」 연작의 마지막 작품인 「완미설」은 '철'의 가출로 충격을 받은 '재호'가 '두어 해의 방랑길'을 거쳐 다시 '정원'에 정착한 삶을 보여준다. '재호'가 '정원'으로 다시 돌아올 수 있었던 것은 "이제 남은 나이를 혼자서 조용히 늙을 수 있다는 새로운 즐거움이 솟아올랐기" 때문이다. 이 '즐거움'은 그가 '철'의 배신행위에 대한 분노와 증오의 감정 상태로부터 벗어나 내면의 평정 상태를 되찾았다는 것을 의미하는 동시에, 세속적 삶의 원리를 따르지 않는 데에서 발생하는 '고독과 적막'을 견뎌낼 수 있는, 곧 일종의 해탈 상태에 도달할 수 있다는 자신감을 체득했다는 것을 표현한다. 세속적 삶의 원리를 부정한다는 것은 실상 사회가 개인에게 부과하는 '현실원칙'(reality principle)의 테두리를 수용하지 않는다는 것이며, 사회화를 거부한다는 의미를 지닌다. '재호'가 '절'과 '마을', '방랑'과 '정착'이라는 상반된 삶의 행로를 되풀이하는 가운데서도 일관되게 거부하고자 했던 것은 '결혼'과 '가족'으로 표상되는 '현실원칙'이었으며, 그가 지속적으로 추구하고자 한 것은 세속적 삶의 형태에 필연적으로 부착되는 희노애락(喜怒哀樂)의 율동과 쾌와 불쾌라는 감정의 등락(登落)과 그 긴장의 상태를 최소화하려는 '열반원칙'(nirvana principle)[19]이었다고 할 수 있다.

---

19) 프로이트는 '열반원칙'을 "자극 때문에 생긴 내적 긴장을 줄이거나 일정한 상태로 유지하는 것, 혹은 그것을 제거하려는 경향"(G. Freud, 「쾌락원칙을 넘어서」, 『쾌락원칙을 넘어서』, 박찬부 역, 프로이트 전집 14, 열린책들, 1997, 78면.)이라고 기술했으며, 라플랑슈와 퐁탈리스는 프로이트의 이러한 견해를 요약하여 이 용어에 대해, "바바라 로가 제창하고 프로이트가 받아들인 용어로 내외적인 기원의 모든 흥분량을 제로로 만들거나, 적어도 가능한 한 축소하려는 심리 장치의 경향"(J. Laplanche ·J. B. Pontalis, 『정신분석사전』, 임진수 역, 열린책들, 2005, 260면.)이라고 정의했다. 이들의 저서인 『정신분석사전』에는 "다른 한편으로 니르바나라는 용어는 쾌락과 소멸 사이의 깊은 관계 — 이것은 프로이트에게 문제로 남아있다 — 를 암시하고 있다"(같은 곳.)는 애매한

「솔거」 연작에 지속적으로 등장하는 '어머니'('소녀')와 '혜룡선사'('솔거')는 각각 '재호'의 내면에 존재하는 '현실원칙'과 '열반원칙'이라는 두 극단을 상징하며, 이들이 나타나는 '꿈'은 재호가 후자(後者)를 추구함으로써 필연적으로 수반되는 내면적 방황과 몸부림을 표상한다. 따라서 「솔거」에 나타난 '부처와 인간 사이의 어떤 중간적인 동물'을 묘사한 '불화'의 주인공은 바로 '재호' 그 자신을 상징했던 셈이다. "그러나 이 아름다운 정원의 평화도 쉬 깨질지 모른다."는 「잉여설」의 한 문장 역시, "재호"가 지닌 이러한 "열반원칙"의 추구를 요약적으로 드러낸다. '정원의 평화'란 곧 이 세계에 존재하는 타인들과의 부딪힘에서 발생할 수밖에 없는 "모든 흥분과 긴장을 영(zero)의 상태로 만들려는"[20)](#)'재호' 내면의 등가물(等價物)이기 때문이다. 그러나 '재호'가 승려로서 완전한 종교적 해탈에 이르거나, 유기체로서의 생명 활동을 정지하지 않은 한, 이러한 '열반원칙'의 추구는 필연적으로 좌절을 경험할 수밖에 없다. 이 좌절은 「솔거」에서 묘사된 한 폭의 퇴색되어버린 '불화'의 유한한 물질성 혹은 그 불완전성과 동일한 의미의 맥락을 이룬다. 근대 세계에서 예술('불화', '정원')은 절대적인 이상 세계를 추구할 수는 있을지언정, 그것에 끝내 도달할 수는 없기 때문이다. 「완미설」에서 '혼자서 조용히 늙을 수 있다는 즐거움'으로 표현된 마치 해탈한 것과 같은, '재호'의 내면적 평정 상태 역시 종교적

기술이 나타나 있다. 이것은 이 용어를 둘러싸고 있는 프로이트의 복잡한 논리의 틀과 의미의 체계에서 기원하는 것으로 보이며, 죽음충동 속에서 오히려 쾌락을 획득하는 열반원칙의 양가적이고 애매한 특성을 표현한 것으로 이해된다. '열반원칙'이 '죽음충동'과 '쾌락원칙'을 동시에 포함하고 있다는 이와 같은 이해는 프로이트의 「쾌락원칙을 넘어서」의 다음과 같은 문장들에서 얻어진 것이다. "이러한 경향(열반원칙:인용자)은 쾌락원칙 속에서 발견된다. 우리가 이 사실을 인정하는 것, 그것이 죽음충동의 존재를 믿는 가장 강력한 이유 중의 하나이다."(G. Freud, 앞의 글, 78면.)

20) J. Laplanche · J. B. Pontalis, 『정신분석사전』, 임진수 역, 열린책들, 2005, 260면.

차원에서 생성된 것이 아니므로, 그것은 「잉여설」에서 취해졌던 '정원의 평화' 만큼이나 불안정한 것일 수밖에 없다. 왜냐하면, '재호'의 곁에는 여전히 결혼을 종용하는 '누이'와 아이를 낳고 되돌아온 '철'과 '정아'가 존재하며, 이들과의 동거는 그의 내면을 다시 흥분과 긴장과 감정의 등락 상태로 몰아갈 것이 지극히 자명하기 때문이다. 다시 말해, '철'과 '정아'를 어떤 방식으로든 용서하지 않고서는 그가 다시 분노와 증오라는 반복적인 감정의 등락 상태를 회피할 수 있는 길은 없기 때문이다.

'재호'의 이러한 난처함은 '늙은 기생'과의 결혼으로 해결되는데, 이것은 표면적으로 타자의 '행복'을 위한 숭고한 희생이자 '현실원칙'의 수용이라는 의미로 해석될 수 있다. 그러나 이것은 실상 이 작품에 표현된 것처럼 "외면과의 마찰을 뿌리째 없애고자 함"이며, 그의 내면에 존재하는 '열반원칙'이 다른 방식으로 변주된 것이라 할 수 있다. '재호'는 '철'과 '정아'에 대해서, 의식적이고 의도적인 차원에서라도 용서와 화해라는 포즈를 취하지 않고서는 분노와 증오라는 감정의 소용돌이를 벗어날 수 없을 것이며, 그들이 '재호'에게 가지고 있는 죄의식과 부채감은 '결혼'이라는 '희생양'이 없이는 말끔하게 청산될 수 없을 것이 자명하기 때문이다. 따라서 '재호'에게 아이를 가질 수 없는 '늙은 기생'과의 '결혼'은 '누이'와 '철'과 '정아'와의 관계에서 나타날 수 있는 그 모든 내적 흥분과 감정의 긴장의 드라마를 미리 제거하는 예방책이었던 동시에, 결혼 생활에서 통상적으로 나타나는 기대와 실망이라는 반복적인 심리적 율동과 그 갈등을 최소화하려는 '열반원칙'의 또 다른 실천이었던 셈이다.

'재호'의 이러한 '결혼'은 현실적 유용성의 척도라는 전혀 다른 차원에서 바라본다면, 비천한 신분인 '기생'과의 결합인 동시에, 더구나 아이조차 가질 수 없는 황폐한 것이라는 점에서, 궁극적으로 그 자신

스스로에게 가하는 모멸과 학대이자 자신의 삶을 불모화하는 것이라 할 수 있다. 그러나 오히려 이것은 동시에 범속한 일상인들이 넘볼 수 없는 삶의 태도이자 결단이며, 오히려 그것을 통해 그 자신의 고귀함과 정신적 우월성을 견지할 수 있다는 점에서, 기묘한 역설이 숨겨져 있다. 자신의 현실적인 삶을 학대하고 황폐화함으로써, 오히려 정신적인 쾌락과 자존(自尊)을 획득하는 이러한 태도는 '마조히즘'[21]으로 간주될 수 있다. 이것은 주체가 자신에게 고통이나 형벌을 가함으로써,

---

21) 『현대 문학·문화 비평 용어 사전』에 따르면, '마조히즘'은 우선 "고통이나 굴욕을 당하는 경험에 쾌감이 연결되어 있는 성적 취향이다"라고 정의된다. 그러나 다른 한편으로, "프로이트 정신분석에서 마조히즘(원문:매저키즘:인용자)은 사디즘(원문:새디즘:인용자)의 짝을 이루는 이해되며 죽음본능이 자아를 향하고 리비도와 융합되어 있는 상태라고 설명된다. 하지만 주목할 것은 프로이트가 결국은 마조히즘의 다양한 형태를 인정하게 되어 이 문제 전체가 논란의 영역으로 남아 있다는 사실이다"(J. Childers·G. Hentzi, 『현대 문학·문화 비평 용어 사전』, 황종연 역, 문학동네, 1999, 272면.)라고 이 사전에 명기되어 있는 것처럼, '마조히즘'에 대한 프로이트의 개념 규정은 다소 모호한 양상을 드러낸다. 들뢰즈는 '마조히즘'에 대해 프로이트와는 상이한 견해를 제시한다. 프로이트는 '마조히즘'을 '사디즘'의 보완적 변형이라고 보는 반면, 들뢰즈는 '마조히즘'과 '사디즘'이 본질적으로 서로 다른 원리에 의해 형성된다고 파악한다. 프로이트는 '마조히즘'을 "주체의 자아에게 되돌아온 사디즘"(G. Freud, 「본능과 본능의 변화」, 『무의식에 관하여』, 프로이트 전집 13, 윤희기 역, 열린책들, 1997, 331면.)이라고 정의한다. 결국 프로이트에 따르면, '사디즘'은 대상인 타인에 대해 폭력과 권력을 행사하는 것인데, 이 대상이 포기되고 주체 자신에게로 그 폭력이 되돌아오는 경우, 이것을 '마조히즘'이라고 본 것이라 할 수 있다. 이와는 달리 들뢰즈는 "마조히즘(원문:매저키즘:인용자)은 고통에서 체벌에서 쾌감을 느끼는 것이 아니다. 처벌이나 괴로움에서 마조히스트(원문:매저키스트:인용자)가 얻을 수 있는 것은 기껏해야 예비적 쾌감일 뿐이다. 그의 진짜 쾌감은 그 이후 처벌에 의해 가능해진 어떤 것에 있다. 마조히스트는 쾌감을 경험하기 전에 먼저 처벌의 고통을 겪어야 한다. (……) 고통 그 자체는 쾌감의 원인이 아니라 쾌감을 얻기 위한 필수적인 전제조건일 뿐이다"(G. Deleuze, 『매저키즘』, 이강훈 역, 인간사랑, 1996, 100면.)라고 언급한다. 결국 들뢰즈는 '마조히즘'이 죄를 저지른 자기 자신이 아니라 자신과 닮은 아버지를 처벌하는 것이며, 아버지로 상징되는 법과 현실원칙에 대한 비판과 도전을 수행한다고 파악하는 것이라 할 수 있다.(위의 책, 65-68면, 98-99면 참조.) 이 논문에서 사용하는 '마조히즘'의 개념은 들뢰즈의 이와 같은 견해를 따른 것이다.

도리어 그 결과로서 나르시시즘적인 쾌감과 만족을 얻는 심리적 메커니즘으로 요약될 수 있다. 따라서 '마조히즘'의 핵심은 '표면적인 행위' 그 자체에 있는 것이 아니라, 오히려 그것이 수반할 수밖에 없는 그 '사후적인 효과'에 있다. "마조히스트는 쾌감의 필수적 전제조건으로서 스스로 고통을 겪는다"22)는 들뢰즈의 언급은 '마조히즘'에서 '고통'(처벌)과 '정신적 쾌감'(만족)이 맺는 시간적 선후 관계를 압축적으로 표현해서 보여준다.

'재호'의 '결혼'은 "나의 내면생활과는 아무런 관련도 없다"는 그의 말처럼, 그것은 그 자신의 세속적이고 일상적인 '행복'을 위해 선택하는 것이 아니다. 이러한 '현실원칙'의 차원에서 본다면, 그는 스스로 '희생자'의 위치를 자임하려는 것이라 할 수 있으며, '결혼'은 그 숭고한 희생이라는 의식(儀式)의 제단에 바쳐지는 '희생양'이다. "그 한 사람을 두고 내 일생을 처리할 수 있다는 것은 또한 나의 소득이요, 행복이라 하지 않을 수 없다"는 그의 편지의 한 문장은 바로 이러한 숭고한 희생에 대한 구체적인 표현이다. 그러나 이 문장에서 언표된 '행복'은 건강과 경제적 윤택과 사회적 성공과 자녀의 출산으로 대변되는 '현실원칙' 차원에서의 '행복'이 아니다. 그것은 오히려 자신을 희생자의 위치에 둠으로써만 가능해지는 정신적 우월감이라는 나르시시즘적인 쾌락과 만족이다. 또한 이 쾌락과 만족이 궁극적으로 겨냥하는 것은 세속의 모든 흥분과 긴장과 불협화음과 갈등을 무화시킬 수 있는 탈속의 경지 혹은 초월적 내면의 획득에 있다. 이것은 보다 본질적인 의미에서, '재호'의 '철'을 위한 숭고한 희생으로서의 '결혼', 또는 그 '마조히즘'의 역설적 윤리가 실상 그 자신을 향해있는 '열반원칙'으로부터 기원한 것이며, 정신적 해탈을 향한 처절한 자기 모험이라는 것

22) 위의 책, 134면.

을 의미한다. 따라서 '재호'의 결혼을 통해 부정되어지는 것은 '현실원칙'의 차원에 놓여 있는 '결혼'과 '행복'이라는 세속적인 삶의 원칙과 도그마이며, 긍정되어지는 것은 숭고한 희생과 정신적 우월감이라는 탈속적인 삶의 감각과 해탈의 포즈이다.

범속한 일상인들이 지닌 삶의 감각과 '현실원칙'을 '재호'는 이러한 '마조히즘'의 역설적 윤리를 통해 초라하고 보잘 것 없는 것으로 그 가치를 전복시킨다. 다시 말해, '재호'는 '늙은 기생'과의 결혼을 통해 '누이'와 '철'과 '정아'가 지닌 세속성과 '현실원칙'을 조롱하고 비판할 수 있는 우월한 위치에 자리할 수 있게 된 것이며, 이것은 자신을 배반한 '철'과 '철'을 빼앗아 간 '정아'에게 복수(용서)하는 그 나름의 유일한 방법이기도 했던 셈이다. 그러나 이 복수이자 용서인 '결혼'을 통해 내면적 해탈에 이르려고 하는 '재호'의 기획(project) 역시 완성되거나 종결될 수 없는 것이다. '철'과 '정아'가 낳은 '홍준'이라는 존재는 '재호'와 그의 아내와의 관계를 새로운 흥분과 긴장의 드라마 속으로 이끌고 갈 것이 너무도 자명하기 때문이다. 「완미설」의 마지막 장면은 이러한 측면을 다음과 같은 문장으로 예고한다. "재호는 아내의 시선이 그 흰 하부다에 위에 쏟아지고 있음을 생각하자 어느덧 자기의 눈언저리에 어뜩어뜩 현기를 깨달으며 표나게 덜덜덜 떨리는 손으로 어린애의 턱 밑을 만져주었다."

「완미설」의 이와 같은 결말은 「솔거」 연작의 의미 구조가 '인간과 자연', '자아와 세계', '세속과 탈속', '대우주와 소우주', '초월계와 현실계', '예술과 일상'을 유비적 상사 관계에 의해 통합시키는 「무녀도」 계열의 아날로지(analogy)의 미학이 아니라, 이 짝패들의 메워질 수 없는 간극과 거리를 문제 삼는 아이러니(irony)의 미학[23]에 기초해있

23) 「무녀도」 계열의 작품들에서는 신화와 무속과 점술과 미신 등이 자연스럽고 당연한 체험적 사실로 여겨지는 '신화적(주술적) 공간'이 설정되어 있다. 이

다는 것을 의미한다. 이것은 또한 「솔거」 연작을 비롯한 그의 '예술가 소설'들이 「무녀도」 계열의 주술적이고 신화적인 문제를 다룬 소설들보다 경험적 사실성의 묘사라는 근대 소설의 요구와 본령에 충실했다는 것을 반증한다. "종교는 이미 발견되고 체현된 신에 대하여 복종하고 신앙하고 귀의하지만 문학에 있어서는 각자가 자기 자신 속에 혹은 자기 자신을 통하여 영원히 새로운 신을 찾고 구하는 것이다"[24]라고 김동리가 '종교'와 '문학'의 차이를 요약적으로 말했던 것처럼, 「솔거」 연작은 '미완성의 추구'라는 근대 예술 자체가 지닌 그 본질적인 성격의 테두리를 넘어서지 않았다고 할 수 있다. 「솔거」에 연작에 등장하는 '불화'의 의미는 바로 여기에 있으며, 연작을 관통하는 주제의식 역시 동일한 차원에 놓여 있는 것으로 판단된다.

5. 나오며

이 논문은 김동리에 관한 선행 연구들의 대부분이 그의 '대표작'이라 할 수 있는 「바위」, 「무녀도」, 「황토기」, 「역마」, 「등신불」 등을 그

공간은 전근대적인 주술성에 기초해 자연과 인간과 신을 유비적으로 통합시키는 힘을 소설의 전체 구성에 작동시키면서 작품 전체의 구성을 '유비적 통합'(analogical unification)으로 나아가게 만든다. 반면, 「솔거」 계열의 작품들에서는 주인공이 예술가로 설정되면서 근대적인 제도와 규범, 혹은 그 일상 세계에 대한 주인공의 환멸과 더불어 그의 개성적 내면성이 전면에 드러나 있다. 이 주인공은 근대의 일상 공간을 초월하여 자신의 실존적(내면적) 공간을 창조하고자 한다. 이에 따라 작품의 전체 구성 역시 그가 실제적으로 경험하는 근대적 일상 세계와 그가 추구하는 형이상학적 본질 세계 모두에 동화되지 못하는 '심미적 거리'(aesthetic distance) 또는 '낭만적 아이러니'(romantic irony)에 기초하게 된다. 요약해서 말해보면, 「무녀도」 계열의 작품이 '신화적 공간'의 배치와 '유비적 통합'의 구성 원리를 지닌다면, 「솔거」 계열의 작품은 '실존적 공간'의 배치와 '심미적 거리'의 구성 원리를 지닌다는 것이다.

24) 김동리, 『문학과 인간』, 김동리 전집 7, 민음사, 1997, 73면.

분석과 해석의 중심으로 삼고 있으며 그에 따르는 문제점을 지적하는 것에서 출발했다. 또한 이러한 문제점들과 그 한계들을 타개하기 위한 시도의 일환으로서 우선 그의 「솔거」 연작이 지닌 '예술가소설'의 특성과 '낭만적 아이러니'의 미학, 그리고 정신분석의 차원에서 논의될 수 있을 '열반원칙'과 '마조히즘'의 성격을 규명하고자 했다. 이 논문에서 논의된 것은 다음과 같다.

첫째, 김동리 소설 「솔거」 연작은 '예술가소설'이라는 개념 범주로 포섭될 수 있는 여러 특질들을 지닌다. 보다 정확하게 말한다면, 이 연작은 마르쿠제가 말했던 '낭만적 예술가소설'에 해당된다고 할 수 있다. 그러나 또한 엄밀한 의미에서의 이러한 '낭만적 예술가소설'의 개념 범주에 부합되는 작품은 「솔거」 단 한 작품에 불과한 것으로 판단된다. 이러한 판단은 「솔거」에서 나타난 '불교 예술'에 대한 섬세하고 깊이 있는 탐구가 「잉여설」과 「완미설」에서는 사라지며, 그 공백을 채우기 위한 방편으로 일기, 편지, 회고담 등과 같은 내면적 심리의 흐름을 묘사하기에 유리한 담론의 양식이 그 서사 구성의 핵심적인 차원을 이루고 있다는 사실에서 기원하는 것이다.

둘째, 「솔거」 연작을 관통하는 미학적 원리는 '낭만적 아이러니'라고 할 수 있다. 이것은 형이상학적 '본질세계'에도 도달할 수 없고, 일상적 '생활형식'에도 정착할 수 없는 주인공 '재호'의 모순적인 심리 상태와 그 내면의 불협화음이 연작 전편에 걸쳐 나타난다는 점을 통해 추론되어질 수 있다. 이것은 곧 '솔거', '혜룡선사', '정원'으로 표상되는 본질 세계에 대한 그의 동경과 열망이 좌절을 경험할 수밖에 없으며, 그에 따르는 그의 내면적 균열과 비애의 감정이 필연적인 것임을 의미하는 것이다. 영원한 해탈의 추구로 상징되는 '불화'가 그 물질적 유한성으로 인해 '퇴색되어 버린' 것이나, '부처와 인간 사이의 어떤 중간적인 동물'로 묘사된 그 '불화' 속의 주인공의 모습은 바로 이러한 신성한 것과 세속적인 것, 또는 형이상학적 본질세계와 일상적 생활형식 사이의 균열과 거리와 모순, 곧 '낭만적 아이러니'를 상징하는 감각적 차원의 이미지들이다.

셋째, 정신분석의 차원을 도입해본다면, 주인공 '재호'의 내면은 '열반원칙'과 '마조히즘'으로 분석될 수 있을 것이다. 그에게 아이를 가질 수 없는 '늙은 기생'과의 '결혼'은 '누이'와 '철'과 '정아'와의 관계에서 생겨날 수 있는 그 모든 내적 흥분과 심리적 긴장의 상태를 미리 제거하려는 예방책인 동시에, 결혼 생활에서 통상적으로 나타나는 기대와 실망이라는 반복적인 심리적 요동과 갈등을 최소화하려는 '열반원칙'의 또 다른 실천이었다고 할 수 있기 때문이다. 재호의 이러한 '결혼'은 비천한 신분인 '기생'과의 결합이자, 더구나 아이조차 가질 수 없는 황폐한 것이라는 점에서 그 자신의 삶에 가하는 모멸이자 학대이다. 이렇듯 자신의 삶을 학대하고 황폐화함으로써, 오히려 나르시시즘적인 쾌감과 만족을 획득하는 심리적 메커니즘은 '마조히즘'으로 정의될 수 있다. 이렇듯 '재호'의 내면에 깃들어 있는 '열반원칙'과 '마조히즘'의 상호 보족적인 관계를 요약해서 말한다면, '재호'의 '철'을 위한 숭고한 희생으로서의 '결혼', 또는 그 '마조히즘'의 역설적 윤리학은 실상 그 자신을 향해 있는 '열반원칙'으로부터 기원한 것이며, 정신적 해탈을 향한 처절한 자기 모험이라는 것을 의미한다.

이 논문의 전개 과정에서 명시적으로 밝혀진 '낭만적 예술가소설', '낭만적 아이러니', '열반원칙'과 '마조히즘'이라는 용어로 표상되는 「솔거」 연작의 특질은 표현 형식의 차원과 주제 내용의 차원을 모두 포괄하고 있는 것이라는 점에서, 그 어떤 한 부분으로만 편향되지 않는 균형 잡힌 분석의 틀과 해석의 시각을 제시해주고 있는 것으로 판단된다. 또한 김동리 소설을 근대 이전의 '신화' 혹은 '서사시' 양식이 지닐 수밖에 없는 미학적·세계관적 근본 원리인 'analogy'의 차원이 아니라, 근대 예술의 선험적 조건이라 할 수 있는 'irony'의 차원에서 해명했다는 점에서, 이 논문의 새로운 연구 방향과 입론의 시도는 입증될 수 있을 것이다. 또한 이 시도는 김동리의 '예술가소설' 전반을 대상으로 한 차후의 논문을 통해서 김동리 문학이 낭만주의 예술의 양가적인 특성이라 할 수 있는 'analogy'와 'irony'를 공유하고 있으며, 더 나아가 '근대'와 '반근대'라는 상반된 가치 지향(Intention)을 동시에 포괄하고 있다는 논의로 확장될 수 있을 것으로 예측된다.

✣ 참고문헌

김동리, 『무녀도 · 황토기』, 김동리 전집 1, 민음사, 1997.

김동리, 『문학과 인간』, 김동리 전집 7, 민음사, 1997.

김양선, 「1930년대 소설의 미적 근대성 연구」, 서강대 박사논문. 1997.

서재길, 「1920~30년대 한국 예술가소설 연구」, 서울대 석사논문, 1995.

이강은 · 이형숙, 「예술가소설의 개념과 접근방법」, 『러시아어문학 연구논집』 Vol. 8 No. 1, 2000.

양진오, 「근대 문학의 형성과 예술가의 발견」, 『현대소설연구』 15호, 한국현대소설학회, 2001.

유철상, 「환멸의 낭만주의와 예술가 소설의 한 양상: 김동리의 <솔거> 연작을 중심으로」, 『비교문학』, 한국비교문학회, Vol. 35, 2005.

이동하, 「한국 예술가 소설의 성격과 전개 양상」, 『현대소설연구』 15호, 한국현대소설학회, 2001.

정종현, 「식민지 후반기(1937~1945) 동양론 연구」, 동국대 박사논문, 2005.

조남현, 「한국 예술가소설의 원형」, 『현상과 인식』 3권 4호, 한국인문사회학회, 1979.

진정석, 「김동리 문학 연구」, 서울대 석사논문, 1993.
진정석, 「일제 말기 김동리 문학의 낭만주의적 성격에 관한 연구」, 『외국문학』 35호, 1993 여름.
차승기, 「1930년대 후반 전통론 연구」, 연세대 박사논문, 2002.
한형구, 「일제 말기 세대의 미의식에 관한 연구」, 서울대 박사논문, 1992.
황종연, 「한국문학의 근대와 반근대」, 동국대 박사논문, 1992.

강헌국, 『서사문법시론』, 고려대학교 민족문화연구소, 2003.
김인환, 『상상력과 원근법』, 문학과 지성사, 1993.
송하춘, 『1920년대 한국소설 연구』, 고려대학교 민족문화연구소, 1985.
송하춘, 『탐구로서의 소설 독법』, 고려대학교 출판부, 1995.
오한진, 『독일교양소설연구』, 문학과 지성사, 1989.
조남현, 『한국지식인소설연구』, 일지사, 1984.

Bloch, E, 『*The Utopian Function of Art and Literature*』, translated by Jack Zipes and Mecklenburg, MIT press, 1988.
Freud, G,『쾌락원칙을 넘어서』, 박찬부 역, 프로이트전집 14, 열린책들, 1997.
Freud, G, 『무의식에 관하여』, 프로이트 전집 13, 윤희기 역, 열린책들, 1997.
Laplanche, J · pontalis, J. B, 『정신분석사전』, 임진수 역, 열린책들, 2005.
Laplanche, J, 『*Life and Death in Psychoanalysis*』, translated with an introduction by Jeffrey Mehlman, The`Johns Hopkins University press, 1976.
Lukács, G, 『소설의 이론』, 반성완 역, 심설당, 1985.
Marcuse, H, 『마르쿠제 미학사상』, 김문환 편역, 문예출판사, 1989.

제3부

현대 한국시의 미시적 탐구

서정주 시 「역려」에 나타난 낭만성의 의미

1. 머리말

「역려」(逆旅)는 서정주의 두 번째 시집인 『귀촉도』(歸蜀道)에 수록된 시이다. 그의 초기의 시를 관류하고 있는 열정적이며 병적인 방랑성이 이 시에는 극명하게 드러나 있다. 「역려」는 일상적 생활에 대한 환멸을 통해 끊임없이 그것으로부터 탈주하고자 하는 자의식을 솔직하고 격정적으로 드러낸 작품이다. 신춘문예 당선작인 「벽」을 비롯하여 「단편」, 「바다」, 「문」 등의 서정주 초기의 시는 「역려」의 이러한 시적 정조와 주제를 동일하게 지니고 있는 것으로 판단된다.[1] 또한

1) 서정주의 신춘문예 당선작인 「벽」에서 시의 화자는 일상적 현실에 대한 답답함을 '벽'이라는 시어로 표현한다. 이 현실은 화자에게는 부정적인 것이며, 이 현실로부터 일탈하려는 화자의 염원이 마지막 연에 가장 잘 드러나 있다. (이제 진달래 꽃 벼랑 햇볕에 붉게 타오르는 봄날이 오면/壁 차고 나가 목매어 울리라 ! 벙어리처럼,/오 - 壁아.) 「斷片」은 현실에 대한 부정의식과 소외감이 미래 혹은 이상향에의 염원으로 귀결되는 시적 구조를 가지고 있다. (오 - 그 아름다운 날은 …… 내일인가. 모렌가. 내명년인가.) 또한 「門」은 이 논문의 분석대상 작품인 「역려」와 서정주 자신의 삶에 대한 진솔한 고백일 수 있는 「자화상」을 겹쳐 놓은 작품이라 판단된다. 예를 들어 「門」의 3연에 나타나는 (肺와 발톱만 남겨 노코는/옷과 신발을 벗어 던지자./집과 이웃을 離別해 버리자.)라는 것은 「역려」에서도 그대로 나타나는 시적 정조이자 이미지이다. 또한 4, 5연의

이러한 탈주와 방랑의 낭만성과는 다른 차원이지만 일상적 자아와 시적 자아의 괴리 혹은 분열을 드러낸 「자화상」, 「부흥이」 등의 시편들에도 역시 일상적 공간에 대한 환멸과 부정이 드러나 있다는 점에서, 「역려」와 동일한 시적 주제를 지니고 있는 것으로 보인다. 이러한 환멸과 부정은 이상향의 무엇인가를 염원하는 것으로 나타나지만, 보다 정확하게 말해, 시창작의 몰입과 예술혼의 승화로 치닫지만[2], 그것은 동시에 피와 생명력을 소진시키는 고통과 죽음의 이미지를 수반한다.

일상에 대한 환멸을 가지고 그것으로부터 벗어나 새로운 이상향의 공간을 찾아가는 그 여정은 목표점이 분명치 않은 혼돈된 내면의 갈등일 수도 있으며, 생명력의 소진을 무릅쓰고라도 가지 않을 수 없는 분명한 지향점의 추구일 수도 있다. 「바다」가 전자(前者)에 속하는 시라면,[3] 「역려」는 후자(後者)에 해당된다. 「역려」에는 죽음의 위협을

(뉘우치지 않는 사람, 뉘우치지않는사람아 !//가슴속에 匕首감춘 서릿길을 타며 타며 /오느라, 여긔 智慧의 뒤안깊이/비장한 네 荊棘의 門이 운다.)이라는 시적 맥락은 「자화상」에 드러난 일상적 현실에 대한 부정의식과 환멸감 그리고 그것을 극복하기 위한 힘겨운 내면의 고통이 잘 드러나 있다.

2) 김인환은 서정주 초기시의 위와 같은 특성을 「자화상」의 분석을 통해 다음과 같이 진술한다. "더욱이, 이 시의 후반은 <찬란한 아침>과 <이마 위에 시 짓느라 맺힌 땀>과 <몇 방울의 피>를 연관시켜 詩作의 고통과 행복을 심상으로 형성하면서, 지극히 타당하게도 모든 고난과 역경을 넘어 작시의 도를 지켜왔다고 진술하는데, 비록 과거 시제지만 암시하는 의미는 미래에 대한 결의이다. 이 시를 통해서 우리는 서정주의 초기시가 정상적인 인간 관계를 불가능하게 하는 내심의 정열에 기인함을 알 수 있고, 동시에 작시에 골몰함으로써 그러한 정열이 생활을 파탄시키지 않게 되었을 듯하다고 추측할 수 있다."(김인환, 「서정주의 시적 여정」, 『미당 연구』, 민음사, 1994, 106면.)

3) 서정주의 「바다」에는 일상에서 탈주하고자 열망으로 가득 차 있지만 그럴 수만은 없는 현실에 대한 자각이 동시에 놓여 있어서, 일상에 대한 안주와 탈주 사이에서 고뇌하는 자의 내면 의식이 강렬하게 드러나 있다. 1연에서 '길은 恒時 어데나 있고, 길은 결국 아무데도 없다.'라는 대목이 상징하는 것은, 길은 놓여 있지만 그냥 떠나버릴 수만은 없는 화자의 혼돈된 의식을 드러낸다. 또한 4연에서 '가라 아니 *沈沒*하라. *沈沒*하라. *沈沒*하라'라는 진술 역시 모순적이며, 방황하는 내면 의식을 보여준다. 그러나 이 방황은 현실을 완전히 망각한 행위는 아니다. 오히려 현실과 끊임없이 갈등하는 긴장관계에 놓여 있어서

감수하면서도 이상향의 공간인 '바다'로 가고자 하는 탈주의 열정이 나타나 있으며, 그 열정이 강한 의지로 전환된다는 점에서, 혼돈스러운 내면의 방황과 갈등을 표출한 작품이 아니라, '바다'라는 분명한 이상향의 추구를 표현한 작품이라 판단된다.

시적 정조와 주제가 유사하기는 하지만, 앞에서 제시한 시들과 「역려」가 직접적으로 등가관계에 놓이는 것은 아니다. 또한 이러한 동질성을 확인하는 작업은 각각의 작품을 차별화할 수 있는 세밀한 분석을 통해서만 이루어질 수 있다. 우선 「역려」 전문을 인용해보도록 하자.

> 샛길로 샛길로만 쪼껴 가다가
> 한바탕 가시밭을 휘젓고 나서면
> 다리는 홀처 肉膾 처노흔듯,
> 피ㅅ방울이 내려저 바윗돌을 적시고 ……
>
> 아무도 없는 곳이기에 고이는 눈물이면
> 손아귀에 닷는대로 떫고 씨거운 山열매를 따먹으며
> 나는 함부로 줄다름질 친다.
>
> 山새 우는 세월속에 붉게 물든 山열매는,
> 먹고 가며 해 보면
> 눈이 금시 밝어 오드라.
>
> 잊어 버리자. 잊어 버리자.
> 히부얀 종이燈ㅅ불밑에 애비와, 에미와, 게집을,
> 그들의 슯은 習慣, 서러운 言語를,
> 찌낀 흰옷과 같이 벗어 던저 버리고

절실한 느낌을 자아내게 한다.

이제 사실 나의 胃腸은 豹범을 닮아야한다.

거리 거리 쇠窓살이 나를 한때 가두어도
나오면 다시 한결 날카로워지는 망자
열민 붉은 옷을 다시 입힌대도
나의 소망은 熱赤의 砂漠저편에 불타오르는 바다 !

가리라 가리로다 꽃다운 이 年輪을 天心에 던져,
옴기는 발ㅅ길마닥 毒蛇의눈깔이 별처럼 총총히 무처있다는
모래언덕넘어 …… 모래언덕 넘어……

그어디 한포기 큰악한 꽃 그늘,
부즐없이 푸르른 바람결에 씻기우는 한낱 骸骨로 노일지라도
나의 念願은 언제나 끝가는 悅樂이어야 한다.

—「역려」 전문, 『미당 시전집』 1, 민음사, 1994.

2. 「역려」의 의미 구조: 탈주의 열정과 죽음의 위협

「역려」의 첫 연에 등장하는 이미지는 막다른 길로 도주하고 있는 자의 다급함과 절박함이다.

샛길로 샛길로만 쪼껴가다가
한바탕 가시밭을 휘젓고 나서면
다리는 홀처 육회 처노흔듯,
피ㅅ방울이 내려저 바윗돌을 적시고 ……

'큰길'이 아닌 '샛길'이라는 시어와 '쪼껴(쫓기다)'라는 시어의 결합은 상식적인 의미에서도 자연스럽다. 즉 무엇인가에 '쫓겨' 정상적인

길, 즉 상식적인 삶의 방향과는 다른 곳으로 내몰리고 있는 상황이 전제되고 있는 것이다. 그런데 이것은 더욱 악화되기만 한다. 즉 아예 길이 아닌 곳으로 들어서게 된 것이다. 길이 아닌 '가시밭'으로 완전히 일탈한 자의 모습은 '육회 처노흔듯' 피투성이가 된 상하고 병든 육신의 형태가 될 수밖에 없다. '가시밭'이란 그 의미의 외연을 확장해 본다면, 육신에 가해지는 고통이라는 의미를 넘어서 '여정의 장애'를 의미한다고 볼 수 있다. 이 '장애'에서 나타나는 고단함은 '핏방울'이 흘러내려 '바위를 적실'만큼 무겁고 힘겨운 것이다. '가시밭'과 '바윗돌'이 등장한다는 점에서 우리는 1연에서 제시되고 있는 공간이 '산'임을 유추할 수 있다. 2연에는 '산'이라는 공간이 시의 문면에 직접적으로 나타난다.

> 아무도 없는 곳이기에 고이는 눈물이면
> 손아귀에 닷는대로 떫고 씨거운 山열매를 따먹으며
> 나는 함부로 줄다름질 친다.

정상적인 길과는 다른 길로 접어든 자의 삶은 당연히 외로우며, 기존의 집단과 일상적인 습관과 규범에서 일탈한 이러한 길(삶의 방향)은 '아무도 없는' 혼자 가는 먼 길일 수밖에 없다. 이 고독감과 소외감은 눈물을 고이게 할 만큼 절실한 것이다. 이러한 힘겨움을 극복하기 위해서는 그 공간에 존재하는 모든 낯선 것과 닥치는 대로 부딪쳐야 하며, 그것에 대한 두려움을 제거해야 하며, 생존의 희망을 찾기 위해 여러 가지 모험을 시도해야만 한다. 즉 '손에 닷는대로' 아직은 설익고 낯선 것이지만, 자신의 생명을 연장시켜 줄 수 있는 '떫고 씨거운 산열매'라도 먹어야만 하는 것이다. 일상적이고 습관적인 것을 벗어난 행위는 미지의 것을 시험할 수밖에 없고, 따라서 익숙지 못한

섣부른 모험('떫고 씨거운 산열매')을 감수해야만('따먹으며') 한다. 또한 이 모험이 실패한다면 또 다른 방법과 길을 모색해야만 한다. 그러나 이 과정이 사려 깊은 이성적 사고를 기반으로 하기는 어렵다. 왜냐하면, 화자는 생존을 위협받을 만큼 위태로우며 절박한 상황 속에 놓여 있기 때문이다. 따라서 화자는 이 과정을 '함부로'라는 부사어로 처리하고 있으며, 익숙함에 정착하지 못하고 끊임없이 이상향을 향해 탈주하는 모습을 '줄다름질 친다'라고 표현하고 있다. 그러나 이 여정 끝에 외로움과 소외감은 반대로 자신의 새로운 힘과 생명력을 제공해 주는 긍정적인 것으로 전환된다.

> 山새 우는 세월속에 붉게 물든 山열매는
> 먹고가며 해 보면
> 눈이 금시 밝어 오드라.

탈주의 여정 속에서 보낸 시간은 무의미하지 않으며, 일상적인 것에서 탈주한 자에게 가해지는 '낯선 것에 대한 두려움'을 극복할 수 있는 깨달음을 남긴다. 즉 3연 1행에서 '山새 우는 세월속에'라는 구절의 의미는 설익었던 산열매가 붉은 산열매로 변화한 자연적 시간의 경과를 의미하기도 하지만, 더불어 화자에게 있어서는 인간의 세상사에서 벗어난 그 소외감과 두려움이 자연의 순환에 자신을 맡겨버릴 수 있을 정도로 극복되었음을 의미한다. '붉게 물든'이란 2연에서의 '떫고 씨거운'이라는 시어와 대립되는 것이며, 화자의 탈주가 지닌 어설픔과 두려움이 이제는 성숙한 내면으로 변화되었음을 의미한다. 따라서 화자는 이제 '함부로 줄달음을 치'지 않으며 3연의 마지막 행에 표현된 것처럼 광명과 환희('해')를 찾을 수 있는 길('눈')을 새롭게 모색할 수 있는 깨달음('금시 밝어 오드라')을 획득하게 되는 것이다.

3연까지의 이러한 시적 전개는 '탈주 - 고통 - 모험 - 성숙 - 자각'에 도달하는 내면의 여정을 연속적으로 드러낸다. 이 여정은 표면적으로 '산'이라는 한정된 공간 속에서 이루어진다. 4연에서 마지막 7연까지의 시적 전개는 앞의 1연~3연의 '산' 속에서의 한정된 여정을 벗어나 그 공간이 확대된다. 그리고 그 여정의 순서와 내용이 다른 차원으로 변용된다. 그러나 '일상으로부터의 탈주와 새로운 이상향(생명, 환희, 광명)을 향한 필사적인 여정'이라고 규정할 수 있는 이 시의 전체적인 주제의 측면에서 살펴보면, 동질적인 과정이 반복된다고 할 수 있다. 즉 「역려」의 의미 단락은 '1연~3연', '4연~7연'으로 양분될 수 있으며, 이 시는 '1~3'연에서 전개된 내면의 여정을 4연에서부터 다시 시작하는 구조를 지녔다고 할 수 있다.

이 시의 제목은 '역려'(逆旅)라는 한자어로 되어 있다. 한자를 그대로 풀이한다면 "거스르는 여행" 혹은 "거꾸로 하는 여행"이 될 법 하지만, 자전(字典)에는 '여관' 혹은 '객사'로 풀이되어 있다.[4] 1~3연에서 여관의 이미지를 발견할 수 있는 시어나 시적 맥락은 단 하나도 등장하지 않는다. 오히려 자연적이고 야생적인 소재가 시적 정조를 지배하고 있어서 '여관'이라는 인간의 문화적인 산물과는 전혀 관계가 없어 보인다. 그러나 4연에 오면 그 양상이 달라진다. 인간의 문명이 산출해 낸 '종이등'과 '습관'과 '언어'라는 시어가 등장하는 것이다. 이렇듯 야생적이고 자연적인 공간에서 일상적이고 문명적인 공간으로의 이동은 일종의 비약이다. 이 비약의 시작은 1~3연에서 제시된 시적 주제가 그 공간과 소재를 변용하여 다시 시작된다는 의미를 지니기도 한다.

---

4) 민중서림 편집국 편, 『韓漢大字典』, 전면 개정 증보판, 민중서림, 2000, 2049면.

잊어버리자. 잊어버리자.
히부얀 종이燈ㅅ불밑에 애비와, 에미와, 계집을,
그들의 슲은 習慣, 서러운 言語를,
찌낀 흰옷과 같이 벗어 던저 버리고
이제 사실 나의 胃腸은 豹범을 닮어야 한다.

'잊어버리자'라는 서술어가 도치되어 두 번이나 반복된 것은 망각에 대한 절실한 의지의 강조 때문이다. 화자는 자신의 가장 가까운 사람들을 잊어버리자고 절규한다. 이것은 일상적 현실을 완전하게 일탈하기 위해서 행하는 마지막 단계의 몸부림이다. 부모와 처를 여관방의 흐릿한 등불 아래에서 잊어버리자고 다짐하는 화자는 그러므로 일상으로부터 탈주하는 방랑자이다. 다시 그 일상으로 복귀하지 않겠다는 화자의 내면적 심리가 이 문맥 속에 녹아 있다. 자신의 피붙이와 여자가 지닌 습관과 언어를 '슬프'고 '서러운' 것이라고 말하는 화자의 태도는 그들에 대한 연민과 환멸이 함께 교차하는 이중적인 것이다. 그러나 화자에게는 환멸이 더욱 크기 때문에 가족으로부터 일탈할 수밖에 없으며, 그들과 공유했던 모든 것들을 망각하고자 하는 것이다. 만일 화자의 내면이 연민으로 가득 차 있다면 일상으로 되돌아갈 수밖에 없다.

그러나 이 시의 화자는 그들이 지녔던 누추하고 보잘 것 없는 것('습관'과 '언어')을 청결했지만 쓸모없게 되어버린 흰옷을 버리듯이 그렇게 단호하게 버려야 한다고 말한다. "나의 위장은 표범을 닮아야 한다"는 것은 세상의 모든 인연을 끊어버린 그의 내면이 지금부터는 그 무엇이라도 소화해낼 수 있는 야생적 힘과 강인한 생명력을 지녀야만 한다는 자각을 의미한다. '사실'이라는 시어는 이러한 자각이 단지 희망 사항에 머무르는 것이 아니라 현실적이고 실제적인 것이 되어야 함을 강조한다.

> 거리 거리 쇠窓살이 나를 한때 가두어도
> 나오면 다시 한결 날카로워지는 망자 !
> 열민 붉은옷을 다시 입힌대도
> 나의 소망은 熱赤의 砂漠저편에 불타오르는 바다 !

거리에 존재하는 쇠창살이란 곧 화자가 탈주의 공간에서 다시 직면하게 되는 일상적이고 생활적인 것의 억압이다. 그것이 '한때는' 화자의 육신을 가두고 억압할지라도, 그것을 벗어나면 탈주하고자 하는 욕망이 더욱 확대되고 증대됨을 '날카로워지는'이라는 시어로 화자는 표현하고 있다. '망자'는 한자어로 표기되어 있지 않기 때문에 정확한 의미 분석이 어려우나, '芒刺'로 해석하는 것이 앞의 '날카로워지는'이라는 수식어와 가장 잘 어울리는 것으로 판단된다. '芒刺'를 자전에서 찾아보면, '가시', '바늘'이라고 풀이되어 있다.[5] '쇠창살'은 화자를 가둘 수 없고, '쇠창살'이 의미하는 일상의 억압으로부터 화자가 벗어나자마자 '芒刺의 날카로움'이 '한결' 더해진다는 것은 역설이다. 곧 그 어떤 일상적 억압도 화자의 탈주하고자 하는 욕망을 가로막을 수 없으며, 탈주의 과정에서 발생하는 고통이란 일상적 삶이 주는 고통보다는 덜하다는 의미의 역설인 셈이다. '열민 붉은 옷을 다시 입힌대도'라는 이 연의 3행이 능동형이 아닌 피동형으로 쓰였다는 점을 주목해 본다면, '열민 붉은옷'이란 또 다른 현실적 억압이라는 것을 유추할 수 있다. 그것은 화자가 피하려고 해도 가해져만 오는 화자의 의지와는 무관한 것이다. 그러므로 능동형 아니라 피동형으로 진술될 수밖에 없었던 것이다.

5) 위의 책, 1730면.

3행과 4행의 접속 어미인 '-이라해도'는 부정적인 조건과 상황을 전제하지만, 그것을 극복하고 무엇인가를 수행하겠다는 강렬한 의지로 귀결되는 의미의 맥락을 가진다. 따라서 화자의 소망하는 바가 4행에 제시되는 것은 당연하다. 화자가 소망하는 이상향의 공간은 '바다'이다. 그러나 '바다'는 쉽게 갈 수 있는 공간이 아니다. 즉 모든 존재의 생명력을 고갈시킬 정도로 위험한 '사막'의 '저편'에 놓여 있기 때문이다. '사막'이 주는 이미지가 곧 '죽음', '불모성', '생명력의 고갈'이라 할 때, 사막의 *저편*에 놓여진 '바다'는 마치 김소월의 「산유화」에 표현된 '*저만치* 혼자서 피어있'는 꽃처럼 인간이라는 유한자와 메울 수 없는 거리[6]를 지닌 공간으로 파악된다. 그러나 화자는 죽음의 위험을 감수하면서도 가야만 하는 자신의 의지를 다음 연(6연)에서 이렇게 드러낸다.

> 가리라 가리로다. 꽃다운 이 年輪을 天心에 던저,
> 옴기는 발ㅅ길마닥 毒蛇의눈깔이 별처럼 총총히 무처있다는
> 모래언덕넘어…… 모래언덕 넘어……

6연에서도 도치법이 쓰이고 있는데, 이것은 화자가 바다로 가겠다는 의지를 부각시키기 위해서 이 연의 마지막에 쓰여야 할 서술어를

6) 김동리, 「문학과 인간」, 『문학과 인간』, 김동리 전집 7, 민음사, 1997, 44면 참조.
"그러나 소월은 옥녀나 금녀로써 메꾸어지지 않는 그의 정한의 구경이 <자연> 혹은 <신>을 찾고 있다는 것을 꿈에도 생각할 수 없었던 것이다. 「산유화」의 기적성은 여기에 기인한 것이다. <산에, 산에, 피는 꽃은 저만치 혼자서 피어있네> 할 때, 그는 그 산이 무엇인지를 몰랐으며 다만 그 청산과 자기와의 거리를 <저만치>라고 손가락질로 가리킬 수 있었던 것뿐이다. 그리고 그가 청산과 자기와의 거리를 <저만치>라고 손가락질로 가리킬 수 있는 순간은 그가 가장 그의 <임>의 품속에 깊이 안길 수 있는 순간이기도 했던 것이다. 이 순간 그의 체내의 맥박은 청산의 그것에 가장 육박했을 때요 이 순간의 맥박이 그의 시혼을 불렀을 때 저 「산유화」의 기적적 해조는 구성되었던 것이다."

첫 행의 맨 앞으로 가져온 것이다. '연륜'이 '꽃답다'라는 것은 화자의 젊음과 앞으로의 삶이 지니게 될 여러 가능성들을 상징한다. 이렇게 소중한 자신의 젊음과 가능성을 '천심에 던지'겠다는 것은 곧 삶과 죽음의 경계에 처해진 자신의 운명을 하늘에 맡기겠다는 것으로 해석된다. 다시 말해, 죽을 수도 있다는 두려움을 자신의 의지가 아니라 거역할 수 없는 운명에 의탁해 그것을 축소하고자 하는 화자의 심리 상태가 표현된 것이라 할 수 있다.

'모래언덕'이라는 시어로 대치되고 있는 '사막'은 '옴기는 발길마다' 생명을 위협하는 '독사의눈깔'과 같은 위험이 '총총히'("빽빽이 촘촘하게")[7] '무처'(묻혀) 들어서 있다. 이 고난과 죽음의 길인 '모래언덕'을 넘어 가는 것은 빠르고 쉽게 지나칠 수 없으며, 또한 그렇다고 천천히 여유를 가지고 지날 수도 없다. 이것을 시인은 형태적인 것으로 처리했던 것으로 판단된다. 즉 6연의 마지막 행을 시작하는 '모래언덕넘어'라는 시어는 여타의 행과 달리 한 칸 앞에서 시작한다. 또한 앞의 '모래언덕넘어'는 뒤에서 다시 반복되면서 '모래언덕'과 '넘어'로 띄어쓰기 되고 있다. 즉 '모래언덕넘어'는 죽음의 위협이 도사리고 있는 '사막'을 빠르게 통과하여 이상향인 '바다'에 가고 싶다는 화자의 소

---

7) 연세대학교 언어정보개발연구원 편, 『연세한국어사전』, 두산동아, 1999, 1827면.
'총총히'는 『연세한국어사전』에 따르면, 세 가지의 相異한 의미를 지니고 있다. 첫 번째는 "하늘엔 별들이 총총히 박혀 있고"라는 문장에서 사용된 것과 같이, "맑고 또렷이"라는 의미를 지닌다. 두 번째는 "그는 시장을 빠져 나와 판잣집들이 총총히 들어선 비탈길로 올라갔다."에서 사용된 것처럼, "빽빽이, 촘촘하게"라는 의미를 지닌다. 마지막으로 세 번째는 "그녀는 새로운 힘이 솟았는지 빠른 걸음으로 개울 길을 따라 총총히 내려갔다"라는 문장에서 사용된 바와 같이, "매우 급히, 매우 바삐"라는 의미를 지닌다. "독사의눈깔이 별처럼 총총히 무처있다는"이라는 「역려」의 시적 맥락을 고려해볼 때, 여기서 '총총히'는 "빽빽이, 촘촘하게"라는 의미로 사용된 것이 틀림없다. 또한 여기서 '총총히'라는 부사는 죽음의 위협 한가운데에 놓인 화자의 절박성을 고조시키는 어사로 기능한다고 할 수 있다.

망을 표현한 것이기에, 여타의 행들과는 다르게 한 칸 앞에서 시작된 것이며, 띄어쓰기를 무시하고 표기된 것이다. 그러나 화자는 실제적인 현실에서는 이러한 소망과는 달리, '모래언덕'을 빠르고 쉽게 '넘어'갈 수 없다는 경험적 사실의 긴박감과 절실함을 표현하기 위해, '모래언덕 넘어'를 반복하면서 다시 '모래언덕'과 '넘어'를 띄어쓰기의 표기로 처리하고 있는 것으로 판단된다.

> 그어디 한포기 큰악한 꽃 그늘
> 부즐없이 푸르른 바람결에 씻기우는 한낱 해골로 노일지라도
> 나의 염원은 언제나 끝가는 悅樂이어야 한다.

이 죽음과 불모의 사막에서도 발견할 수 있는 삶의 가능성과 생명력은 하나쯤 있게 마련이다. 1행에 제시되어 있는 '꽃'은 생명, 희망 , 삶의 가능성 등으로 해석될 수 있다. 그 어떤 것으로 해석된다 하더라도 사막이 주는 죽음의 이미지와 대립되는 것임은 분명하다. 이 '꽃' 아래의 '그늘'은 사막에서의 찌는 더위와 같은 고난을 피할 수 있게 하여 새로운 희망과 생명력을 재충전시켜 주는 휴식과 같은 것이다. 2행의 의미는 표면상으로 이러한 1행의 의미와 상반되는 것으로 나타난다. 즉 "아무런 의미나 소용도 없이"라는 뜻을 지닌 '부즐없이'와 '죽음의 결과'로 해석되는 '해골'이라는 시어가 쓰이고 있기 때문이다. 그러나 우리는 이 시어 사이에 놓인 '푸르른 바람결'이라는 표현에 주목할 필요가 있다.

앞의 5연에서 '사막'의 수식어는 "붉게 불타오르는"의 의미를 지닌 '熱赤의'였다. 그러므로 '푸르른'이라는 색감의 형용은 앞의 '赤'과 상호 대립적인 것이며, '붉은'이 고난과 갈증을 의미한다면, '푸르른'은 휴식과 안락을 의미한다. 이와 같은 의미의 맥락을 고려해본다면, 시

적 공간이 사막에서 다른 공간으로 이동했음을 알 수 있다. 사막을 건너는 행위는 생명력을 소진시키는 것이므로, '*저편*'에 놓여있는 이상향에 도달하기도 전에 죽음에 직면할 수 있다는 것을 화자는 이미 깨닫고 있다고 볼 수 있는 것이다.

그러나 이것은 실제의 행위가 아니라 화자의 내면의 여정에 놓여진 가정(假定)의 상황임을 '노일지라도'에서 '-이라도'라는 어미가 유추할 수 있게 한다. 화자는 이 가정화된 내면의 여정에서 자신이 찾고자 하는 이상향에 도달하는 것이 죽음으로의 유혹일지라도, 그것은 한없는 즐거움이자 기쁨일 수밖에 없다는 이 시의 전체 주제를 마지막 행에 이렇게 표현한다. "나의 念願은 언제나 끝가는 悅樂이어야 한다". '끝가는'이라는 표현은 이중적이며 양가적인 의미를 지닌다. 이상향으로의 탈주라는 동적이며 상승적인 이미지와 생명력의 소진과 죽음으로의 귀결이라는 정적이며 하강적인 이미지의 양 극단을 '끝가는'이라는 시어는 동시에 함축한다. 이러한 긴장 관계 속에서만 '열락'(悅樂)은 화자가 진실로 찾고자 했던 이상향일 수 있기 때문이다.

3. 「역려」와 「바다」의 비교 분석: '낭만적 아이러니'와 일상과 탈주의 변증법

시의 창작 행위라는 것은 제도적이고 관습적인 현실을 거부하고 그것으로부터 벗어나려는 탈주자의 몸짓을 닮아 있다. 모든 예술작품은 그것이 비록 일상적인 삶을 묘사하고 재현할 수밖에 없는 것이라 할지라도, 일상 자체와는 달리 그 경험적 편린들 각각에 새로운 의미와 가치를 부여하는 것이며, 또 다른 미래와 새로운 삶의 가능성을 추구하는 것이기 때문이다. 문학을 포함한 모든 예술의 창조 행위는 결국 일상적인 삶 자체와는 메울 수 없는 간극을 지니고 있는 것이며, 동시에 그것을 초월하려는 지향성(Intention)을 필연적으로 포함한다. 따라서 문학이란 일상을 초월하여 그 자체와는 다른 무엇인가를 지향하게 마련이며, 바로 이 지점에 '낭만성'이 개입된다. 그러나 이 '낭만성'은 현실로부터 완전히 동떨어진 것을 의미하거나 현실의 구체적 역사성을 배제한 유토피아적 이상향의 추구만을 의미하지 않는다. 오히려 그것은 반복되는 일상을 넘어서 새로운 삶과 또 다른 미래의 가능성을 꿈꾸며, 세속적 현실의 추악한 이면들을 들추어내고 그것을 넘어서려는 의식적 투기(投企)를 지칭하는 것일 수 있다. 전자(前者)의 낭만성이 일상적 현실에 내재한 사회·역사적 조건과 그 억압적 양상들을 단번에 초월할 수 있는 유토피아적 피안을 추구하는 것을 의미한다면, 후자(後者)의 낭만성은 구체적인 현실의 관계 속에 내재한 부자유와 억압을 고발하고 그것과 정직하게 대결하면서 다양한 방식으로 그것을 뛰어 넘으려는 모색과 실험을 의미한다.

「역려」는 내면의 심연과 이상향을 찾는 고된 여로의 과정을 극적으로 드러내고 있다. 이 심연이 일상과 얼마큼의 거리를 가지느냐에 따라 탈주의 여정에 뒤따르는 고통의 강도는 결정되어지며 낭만성의 형식이 좌우된다. 「역려」는 낭만성의 농도가 「바다」보다 훨씬 높지만, 「바다」만큼의 큰 울림을 주지는 못한다. 왜냐하면 일상적 현실에 대한 애정과 자각이 거의 나타나지 않기 때문이며, 일상에의 안주와 이상향으로의 탈주가 벌이는 긴장이 현저하게 약화되어 있기 때문이다. 탈주의 미학 속에 일상이 무화(無化)되어 버리는 「역려」는 그러므로 「바다」가 지니는 진솔한 비장미를 획득하지 못한다. 이상향의 추구 역시 일상과의 긴장 관계 속에서만 아름답고 절실할 수 있음을 「바다」는 이런 문맥으로 보여준다.

귀기우려도 있는 것은 역시 바다와 나뿐.
밀려 왔다 밀려가는 무수한 물결우에 무수한 밤이 往來하나
길은 恒時 어데나 있고, 길은 결국 아무데도 없다.

아- 반딧불만한 등불 하나도 없이
우름에 젖은 얼굴을 온전한 어둠속에 숨기어 가지고 …… 너는,
無言의 海心에 홀로 타오르는
한낫 꽃같은 心臟으로 沈沒하라.

아- 스스로히 푸르른 情熱에 넘처
둥그란 하늘을 이고 웅얼거리는 바다,
바다의깊이우에
네구멍 뚤린 피리를 불고…… 청년아.
애비를 잊어버려
에미를 잊어버려
형제와 친척과 동모를 잊어버려,
마지막 네 게집을 잊어버려,

아라스카로 가라 아니 아라비아로 가라
아니 아메리카로 가라 아니 아프리카로
가라 아니 沈沒하라 沈沒하라 沈沒하라 !
오 어지러운 心臟의 무게 우에 풀닢처럼 흣날리는 머리칼을
달고
이리도 괴로운 나는 어찌 끝끝내 바다에 그득해야 하는가.
눈뜨라. 사랑하는 눈을 뜨라…… 청년아,
산 바다의 어느 東西南北으로도
밤과 피에 젖은 國土가 있다.

아라스카로 가라 !
아라비아로 가라 !
아메리카로 가라 !

아푸리카로 가라 !

—「바다」 전문, 『미당 시전집』 1, 민음사, 1994.

「바다」에서 드러나는 낭만성은 일상적 현실을 완전히 망각해버린 차원의 것이 아니다. 오히려 화자는 괴롭고 슬픈 일상적 현실의 상징인 '밤과 피에 젖은 국토'를 사랑하라고 외친다. '동서남북'의 그 어느 곳을 가더라도 화자가 떠나온 그 현실이 존재한다. 그 현실을 '사랑하는 눈을 뜨라'고 화자는 자신('청년')에게 다짐한다. 이것은 화자가 보여주는 현실에 대한 절실한 자각이며 애정이다. 그러나 화자는 마지막 연에서 '동서남북'의 먼 이상향의 공간('아라스카', '아라비아', '아메리카', '아푸리카')으로 가라고 외친다. 이것은 바로 앞 연에 놓여 있는 진술(statement)과는 상반되는 것이다. "현실에 대한 애정을 가져야 한다"는 심리와 "현실을 탈주하여 이상향의 공간으로 가고 싶다"는 심리가 함께 드러나 있는 것이며, 이것은 그만큼 화자가 내적으로 혼돈되어 있고 긴장과 갈등에 휩싸여 있음을 표현한 것이라 할 수 있다.

이 긴장이 함축적으로, 가장 탁월한 시적 표현으로 드러난 행은 1연 3행, 곧 "길은 恒時 어데나 있고 길은 결국 아무데도 없다"이다. 이것은 마치 루카치가 『소설의 이론』에서 "길은 시작되었는데도 여행은 완결된 형식이 소설이다"8)라고 근대소설의 본질적 특성을 '아이러니'(irony)로 해명한 대목에 비견될 수 있을 것이다. 실상 루카치의 이 문장은 근대 문학이 그 태반에 지닐 수밖에 없는 근원적인 균열(irony)을 비유적 어법으로 표현한 것이라 판단된다. 근대문학에는 불완전한 일상적 현실로부터 벗어나 삶의 본질과 비의(秘義), 혹은 존재의 이데아를 추구할 수 있는 가능성이 존재할 수 있으나, 그것에 대한

8) G. Lukács, 『소설의 이론』, 반성완 역, 심설당, 1985, 94면.

동경과 지향만이 가능할 뿐 결코 그것에 도달할 수 없다. 바로 이 지점에서 나타나는 '비애의 감정'과 '불협화음'이 곧 낭만주의 문학에서 제기되는 '낭만적 아이러니'(romantic irony)이다.[9)]

"길은 恒時 어데나 있고, 길은 결국 아무데도 없다"는 「바다」의 한 구절은 불완전한 세속의 세계를 초월하여 완전하고 신성한 세계를 동경하고 염원하지만, 그 세계는 영원히 찾아지지 않는다는 '낭만적 아이러니'의 개념을 매우 탁월한 시적 표현으로 승화한 것이라 할 수 있

9) O. Paz, 『진흙 속의 아이들』, 김은중 역, 솔, 1999, 76-77면 참조.
O. paz에 따르면, 낭만주의 예술은 'analogy/irony'로 표상되는 상반된 가치 지향 혹은 미학적 경향을 동시에 포괄한다. 낭만주의는 근대 과학에 의해 붕괴된 '유비적 세계상'(analogical vision), 혹은 '인간과 자연과 신'의 원초적 조화와 통일성을 동경하고 회복하려는 움직임으로 요약될 수 있다. 그러나 이러한 원초적 조화는 하나의 지향적인 가치일 뿐, 결코 현실적인 경험 혹은 실제적인 인식 그 자체일 수 없다. 따라서 낭만주의에는 상반되는 두 가지 충동과 경향이 공존한다. 이 상반된 충동과 경향은 'Analogy/Irony'라는 개념으로 집약될 수 있을 것이다. 전자가 낭만주의가 지향하고 동경하는 '인간과 자연과 신' 또는 '주체와 객체와 언어'의 원초적 조화를 표현하는 것이라면, 후자는 그러한 조화와 통일성을 동경하고 추구하지만, 결국 그것에 도달하지 못하는 데에서 발생하는 '분열의 고통' 혹은 '비애의 감정'을 표현한다. 따라서 'Analogy'가 현대 세계의 분열된 가치들과 그 경험 양상, 혹은 그 조건 등을 거부하고 과거로 회귀하고자 하는 '반현(근)대성'의 가치 지향을 함축한다면, 'Irony'는 그러한 현대 세계의 분열을 그대로 인정하면서, 분열된 개인의 실존과 그 실존의 개성과 진실을 예술로 표현하고자 하는 '미적 근대성'의 가치 지향을 내포한다. 즉 낭만주의에서 'Analogy'를 강조하게 되면, '전통, 원초적 조화, 선험적 진리 체계, 도덕규범, 종교'가 우세해지고 'Irony'를 강조하게 되면, '현대, 실존적 분열, 경험적 진실, 개인적 개성, 예술'이 우세해진다는 것이다. 낭만주의의 상반된 두 충동인 'Analogy/Irony'에 대해서는 위에서 제시한 『진흙 속의 아이들』 제3장(75-77면.)과 제4장(83-99면.)을 참조했다.
일반적으로 서정주의 초기시로 간주되어온 『화사집』에 수록된 시편들은 낭만주의적 성격을 지니지만, 그것은 낭만주의의 두 가지 상반된 경향 가운데 'irony'로 해명될 수 있으며, 운명의 순응과 그에 따른 심리적 안정감, 동양적 체념과 관조의 미학이 드러나기 시작하는 『귀촉도』 이후의 시편들은 'analogy'로 해명될 수 있다고 판단된다. 『화사집』의 시편들이 대부분 시적 자아의 내면적 분열과 고통, 불협화음을 드러내는 데 반해서, 『귀촉도』 이후의 시편들은 대부분 운명의 순응과 화해, 인생의 달관과 관조적 체념을 표현하고 있기 때문이다.

다. 이 시구는 모순적이고 양가적인 삶의 충동이 근대인의 내면에 공존한다는 것을 압축적으로 표현한다. 이것은 '일상에로의 안주'라는 정적이고 하강적인 이미지와 '이상향으로의 탈주'라는 동적이고 상승적인 이미지를 동시에 함축한 것이며, 더 나아가 삶의 희노애락(喜怒哀樂)의 모든 국면에 깃들어 있는 절망과 희망의 변증법을 응축한 이미지이기 때문이다. 또한 「바다」에 나타난 이러한 모순과 긴장은 위에서 살펴본 것처럼 생의 리듬 전반을 응축한 것이기에 진솔성을 획득한다.

「역려」에 나타나 있는 동일한 시어인 "애비를 잊어버려/에미를 잊어버려/네 게집을 잊어버려"가 「바다」에 놓여 있기 때문에, 「바다」 역시 「역려」와 동일한 낭만성을 지닌 작품이라고 판단하는 것은 상투적인 해석에 불과하다. 「역려」는 일방적으로 탈주의 여정만이 존재하며 그 여정에서 나타나는 고통이 매우 격앙된 어조로 진술되고 있지만, 그 격한 어조만큼 절실함의 깊이가 존재하지 않는다. 「바다」에서 "이리도 괴로운 나는 어찌 끝끝내 바다에 그득해야 하는가"라고 부르짖는 화자의 고통은 가정(假定)의 문법이 아니며, 현재 화자가 직접적으로 경험하고 있는 심리 상태 그대로를 표현한 것이다. 즉 「바다」의 진솔한 비장미는 지금 현재 보고 느끼는 경험의 직접성에서 나온다. 이에 반해, 「역려」는 이상향으로의 고통스러운 탈주의 여정과 생명을 위협하는 절박한 상황이 가정(假定)의 문법으로 진술되고 있다. 따라서 「역려」에는 「바다」만큼의 진솔한 비장미가 존재하지 않는다. 「역려」에서 화자와 일상적 현실과의 거리는 실감을 갖지 못할 정도로 멀기 때문이며, 현실로부터의 탈주는 현재의 직접적인 경험이 아니라 가정적 상황으로 존재하기 때문이다.

「역려」는 『귀촉도』에 실려 있는 다른 시편들과는 다르게 서정주의 초기의 시편들이 지녔던 열정의 폭발적 분출과 탈주의 낭만성이 드러나는 작품이다. 그러나 「역려」는 그의 초기 시편들이 획득하고 있는 진솔성과 생동성에 비교하여 본다면 무척 관념적이다. 「자화상」이나 「바다」, 「문」 등이 보여주는 실감 있는 내면 고백이 가정적(假定的) 의지로 변화했기 때문이다. 이것은 서정주의 초기 시편들과 중기 시편들 사이에서 나타나는 차이와 변화를 표상하는 하나의 표지라고 판단된다.[10] 서정주의 초기 시편들에는 일제 말기 시대의 사회적 상황을 직접적으로 형상화하려는 창작 의도가 포함되어 있지는 않았을지라도, 청년이라면 으레 그의 내면에 지니게 되어 있는 기성 체제에 대한 반감과 저항, 그것에 대한 과감한 도전 의식과 새로운 삶에 대한 열정이 그대로 표출되어 있었다.[11] 이러한 까닭에, 그의 초기 시편들에서는 당대의 한국인들이 지녔던 내면적 고통과 울분, 지향 없는 열정이 진솔하고 생동감 있게 묘사될 수 있었던 것이다. 그러나 그의 두 번째 시집 『귀촉도』에서부터 나타나는 운명의 순응과 그로부터 비롯되는 심리적 안정감은 그의 초기시의 배면에 스며있던 "일상적인 세계의 지루하고 얼크러진 것들의 밑바닥을 꿰뚫어 보고자 하는 형이상적 정열"[12]과 청년의 감성에 필연적으로 수반되는 '사회적 저항 의식'을 철저하게 제거하는 방향

---

10) 서정주의 『화사집』에는 지향 없는 열정과 죄의식으로 몸부림치는 식민지 청년의 진솔한 내면과 경험적 직접성이 나타나는 데 반해, 그의 두 번째 시집인 『귀촉도』에서부터는 지향 없는 격정을 다스려 정서적 안정을 얻어가는 과정이 선명하게 드러나며, 이러한 정서적 안정감의 확보는 운명에 대한 거부에서 긍정으로의 변화와 상응하는 것이라는 견해는 선행 연구자들이 대체로 합의하는 공론이라 할 수 있다. 그러나 서정주 시의 이러한 변화에 대한 가치 평가는 論者마다 상이하다고 할 수 있다. 이 변화를 비판적으로 논구한 선행 연구들로는 다음과 같은 것들을 열거할 수 있다.
김우창, 「한국시와 형이상」, 『궁핍한 시대의 시인』, 민음사, 1977.
김인환, 「서정주의 시적 여정」, 『미당 연구』, 민음사, 1994.
최두석, 「서정주론」, 『미당 연구』, 민음사, 1994.
최현식, 『서정주 시의 근대와 반근대』, 소명출판, 2003.

11) 최두석, 위의 글, 278-279면 참조.

12) 김우창, 앞의 글, 70면.

으로 나아갔던 것으로 추론된다.

「역려」에서 나타나는 과장된 낭만성과 가정화된 의지는 역설적으로 바로 이러한 한국 사회의 구체성에 대한 애정과 자각, 그에 대한 내면적 고투가 사라진 데에서 기인하는 것이라 판단된다. 「역려」가 「바다」에서 표현된 일부분의 시구를 동일하게 반복하고 또한 그것과 유사한 정조와 주제를 지니고 있음에도 불구하고, 「바다」만큼의 진솔성과 생동감을 지니지 못하는 근원적인 이유 역시 바로 이 지점에서 발생한다고 할 수 있다.

4. 맺음말

이 논문은 서정주의 두 번째 시집 『귀촉도』에 수록된 「역려」라는 시작품을 정밀하게 의미 분석하고 해석하는 데에 주안점을 두었다. 지금까지 현대시 연구의 관행이 개별 작품 속에 배치되어 있는 시어 낱낱에 대한 상세한 분석과 해석을 기피해 온 점을 감안한다면, 이러한 시도는 새로운 것이라 판단된다. 현재에 이르기까지 서정주 시에 대해 수많은 평론과 연구 논문들이 산출되었지만, 서정주의 개별 시작품들을 면밀하게 분석한 사례는 매우 희박했기 때문이다.

서정주의 시 「역려」는 『귀촉도』에 수록된 여타의 시들과는 달리 그의 초기시가 지니고 있는 열정의 폭발적 분출과 탈주의 낭만성이 드러나 있다. 그러나 이 시는 매우 격앙된 어조와 강렬한 낭만성의 색채를 띠고 있음에도 불구하고, 『화사집』에 수록된 그의 시편들이 지니고 있는 진솔한 비장미와 생동감이 결여되어 있다. 이것은 화자와 일상적 현실과의 거리가 실감을 갖지 못할 정도로 멀며, 현실로부터의 탈주가 현재의 직접적인 경험이 아니라 가정적인 상황으로 존재하기 때문에 발생하는 것으로 판단된다.

이 논문은 이러한 측면을 보다 명확하게 논증하기 위하여 「역려」와 「바다」의 비교 분석을 시도했으며, 이것을 '낭만적 아이러니'의 개념 혹은 '일상과 탈주의 변증법'이라는 문제틀(problomatique)을 통해 해명했다. 즉 「역려」는 「바다」에서 표현된 동일한 시구를 반복하고 있으며, 유사한 시적 정조와 주제를 지니고 있음에도 불구하고, 그것만큼의 진솔성과 생동감을 지니지 못하는 이유가 한국의 구체적 현실을 이루는 일상적 생활에 대한 애정과 자각의 결여에 있다는 점을 발견했다. 「역려」의 이러한 문제는 더 나아가 『귀촉도』에 수록된 대부분의 시편들에서 나타나는 인생의 달관, 혹은 운명에 대한 순응주의로부터 파생된 심리적 안정감과 결부되어 있으며, 또한 그와 동시에 근대 한국 사회의 모순과 근대 한국인의 내면에 도사리고 있는 경험적 분열을 그 근본에서부터 꿰뚫어보려는 '형이상적 정열'의 결여에서 기원함을 논증했다. 요약해서 말하자면, 「역려」가 우리 사회의 현재적 경험에서 직접적으로 나타나는 분열의 고통과 비애의 감정을 실감 있게 표현하지 못하고 일상적 현실의 구체적 맥락을 무화시킨 채, 가정화된 의지와 추상적이고 관념적인 이상향에 대한 도취로 귀결될 수밖에 없었던 것은 한국의 구체적 역사 현실에 대한 애정과 자각의 부재에 그 원인이 있었다고 할 수 있다.

이 논문은 낭만주의 예술이 포괄하는 상반된 가치 지향 혹은 미학적 경향을 'analogy'와 'irony'라는 개념으로 요약해서 제시했다. 또한 서정주 시에서 나타나는 일반적인 특성을 '낭만주의'로 전제했으며, 『화사집』의 시편들을 'irony'의 개념으로, 『귀촉도』 이후의 시편들을 'analogy'의 개념으로 해명할 수 있을 것이라는 견해를 표명했다. 그러나 이러한 견해는 서정주의 개별 시작품들에 대한 상세한 분석과 해석을 통해서만 그 정당성이 확증될 수 있을 것이다. 따라서 이 논문에게 이후 제기되는 과제는 서정주 시의 변모 양상을 전반적으로 조감하는 것과 그의 시 전체에 대한 지형도를 작성하는 것이 될 것이다.

✤ 참고문헌

서정주, 『미당 시 전집』 1, 민음사, 1994.
서정주, 『미당 자서전 』 1 · 2, 민음사, 1994.

김우창, 「한국시의 형이상」, 『궁핍한 시대의 시인』, 김우창 전집 1, 민음사, 1977.
김윤식, 「전통과 예의 의미: 서정주론」, 『한국근대작가논고』, 일지사, 1974.
김인환, 「서정주의 시적 여정」, 『미당 연구』, 민음사, 1994.
송 욱, 「서정주론」, 『문물의 타작』, 문학과 지성사, 1978.
유지현, 「서정주 시의 공간 상상력 연구」, 고려대 박사논문, 1998.
윤재웅, 「서정주 시 연구」, 동국대 박사논문, 1996.
이광호, 「영원의 시간, 봉인된 시간」, 『작가세계』, 1994 봄.
이성우, 「서정주 시의 영원성과 현실성 연구」, 고려대 석사논문, 2000.
이 찬, 「김준오 시론 연구」, 『우리어문연구』, 제24집, 우리어문학회, 2005. 6.
천이두, 「지옥과 열반」, 『미당 연구』, 민음사, 1994.
황종연, 「신들린 시, 떠도는 삶」, 『작가세계』, 1994 봄.
황현산, 「농경사회의 모더니즘」, 『미당 연구』, 1994.

김동리, 『김동리 전집 7: 문학과 인간』, 민음사, 1997.
김상환, 『예술가를 위한 형이상학』, 민음사, 1998.
김윤식, 『한국근대문학사상연구2』, 아세아문화사, 1994.
최현식, 『서정주 시의 근대와 반근대』, 소명출판, 2003.
Lukács, G, 『소설의 이론』, 반성완 역, 심설당, 1985.
Paz, O, 『흙의 자식들』, 김은중 역, 솔출판사, 1999.

김수영의 「사랑의 변주곡」에 나타난 '사랑'의 의미: '내재적 초월'

사물이든 인간의 존재 양식이든 간에, 존재는 다른 존재들과의 관계맺음 속에서 어떤 것을 생성하고 소멸시킨다. "존재가 그 스스로의 충만한 자성(自性)을 갖추고 있다면 생멸(生滅)이 즉 다시 말해 변화가 있을 리 만무하다."[1] 존재는 고정된 실체일 수 없으며 여러 가지 인연의 선들이 개입하고 화합하여 발생한다. 그러므로 존재는 자명하고 확고한 실체(自性)가 아니라 다른 존재들의 흔적들이 들어오고 나가는 '텅 빈 공간의 신체'(空)를 함유하고 있다. 이 공간을 가로지르는 여러 힘들의 속도와 강렬도(intensity)에 의해 존재는 가시적인 표면 위로 솟아오른다. 존재의 가시적인 현상의 두께 아래 실재하는 것은 고정된 하나의 실체(substance)가 아니라, 강렬도와 속도를 지닌 존재의 복수적인 흐름(flow)이다. 존재가 과거로부터 자기동일성을 유지하는 것과 이질화되는 것은 이 흐름이 남긴 주름을 통해서이다.

"가시적인 것은 비가시적인 것의 함수이고 단순한 것은 복잡한 것의

---

1) 龍樹, 『中論』, 김성철 역주, 경서원, 1993, 414면 참조.
(衆因緣生法 我說卽是無 亦爲是假名 亦是中道義 未曾有一法 不從因緣生 是故一切法 無不是空者. 여러 가지 인연으로 生한 존재를 나는 無라고 말한다. 또 假名이라고도 하고 또 中道의 이치라고도 한다. 因緣으로부터 발생하지 않은 존재는 단 하나도 없다. 그러므로 일체의 존재는 空아닌 것이 없다.)

일부이다. 주어진 사태는 아직 주어지지 않은 사태의 일부이다."[2] 화이트헤드는 『과학과 근대세계』에서 "17세기 이래의 서구 근대과학의 오류는 '구체성을 잘못 놓는 오류'(fallacy of misplaced concreteness)에 있으며, 그것은 사물을 '순간적 도형배치'에 따라 '단순정위'하여 정태적으로 파악하는 것과 실체와 속성이라는 상관적인 범주로 인식하는 것"[3]이라고 진술하였다. "서양적 합리주의는 '논리적 분석'과 짝을 이루며, 서양의 과학적 방법론의 근간에는 '논리적 분석'이 있다. '논리적 분석'은 자연적 생성을 하나의 흐름으로 부단히 유동하는 하나의 사건으로 파악하지 않고 이미 지나갔거나 이미 완료된 사건으로 파악한다."[4] 사물의 '순간적 도형 배치', 즉 '정태성'이 논리적 분석의 일차적 조건이다. 이 정태성에 의거해 다양하고 변화하는 표층의 속성과 동일하고 고정적인 심층의 실체라는 사물의 개념 범주가 생산된다. 또한 인간과 사물이 고정된 하나의 도형적 배치에 따라 인식됨으로써, 존재 일반에게 자기동일적인 하나의 고정된 실체를 부여하게 된다. 그러나 존재의 텅 빈 신체를 넘나들고 가로지르는 힘과 속도에 의해 존재의 실체는 임의적으로 포착되는 것에 불과하다. 존재의 독립성과 자립성은 임시적인 것이다. 따라서 '정태성'은 힘과 속도가 남겨놓은 흔적과 주름에 의해 다른 존재로의 생성과 변이를 은폐하고 왜곡한다.

인간의 나날의 삶인 일상도, 그 일상의 거대한 집적인 역사도 자기동일적인 실체가 반복되는 것이 아니라, 존재의 구체적 배치들의 얽힘을 통해 넘나드는 힘과 속도에 의해 끊임없는 생성적 차이를 낳는다. 인간의 사랑도 혁명도 마찬가지이다. 그것은 정언명법에 의해 확고부

---

2) 김상환, 「철학이 동쪽으로 간 까닭은」, 『예술가를 위한 형이상학』, 민음사, 1999, 47면.

3) A · N. Whitehead, 『과학과 근대세계』, 오영환 역, 삼성출판사, 1990, 88-93면 참조.

4) 김상환, 앞의 글, 45면 참조.

동한 실체로서 규정될 수 있는 것이 아니다. 그것은 고정적이고 규범적인 하나의 실체로 굳어지는 그 순간 도그마적인 집합표상(collective representation)에 따라 분배된 형식화된 율법으로 화한다. "도(道)라고 할 수 있는 도(道)는 영원한 도(道)가 아니다."[5] 도(道)는 무형의 질료적 흐름으로 '실재하는'(有) 것이지, 형식화된 언설로서 '실재하지 않는'(無) 것이기에, "유(有)와 무(無)의 양 극단(二邊)을 벗어난 중도(中道)이다"[6] 그러므로 사랑과 혁명의 도(道)는 정식화된 문장으로 정의될 수 없는 것이다. 사랑은 집착이나 형식화된 도덕으로 화할 수 있으며, 혁명은 그 위대성에 의해 배타적인·억압기제가 될 수 있다. 그것이 허위적 장식이나 도그마적인 율법으로 화하게 되는 계기는 하나의 단일한 실체로의 규정 속에 이미 내포되어 있다. 복수적인 내부의 질료적 흐름으로 존재하는 것이 아니라 단일한 외부의 준거틀(이상, 목적, 이념, 모델, 원형)로 수직 상승하는 순간, 그것은 그 흐름이 지닌 생성적 차이와 역동성을 응고시킨다. 따라서 이 외부의 준거틀은 자기동일성의 그물에 포획되지 않는 흐름과 사태를 단죄하고 배제하며 동일화시키고자 한다. 이러한 외부의 준거틀로 구체적인 현실의 사태를 바라보는 사유를 '외재적 사유'라고 명명할 수 있을 것이다. 이것으로 상승하고자 하는 열망과 의지는 또한 '외재적 초월'의 선분을 따라 운동한다. 문학과 예술은 근본적으로 이러한 자기동일적인 집합표상의 그물에 포섭되지 않는 존재의 복수적인 질료적 흐름과 무의식을 표출하고자 한다. 따라서 반역적이며 사회적 금기와 코드화된 규범체계를 넘어선다. 그것은 외부의 준거틀에 의해서 주어진 행위의 궤적을 따르지 않는다. 내적인 에토스에 의해 마련되고 부여된 행위의 동기를 따른다.

5) 老子, 『도덕경』, 오강남 역, 현암사, 1995, 19면.
(道可道非常道, 名可名非常名)

6) 龍樹, 앞의 책, 415면.

"스스로 동기를 만들어 가지는 행위, 스스로 규칙과 방향을 창출해 가는 행위만이 능동적이고 창조적인 행위, 자유로운 행위이다. 이에 대한 사례는 예술적 행위 속에 가장 잘 구현되어 있다. 예술적 행위는 아직 주어지지 않은 규칙을 스스로 창조한다는 데 있다."7) 그러므로 문학과 예술은 외부적 규범체계들을 배반하고 초월하면서 동시에 자신의 내재적인 힘과 속도를 통해 구체적인 현실 세계를 초월하여 새로운 가능성의 세계로 진입하고자 한다. 또한 이러한 문학과 예술의 초월적 힘을 '내재적 초월'이라고 명명할 수 있을 것이다. 이 초월은 또 다른 전범과 집합표상을 만드는 것이 결코 아니다. 그것은 내부로부터 끊임없이 지속되어야 하고 또 다시 새롭게 생성되어야 하며, 미지의 것을 향한 부단한 모험을 수반해야만 한다.

김수영은 자신의 내적인 에토스를 외부적인 하나의 원리로 환원하지 않고 구체적 현실의 조건을 끊임없이 넘어서고자 하는 '내재적 초월'을 '온몸'으로 실현하고자 했던 시인으로 기록된다. "모든 예술은 그것이 꿈, 다시 말해서 불가능을 추구하는 것이기 때문에 본질적으로 불온한 것이라는 그의 주장은 예술의 비타협적, 반도식적 성격을 날카롭게 부각시킨다. 성실하고 정직한 인간은 언제나 불가능한 것을 가능한 것으로 만들기 위해 싸운다. 인간의 모든 예술적 노력도 그런 싸움의 기록이다."(김현, 「자유와 꿈」, 『김수영 전집 별권』, 민음사, 1983, 113면.) "김수영에 있어서 예술가적 양심이 어떤 적극적인 원리, 따라서 어떤 초월적인 독단의 원리, 따라서 폭력적인 원리가 아니라 주로 소크라테스의 다이몬이나 마찬가지로 금지의 원리, 부정의 원리라는 점은 이런 우려를 감소시켜 줄 수 있다. 그는 어떤 원리를 부과하려는 것이 아니라 정당화되지 않는 질서에 봉사하기를 거부하려는 것이었

7) 김상환, 앞의 책, 57-58면.

다."(김우창, 「예술가의 양심과 자유」, 위의 책, 193-194면.) "김수영은 조직의 원리를 따르지 않고 주관적인 감정과 상상의 자발성을 요청한다. 그는 빈틈없는 개념의 건축을 바라지 않고, 개념의 정의 자체를 거부하고 원리에 어떤 것을 환원하는 일에서 벗어난다. 김수영은 도처에서 사회의 금기에 부딪치고 자유의 부재를 절규한다. 안주와 정체는 자유를 필요로 하지 않는다."(김인환, 「한 정직한 인간의 성숙과정」, 위의 책, 218-219면.) "그가 사랑하는 것은 '불가능'이다. 연애에 있어서나 정치에 있어서나 마찬가지, 말하자면 진정한 시인은 선천적인 혁명가인 것이다. 시와 혁명이 도달하고자 하는 것(아니 도달하지는 못할 것이다), 겨누고 있는 것은 무겁고 두꺼운 현실의 파악과 피나는 체험을 통하여 그 현실을 초극하는 일이다. 바로 이와 같은 의미에서 혁명도 시도 새로움을 추구하는 끊임없는 전진이다."(김화영, 「未知의 모험, 其他, 위의 책, 132-133면.)

'소음'과 '나태'로 가득 찬 구체적인 현실의 삶을 끊임없이 초월하고자 하는 그의 의지는 결코 피안(彼岸)의 입법적 장소로 상승하기 위한 것이 아니다. 오히려 그 일상적 현실을 사랑하고 수용하고 변혁하고자 하는 것이다. 혁명은 저 먼 곳에 있는 것이 아니라 바로 지금 여기의 나날의 삶 속에 있는 것이다. "버드 비숍女史를 안 뒤부터는 썩어빠진 대한민국이 괴롭지 않다 오히려 황송하다 歷史는 아무리 더러운 歷史라도 좋다"(「거대한 뿌리」)라고 김수영이 노래할 때, 우리는 진창과 같은 한국의 구체적 현실을 결코 체념하거나 포기하지 않고 부둥켜 않고 사랑하겠다는 내면의 힘을 발견한다. 사랑한다는 것은 더럽고 구역질나는 삶을 수용하고 견디고 또한 초월하려는 것이기에 쉽지 않다. 그것은 또한 그러하기에 내면적 성숙을 고통스럽게 강요한다. 포기하고 체념하는 것은 쉬운 일이다. 그러나 그것을 통해서는 그 무엇도 변혁할 수 없고 생성할 수 없고 획득할 수 없다. 사랑은 자발적인 욕망의 한 흐름으로 존재하는 것이다. 그러나 그것은 욕망의 강렬도(intensity)가 순간적으로 파열하는 쾌락과는 다르다. 그것은 내재적이면서도 일관성의 구도를 따라 지속적인 행위의 궤적을 그린다. 사랑이 광신이 되거나 하나의 피안이 될 때 그것은 외부적 율법과 도덕으로 화한다. 또한 지속적인 일관성의 구도를 생성할 수 없다. 외부적인 책임과 의무로 변질된 사랑이기 때문이다. 내부적인 욕망의 한 흐름으로 존재할 때, 사랑은 현실의 절망적 조건을 체념하지 않고 부단히 그것을 초극하고자 하는 '내재적 초월'의 동력학이 될 수 있다. 사랑은 변주되어야만 즉 구체적 경험 속에서 역동적인 흐름으로 현존할 때에만 '내재적 초월'의 힘과 속도로 기능할 수 있다.

욕망이여 입을 열어라 그 속에서
사랑을 발견하겠다 都市의 끝에
사그러져가는 라디오의 재갈거리는 소리가
사랑처럼 들리고 그 소리가 지워지는
강이 흐르고 그 강건너에 사랑하는
암흑이 있고 三월을 바라보는 마른나무들이
사랑의 봉오리를 준비하고 그 봉오리의
속삭임이 안개처럼 이는 저쪽에 쪽빛
산이

사랑의 기차가 자나갈 때마다 우리들의
슬픔처럼 자라나고 도야지우리의 밥찌끼
같은 서울의 등불을 무시한다
이제 가시밭, 덩쿨장미의 기나긴 가시가지
까지도 사랑이다

왜 이렇게 벅차게 사랑의 숲은 밀려닥치느냐
사랑의 음식이 사랑이라는 것을 알 때까지

난로 위에 끓어오르는 주전자의 물이 아슬
아슬하게 넘지 않는 것처럼 사랑의 節度는
열렬하다
間斷도 사랑
이 방에서 저 방으로 할머니가 계신 방에서
심부름하는 놈이 있는 방까지 죽음같은
암흑 속을 고양이의 반짝거리는 푸른 눈망울처럼
사랑이 이어져가는 밤을 안다.

그리고 이 사랑을 만드는 기술을 안다
눈을 떴다 감는 기술 - 불란서혁명의 기술
최근 우리들이 四. 一九에서 배운 기술
그러나 이제 우리들은 소리내어 외치지 않는다

복사씨와 살구씨와 곶감씨의 아름다운 단단함이여
고요함과 사랑이 이루어놓은 暴風의 간악한
신념이여
봄베이도 뉴욕도 서울도 마찬가지다
신념보다도 더 큰
내가 묻혀사는 사랑의 위대한 도시에 비하면
너는 개미이냐

아들아 너에게 狂信을 가르치기 위한 것이 아니다
사랑을 알 때까지 자라라
人類의 종언의 날에
너의 술을 다 마시고 난 날에
美大陸에서 石油가 고갈되는 날에
그렇게 먼 날까지 가기 전에 너의 가슴에
새겨둘 말을 너는 都市의 疲勞에서
배울거다
이 단단한 고요함을 배울거다

복사씨가 사랑으로 만들어진 것이 아닌가 하고
의심할 거다!
복사씨와 살구씨가
한번은 이렇게
사랑에 미쳐 날뛸 날이 올 거다!

그리고 그것은 아버지같은 잘못된 시간의
그릇된 瞑想은 아닐거다

—「사랑의 변주곡」 전문

「사랑의 변주곡」은 총 8연으로 구성되어 있다. 여기에서 '사랑'은 다양한 질료적 형식으로 현상하며, '혁명', '신념' 등과 같은 집합적인 층위로 전환되기도 한다. 욕망의 질료적 흐름의 하나인 사랑은 현실적 구체성 속에서 다른 것과 접속하여 상이한 율동을 가시적인 표면 위에 그려놓는다. 「사랑의 변주곡」의 첫 문장 '욕망이여 입을 열어라 그 속에서 사랑을 발견하겠다'는 사랑이란 외부적인 규율에 의해서가 아니라 내재적인 것에서 발하는 것임을 강조한 문맥으로 보인다. '욕망' 역시 현실적 힘들의 구체적 배치(assemblage) 속에서 형성되는 것이라 할 수 있으나, 배치의 구조적 동일성을 넘쳐흐르는 잉여를 지닌다. 이 잉여는 기존의 배치를 전환시켜 상이한 배치들로 나아가게 하는 전복의 벡터를 함유한다. 그러므로 이상적인 외부적 도덕과는 달리 순응적일 수 없는 것이다. 그것은 구조적 동일성을 끊임없이 균열시키는 일종의 카오스적인 힘이다. 욕망은 이기적이고 배타적인 폭력성을 함유할 수도 있다. 그러나 그것은 대상과 더불어 다른 생성으로 나아가지 못하고, 소비될 때에만이 그렇다.

욕망과 욕망의 대상을 접속하게 하고 다른 존재를 생성하게 만드는 것은 '사랑'이다. '도시의 끝'에 '라디오 소리가 사랑처럼 들리고'라는 표현은 차안(此岸)의 세계, 즉 소음과 갈등으로 뒤덮인 우리의 구체적인 현실의 삶을 사랑한다는 것을 의미한다. '그 소리가 지워지는 강'이란 그러므로 차안(此岸)과 피안(彼岸)의 경계를 의미하며, '강 건너쪽'의 '암흑'은 존재론적 심연의 세계, 곧 피안의 세계를 상징한다. 피안의 세계가 입법화한 자연의 순환적인 운동은 '삼월'이면 어김없이 '사랑의 봉우리'를 반복적으로 잉태시킨다. '사랑의 봉우리가 이는', '쪽빛 산'은 2연에서 '도야지 밥찌끼 같은 서울의 등불을 무시한다'. '암흑' 곧 피안의 세계이자 존재론적 실체로서의 사랑은 순수하고 고요하며 모순이 존재하지 않는다. 그것은 알 수 없는 미지의 것이기 때문에 또한 도달할 수 없는 것이기에 '사랑하는 암흑'이 된다. 이 사랑은 반복적이고 순환하는 자연의 운동으로 나타난다. 그것은 차이와 생성을 낳는 사랑의 운동이 아니다. 피안에서 나와서 차안으로 나왔다가 다시 피안으로 회귀하는 동일성의 궤도를 왕복 운동할 뿐이다. 그러므로 차안의 세계에 살고 있는 우리들에게 그 '산'(피안)은 '사랑의 기차'가 지나가더라도 닿을 수 없고 구체적으로 감지할 수 없기에 '슬픔'을 야기하고 더 높게 '자라난'다. 피안의 세계는 우리들이 구체적으로 보고 느끼고 만질 수 있는 차안의 세계와는 근본적으로 다른 것이다. 또한 피안의 사랑은 현실적인 인간 존재가 개입할 수 없는 '사랑'으로, 즉 자연의 순환적인 운동으로 현시된다. 피안의 심연('암흑') 저 너머에 존재하는 '사랑'은 차안 속에 놓인 유한하고 불충분한 우리들의 사랑을 무시하는 것이다. 그러나 '이제'는 '가시밭'같은 고통과 좌절마저도 '사랑'이다. 그것은 오히려 지금-여기에서 살고 있는 우리들의 실제적인 '사랑'이다.

이데아적인 사랑, 사랑의 피안은 저 너머에 있다. 그러나 우리들의 사랑은 나날의 궁핍하고 모순된 일상적 삶 속에 놓여 있다. 또한 그 일상이 생성시키는 욕망 속에서 발견할 수 있다. 그러므로 사랑은 저

멀리 한낱 희미한 풍경으로 존재하는 '산'이 아니라 우리의 감각적 신체를 덮어 감싸는 '숲'으로 '밀려닥친'다. 사랑은 나날의 삶 속에 있는 늘 우리의 곁에서 생생한 흐름으로 존재하는 음식과 같은 것이다. '산'과 '숲'의 원근법은 곧 피안과 차안의 원근법이며, 구체적인 삶의 체험에 뿌리박은 '사랑'을 발견하게 하는 원근법이다.

4연에 표현된 '사랑의 절도'는 '음식'처럼 나날의 경험을 통해서만 얻어진다. 또한 외부적 신념이나 당위로 입법화되지 않아야만 '열렬할' 수 있다. '아슬아슬하게 넘지 않는다'는 것은 사랑의 조건과 양상을 구체적으로 체험한 내면의 깊이를 표현한다. 이 내면적 깊이는 열렬하지만 끓어 넘지는 않는 사랑의 절도를 가능하게 한다. 또한 사랑이 때로는 잠시 끊어질 수 있고('間斷'), 표면에 잘 드러나지 않는 흔적으로만, 더 나아가 비가시적인 은폐된 흐름으로만 존재할 수 있다는 것까지 알게 만든다. '죽음같은 암흑 속을 고양이의 푸른 눈망울처럼 사랑이 이어져 가는 밤'이란 가시적(可視的) 표층에는 드러나지 않지만 비가시적(非可視的) 심층 속을 지속적으로 흘러 다니는 사랑을 말한다.

5연에서 '사랑'은 '혁명'으로 전환된다. '눈을 떴다 감는 기술'은 '사랑을 만드는 기술'이며, 사랑이 공통적이고 집합적인 힘으로 나아가는 기술이다. 사랑은 억압적이고 배타적인 정치제도를 붕괴시킬 수 있는 힘을 그 자체로 지닌다. 그러나 이러한 집단적이고 정치적인 혁명 역시 사랑의 완전함을 보장하는 것은 아니다. 혁명은 목적지이거나 도달점이 아니다. 차라리 혁명은 나날의 삶 속에서 끊임없이 추구되어야 하는 어떤 미완성의 것이기 때문이다. 정치적 혁명은 분명 성취해야 하는 것임에는 틀림없으나, 이 혁명이 곧 또 다른 안주와 정체를 의미하는 것은 아니기 때문이다. 사랑이 혁명으로 나아갈 수 있음을 발견하는 것은 곧 '사랑을 만드는 기술을 아는' 것과 같다. 그러나 혁명의 대의에 모든 사랑을 수렴할 수 없다. 모든 사랑을 혁명으로 환원하는 것은 또 다른 배타성과 억압을 생산할 수 있기 때문이다. 그러므로 이제는 '소리내어 외치지 않는 것이다.' 혁명은 새로운 집합표상과 또 다른 제도를 구축하는 '외재적 초월'이 아니라 나날의 일상 속에서 가해지는 억압과 폭력들을 뚫고 그것을 부단히 초극하려는 '내재적 초월'의 한 양상이기 때문이다. 그것은 단일한 비전과 목표로 환원될 수 없는 완강한 사실들에 새겨진 정직과 관대를 동력으로 삼는다. 이럴 때에만이 '혁명'은 곧 '사랑'이 되고 '사랑'은 곧 혁명을 지속시키는 '내재적 초월'의 힘이 된다. 그것은 희망 없는 실험을 계속하는 것이며, 개별적인 것들이 지닌 고유성과 이질성을 제거하지 않은 공동체적 연대를 부단히 추구하는 것으로 표현될 수 있을 것이다.

6연에서는 '사랑'과 '신념'의 대립이 나타난다. '복사씨'와 '살구씨'로 표상되는 사랑의 씨앗은 사랑의 육체성을 가능하게 하는 전제 조건이다. 때문에 쉽게 무르거나 부서지지 않을 단단함과 고요함을 지니고 있다. 그런데 이 단단한 사랑의 씨앗은 '폭풍의 간악한 신념'이라는 육체성을 획득할 수 있다. 심층의 단단한 사랑과는 대비되는 표층의 '간악한 신념'이라는 역설은 이미 역사를 통해서 드러난 것이다. 사랑이 정치적이고 집합적인 혁명으로 전환될 때, 혁명은 사랑을 신념화하여 입법적인 진리와 도덕으로 고형화된다. 20세기 들어 일어난 사회주의 혁명과 그들의 역사적 도그마는 이를 구체적으로 입증한다. 또한 이러한 역사가 지닌 '폭풍의 간악한 신념'은 '봄베이', '뉴욕', '서울'에서도 '마찬가지'로 반복될 수 있다. 사랑은 신념이 아니며, 신념화되는 순간 하나의 규범체계로 경화된다. 따라서 시인은 '신념'이 아니라 나날의 삶 속에서 사랑을 혁명을 꿈꾸고 실현하는 자신의 공간을 '사랑의 위대한 도시'라고 말한다. 그리고 그 사랑의 도시에 비해 '간악한 신념'으로 가득 차 있는 도시를 '개미'라고 표현한다. 신념이란 어떤 하나의 가치 체계가 진리와 선의의 우위를 점한다고 보아 그것을 향해 질주하는 내면의 자극이다. 그러므로 배타적으로 선택된 사실들을 통해서만 진리를 구성하는 독단성을 잉태할 가능성이 매우 높다. 신념의 독단성은 사랑이 지닌 정직과 관대를 소외시키고 배제한다. 또한 차이적 생성을 파괴하고 사랑의 힘을 축소한다.

따라서 7연에서 시인은 아들에게 '사랑'의 힘을 가르치는 것이지, 결코 독단적인 사랑의 '광신'을 가르치기 위한 것이 아니라고 말한다. 긍정적인 것의 지나친 강조는 '광신'으로 변질된다. 독단적인 신념에 가득 찬 '사랑'이 아니라 생성으로 나아가는 것으로서의 '사랑'은 지식으로 알 수 있는 것이 아니다. 그것은 뼈저린 체험을 통해서만 알 수 있는 것이다. '사랑'을 알 때까지 무수한 '가시밭', '장미덩쿨'을 겪어야 한다. 시인은 '아들'의 삶의 끝과 세상의 끝, '그렇게 먼 날'까지 가기 전에 '사랑'을 '도시의 피로에서 배울 거다'라고 진술한다. 삶과 죽음의 경계, 차안과 피안의 경계에 놓인 그 극한 속에서야 겨우 '사랑'을 아는 것이 아니라, 일상적인 삶 속에서 사랑을 매번 경험한다는 것을 의미한다. 그 경험 속에서 사랑의 본질(道)은 끊임없이 수정되고 변환되는 것이기에, '복사씨가 사랑으로 만들어진 것이 아닌가 하고 의심할거다'라고 시인은 예언한다. '단단하고 고요한' 사랑은 소리 내어 외쳐질 수도, 명확하게 정의될 수도, 가시적인 표상으로 드러날 수도 없는 것이기 때문이다.

그러나 그 '단단하고 고요한' 사랑은 한 인간을 갱신하게 하고 역사를 전환시키는 무형의 질료적 흐름이기 때문에, '사랑에 미쳐 날뛸 날'을 기약하는 잠재적 힘을 함유한다. '사랑에 미쳐 날뛸 날'은 그러므로 사랑의 유토피아가 완성되는 날이 아니라, 역설적으로 부단히 '내재적 초월'을 가능하게 하는 미지의 가능성들이다. 따라서 마지막 8연의 '아버지 같은 잘못된 시간'은 역사의 '폭풍'이 생성한 혁명의 '간악한 신념'으로 이루어진 시간들, 그 역사를 의미한다. 시인은 혁명을 사랑의 유토피아로 오인하여 신념화한 '그릇된 명상'을 다시 반복하지 않을 것이라고 예언하고 있다. 그러므로 '사랑에 미쳐 날뛸 날'이 강고하고 단일한 미래의 비전이며, '아버지 같은 잘못된 시간'이 혁명의 실패와 좌절, 더 구체적으로 말한다면, '4 · 19'의 실패와 좌절을 말한다고 볼 수도 있으나, 그것은 일면적인 해석이라 판단된다. 오히려 진정한 혁명의 실패는 사랑이 변주되는 구체적 다양성을 하나의 단일한 비전으로 환원하고자 하는 욕망에서 비롯되는 것이기 때문이다. 그리고 시인은 '4 · 19'라는 지난 시간의 역사를 통해서 이러한 실패를 생생하게 체험했기 때문이다. 혁명이 먼 곳에 있지 않듯이, '적'(파시즘) 역시 우리 가까이에, 아니 우리 내부에 기거할 수 있다는 것을 시인은 너무도 잘 알고 있기 때문이다.

김수영은 일상이 우리의 삶을 압박하는 구조적 안정성의 중력임을 어느 시인보다도 잘 알고 있었다. 그러나 그 일상의 중력을 가로질러 새로운 삶으로 나아가는 자유의 가능성 역시 일상으로부터 배태된다고 보았다. 결국 일상생활은 인간의 구체적 경험과 직접적으로 결합한 것이며 또한 역사적 현실에 뿌리박는 원천이기 때문이다. 우리를 둘러싼 구체적 삶의 조건과 배치가 자유를 부재하게 하는 동시에 가능하게 한다. 이 조건과 배치를 바꾸는 자유는 외부적인 이념에서 생성되지 않는다. 오히려 항상 우리들의 구체적인 삶을 정직하게 직시하고 갱신하고자 하는 우리 내부의 간절한 욕망 속에서 온다. 따라서 새로운 삶의 가능성을 향한 모색은 외부적인 이념으로, 차이를 지양한 상위 범주의 자기동일성으로 나아가지 않는다. 바로 지금 - 여기의 삶의 조건을 초월하고자 하는 다양한 가능성과 잠재성을 인간의 무의식적인 흐름을 통해서 발견하고 구현할 뿐이다. 이것이 진정한 '내재적 초월'이며, 김수영 시의 저토록 강렬한 에너지는 이 에토스(ethos)에서 뻗어 나온 것이다.

찾아보기

【ㄴ】

【ㄷ】

【ㄹ】

【ㅁ】

【ㅇ】

【ㅈ】

【ㅊ】

【ㅎ】

■ 이 찬

1970년 충북 진천에서 태어나고 자랐다. 경기대학교 국어국문학과를 졸업했고, 고려대학교 대학원 국어국문학과에서 현대소설과 현대비평을 전공했다. 1999년 「김동리 문학 연구」로 석사학위를, 2005년 「20세기 후반 한국 현대시론 연구」로 박사학위를 받았다. 주요 논문으로 「임화와 조동일의 문학사 비교 연구」와 「조지훈의 『시의 원리』 연구」, 「이광수의 서사적 논설 「농촌계발」 연구」, 「김동리의 연작소설 「솔거」 연구」 등이 있다. 2007년 서울신문 신춘문예 문학 평론 부문에 「'시적 에피파니'를 위하여 - 이장욱론」이 당선되어 비평 활동을 시작했다. 고려대, 경기대, 전주대, 대진대에서 현대문학사와 문예비평, 언어와 문학, 글쓰기 등을 강의했다. 현재 고려대와 대진대에서 현대문학과 글쓰기를 강의하고 있다.

현대 한국문학의 지도와 성좌들

초판 1쇄 인쇄 2009년 2월 12일 **초판 1쇄 발행** 2009년 2월 20일
지은이 이 찬 **펴낸이** 박성복 **펴낸곳** 도서출판 월인
등록번호 제6-0364호 등록일 1998. 5. 4.
주소 142-879 서울특별시 강북구 흰구름길 19-3(수유2동 252-9)
대표전화 (02) 912-5000 팩스 (02) 900-5036
e-mail worinnet@hanmail.net homepage http://www.worin.net

ISBN 978-89-8477-425-4 93810

값 22,000원